W0381226

Réunion

Daniela Eiletz-Kaube · Kurt Kaube

Gratis Download: Updates & aktuelle Extratipps der Autoren

Unsere Autoren recherchieren auch nach Redaktionsschluss für Sie weiter. Auf unserer Homepage finden Sie Updates und persönliche Zusatztipps zu diesem Reiseführer.

Zum Ausdrucken und Mitnehmen oder als kostenloser Download für Smartphone, Tablet und E-Reader.
Besuchen Sie uns jetzt!
www.dumontreise.de/reunion

short.travel/rais4

DUMONT
Reise-Taschenbuch

Reiseinfos, Adressen, Websites

Panorama – Daten, Essays, Hintergründe

Unterwegs auf Réunion

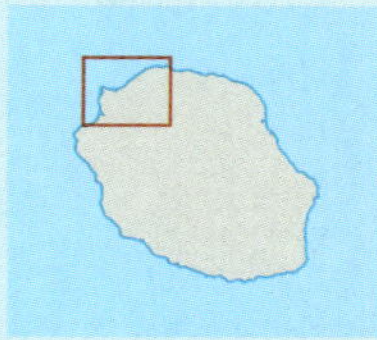

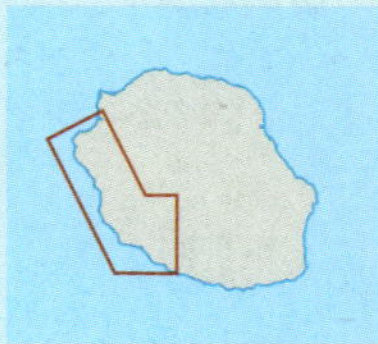

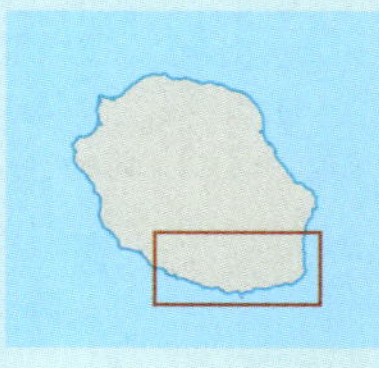

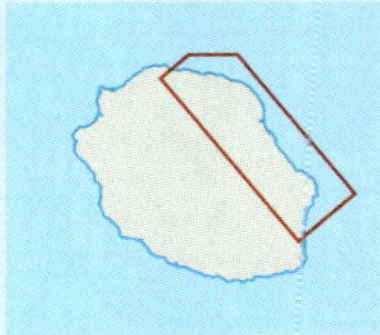

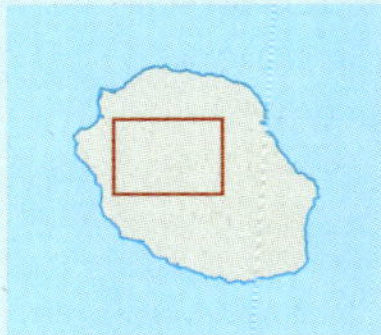

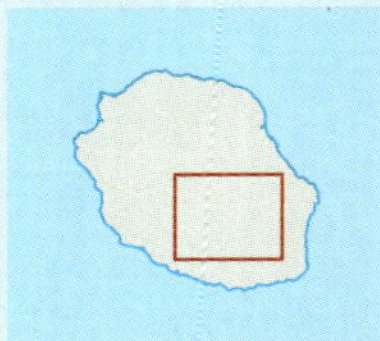

Auf Entdeckungstour

Karten und Pläne

s. hintere Umschlagklappe, Innenseite

▶ Dieses Symbol im Buch verweist auf die Extra-Reisekarte Réunion

Das Klima im Blick

atmosfair

Reisen verbindet Menschen und Kulturen. Wer reist, erzeugt auch CO_2. Der Flugverkehr trägt mit bis zu 10 % zur globalen Erwärmung bei. Wer das Klima schützen will, sollte sich – wenn möglich – für eine schonendere Reiseform entscheiden. Oder Projekte von *atmosfair* unterstützen: Flugpassagiere spenden einen kilometerabhängigen Beitrag für die von ihnen verursachten Emissionen und finanzieren damit Projekte zur Verringerung des CO_2-Ausstoßes in Entwicklungsländern *(www.atmosfair.de)*. Auch der DuMont Reiseverlag fliegt mit *atmosfair!*

Liebe Leserin, lieber Leser,

Wanderbegeisterten zaubert der Name La Réunion Glitzern in die Augen. Vor lauter Natursensationen kann man zum Schluss gar nicht so recht benennen, welcher Aussichtspunkt, welche Schlucht oder welche Wanderung die spektakulärste war.

Doch unsere schönsten Erinnerungen haben mit den Réunionesen zu tun, die darin versiert sind, Brücken zu schlagen, zwischen den Kontinenten und zu ihren Gästen. Als wir für die Entdeckungstour in Saint-Pierre recherchierten, hielt uns eine resolute Dame im alten Kolonialviertel für windige Genossen, die sie ausspionieren wollten. Nach vielen Erklärungen und Entschuldigungen bat uns die Dame in ihre prächtige Villa. Von der wechselvollen Geschichte ihrer Familie, einer alteingesessenen Zuckerdynastie, waren wir noch mehr beeindruckt als von ihren wertvollen Antiquitäten aus Indien, China und dem Mutterland.

Wenn Sie Réunionesen nach ihrer Familiengeschichte fragen, erobern Sie auf direktem Wege ihr Herz. Sie erzählen gerne von früher, von ihren familiären Wurzeln, von Heilkräutern, die bei Knochenbrüchen helfen und von einer Pflanze mit silbersamtigen Blättern, die als Klopapier diente. In den 1970er-Jahren lebten viele Menschen noch in einfachen Strohhütten, die ältere Generation kann sich noch gut an die Zeit erinnern, als La Réunion nur auf dem Papier zu Frankreich gehörte.

Für uns verbindet die Insel heute das Beste aus Europa mit dem Besten aus Afrika, Indien und China. Als angenehm empfinden wir die perfekte, westliche Infrastruktur mit dem ausgezeichneten Straßennetz, der exzellenten medizinischen Versorgung und vielen anderen Annehmlichkeiten. Gleichzeitig fühlt man sich wie in einer anderen Welt: Farbenprächtige hinduistische Tempel stehen neben schlanken Minaretten, zu Mittag gibt es indische samoussas, kreolisches carri und französische crème brûlée, Vodoozauber und Aberglauben ergänzen mühelos institutionelle Religionen. Das harmonische Zusammenleben ist ein lebendiger Beweis dafür, dass Toleranz eine alltagstaugliche Lebensphilosophie ist.

Wir wünschen Ihnen erlebnisreiche Tage am südlichsten Ende Frankreichs und freuen uns über Ihre Rückmeldungen und Tipps.

Daniela Eiletz-Kaube und Kurt Kaube

Urwald vor spektakulärer Bergkulisse: der Cirque de Mafate

Leser fragen, Autoren antworten

La Réunion persönlich – unsere Tipps

Nur wenig Zeit? La Réunion zum Kennenlernen

Réunion in komprimierter Form kennenzulernen, gelingt am besten durch ein paar Tage an der **Westküste** und ein paar Tage Aufenthalt rund um **Saint-Pierre.** Von den Ferienorten an der Lagune (Saint-Gilles, L'Hermitage oder Saint-Leu aus ist es nicht weit zum Panoramaberg Maïdo mit Blick auf Mafate und ins schöne kreolische Dorf L'Entre-Deux. Selbst ein Tagesausflug nach Cilaos ist machbar.

Von Saint-Pierre aus kann man in einem Tagesausflug die komplette Südküste sowie den Vulkan Fournaise erkunden. Wer nur wenig Zeit zum Kennenlernen der Insel hat, muss sich aber darauf einstellen, viele Stunden am Tag im Fahrzeug zu sitzen und das Wandern auf ein Minimum zu reduzieren.

Was sollte man nicht verpassen?

Zu den wichtigsten Höhepunkten einer Reise zählt mindestens ein Cirque (Talkessel), idealerweise der dramatische **Cirque de Cilaos,** von wo Sie in einer mäßig anspruchsvollen Wanderung in den benachbarten **Cirque de Mafate** wandern oder zumindest von oben auf ihn herabschauen können.

Auch der Vulkan mit der eindrucksvollen **Route du Volcan** und dem La-

Fantasievoller Geldautomat in Saint-Paul

vastrom-Berghang **Grand Brûlé** gehören zu den absoluten Höhepunkten. Mindestens eine Wanderung muss man unternehmen, am Vulkan oder in einem der **Cirques.**

Die quirlige, alternative Hauptstadt des Südens, **Saint-Pierre,** muss ebenso ins Programm. Hier gibt es samstags einen bunten Bauernmarkt, eine Menge alter, kreolischer Kolonialbauten und ein pulsierendes Nachtleben.

Ein paar Tage am türkisblauen Wasser der **Lagune** und die Fahrt auf den Aussichtsberg **Maïdo** runden das Programm ab. Wer Interesse an kreolischer Architektur hat, darf **L'Entre-Deux** und **Saint-Denis** nicht auslassen.

Was ist ein guter Ausgangspunkt, um die Insel zu erkunden?

Wer 10–14 Tage Zeit hat, sollte drei oder vier Standorte wählen. Die ersten beiden Tage verbringt man zum Beispiel im **Cirque de Salazie** mit Wandern, der Besichtigung von Hell-Bourg und der Panoramafahrt nach Col des Boeufs.

Die nächsten drei Nächte empfiehlt sich eine Unterkunft im Großraum **Saint-Benoît** und **Plaine-des-Palmistes**. Als Highlights winken die Fahrt zum Wald von Bébour-Bélouve und ein Besuch des Vulkans Piton de la Fournaise, der Bucht Anse des Cascades, Le Grand-Brûlé oder die Schlucht von Takamaka.

Als dritter Standort hat sich der Großraum **Saint-Pierre** bewährt, wo Wasserfälle, Aussichtspunkte, ein bunter Bauernmarkt und Nachtleben warten. Schließlich quartiert man sich an der **Westküste** ein, mit Abstechern nach Cilaos, ins schöne Dorf L'Entre-Deux und mit der Fahrt auf den Maïdo. Die letzten Tage klingen beschaulich am Strand aus.

Organisiert oder individuell reisen?

Wer nicht gut Französisch spricht, ist bei professionellen Reiseveranstaltern gut aufgehoben. Spezialisten sind jenen Anbietern vorzuziehen, die Réunion nur als eine Destination von vielen im Programm führen. Spezialveranstalter kennen die guten Unterkünfte und können Aktivitäten bei verlässlichen Partnern organisieren.

Wer lieber individuell unterwegs ist, sollte dennoch unbedingt Reservierungen schon von zu Hause aus

Die schönsten Sehenswürdigkeiten auf La Réunion

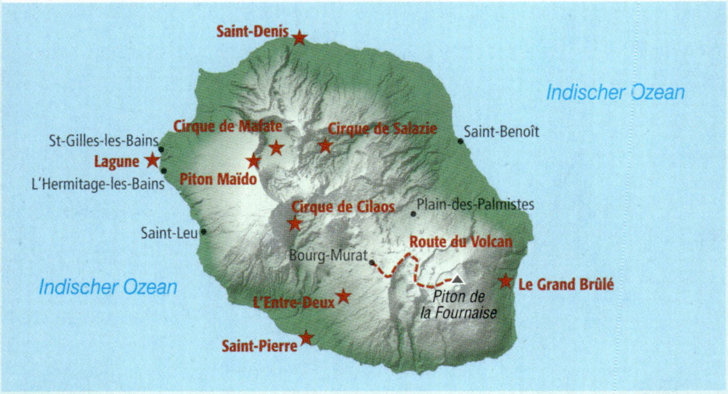

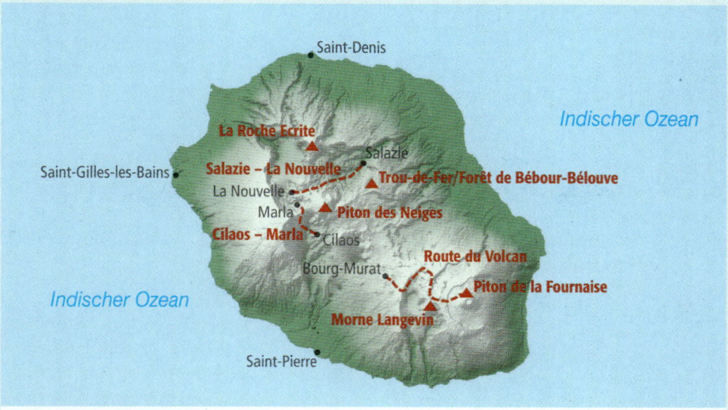

Beeindruckende Wanderungen

tätigen, insbesondere von Leihwagen und Übernachtungen. Das erspart viele Unannehmlichkeiten! Réunion sieht nur auf den ersten Blick aus wie eine klassische Selbstreisedestination. Aber viele Vermieter von Ferienwohnungen tendieren dazu, E-Mails nicht zu beantworten, und wegen fehlender Beschilderung ist spontanes Reisen fast unmöglich. In der Regel landet man dann in überteuerten Unterkünften.

Was sind die beeindruckendsten Wanderungen?

Die Wanderung auf den **Piton de la Fournaise,** einen der aktivsten Vulkane der Welt, brennt sich ins Gedächtnis. Es sind die Farben, von dunkelanthrazit über grasgrün und kürbisorange bis zu stahlblau, das wie Glassplitter scharfe Gestein und nicht zuletzt die unterschiedlichen Vulkanlandschaften voller Magie und Feuer, die diese Tageswanderung besonders machen.

Der höchste Punkt der Insel, der **Piton des Neiges,** punktet mit einem Rundumpanorama bis zum Meer und mit dem schönsten Sonnenaufgang der Insel. Die Wanderung ist allerdings anspruchsvoll, dauert zwei Tage und führt in beiden Gehrichtungen durch steiles Terrain. Wer nicht ganz so viel Lust auf stundenlanges, steiles bergauf und -abmarschieren hat, der gönnt sich eine der kürzeren Wanderungen, z. B. **von Cilaos nach Marla**, oder **von Salazie nach La Nouvelle**.

Tolle Panoramen und flaches Terrain schließen sich aber nicht unbedingt aus. Die Wanderung zum **Morne Langevin** an der **Route du Volcan** mit Blick auf den Vulkan, die Plaine des Sables und das Meer ist ebenso einfach wie der Pfad zum **Trou-de-Fer** im **Forêt Bébour-Bélouve**. Hier schlägt man mehrere Fliegen mit einer Klappe: ein wunderbarer Blick von oben auf Salazie, eine familienfreundliche Wanderung und schöne Berglandschaften.

Wer zum Schluss noch Kraft in den Beinen hat, darf **La Roche Ecrite** mit Blick auf den Cirque de Salazie, Mafate, Piton des Neiges und an klaren Tagen sogar bis zum Vulkan nicht verpassen. Die Wanderung ist sehr anspruchsvoll und kann von Konditionsstarken in einem Tag absolviert werden.

Wo findet man die schönsten Märkte?

Die beiden schönsten Bauernmärkte der Insel werden freitags in **Saint-Paul** und samstags in **Saint-Pierre** abgehalten. Beide bieten neben bäuerlichen und landwirtschaftlichen Produkten Souvenirs *en masse,* angefangen von Gewürzen und Vanille, über bunte Körbe und selbstgemachte Tees bis hin zu Konfitüren, Würzsaucen und ähnlichen kulinarischen Spezialitäten.

Muss man unbedingt ein Auto mieten?

Dazu raten wir unter allen Umständen. Zahlreiche Highlights sind nur per Fahrzeug erreichbar. Das Bussystem ist zwar von den Linien her gut ausgebaut, hat aber eine unzureichende Taktung. Im Ausnahmefall können Sie bei einer Wanderung mit dem Bus zum Ausgangsort zurückfahren, aber stellen Sie sich auf lange Wartezeiten ein.

Wo gibt es die schönsten Strände?

Strände in allen Weißschattierungen findet man im Westen, zwischen **Boucan-Canot** und **Saint-Leu.** Besonders schön sind der Hausstrand von Saint-Gilles **Roches-Noires,** der daran anschließende **Plage des Brisants** sowie die Abschnitte von **L'Hermitage** und **Saline-les-Bains.** Der schwarze Sandstrand von **Etang-Salé** ist auch eine Augenweide, das Baden dort ist aber längst nicht so ungefährlich wie in der Lagune an der Westküste.

Die schönsten Küstenabschnitte ohne Bademöglichkeit liegen im wilden Süden, wo Wind, Feuer und Wasser die Küste formten. In der Bilderbuch-Bucht von **Grand'Anse** mit weißem Sand lässt sich gut und gerne ein Tag mit Faulenzen, Lesen oder Picknicken verbringen, Baden darf man nur im Steinbecken. Ein paar Kilometer weiter südlich warten die wilden Buchten von **Vincendo** und **Le Vieux Port du Tremblet.** Beide sind zum Baden zu gefährlich, aber für Strandfetischisten und Naturfotografen sind sie ein Muss.

Welche Städte sind besonders spannend?

Für traumhaft schöne Naturräume ist La Réunion eher bekannt als für die

Schöne Strände und spannende Städte

Markttag in der Hauptstraße von Saint-Louis

Städte. Mit europäischen Städten können sich **Saint-Denis** oder **Saint-Pierre** nicht messen, schon allein weil das kulturelle Angebot fehlt. Aber einen Tag in einer der beiden Städte zu verbringen, bringt Abwechslung in einen Natururlaub: durch die Straßen bummeln und kreolische Villen bewundern, eine stärkende Tasse Kaffee an der Promenade trinken, vielleicht ein Museum besuchen und abends den Nachtschwärmern Gesellschaft leisten.

Vor allem das kleinere Saint-Pierre hat in puncto Flair die Nase vorn: wegen des kompakten Stadtkerns, dem samstäglichen Markt, der südlichen Gemächlichkeit und der alternativen Musik- und Lokalszene.

Beim Eintauchen in die vielfältigen Musikstile bekommt man ein Gefühl dafür, dass Réunion an der Oberfläche zwar aussieht wie ein mitteleuropäisches Land, aber tief drinnen in der Volksseele von ostafrikanischen, madagassischen oder indischen Einflüssen geprägt ist.

Als Sitz der Kulturinitiative Le Séchoir hat Saint-Leu übrigens eine lebendige Konzertszene. Fragen Sie beim Tourismusamt nach, ob gerade interessante Musiker in Saint-Leu gastieren. Wenn nicht, dann gehen Sie am Sonntag spätnachmittags an die Uferpromenade und erfreuen Sie sich ganzjährig an kostenlosen Musikdarbietungen.

Und noch ein ganz persönlicher Tipp zum Schluss!

Wenn im Mai und Juni langsam der tropische Herbst mit angenehmen Temperaturen und weniger Luftfeuchtigkeit einzieht, beginnt die Festival-Zeit. Mit dem **Leu Tempo Festival** in Saint-Leu und dem **Sakifo Musikfestival** in Saint-Pierre steuert das kulturelle Jahr seinen beiden Höhepunkten zu.

NOCH FRAGEN?

Die können Sie gern per E-Mail stellen, wenn Sie die von Ihnen gesuchten Infos im Buch nicht finden:
info@dumontreise.de
Auch über eine Lesermail von Ihnen nach der Reise mit Hinweisen, was Ihnen gefallen hat oder welche Korrekturen Sie anbringen möchten, würden wir uns freuen.

Schattenspiele mit Meerblick – der Strand von L'Etang-Salé-les-Bains, S. 142

Gipfelblick – Gottesmutter nahe dem Col de Bellevue, S. 283

Lieblingsorte!

Kreolische Augenweide – der Garten der Maison Folio, S. 232

Vom Wind geküsst – die Bucht von Vincendo, S. 188

So schmeckt Réunion – Wochenmarkt von Saint-Pierre, S. 162

Wilde Schönheit – die Küste am Piton de Grand'Anse, S. 176

Die Reiseführer von DuMont werden von Autoren geschrieben, die ihr Buch ständig aktualisieren und daher immer wieder dieselben Orte besuchen. Irgendwann entdeckt dabei jede Autorin und jeder Autor seine ganz persönlichen Lieblingsorte. Dörfer, die abseits des touristischen Mainstream liegen, ein stimmungsvoller Kirchenraum, eine ganz besondere Strandbucht, Plätze, die zum Entspannen einladen, ein Stückchen ursprünglicher Natur – eben Wohlfühlorte, an die man immer wieder zurückkehren möchte.

Barocke Fantasie – Eglise de Sainte-Anne, S. 220

Blick in den Kessel von Mafate – Cap Noir, S. 113

Schnellüberblick

Saint-Denis und Umgebung
Mit Verkehrsgewühl begrüßt die architektonisch reizvolle Inselmetropole ihre Besucher. Gleich vor den Toren der kolonialen Hauptstadt punktet der Panoramaberg La Roche Ecrite mit sportlichen Herausforderungen und sensationellem Rundumblick. S. 88

Die Westküste
Für Faulenzer viel zu schade: Obwohl sich die Lagune mit so schönen Badeorten wie Saint-Gilles-les-Bains oder L'Hermitage-les-Bains gut für einen Strandurlaub eignet, sollte man weder die Fahrt auf den Piton Maïdo mit Ausblick auf den Cirque de Mafate noch die zahllosen sportlichen Aktivitäten auslassen. Geschichtsinteressierte finden Museen vor wie das Herrenhaus der Domaine Villèle. S. 114

Die drei Cirques
Das spektakuläre Innere der Insel bilden drei große Talkessel. Jeder von ihnen hat seinen eigenen Charakter: Cilaos ist schroff und abgelegen, Salazie üppig und grün und Mafate autofrei und authentisch. Alle drei bieten zahllose Möglichkeiten für Wanderer und Spaziergänger. S. 224

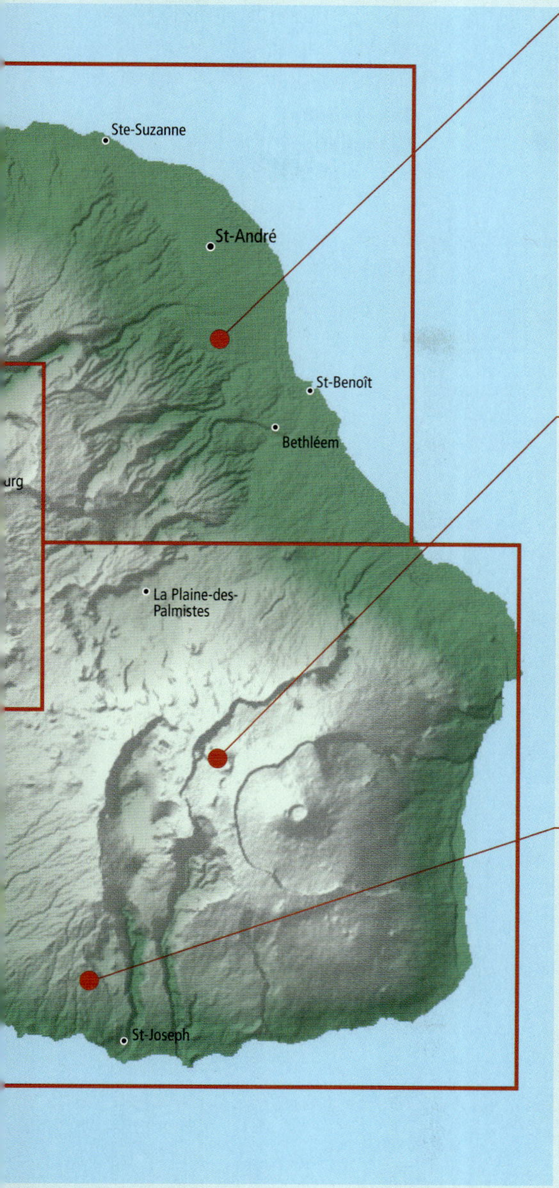

Die Ostküste
Von der Zuckerwirtschaft und ihrer Geschichte geprägt, macht die Ostküste vor allem durch den Vanilleanbau, das lebendige religiöse Leben der hinduistischen Tamilen, die spektakuläre Schlucht von Takamaka und kleinere Naturwunder wie die Wasserfälle der Cascades du Niagara von sich reden. S. 196

Die Hochplateaus und der Vulkan
In die Höhenlagen rund um den Piton de la Fournaise fährt man vor allem wegen der Naturspektakel: der dramatischen Schlucht Grand-Bassin, dem feuerspeienden Krater Dolomieu, dem Höllenloch Trou-de-Fer oder dem Urwald von Bébour-Bélouve. Bei Wanderungen kommt man ihnen ganz nahe. S. 264

Die Südküste
Das quirlige Städtchen Saint-Pierre öffnet das Tor zum Lavaland im Süden. Im Le Grand Brûlé küsst das tosende Meer die alten und neuen Lavaströme des Piton de la Fournaise. Wasserfälle wie die Grand-Galet oder Aussichtspunkte auf tiefe Schluchten wie bei Le Serré faszinieren Naturverbundene. S. 158

Reiseinfos, Adressen, Websites

Beim Schnorcheln Wasserwelten entdecken: die Bucht von L'Hermitage-les-Bains

Informationsquellen

Infos im Internet

Offizielle Webseiten

www.reunion.fr/de
Offizielle Website der Insel Réunion, betrieben vom Île de la Réunion Tourisme (IRT).

Private Webseiten

www.insel-reunion.de
Private Website einer Réunionesin, die in Deutschland lebt. Nicht immer ganz aktuell, aber um ein paar Infos einzuholen, reicht die Website allemal. Auf Deutsch.
http://ile-de-la-reunion.info
Ein ansprechend gestalteter Blog eines Réunionesen auf Französisch, der abseits von Klischees und den großen Attraktionen ein lebendiges Bild seiner Insel zeichnet.
www.mi-aime-a-ou.com
Ausführliches Verzeichnis, das die Eigenheiten, die Geschichte, Kultur und Natur, Sehenswürdigkeiten und noch vieles mehr auf Französisch beschreibt.

Kommerzielle Webseiten

www.reunion-urlaub.com
Deutsche Website von Brigitte Monat, die bei Buchungen von Unterkünften und Veranstaltern behilflich ist. Geprüfte Partner.
www.clicanoo.re
Webportal der Tageszeitung Le Journal de l'île de la Réunion (JIR) mit Kleinanzeigen (Ferienwohnungen) und interessanten Dossiers über Kultur und Geschichte. Auf Französisch.
www.allonslareunion.com
Übersichtlich gestaltetes Verzeichnis von Unterkünften, die für eine Listung bezahlen müssen – was eine gewisse Seriosität der Betreiber gewährleistet. Auf Französisch.

Fremdenverkehrsämter

... in Deutschland

Atout France
Zeppelinallee 37
60325 Frankfurt/Main
Tel. 069 97 58 01 48
www.atout-france.fr

... in Österreich

Atout France
Tuchlauben 18/12
1010 Wien
Tel. 01 503 28 92
www.atout-france.fr

... in der Schweiz:

Atout France
Rennweg 42
Case postale 3376
8021 Zürich
Tel. 0900 90 06 99
www.atout-france.fr

... auf Réunion

Île de La Réunion Tourisme (IRT)
4 Rue Jules Thirel, Bâtiment B
97460 St-Paul
Tel. 0810 16 00 00
www.reunion.fr
Mo–Do 8–12 und 13–17,
Fr 8–11 Uhr

Regionale Fremdenverkehrsbüros *(office de tourisme)*: Hier erhält man verlässliche Informationen. Außerdem liegt dort die vierteljährlich erscheinende Informationsbroschüre »Guide RUN« aus, die unentgeltlich eine umfassende Liste aller Unterkünfte und touristischer Anbieter auf Réunion bereithält. Die Adressen der regionalen Fremdenverkehrsbüros werden im Reiseteil bei den jeweiligen Orten aufgeführt.

Professionelle Unterstützung bei der Reiseplanung
Es gibt eine schier unüberschaubare Anzahl von Anbietern für Réunion. Große Veranstalter haben oft standardisierte Baustein-Reisen mit typischen Großhotels im Programm. Ihr Vorteil liegt in attraktiveren Preisen, da große Unternehmen mehr Preisdruck auf die Tourismustreibenden ausüben können. Wer es lieber individuell und familiärer mag und auf der Suche nach Geheimtipps ist, sollte kleinere Anbieter und ausgewiesene Spezialisten mit der Reiseplanung betrauen.

Réunion-Spezialisten für Individual-Arrangements
Alizee Reisen: www.alizee-reisen.de
Brandner Reiseagentur: www.reiseagentur-brandner.de
Infinity Reisen: www.infinity-reisen.de
L'Evasion Tours: www.l-evasion-tours.de
Trauminselreisen: www.trauminselreisen.de

Wander- und Aktivreisen
Diamir: www.diamir.de
Hauser Exkursionen: www.hauser-exkursionen.de
Schulz Aktiv Reisen: www.schulz-aktiv-reisen.de
Weltweitwandern: www.weltweitwandern.at

Großveranstalter
Dertour: www.dertour. de
FTI Touristik: www.fti.de
Kuoni: www.kuoni.de, www.kuoni.at, www.kuoni.ch
TUI: www.tui.de

Lesetipps

Sich in réunionesische Literatur einzulesen, gestaltet sich für Reisende mit geringen Französischkenntnissen schwierig, da bis auf Axel Gauvin bisher noch keine Bücher von réunionesischen Autoren ins Deutsche übersetzt wurden.

Gauvin, Axel: Kindheitshunger, Wuppertal 1995. Ein 15-jähriger Inder-Junge aus der multikulturell geprägten Küstenregion Réunions kommt in das bäuerliche, rückständige Hochland und besucht dort die Schule. Zuerst fremd unter Weißen, lernt er, sich gegen den vorherrschenden Rassismus durchzusetzen und erlebt seine erste Liebe.

Gauvin, Axel: Wenn du aufwachst, bin ich da, Wuppertal 1997. Über die ungewöhnliche Liebe einer Großmutter zu ihrem Enkel, dessen Eltern bei einem Zyklon sterben. Mit beinah übermenschlichen Kräften schafft sie es, dem Jungen Lebensmut und Vertrauen fürs Erwachsenenleben zu geben.

Daniel Vaxelaire: Le grand livre de l'histoire de la Réunion, 2 Bd., Chevagny sur Guye 2009. Ein detaillierter Abriss der réunionesischen Geschichte von dem Inselpublizisten Vaxelaire.

Wetter und Reisezeit

Klima

Zwei markante Jahreszeiten, die genau gegenläufig zu jenen in Mitteleuropa sind, herrschen vor. Aufgrund des zerklüfteten Reliefs gibt es aber weit über hundert Mikroklimazonen, die sich in Temperatur, Luftfeuchtigkeit, Regenmenge und sogar Vegetation unterscheiden. Während die Temperaturen an der Küste je nach Saison zwischen 18 und 35 °C variieren, kann es in den Bergen unangenehm kalt werden. Pro 100 Höhenmeter kühlt die Luft etwa um 1 °C ab.

Online-Wetterportale wie www.meteo-reunion.com oder http://outremer.meteofrance.com erleichtern das Planen des Aufenthalts. Die TV-Wettervorhersagen *(météo)* der lokalen TV-Sender – Ausstrahlung um 18.55 und 19.40 Uhr auf Antenne Réunion und um 19.20 und 19.55 Uhr auf Télé Réunion – helfen bei der Vorbereitung des nächsten Tages.

Klimadiagramm Saint-Denis

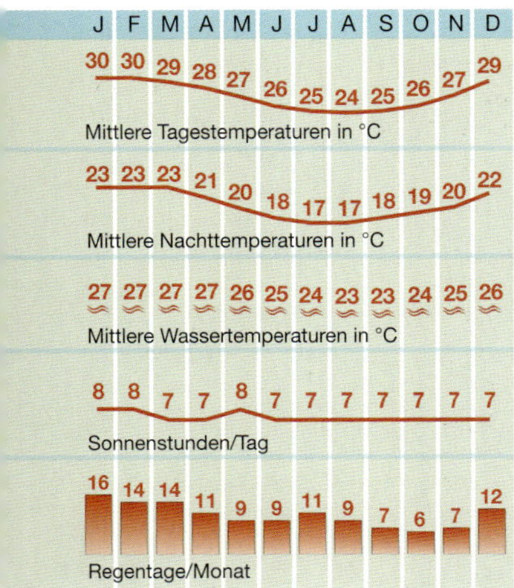

Tropischer Sommer, Regenmonate

Von November bis April beschert die Äquatorsonne der ganzen Insel feucht-heiße Temperaturen. Ab Dezember nehmen die Niederschlagsmengen zu, im Januar und Februar regnet es statistisch gesehen am häufigsten. Die Ostseite ist generell stärker vom Regen betroffen. Von Januar bis März fegen tropische Wirbelstürme und vereinzelt auch ein Zyklon (s. S. 61) über die Insel – das ist zwar nicht gefährlich, aber unangenehm, wenn man im Hotel oder der Ferienwohnung festsitzt.

An der dem Wind abgewandten Westküste (côte sous le vent) sind ungetrübte Sonnentage dennoch in der Überzahl. Dass sich an den Hängen schon ab 9, 10 Uhr Wolken bilden, tut den Sonnenfreuden keinen Abbruch. Die in die Höhe steigende Warmluft trifft oben auf die kalten, weniger feuchten Luftschichten der Höhenlagen und verursacht Nebel und Sprühregen in den Bergregionen, die mit einer Durchschnittstemperatur von weniger als 18 °C zu den kalten Tropen zählen. Nicht umsonst erinnern die Vegetation und die Atmosphäre von höher gelegenen Regionen an Südtiroler Hochalmen. In den Sommermonaten flüchten deshalb die Küstenbewohner gerne in die kühlere Bergluft.

Wer mit heißen, schwülen Temperaturen gut umgehen kann, kann in diesen Monaten bedenkenlos die Insel besuchen. Oft ist es im Süden und in den Höhen um einige Grade kühler. Vermehrte Regenfälle und Tiefdruckgebiete können den Wanderwegen zusetzen, doch wenn man keine größeren Wanderungen unternehmen möchte, sind auch die Sommermonate für eine Reise empfehlenswert.

Tropischer Winter, Trockenmonate

Von Mai bis Oktober herrscht kühleres, trockeneres Klima vor. Am kühlsten wird es im Juli und August, wenn man selbst für die Abende an der Küste warme Socken und einen dicken Fleecepulli im Gepäck haben sollte. Tagsüber fallen die Temperaturen an der Küste teilweise auf milde 22–23 °C, der Indische Ozean kühlt empfindlich ab. In den Bergen über 1800 m Höhe herrschen in den Wintermonaten mitunter Temperaturen um den Gefrierpunkt. Als trockenster Monat gilt statistisch gesehen der Oktober, obwohl es an der Inselostseite vereinzelt regnen kann.

Für Wanderer sind die Wintermonate ideal, wenn durch weniger Hitze weniger Wasser verdunstet und es folglich mehr wolkenlose Tage gibt. Gleichzeitig kann es dann aber äußerst kalt sein, sodass man mit ausreichend warmer Wanderkleidung – am besten nach dem Zwiebelprinzip – ausgerüstet sein muss.

Beste Reisezeit

Klimatisch zählen die Monate des Pflanzenwachstums, Oktober bis Dezember, zur schönsten Reisezeit. Viele Blumen blühen und die Bäume stehen im Saft. Im Dezember könnte man von den vielen erntereifen Früchten wie Litschis, Mangos oder Papayas allein leben. Dieser Umstand ist aber im Mutterland Frankreich bekannt, so darf man in diesen Monaten weder eine menschenleere Bergwelt noch Schnäppchenpreise erwarten.

Kleidung und Ausrüstung

Gegen die stark schwankenden Temperaturen an der Küste und in der Höhe wappnet man sich auf Réunion am besten mit allem: mit leichter Sommerkleidung und Badezeug genauso wie mit flauschiger Fleecejacke und Regenponcho. Das Gepäck richtet sich vor allem nach der Reisezeit und den geplanten Aktivitäten.

Im Sommer reicht an der Küste bei bis zu 35 °C feucht-schwüler Hitze leichte Sommerkleidung samt Flipflops, Badesachen, Sonnenbrille und Hut. Nicht zu vergessen ist natürlich die obligatorische Sonnencreme. Die Nächte bleiben stickig warm, klimatisierte Zimmer sind schnell ausgebucht. Das Ende von teilweise heftigen Regenschauern und tropischen Wirbelstürmen wartet man am besten in der Unterkunft ab. Dennoch ist ein Regenschirm oder eine Regenjacke von Vorteil.

Im Winter erreichen die Tagestemperaturen trockene 22–25 °C. Tagsüber reicht die oben beschriebene Sommerkleidung, doch für die Nacht benötigt man geschlossene Schuhe, Socken, ein Paar wärmende Jeans sowie einen kuscheligen Pulli.

Wanderausrüstung

Zur Grundausstattung für Wanderer gehören knöchelhohe Wanderschuhe mit rutschfester Profilsohle, eine Kopfbedeckung, Sonnen- und Regenschutz, eine Taschenlampe, ein Taschenmesser und Pflaster, Wanderkarten sowie ein freigeschaltetes Mobiltelefon.

Für Wanderungen und Nächte in den Höhen reichen im tropischen Sommer eine lange Hose sowie eine Fleecejacke, im Winter ist atmungsaktive und wärmende Wanderbekleidung im Zwiebelprinzip angebracht. Wer beispielsweise auf den Piton des Neiges steigt, ist mit Skiunterwäsche, einer Winterwanderhose sowie mehreren Lagen atmungsaktiver Oberbekleidung gut beraten. Mütze und Handschuhe gehören ebenfalls ins Gepäck.

Anreise und Verkehrsmittel

Anreise

... mit dem Flugzeug

Réunion ist in erster Linie über Paris per Flugzeug zu erreichen. Die reine Flugzeit beträgt etwa elf Stunden. Die auf Réunion ansässige Air Austral fliegt vom internationalen Pariser Flughafen Charles de Gaulle (CDG) täglich nach Saint-Denis oder Saint-Pierre. Für die Anreise aus Deutschland, Österreich und der Schweiz ist sie zu empfehlen, da man in Paris nicht den Flughafen wechseln muss (www.air-austral.com). Air France fliegt ebenfalls je nach Saison mit bis zu zwei Maschinen täglich nach Saint-Denis (www.airfrance.com). Der Abflug erfolgt vom französischen Inlandflughafen Paris-Orly. Die dritte kleinere Airline, die Saint-Denis von Paris-Orly aus anfliegt, ist Corsair, die sich im Besitz des deutschen Touristikkonzerns TUI befindet (www.corsair.fr). Alternativ dazu hat die Air Mauritius Saint-Denis im Programm, aber das zweimalige Umsteigen (Paris, Mauritius) empfiehlt sich nur, wenn man ein paar Tage auf Mauritius anhängen möchte (www.airmauritius.com). Der Low-Cost-Carrier XL Airways fliegt zum günstigen Preis, aber nur ab Marseille (www.xl.com).

Auf Schnäppchenflüge nach Réunion wartet man vergeblich, verglichen mit anderen Destinationen im gleichen Zielgebiet ist die Anreise relativ teuer. Die Airlines kontrollieren quasi den Luftraum über Réunion, einen gesunden Wettbewerb gibt es von daher nicht. Je nach Jahreszeit muss man ab Deutschland oder Österreich mit Preisen von knapp 1000 € bis zu sagenhaften 4000 € vorlieb nehmen. In den französischen Schulferien explodieren die Preise. Manchmal werden Sonderangebote lanciert, bei denen der Flugpreis ab Paris kurzfristig auf 599 € sinkt. Bei der Flugbuchung empfiehlt sich die Zuhilfenahme von Suchmaschinen und Online-Anbietern wie www.skyscanner.de, www.momondo.de oder www.swoodoo.at, die direkt auf die Webseiten der Airlines verlinken. Bei den Buchungsportalen www.opodo.de oder www.expedia.de werden Buchungsgebühren verrechnet. Ebenfalls sehr attraktiv sind teilweise die Pauschalangebote diverser Reisebüros und Veranstalter, ein Vergleich lohnt.

Bei vielen Flügen muss man in Paris umsteigen und dabei den Flughafen wechseln. Obwohl alle 30 Min. Shuttle-Busse *(navettes)* zwischen Paris-Orly und Paris-Charles de Gaulle (CDG) pendeln, ist der Flughafenwechsel unangenehm. Nach dem Abholen des Gepäcks müssen Air-France-Kunden am Transferschalter *(correspondance)* das im Flugpreis inbegriffene Ticket für den Shuttle-Bus lösen, Kunden anderer Airlines zahlen 20 € Transferkosten (Kinder 10 €) für die blaue Ligne 3. Zudem kann sich die ca. einstündige Transferzeit durch Staus verdreifachen. Um den Flughafenwechsel zu vermeiden, kann man mit einer beliebigen Airline, z. B. Air France, nach Paris-CDG und anschließend mit der Air Austral nach Saint-Denis fliegen.

... mit dem Schiff

Von Mauritius aus verkehren große Schiffe nach Réunion, nämlich die Mauritius Trochetia und die Mauritius Pride. Die Überfahrt dauert ca. 12 Std. und kostet je nach Saison ab 152 € in der günstigsten und ab 220 € in der teuren Kabinenklasse. Leider laufen die Schiffe immer am Abend aus, als Panoramafahrt über den Indischen Ozean ist die Überfahrt also nicht geeignet (www.mauritiusshipping.intnet.mu). Der Indische Ozean ist als sehr rau bekannt, die beinahe gleich teure Fluganreise ist deshalb zu bevorzugen. Einige Kreuzfahrtschiffe peilen Réunion im Zuge ihrer Tour durch den Indischen Ozean an. Doch mehr als ein paar Stunden Landgang stehen in der Regel nicht zur Verfügung.

Verkehrsmittel

Mietwagen

Aus ökologischen Gesichtspunkten mag man es nicht zugeben, aber ein reibungsloser Urlaub auf der Naturinsel Réunion steht und fällt mit einem Mietfahrzeug. Es stehen internationale Unternehmen genauso zur Auswahl wie einheimische. Auf folgenden Internetseiten findet man die Angebote der lokalen Büros:

www.ada-reunion.com,
www.aubasprix.fr
www.avisreunion.com
www.budget-reunion.com
www.europcar-reunion.com
www.hertzreunion.com
www.itctropicar.com
www.sixt.com
www.weinlocation.com

Tendenziell sind internationale Ketten teurer als die einheimischen, ebenso muss man mit höheren Tarifen rechnen, wenn man das Mietauto am Flughafen übernimmt. Wer im Internet im Voraus bucht, kann vielleicht sogar das eine oder andere Internet-Schnäppchen ergattern. Eine Reservierung macht in jedem Fall Sinn, insbesondere zu Ferienzeiten und in der Hochsaison. Die Preise beginnen bei 14 € und gehen hinauf bis zu 60–70 € pro Tag. In erster Linie hängen die Miettarife von der Mietdauer, der Kategorie und Größe, der Ausstattung und dem Alter des Fahrzeugs ab. Obwohl die Insel nicht groß ist, sollten dennoch unlimitierte Kilometer *(kilométrage illimité)* gebucht werden. Einen alten, verbeulten Renault Twingo ohne Klimaanlage, den man für 30 Tage mietet, gibt es ab 14–15 € pro Tag. Wer sich allerdings mehr Komfort und ein sicheres Fahrzeug neueren Datums wünscht, muss bei einer Mietdauer von 14 Tagen 30–35 € und aufwärts rechnen. Mietautos müssen aber nicht zwangsläufig am Flughafen in Empfang genommen werden. Viele Unternehmen bieten Shuttledienste vom Flughafen – egal ob Saint-Denis oder Pierrefonds – zu ihren jeweiligen Büros in der Stadt oder gar in die Unterkunft.

Vorsicht Stau!

Zwischen Saint-Denis und Saint-Pierre auf der N 1 herrscht die größte Verkehrsdichte der Insel, die Strecke zwischen Saint-Paul und Le Port zählt mit 67 000 Fahrzeugen pro Tag überhaupt zum meistbefahrenen Straßenabschnitt. Anfällig für Verkehrsstaus sind die Morgenstunden zwischen 6.30 und 9 Uhr, die Mittagsstunden vor und nach der Mittagspause sowie die Abendstunden nach Dienstschluss. Einfahrtsstraßen, Schnellstraßenzubringer und jene Abschnitte, wo zwei oder mehrere Straßen zusammenkommen, sind dann hoffnungslos verstopft. Besonders anfällig sind die Einfahrtsstraßen von Saint-Denis, das Ende der vierspurig ausgebauten Route des Tamarins bei Saint-Paul in Richtung Norden und die Einfahrtsstraßen von Saint-Pierre, z. B. von Saint-Joseph aus kommend. Am entspanntesten ist das Verkehrsaufkommen an den Sonntagen.

Autofahren

Grundsätzlich gelten französische Verkehrsregeln. EU-Bürgern reicht der Führerschein des Heimatlandes. Der Zustand der Straßen ist ausgezeichnet,

Réunionesen lieben ihre Fahrzeuge – auch Oldtimer

bis auf wenige Schotterpisten und abgelegenere Pfade sind fast alle Straßen geteert. Mit Instandhaltungsarbeiten muss gerechnet werden. Die Straßen in den Höhenlagen sind tendenziell in schlechterem Zustand als die in Küstennähe. Es herrscht Rechtsverkehr.

Auch wenn es auf den ersten Blick nicht so aussieht, ist Autofahren auf der Insel doch eine gewisse Herausforderung. Die Unfallzahlen sind relativ hoch – selbst die mit Todesfolge. Zu den größten Sicherheitsrisiken zählen die Verkehrsdichte und Staus (Auffahrunfälle), Alkohol am Steuer, Raserei und unbesonnene Motorrad- und Mofafahrer.

Einige Besonderheiten der Straßen haben ursächlich mit den platzregenartigen Schauern zu tun. Viele Straßen verfügen über sogenannte *caniveau*, tiefe Abwassergräben, an der Seite, damit das Wasser bei den heftigen Regenfällen abfließen kann. Auf den engen Bergstraßen kann man nur allzu leicht in einer unachtsamen Sekunde in diesen Gräben hängen bleiben und einen schweren Unfall riskieren. Grundsätzlich ist in den ersten 10 Min. eines Regenfalls unbedingt die Geschwindigkeit zu drosseln, denn der Mix aus Staub, Öl auf der Fahrbahn und heftigen Regengüssen sorgt für spiegelglatte, seifige Straßen und Aquaplaning.

Überall dort, wo es Wasserläufe gibt, werden *radiers*, ungesicherte Betonabschnitte, in die Fahrbahn eingebaut. *Radiers* erkennt man daran, dass plötzlich Straßenmarkierungen oder Seitenbegrenzungen enden und sich die Straße verengt. Wenn sich in solchen Abschnitten Wasser gesammelt hat, sollte man unter keinen Umständen hineinfahren, auch wenn der Wasserstand harmlos aussieht. Urplötzlich können Wassermassen auftauchen, z. B. weil es weiter oben im Flusslauf geregnet hat, die aber genauso plötzlich wieder zurückgehen. Solche Phänomene treten punktuell auf, auch wenn beispielsweise die Sonne scheint. Ausländer haben keine Vorstellung davon, wie stark die Fließgeschwindigkeit solcher Wasserläufe ist. In regelmäßigen Abständen schwemmt es Autos von den *radiers* in die Schluchten und Bäche, weil

Autofahrer unbesonnen durchfahren. Es empfiehlt sich, stehen zu bleiben und zu warten, bis das Wasser abfließt. Notfalls dreht man um und trinkt in der letzten Ortschaft einen Kaffee. Vor *radiers* stehen Schilder mit den Aufschriften: *Risque d'inondation* – Überschwemmungsrisiko, *Radiers submersible* – überflutbarer Kanal oder *Ne pas franchir en cas de submersion* – Überfahrt verboten bei Überschwemmung. Diesen Schildern ist unbedingt Folge zu leisten.

Bei uns eher unbekannt sind die Gelbmarkierungen der Bordsteine – hier darf weder geparkt noch gehalten werden. Im Kreisverkehr hat man nicht immer uneingeschränkte Vorfahrt, zahlreiche Kreisel haben anderslautende Vorfahrtsregeln. Übrigens: Zur Zeit der Zuckerernte haben die schweren Lastzüge, die oft 40 t und mehr Zuckerrohr geladen haben, ein uneingeschränktes Vorfahrtsrecht, denn sie können einfach nicht mehr bremsen.

Tempolimit: Auf vierspurigen Straßen, *quatre voie*, gilt eine Höchstgeschwindigkeit von 110 km/h, bei Regen von 100 km/h, auf der Landstraße von 90 km/h und in Ortsdurchfahrten von 50 km/h. Auf engen, gewundenen Bergstraßen muss mit Rasern gerechnet werden, die Kurven schneiden und riskant überholen.

Tankstellennetz: Tankstellen gibt es überall zuhauf, außer am Vulkan und in den Cirques Salazie und Cilaos. Es wird Diesel oder EuroSuper bleifrei 98 getankt. Die Preise werden vom Präfekten festgesetzt und gelten auf der gesamten Insel. Im Juni 2013 kostete der Euro-Super 1,59 € und Diesel 1,22 €. Manche Tankstellen sind 24 Stunden geöffnet, andere haben Sonntag- und Montagvormittag geschlossen. Im Zweifelsfall sollte spätestens Samstagabend vollgetankt werden. Selbsttanken ist nicht üblich.

Pannenhilfe: Im Falle von Pannen sind die Verleihagenturen zu kontaktieren. Sie senden umgehend Pannenhilfe oder gar Ersatzwagen.

Busse

Für Kurzurlauber sind Busse bis auf wenige Ausnahmen keine echte Alternative. Obwohl das Busfahren ausgesprochen billig ist, kann nicht jeder Ort zu jeder Zeit erreicht werden. Wanderer nehmen die Dienste der Linienbusse in Anspruch, wenn der Ausgangspunkt einer Wanderung vom Endpunkt weit entfernt liegt und man zurück zum Mietauto gelangen muss. Entlang der Küste sind die Cars Jaunes eine Alternative, wenn es nur um den Transport von A nach B geht. Übrigens: Um den Haltewunsch anzuzeigen, klatscht man zwei-, dreimal in die Hände.

Taxis

Taxis sind eher ein leidiges Thema auf Réunion. Abgesehen davon, dass wenige Taxis verkehren, existieren keine Rufzentralen. Um ein Taxi zu bestellen, müsste man die Privatnummer eines Unternehmers kennen und zudem Französisch sprechen. Für den Transport in unwegsame Regionen halten manche Firmen Geländewagen bereit. Im Reiseteil werden entsprechende Kontaktadressen aufgeführt, die Fremdenverkehrsämter helfen gerne weiter.

Hubschrauber und ULM

Weniger dem Transport als dem Sightseeing dienen die relativ teuren Helikopter- und ULM-Rundflüge. Im Hubschrauber müssen sich Flugbegeisterte den Flug mit fünf anderen Personen teilen, was bedeutet, dass nicht jeder einen Fensterplatz ergattern kann. Zudem gestaltet sich das Fotografieren schwierig wegen der Fensterscheiben. Anbieter für Helikopterrundflüge gibt es am Flughafen Saint-Pierre und am Heliport bei Saint-Gilles, für ULM-Flüge in Saint-Denis und Saint-Paul.

Übernachten

Mangel an Unterkünften gibt es keinen, allerdings sind viele Quartiere für die gegebene Qualität überteuert. Tendenziell verfügen bessere Unterkünfte über Internetseiten, dennoch darf man den Fotos nicht immer trauen. Die im Buch angeführten Preise gelten, soweit nicht anders angegeben, für eine Übernachtung im Doppelzimmer mit Frühstück inklusive Steuern.

Hotels und Pensionen

Vom Fünf-Sterne-Hotel Lux* Ile de la Réunion in L'Hermitage bis zu einfachen, nicht klassifizierten Herbergen reicht das Angebot. Die Preise variieren je nach Ausstattung und beginnen in einfachen Unterkünften bei 45 € pro Doppelzimmer mit Frühstück. Es gibt relativ wenige richtige Hotelanlagen, am ehesten sind sie in Saint-Denis, an der beliebten Westküste und teilweise weiter im Süden zu finden. Obwohl die Vergabe der Sterne behördlich kontrolliert wird, entsprechen sie nicht ganz den Standards, die man auf Mauritius oder in Mitteleuropa erwarten darf. Nicht klassifizierte Hotels und Pensionen stellen eine günstige Alternative zu den klassischen Hotels dar. Bei einer Buchung ist unbedingt nachzufragen, welche Leistungen im Preis inbegriffen sind, denn oft werden Zimmerpreise ohne Frühstück oder Steuern angegeben.

Hochsaisons und Ferienzeiten
Réunion hat immer Saison, besonders bei den Franzosen. Als absolute Spitzenzeiten gelten Weihnachten und Ostern sowie die Sommermonate Juli und August, darüber hinaus die Schulferienzeiten im Winter (Feb./März), Frühling (April/Mai) und Herbst (Okt./Nov.). Wenn es so etwas wie eine preisgünstigere Nebensaison gibt, dann sind das noch am ehesten die Monate April bis Juni. Für die Hochsaisonzeiten sind unbedingt von Europa aus schon Reservierungen zu tätigen.

Chambres d'hôtes

Chambres d'hôtes sind die französische Form von Bed & Breakfast mit maximal fünf Zimmern in einem Haus. Oft liegen die Zimmer direkt neben dem Privatbereich der Betreiber und häufig muss man sich das Bad und WC mit anderen Gästen teilen. In den allermeisten Fällen wird ein *table d'hôtes* angeboten, d. h. eine Mahlzeit, die die Hausherren mit den Gästen einnehmen. Das Abendessen (23–28 €) besteht aus mehreren Gängen (Aperitif, Vorspeise, Hauptspeise, Dessert, Kaffee, *rhum arrangé*). Das Frühstück sollte im Preis inbegriffen sein. Preislich liegen die Fremdenzimmer deutlich unter den Tarifen der Hotels, im Normalfall ist mit 60–100 € für zwei Personen inklusive Frühstück zu rechnen.

Gîtes

Die Unterscheidung zwischen *gîtes* und *chambre d'hôtes* ist fließend. Meistens handelt es sich bei *gîtes* um einfache Gemeinschaftsunterkünfte mit Mehrbettzimmern und gemeinschaftlich genutzten sanitären Anlagen. In der Regel wird in *gîtes* am Abend ein Essen serviert. Die Preise rangieren zwischen 40 und 60 € für zwei Personen inklusive Frühstück. Die vorwiegend in den Bergregionen betriebenen *gîtes d'étape et de sé-*

jour richten sich ebenso wie die *gîtes de montagne* an Wanderer, die in der Regel nur eine oder zwei Nächte bleiben. Alle *gîtes* werden in einem Verzeichnis geführt und sind über die Buchungs-Hotline des IRT (s. S. 33) mindestens 48 Std. im Voraus zu reservieren.

Ferienwohnungen

Sie sind als *meublé de tourisme* oder *locations saisonnières* ausgeschildert und zählen zu den preisgünstigsten Optionen, um auf Réunion Urlaub zu machen. Sie haben eine große Tradition auf der Insel, denn insbesondere die Einheimischen und Franzosen bevorzugen diese Art der Unterbringung. Die klassischen Ferienwohnungen sind mit Miniküche, Geschirr, Fernseher, manchmal auch Waschmaschine und ähnlichen Annehmlichkeiten ausgestattet. Der Preis hängt meist von der Ausstattung und der Lage ab. In der Terminologie gibt es einige Feinheiten, die zu beachten sind. Studios sind günstige Miniapartments von 15–25 m^2, die aus einem Zimmer bestehen. Das Kürzel F1 bedeutet, dass die Ferienwohnung über ein getrenntes Schlafzimmer verfügt. F2-Wohnungen haben zwei Zimmer, F3-Wohnungen drei usw. Bei Studios und F1-Wohnungen muss mit beengten Wohnverhältnissen gerechnet werden. Platz ist auf Réunion Mangelware – deshalb hat er auch seinen Preis. Ferienwohnungen kosten ab ca. 250 € pro Woche oder ca. 40 € pro Tag. Über zahlreiche französische Internetseiten können Ferienwohnungen reserviert werden, z. B. www.amivac.fr, www.homelidays.com, www.abritel.fr, www.allonslareunion.com. Zumeist ist eine Anzahlung von 30 % zu leisten. In jedem größeren Ort finden sich übrigens Wäschereien.

Essen und Trinken

Als kulinarisches Spiegelbild der Mischgesellschaft entwickelte sich eine Art Fusionsküche, die *cuisine créole,* die den einzelnen Ethnien, aber auch regional zur Verfügung stehenden Lebensmitteln Rechnung trägt. Daneben haben sich die indische und chinesische Küche als eigenständige Kochtraditionen erhalten.

Carri & Co

Beim Nationalgericht *carri* handelt es sich um einen Eintopf aus fein geschnittenen Zutaten wie Tomaten, Zwiebeln und Knoblauch, woher auch der Name (*carré*, dt. geschnitten) rührt. Kurz angebratene Fleischstücke von Huhn, Ente oder Schwein, aber auch Fisch und Krustentiere sowie Gewürze wie Ingwer und Kurkuma werden untergemengt. Auf den Speisekarten der Restaurants steht beispielsweise *carri poulet* (mit Huhn), *carri saucisse* (mit Würstchen) oder *carri espadon* (mit Schwertfisch). Raffinierte Varianten verkochen Schweinefleisch mit Bananenblüten *(carri babas figues boucané)* oder die liebevoll als ›Klein-Hänschen‹ bezeichnete Jackfrucht *(carri ti'jacques)* oder Tintenfische *(carri z'ourites)*. Ohne Kurkuma, dafür mit viel mehr Würze wird *rougail* zubereitet, dessen Zusammensetzung ansonsten dem *carri* ähnelt. Am bekanntesten ist *rougail saucisse*, ein recht scharfer Eintopf mit geräucherten Würsten.

An die Zeit ohne Kühlschrank erinnert *boucané*, geräucherte Schweinebrust. Sie findet in einigen Gerichten wie in *rougail boucané* oder in Gratins Verwendung, doch so richtig als Klassiker hat sich das *boucané ti'jacques* (mit Jackfrucht) durchgesetzt. Mit dem *civet* hat ein Ragout nach französischem Vorbild in die kreolische Küche Eingang gefunden. Die Einheimischen haben ihre Vorliebe für Tintenfisch-Ragout entwickelt, weswegen *civet z'ourites* nicht auf den Speisekarten der Gasthäuser fehlen darf. Seltener findet man da schon das *civet de canard créole*, die franco-kreolische Variante von Ente in Rotwein mit Ingwer, Thymian und Kurkuma.

Ein wenig wie mitteleuropäische Wildgerichte mit indischem Einschlag schmeckt *cabri massalé* (oder *massalé de cabri*), ein Ragout mit Ziegenfleisch, dessen Name sich vom indischen Gewürz herleitet. Das dunkle Pulver aus schwarzem Pfeffer, Koriander, Nelken, Kümmel, Kardamom, Muskat und gar Zimt wurde früher traditionell im Mörser zerstampft, heute kann man es im Supermarkt kaufen. Keine kreolische Spezialität wäre ohne Beigabe von Reis, Bohnen oder Linsen *(grains)* sowie der Würzsauce *sauce rougail* komplett. Der von den Indern und Chinesen eingeführte Reis verdrängte die Süßkartoffeln *(patate)*, Jamswurzeln *(igname)* oder Tarowurzeln *(songe)* als Beilage. Heute wird aber ebenso Baguette zum Essen gegessen.

Typische Speisenfolge

Vorspeisen, Suppen oder Ähnliches waren früher unbekannt. Die Menüfolgen, die heutzutage in den Restaurants und *table d'hôtes* serviert werden, sind eine Entwicklung der jüngeren Zeit, die sich an den französischen Essgewohnheiten orientiert.

Zum Aperitif werden Appetithäppchen kredenzt, wie frittierte Bohnenbällchen *(bonbons piments)*, dampfgegarte Fleischklößchen *(bouchons)*, gefüllte Teigtaschen *(samoussas)*, frittierte Süßkartoffeln und Tarowurzeln. Früher ein Arme-Leute-Essen, wird Taro wiederentdeckt. Ebenso kostet man sich bei den Entrees durch regionale Spezialitäten wie Salate aus Palmenherzen oder Vacoa.

Als klassische Gemüsebeilage reicht man *chouchou*, eine Christophinenart, die sich gut als Gratin zubereiten lässt. Gedünstetes Grüngemüse, *brèdes*, das spinatähnlich schmeckt, aber größtenteils aus uns unbekannten Gewächsen aus dem Garten zubereitet wird, ist ebenso beliebt. Das Geschmackserlebnis runden ein Löffel Gemüsewürzsauce *(achards)* oder scharfe Chili-Sauce *(piment)* ab. Nach dem Hauptgang, in der Regel einem *carri*, wird gerne noch ein Teller Käse aus der Region serviert. Einen Touch Exotik bringen die süßen Würzsaucen und Marmeladen, die den Käse aufpeppen. Nicht réunionesisch, aber verlockend ist der *Café gourmand*. Es handelt sich dabei um einen Espresso (oder eine Schale Kaffee), zu dem süße Häppchen serviert werden – ein raffinierter Nachtisch für Schleckermäuler.

Obst in Gläsern

Die tropischen Fruchtsorten finden nur allzu gerne ihren Weg ins Glas – als eingemachte Früchte, Konfitüre oder Fruchtgelee. Papayas, das Fleisch der Kokosnüsse, die süßlich-scharf schmeckenden Longanfrüchte *(longani)*, Litschis, Sternfrüchte, Ananas oder Goyaviers werden mit Vorliebe eingekocht. Die in den Höhenlagen z. B. um Plaine-des-Palmistes gedeihenden

Goyaviers sind wegen ihres erdbeer-bananen-ähnlichen Geschmacks und des hohen Vitamin-C-Gehalts sehr beliebt (s. S. 287). Zwischen Juni und September schwärmen ganze Familien aus, um sie zu pflücken.

Rum, Wein und Bier

Lokalen Rum aus Zuckerrohr selbst anzusetzen und mit eingelegten Früchten und Gewürzen zu veredeln wird von den Réunionesen wie ein Volkssport betrieben. Zwischen sechs Monaten und zwei Jahren muss der *rhum arrangé* reifen, damit sich der ganze opulente Geschmack entfaltet. Hat man erst einmal an der hochprozentigen Spezialität Gefallen gefunden, wird sie einen Réunion-Besuch unablässig begleiten. Je nach Belieben trinkt man ein Gläschen zu den Vorspeisen als apéro oder nach dem Essen als *digestif* – oder beide Male. So groß wie die Auswahl an Rumsorten in den Supermärkten ist, so sehr variiert die Qualität. Aus den Rückständen der Siedeprozesse z. B. wird Melasserum *(rhum de sucrerie, rhum traditionnel)* hergestellt. Direkt aus dem Zuckerrohrsaft hingegen wird der qualitativ hochwertige *vieux rhum* oder *rhum agricole* gewonnen. Er wird nur in den kleineren Destillerien wie in der Zuckerfabrik Bois-Rouge bei Saint-André, im Museum Saga du Rhum in Saint-Pierre oder in der Zuckerfabrik Gol bei Saint-Louis zum Verkauf angeboten. Bei einer Degustation kann man die unterschiedlichen Rumaromen je nach Lagerung (z. B. in Eichenfässern) oder Alter schmecken.

Weinkelterung hat auf Réunion nur rund um Cilaos Tradition. Der dort aus der Isabella-Traube gewonnene Wein weist einen hohen Alkoholgehalt auf und erinnert geschmacklich eher an einen schweren Portwein als an einen Tafelwein, da er stark mit Rohrzucker gesüßt wird. Bei regelmäßigem Genuss schädigt er außerdem aufgrund seines hohen Methanolgehalts das zentrale Nervensystem, was die Regierung in den 1990er-Jahren dazu veranlasste, seine Herstellung zu verbieten.

Um den Fortbestand der diversen Weingärten zu sichern, sattelten die Weinbauern auf die in Frankreich gängigen Sorten Chenin, Malbec und Pinot Noir um und produzieren seit einigen Jahren auch akzeptablen Tafelwein. Dennoch ist der traditionelle süße Wein von Cilaos nicht von den Tischen der Cilaosiens wegzudenken.

Sehr beliebt auf Réunion ist das Inselbier der Marke Dodo. Weniger kultig, aber kräftiger im Geschmack präsentieren sich die anderen Biersorten, wie das Fischer-Bier aus Saint-Louis und das aus Mauritius importierte Phoenix-Bier. Die Mikrobrauerei Trois-Brasseurs mit Restaurants in Saint-Denis und Saint-Pierre produziert ebenfalls ausgezeichnetes Bier.

Essen gehen

In allen größeren Orten gibt es eine relativ große Auswahl an Restaurants, Mittagsimbissen, *camion bars* oder *tables d'hôtes* (s. S. 26). In den Restaurants wird in der Regel von 11.30 bis 14 und 19 bis 21 Uhr warmes Essen serviert, nur manche Imbisse haben durchgängig geöffnet. Die Öffnungszeiten der Restaurants variieren stark je nach Saison und können von den hier genannten Zeiten abweichen. Beliebte Snacks sind Sandwiches, überbackene Baguettes mit unterschiedlichen Füllungen wie Hühnerstücken, Mais mit Thunfisch, Steaks, Fisch oder Würsten. Mit Einbruch der Dunkelheit öffnen die Pizza-Wägen. Essengehen ist in vielen Fällen eine teure Angelegenheit. Preislich attraktiv sind Gerichte zum Mitnehmen *(à emporter)*.

Aktivurlaub, Sport und Wellness

Baden

Réunion verfügt über einige schöne Strandabschnitte, die zu Ferienzeiten und an den Wochenenden gut besucht sind. Wegen der tückischen Strömungen und dem scharfkantigen Korallengestein empfiehlt es sich, nur an überwachten Stränden mit Rettungsschwimmern wie z. B. in Saint-Gilles, Saint-Leu oder Saint-Pierre ins Wasser zu gehen. Nur innerhalb der Lagune L'Hermitage und La Saline-les-Bains ist gefahrloses Schwimmen möglich, ansonsten ist Vorsicht geboten. Die Flaggen am Strand bedeuten: rot – Baden verboten, gelb – äußerste Vorsicht geboten, grün – Baden ist erlaubt.

Canyoning

Takamaka, Fleurs-Jaunes, Ravine Blanche oder Trou de Fer sind Namen, die Canyoning-Fans aufhorchen lassen. Abseilend, kletternd, springend, rutschend, schwimmend und manchmal sogar tauchend bewegt man sich durch grandiose wasserführende Schluchten teilweise über den blanken Felsen bergabwärts. Professionelle Veranstalter gibt es in Cilaos, Hell-Bourg, Saint-Denis, im Osten und natürlich im Großraum Saint-Gilles und Saint-Leu. Eine Reservierung im Vorhinein ist zwingend notwendig, zumal die Canyoning-Routen in den Bergen liegen, die Büros sich aber in den Städten befinden.

Gleitschirmfliegen

Anspruchsvolle Bedingungen finden Gleitschirmflieger im Inselwesten, wo in regelmäßigen Abständen sogar Etappen der Gleitschirm-Weltmeisterschaften ausgetragen werden. Das wichtigste Zentrum für Gleitschirmflug *(vol en parapente)* ist Saint-Leu, wo fast alle kommerziellen Anbieter ihre Büros haben. Obwohl es mehrere anspruchsvolle Absprungplätze gibt, z B. auf dem Maïdo, in Dos-d'Ane, am Dimitile oder in Saint-Joseph am Piton de L'Entonnoir, empfiehlt es sich, erst mal die Thermik am Les Colimaçons in Saint-Leu auszuprobieren. Anfänger machen ihre ersten Flugversuche ohnehin von Saint-Leu aus.

Golf

Es gibt Golfplätze in La Montagne, Saint-Gilles-les-Hauts und L'Etang-Salé.

Hochseefischen

Das Zentrum für Hochseefischen *(pêche au gros)* liegt in Saint-Gilles, aber auch von Saint-Pierre und Le Port laufen Boote aus. In den besten Monaten, zwischen Oktober und Mai, starten die Fischer frühmorgens und kehren um die Mittagszeit wieder zurück. Der Fang gehört laut Gesetz dem Schiffseigner, der ihn an die Restaurants der Umgebung verkauft. Fischereiausfahrten dauern maximal einen Tag ohne Übernachtung.

Kite- und Windsurfen

Die Szene ist überschaubar, aber beste Bedingungen findet man je nach Windstärke in Saint-Pierre (Ravine-Blanche und Terre-Sainte), wo bereits ausgeschilderte Kite- und Windsurfer-Strände eingerichtet wurden. Daneben sieht man immer mehr Wind- und Kitesurfer in Boucan-Canot, La Saline-les-Bains (Trou d'eau) und Saint-Leu.

Klettern

In Anbetracht dessen, dass es an die 20 ausgewiesene Kletterspots gibt, verwundert es, dass Klettern noch als Randsportart abgetan wird. Für viele Kletterer ist die Bezwingung des glatten Basalts anstatt des bei uns üblichen rauen Sandsteins sicherlich eine Herausforderung. Die Preise für Klettertouren beginnen bei 35 € für einen halben Tag. Kletterschuhe sind selbst mitzubringen, die restliche Ausrüstung wird üblicherweise gestellt. Veranstalter mit viel Erfahrung finden Interessierte in Cilaos.

Radfahren

Das gut ausgebaute Straßennetz scheint für passionierte Rennradfahrer attraktiv, allerdings hat die Sache einen Haken: Enorme Höhenunterschiede sind zu bewältigen, der dunkelgraue Asphalt reflektiert die Hitze unbarmherzig und rücksichtslose Autofahrer können Radsportler gefährden. Auch die vor einem Jahrzehnt angelegten Mountainbiking-Routen (VTT, *vélo tout terrain*) werden nur in den wenigsten Fällen gewartet, obwohl an einigen Orten noch vielversprechende Hinweistafeln stehen. Angeblich soll es an die 1500 km markierter Pisten geben, aber ohne Karten und Ortskenntnis sind nur wenige Abschnitte wirklich in Eigenregie befahrbar. Besser sind organisierte Radtouren: Die Veranstalter pflegen die Pfade, die oft durch Privatgrundstücke verlaufen, haben immer einen Radverleih angeschlossen, und kundige Führer leiten die Touren. Anbieter gibt es u. a. in Saint-Gilles-les-Bains, Saint-Leu, Cilaos und Saint-Denis. Beliebt sind Downhill-Fahrten, z. B. vom Maïdo oder vom Piton de la Fournaise. Die Preise schließen Bustransport, Begleitung, Ausrüstung und Picknick mit ein.

Immer bergab: Downhill-Fahrt am Piton de la Fournaise

Rafting

Die Flüsse Rivière du Mât und Rivière des Marsouins im Osten eignen sich aufgrund der Stromschnellen für rasante Wildwasserabfahrten. Beste Bedingungen mit viel Wasser herrschen vor allem zur Regenzeit von Dezember bis März. Veranstalter haben ihre Büros in Saint-Benoît.

Reiten

An der Anzahl der Reitställe *(écurie)* lässt sich erkennen, dass Reiten ein beliebter Zeitvertreib der Insulaner ist. Es gibt sie in zahlreichen Orten, meist in den Höhen, wo die Luft kühler ist und sich wunderbare Möglichkeiten für Ausritte bieten.

Segeln

Möglichkeiten für Segeltörns ergeben sich viele: So kann man in zwei Tagen die Insel umrunden, in einem Tag nach Mauritius (108 Seemeilen) oder in eineinhalb Tagen nach Madagaskar (370 Seemeilen) segeln. In den Marinas von Saint-Gilles-les-Bains und Le Port liegen unterschiedliche Segelboote vor Anker, die mit oder ohne Skipper vermietet werden.

Sprachkurse

Die erste und einzige Sprachschule für Französisch hat der Deutsche David Penkert in La Possession eröffnet. Ob Sie gemächlich oder intensiv lernen, entscheiden Sie selbst. Herr Penkert bietet Hilfe bei der Unterbringung in Gastfamilien und bei der Organisation von Freizeitaktivitäten. Alle Niveaus, flexible und individuelle Kursgestaltung, Preise auf Anfrage. DP Langues, 2, rue Antanifotsy, ZA Ravine à Marquet, La Possession, http://dplangues.com

Surfen

Die für Anfänger geeigneten Surfspots sind die Plage des Roches-Noires in Saint-Gilles-les-Bains und die Küste vor Trois-Bassins. Die restlichen Spots bei Saint-Leu, Saint-Pierre und entlang der Küste bleiben den Profis vorbehalten. Zwischen Saint-Gilles-les-Bains und Saint-Leu werden Kurse von diversen Surfschulen angeboten, wobei das größte Hindernis vermutlich die Sprache sein dürfte. Einige Lehrer sprechen ganz passabel Englisch. Nach einigen tödlichen Unfällen mit Haien *(requin)* in den Jahren 2011 und 2012 wurde das Angebot für Surfer drastisch eingeschränkt.

Tauchen

Insgesamt gibt es nur vier Tauchzentren auf der Insel: Saint-Gilles, Saint-Leu, L'Etang-Salé und Saint-Pierre. Trotz der starken Strömungen ist die Beliebtheit von Saint-Gilles bei Tauchern ungebrochen, da sich vor der Küste größere Fischschwärme präsentieren. Saint-Leu punktet mit farbenprächtigeren und intakteren Korallenriffen, außerdem kommen durch die geschützte Lage seltener Strömungen vor, was besonders für Anfänger oder Tauchkursabsolventen angenehm ist.

Seriöse Tauchschulen, die die französischen Gesetze achten, sind verpflichtet, von Anfängern ein maximal drei Monate, von Fortgeschrittenen ein maximal ein Jahr altes ärztliches Attest einzufordern. Denn während PADI, der weltweit größte Tauchverband, nach amerikanischer Sitte auf die Selbstverantwortung pocht, verlangt der französische Tauchverband (FFESSM) von den angeschlossenen Tauchschulen, dass sie die Verantwortung für den medizinischen Zustand ihrer Taucher übernehmen. Wer ohne ärztliches Attest nach Réunion reist, kann dies notfalls auch vor Ort von einem Hausarzt *(généraliste)* ausstellen lassen (um die 30 €).

Wandern

Ein dichtes, gut gepflegtes Wegenetz, gute Beschilderungen und vor allem sensationelle Landschaften und Panoramen machen Wandern auf Réunion zum unvergesslichen Erlebnis. Neben botanischen Lehrpfaden, Spazierwegen und Tagesstrecken gibt es die Weitwanderwege GR R1, GR R2 und GR R3 (GR = *Grande Randonnée*). Sie durchqueren die ganze Insel und sind weiß-rot markiert. Entlang der Routen gewähren Berghütten Unterkunft. Zur Regenzeit (Januar–April) empfehlen sich Wanderungen eher nicht, da die Wege sumpfig und teilweise von Erdrutschen verlegt sind, außerdem ist mit plötzlich anschwellenden Bergbächen zu rechnen. Durch Regen und Stürme können Strecken leicht unpassierbar werden – und mehrere Monate bleiben.

Reservierungszentrale (IRT)

Landläufig als Maison de la Montagne bekannt ist die Reservierungszentrale für die Bergunterkünfte sowie alle anderen eingetragenen Unterkünfte. Reservierungen können entweder direkt online oder per Telefon oder über eines der zahlreichen Fremdenverkehrsämter getätigt werden. **Achtung:** Die Verpflegung muss zusätzlich gebucht werden, meist direkt bei der Berghütte.

Centrale de Réservation de l'Île de la Réunion Tourisme (IRT)
4 Rue Jules Thirel, Bâtiment B
Saint-Paul
Tel. 0810 16 00 00
www.reunion.fr
Mo–Do 8–12, 13–17, Fr 8–11 Uhr

Verhaltensregeln für Wanderer

Nehmen Sie sich Zeit, um sich an das Klima und die Intensität der Sonneneinstrahlung zu gewöhnen.
Trinken Sie ausreichend (mind. 3 l/Tag, besser noch mehr), nutzen Sie Kopfbedeckungen und vergessen Sie die Sonnenlotion nicht.
Die Nacht bricht schnell herein, je nach Saison ab 18 Uhr oder ein wenig später.
Das Temperaturgefälle ist immens: tagsüber herrscht sengende Hitze, nachts im Gebirge Kälte bis unter 0 °C (im tropischen Winter).
Wandern Sie nicht allein. Informieren Sie immer Personen über Ihren Aufenthaltsort (den Wirt der Pension oder einen anderen Urlaubsgast) und über die geplante Rückkehr.
Planen Sie gut: Zustand der Wege (Allo Sentiers, Tel. 0262 37 38 39, www.onf.fr/la-reunion, Menüpunkt Info Sentiers), Wetter (Vorhersage Tel. 0892 68 08 08 (Mehrwertnummer), www.meteo-reunion.com), Zyklonvorhersage (Tel. 0897 65 01 01, Mehrwertnummer).
Beginnen Sie Wanderungen so früh wie möglich, am besten um 6 Uhr. Ab 8 oder 9 Uhr, in manchen Gebieten früher oder später, tritt Bewölkung auf.
Auch wenn Einheimische nicht immer Sinn für Naturschutz haben, nehmen Sie Ihren Müll wieder mit ins Tal.

Wanderkarten

Die besten Wanderkarten werden vom Pariser Institut Géographique National (IGN) herausgegeben. Auf sechs verschiedenen, detaillierten Karten ist die Insel abgebildet (4401RT bis 4406RT). Ohne IGN-Wanderkarten sollten keine längeren Wanderungen unternommen werden. Zu erwerben sind sie auf Réunion in Buchhandlungen, im Supermarkt und manchmal in den Fremdenverkehrsbüros, ca. 14 €.

Feste und Unterhaltung

Ethnische Feste

So bunt wie die Bevölkerung auf Réunion sind auch die Feste. Besonders spektakulär begehen die hinduistischen Tamilen ihre Feiertage mit Prozessionen, Tanz und Musik. So wird beim Fest zu Ehren der Göttin Pandialée z. B. ein **Feuerlauf** *(Marche sur le feu)* veranstaltet. Nach einer 21 Tage dauernden Fasten- und Betzeit *(carême)*, während der die Gläubigen weder Fleisch essen noch sexuell aktiv sein dürfen, überqueren sie barfuß glühende Kohlen – ohne sich zu verbrennen. Beim Büßerfest **Cavadee** tragen die Männer auf ausgedehnten Prozessionen schwere Holzaltäre und durchstechen ihre Haut mit unzähligen Nadeln, an die sie Zitronen hängen. Das Lichterfest **Dipavali** oder **Neujahr** feiern die Tamilen mit Musik, Tanz und kulinarischen Köstlichkeiten. Der chinesische Teil der Bevölkerung begrüßt das neue Jahr mit Drachenumzügen und ehrt den Heiligen **Guan Di** mit Tanz und Musik, Speisen und Aufführungen. Alle Bewohner sind am **20. Dezember** vereint, wenn mit Musik und Straßenfesten der Abschaffung der Sklaverei gedacht wird (s. S. 63). Das jeweilige Tourismusamt gibt Auskunft über die Termine der Festivitäten, die in der Regel ein, zwei Wochen vorher bekannt gegeben werden.

Musik- und Kulturfestivals

Sakifo

Saint-Pierre (s. S. 80)

Leu Tempo Festival

Neben dem Sakifo hat sich das Tempo Festival zum bedeutendsten Musik- und Kunst-Festival der Insel entwickelt. Jeweils eine Woche im Mai verwandeln sich die Straßen von Saint-Leu zur Bühne von Akrobaten, Artisten, Musikanten und Gauklern. Groß und Klein ist auf den Beinen, wenn Tanz-Workshops, Konzerte, Theateraufführungen, Zirkusnummern, Pantomime, Puppentheater und vieles mehr geboten wird. Die umtriebige Kulturinitiative Le Séchoir organisiert das Festival. Manche Programmpunkte sind gratis, für andere müssen Tickets gekauft werden (zwischen 5 und 20 €). Unterkünfte im Umkreis von Saint-Leu sollten rechtzeitig gebucht werden.

Manapany Surf Festival

Ein kleineres Kultur- und Musikfestival findet im September in Manapany-les-Bains unweit von Saint-Joseph statt. Obwohl das Manapany Surf Festival in erster Linie als Sportveranstaltung für Surfbegeisterte geführt wird, hat es sich zu einem angesagten, zweitägigen Musikfestival gemausert, wo hippe junge Bands und etablierte Musiker gleichermaßen auftreten (Zwei-Tages-Pass im Vorverkauf 25 €).

Le Grand Boucan

Nicht so spektakulär wie in Lateinamerika, aber sehenswert ist der alljährlich im Juni stattfindende Karnevalsumzug in Saint-Gilles-les-Bains, wo verkleidete Menschen auf geschmückten Wagen an den Zuschauern vorbeidefilieren. Höhepunkte sind die Verbrennung des Königs Dodo *(le roi Dodo)* am Strand von Roches-Noires und das Feuerwerk.

Sportevents

Die Insel der Extreme scheint ein guter Nährboden für Extremsport zu sein. Die bekannteste Veranstaltung ist der Ultra-Cross-Lauf **Grand Raid** quer über die Insel jeweils im Oktober. 168 km und 9500 Höhenmeter müssen bei der Diagonale

Festkalender

Januar
Marche sur le feu: in verschiedenen Gemeinden, z. B. Saint-Denis. Feuerlauf (s. S. 34).
Cavadee: z. B. in Saint-Denis. Büßerfest (s. S. 34).
Fête de Karli: in Bois-Rouge bei Saint-André. Schlachtung von mehr als 1000 Opfertieren.
Fête du Pongol: Mitte Januar, in Saint-Louis und Saint-Benoît. Indisches Erntedankfest.

Februar
Nouvel An chinois: in Saint-Denis und Saint-Pierre. Chinesisches Neujahr mit Umzügen (s. S. 34).
Cavadee: in Saint-André, Saint-Denis und Saint-Louis. Büßerfest (s. S. 34).

April
Nouvel An tamoul: auf der ganzen Insel. Tamilisches Neujahr (s. S. 34).
Cavadee: in Saint-Pierre. Büßerfest (s. S. 34).

Mai
Leu Tempo Festival: in Saint-Leu. Wichtigstes Musikfestival (s. S. 34).
Cavadee: in Saint-Leu, Saint-Paul. Büßerfest (s. S. 34).

Juni
Le Grand Boucan: in Saint-Gilles-les-Bains. Karneval (s. S. 34).
Sakifo Festival: in Saint-Pierre. Musik- und Kunstfestival (s. S. 80).

Juli
Marche sur le feu: in Saint-Leu und Sainte-Rose. Feuerlauf (s. S. 34).

August
Le Guan Di: in Saint-Denis, Saint-Pierre, Saint-André. Chinesisches Hochfest mit Tänzen, Musik, Speisen und Aufführungen (s. S. 34).
Cavadee: in Saint-Denis. Büßerfest (s. S. 34).

September
Fête de Notre-Dame-de-la-Salette: in Saint-Leu. Hochfest des wichtigsten Schutzpatrons der Insel (s. S. 136).
Manapany Surf Festival: in Manapany-les-Bains. Sportwettbewerb mit Kultur- und Musikveranstaltungen (s. S. 34).

Oktober
Le Grand Raid: Ultra-Cross-Lauf quer über die Insel, Start Saint-Philippe, Ziel Saint-Denis (s. S. 34).

November
Dipavali: in Saint-André, Saint-Paul, Saint-Louis, Saint-Pierre, Saint-Denis. Indisches Lichterfest mit Musik (s. S. 34).

Dezember
Fête du 20 décembre 1848 (Fête des Cafres, fet kaf): überall wird die Abschaffung der Sklaverei gefeiert (s. S. 65).
Marche sur le feu: in La Possession, Saint-Pierre, Saint-André. Feuerlauf (s. S. 34).

des Fous bewältigt werden. Die Schnellsten laufen die Distanz in 20–22 Std. Im November oder Dezember findet im Westen der Mountainbike-Contest **Mégavalanche** statt. Dabei muss der Maïdo bergab bezwungen werden. Beim Teamgroßwettkampf **Réunion d'Aventures** im Mai (nicht jährlich) ist die Vielseitigkeit (Wandern, Orientierungslauf, Canyoning etc.) der 30 Teams gefragt.

Reiseinfos von A bis Z

Apotheken

Exzellent sortierte Apotheken *(pharmacie)* befinden sich in jedem kleinen Dorf. Man erkennt sie am leuchtenden grünen Kreuz. Neben Medikamenten und Heilbedarf führen sie Sonnencremes, Kontaktlinsenzubehör, Zahnseide, Mundwasser und andere Dinge, die es bei uns eher in Drogerien zu kaufen gibt. Spezielle Präparate oder homöopathische Mittel sollten aber von zu Hause mitgebracht werden.

Ärztliche Versorgung

An niedergelassenen Ärzten, Zahnärzten, Krankenhäusern, Privatkliniken, Masseuren oder Physiotherapeuten mangelt es nicht. Im Normalfall stellen Erkältungskrankheiten (verursacht durch Klimaanlagen und Klimawechsel), Sonnenbrand bzw. -stich sowie Verletzungen des Bewegungsapparates die größten gesundheitlichen Gefahren dar.

EU-Bürger sollten die Europäische Krankenversicherungskarte (EHIC) mit sich führen. Bei in Österreich gesetzlich Versicherten ist sie automatisch auf der Rückseite der Versichertenkarte aufgedruckt, in Deutschland kann sie aufgedruckt sein. Die Behandlung muss zunächst vor Ort bezahlt werden, wird aber von der Krankenversicherung im Nachhinein zurückerstattet. Da der Rücktransport nicht durch die EHIC-Karte abgedeckt ist, empfiehlt es sich, eine private Reiseversicherung abzuschließen. Kreditkartenbesitzer erhalten mit der Kreditkarte einen umfassenden Reiseschutz, der teilweise mit den Leistungen, die in den Reiseversicherungen üblicherweise eingeschlossen sind, identisch ist.

Diplomatische Vertretungen

Deutsches Honorarkonsulat
64, ave. Eudoxie Nonge
97490 Sainte-Clotilde
Tel. 0262 73 68 98
st-denis@hk-diplo.de

Schweizer Konsulat
3bis, impasse Tapioca, Bois Rouge
97460 Saint-Paul
Tel. 0262 52 56 41
reunion@honrep.ch

Konsularabteilung der Österreichischen Botschaft in Paris
17, avenue de Villars
75007 Paris
Tel. 033 01 40 63 30 90
(Konsularabteilung)
paris-ob@bmeia.gv.at
Österreich unterhält auf Réunion keine eigene Landesvertretung. Zuständig ist die Botschaft in Paris.

Feiertage

1. Januar: Neujahr
März/April: Ostermontag
1. Mai: Tag der Arbeit
8. Mai: Tag des Sieges von 1945 (Kriegsende)
Mai/Juni: Christi Himmelfahrt, Pfingstmontag
14. Juli: Nationalfeiertag
15. August: Mariä Himmelfahrt
1. November: Allerheiligen
11. November: Waffenstillstand von 1918
20. Dezember: Tag der Abschaffung der Sklaverei (wichtigster lokaler Feiertag)
25. Dezember: Weihnachtsfeiertag

Elektrizität

Die elektrische Versorgung entspricht europäischem Niveau, außer in abgeschiedenen Regionen. Die Stromspannung beträgt 220 Volt. Adapter werden nicht benötigt.

Geld

Offizielles Zahlungsmittel ist der Euro. Die Bankendichte (Mo–Fr 8–16 Uhr) ist äußerst hoch, sollte es in einem Bergdorf keine Bankfiliale geben, so existiert zumindest ein Geldausgabeautomat *(gabier,* meist in der Nähe der Post). Allerdings ist der bargeldlose Zahlungsverkehr mit der Bankkarte z. B. an den Supermarktkassen nicht überall möglich. In solchen Fällen werden aber meist Kreditkarten wie die Mastercard, Visacard und American Express problemlos akzeptiert.

Die Réunionesen verwenden noch Schecks. Manche Vermieter von Ferienwohnungen verlangen Schecks als Sicherheit. Das Problem kann durch kostenfreie EU-Standardüberweisungen oder eben die Buchungen über einen professionellen Veranstalter (s. S. 19) gelöst werden.

Kinder

Réunion ist ein ausgesprochen kinderfreundlicher Flecken, schon allein weil die kreolischen und französischen Familien selbst oft kinderreich sind. Kinder sind überall gern gesehen, Extra-Betten *(lit supplémentaire)* werden meist verrechnet. Üblicherweise erhalten Kinder vergünstigte Tarife – in den Restaurants, Hotels, bei Aktivitäten, Eintritten etc. Für die Kleinen ist Réunion ein Abenteuerparadies ohne große Gefahren: Plantschen, Schnorcheln und vielleicht Surfen im Westen machen genauso viel Spaß wie leichte Wanderungen in den Höhen, Ausritte und Besuche von Abenteuerspielplätzen, Wasserparks und Hindernisparcours. Einige Hotels haben sich auf Familien mit Kindern spezialisiert.

Chikungunya-Fieber
2005/2006 grassierte eine Chikungunya-Epidemie auf der Insel, bei der Schätzungen zufolge die Hälfte der Inselbevölkerung und auch Touristen erkrankten. Obwohl die Gefahr nun gebannt ist, kommt es saisonal noch vereinzelt zu Krankheitsfällen. Der einzige wirksame Schutz gegen Chikungunya-Fieber ist ein konsequenter Mückenschutz. Bei guter gesundheitlicher Verfassung sollte Chikungunya aber kein Problem darstellen.

Medien

Die beiden wichtigsten Tageszeitungen mit Lokalkolorit sind Le Quotidien und Le JIR (Journal de l'île de la Réunion). Die öffentlich-rechtliche Rundfunkanstalt Réseau France outre-mer (RFO) sendet Radio- und Fernsehprogramme in den Überseedepartements. Nicht nur die Fernsehsender Téle Réunion und Tempo Réunion, sondern auch der Radiosender Radio Réunion sind ihr angeschlossen. Antenne Réunion, die einzige wirkliche lokale Fernsehanstalt, bannt täglich um 19 Uhr die meisten Zuschauer mit der Nachrichtensendung JT *(journal télévisé)*. Per Satellit übertragen werden natürlich französische TV-Programme wie TV5Monde, France 24, TF1 – allerdings verfügen nicht alle Ferienwohnungen und Pensionen über alle Kanäle. Deutschsprachige Sender wird man auch in den höherklassigen Unterkünften kaum finden.

Mit über 40 Sendern präsentiert sich die Radiolandschaft, zu den be-

Bunte Tücher sind schöne Souvenirs, stammen aber meist aus Indien

liebtesten zählt Radio Freedom, vor allem weil das Radioprogramm direkt von den Zuhörern gestaltet wird und sie live mit den Moderatoren telefonieren. Andere Sender, wie Kreol FM, senden hauptsächlich lokale Musik, Chérie spielt Schmusesongs, oder NRJ (ausgesprochen ›enerschi‹) konzentriert sich auf Pop- und Rockmusik.

Internet

Mit dem Unterseeglasfaserkabel ist Réunion zwar an das europäische Datennetz angeschlossen, aber die Réunionesen beklagen, dass das Internet im Vergleich zum Mutterland relativ teuer ist und bei weitem nicht die Bandbreite wie in Europa hat. In vielen Unterkünften steht Wireless LAN (Wifi) den Gästen zur Verfügung, manchmal gegen Aufpreis. Öffentliche Internetcafés sind rar, hin und wieder finden sich gegen Gebühr Computer in Cafés oder Pubs.

Notruf

Polizei: Tel. 17
Feuerwehr: Tel. 18
Rettung (SAMU): Tel. 15
Bergrettung: Tel. 0262 93 09 30
Seerettung: Tel. 0262 43 43 43

Öffnungszeiten

Die Öffnungszeiten sind uneinheitlich. Im Allgemeinen muss man damit rechnen, dass man an Sonn- und Montagen vor verschlossenen Türen steht. Eine Mittagspause von 11.30–14 Uhr ist in Büros, Geschäften, Fremdenverkehrsämtern und Autovermietungen durchaus üblich. Wer nach 14 oder 21 Uhr hungrig wird, muss sich eventuell selbst versorgen. Zahlreiche Restaurants schließen ihre Küche zu dieser Zeit. Viele Dienstleister sind in den Schulferien nicht zu erreichen. Dafür sind die Bäckereien und Supermärkte an Sonntagvormittagen geöffnet, bleiben dafür aber montagvormittags zu.

Post

Postämter gibt es flächendeckend in jedem größeren Ort (Mo–Fr 8–12, 14–17, Sa 9–12 Uhr), je weiter weg sie von Ballungsräumen liegen, desto eingeschränkter sind die Öffnungszeiten. Für Postsendungen nach Europa muss mindestens eine Woche veranschlagt werden, da der gesamte Postverkehr über Paris abgewickelt wird. In Frankreich ist es üblich, Postkarten in Kuverts zu versenden, weswegen es dafür auch keine günstigeren Tarife als die üblichen Brieftarife (1,07 €) gibt. Beim Kauf von Karten erhält man automatisch Kuverts. Außer in Postämtern kann man Briefmarken vereinzelt in Tabak- und Zeitschriftenläden kaufen.

Reisekasse und Preise

Buchstäblich alles, angefangen beim Flug über Unterkünfte bis hin zu Abendvergnügungen oder Restaurantbesuchen, sprengt den mitteleuropäischen Rahmen bei weitem. Die meisten Waren müssen von weit her importiert werden und kosten inklusive der Importsteuer um 30–40 % mehr als in Frankreich. Ein Réunion-Urlaub kommt von April bis Juni am günstigsten, am teuersten von Oktober bis Dezember. Im Juli und August erreichen die Flugtickets von Paris aus den alljährlichen Preiszenit: Der Staat muss für seine auf Réunion stationierten Beamten Flugtickets kaufen, was die Preise in schwindelerregende Höhen steigen lässt.

Mittagsmenüs in Gasthäusern kosten 5–15 €, Snacks wie Sandwiches oder belegte Baguettes kosten nur wenige Euro. Am Abend ist mit höheren Preisen zu rechnen, von 15–20 € für Hauptgerichte in kreolischen Restaurants bis zu 25–50 € in gehobenen Etablissements. Wer ein gewisses Maß an Sauberkeit und Standard wünscht, muss mit mindestens 50 €, eher mit 60, 70 € aufwärts pro Zimmer rechnen. Bei preisgünstigeren *gîtes* und *chambres d'hôtes* muss man Abstriche bei Ausstattung und Sauberkeit machen. Bei Wanderungen ist es allerdings manchmal unvermeidbar, in ungepflegten Berghütten zu übernachten.

Reisen mit Handicap

Einzelne Hotels und Pensionen, Strände, touristische Betriebe und sogar Sehenswürdigkeiten, z. B. der Maïdo, haben sich auf gehbehinderte oder rollstuhlfahrende Urlauber eingestellt. Strände mit dem Label Handiplage sind entsprechend mit Rampen in den Sand, behindertengerechten Sanitäranlagen

Spartipps

Viele Picknickplätze machen es einfach, mittags günstig zu essen – entweder mit einer mitgebrachten Jause oder aber warmen Speisen wie Pizza (8 €) oder *carri à emporter* (ab 5 €). Mehrgängige Mittags- und Abendmenüs, die in allen Restaurants und Tables d'hôtes angeboten werden, sind preislich attraktiv. An Wochenenden bauen Hähnchenbrater schon früh ihre Verkaufsstände auf – wer Lust auf ein gebratenes Hähnchen hat, sollte schon vor 11 Uhr zuschlagen.

Die günstigsten Unterkünfte sind Ferienwohnungen (s. S. 27). Wer Ferienwohnungen mit Kochgelegenheit und Kühlschrank mietet, spart Geld. Selbst zu kochen, kommt trotz hoher Lebensmittelpreise billiger als täglich abends ins Restaurant zu gehen. Selbstversorger-Ferienwohnungen gibt es flächendeckend auf der ganzen Insel.

sowie Behindertenparkplätzen ausgestattet. Ausgebildete Rettungsschwimmer *(maîtres nageurs)* stehen zur Verfügung, die mit der Bedienung des Tiralos, eines schwimmfähigen Dreirad-Rollstuhls, vertraut sind. Zu den ausgewiesenen Handiplages zählen der Strand von Saint-Leu (Eingang beim Sportplatz unweit vom Lokal Le Zat, direkt neben dem Turm der Rettungsschwimmer), der Strand Les Dauphins in Saline-les-Bains und der öffentliche Strand in Saint-Pierre. Mit der Tauchschule Excelsus in Saint-Leu ist barrierefreies Tauchen möglich.

Sicherheit

Réunion ist nicht sicherer oder unsicherer als andere Destinationen. In den letzten Jahren mehren sich Diebstahldelikte. Der Großteil der Überfälle, Diebstähle und auch Morde geschieht in ganz normalen Wohngegenden. Außerdem hat die Beschaffungskriminalität von Drogensüchtigen in den letzten Jahren zugenommen. Touristen werden von dieser Kriminalität in den meisten Fällen nichts spüren. Dennoch ist es sicherlich nicht falsch, abends und in der Nacht einsame Plätze und Straßen zu meiden. Wertgegenstände dürfen keinesfalls im Auto gelassen werden (Kamera, Bargeld, Mobiltelefon). Wanderungen sollten generell nicht alleine unternommen werden. Den Wagen unbewacht mehrere Tage in freier Natur stehen zu lassen, ist ebenfalls nicht ratsam. In Frankreich gelten sehr strenge Sicherheitsmaßnahmen gegen Terrorismus, aus diesem Grund existieren keine Schließfächer oder Gepäck-Aufbewahrungsstellen.

Souvenirs

Da nur wenige Dinge tatsächlich auf der Insel gefertigt werden, ist die Auswahl an inseltypischen Erzeugnissen klein. Die kreolische Volkskunst ist nur noch in den Bergen lebendig, doch in vielen Fällen nicht immer tauglich für moderne, europäische Haushalte (z. B. die Stickereien von Cilaos oder die Vacoa-Korbwaren des Südens).

In jedem Fall lohnenswerte Souvenirs stellen landwirtschaftliche und kulinarische Produkte dar, darunter die Vanille, Gewürze wie Kurkuma oder rosa Pfeffer, Rum und Rumprodukte, Gelees und Marmeladen, Achards-Gläschen, Würzsaucen oder Piment-confit, Parfümessenzen und ätherische Öle. Ebenso kommen die beliebten T-Shirts mit den Inselmotiven und den kreolischen Wortspielen in Frage, z. B. von den Marken Pardon oder L'Effet Pei. Die meisten Textilien oder bunten Flechtwaren stammen hingegen aus Indien, zahlreiche Kunsthandwerkserzeugnisse aus Madagaskar.

Telefonieren

Vorwahl von Deutschland: 0049
Vorwahl von Österreich: 0043
Vorwahl der Schweiz: 0041
Vorwahl Réunion: 0262
Festnetzanschlüsse beginnen ebenso mit 0262, sodass man bei Anrufen nach Réunion diese Zahlenkombination doppelt wählen muss. Das Mobilfunknetz (SFR, Orange Réunion, Only) ist flächendeckend ausgebaut, Mobilnummern beginnen mit 0692 oder 0693. Telefonkabinen mit *télécartes*, die an den Kiosken und bei der Post erhältlich sind, gibt es nur mehr vereinzelt. Für Notrufe oder Ähnliches empfiehlt sich die Mitnahme eines freigeschalteten Mobiltelefons. In den größeren Städten finden sich SFR- und Orange-Shops, wo man für ca. 15 bzw. 20 € eine SIM-Karte samt 5–10 € Gesprächsgebühr erwerben kann. Man erhält die MobiCarte (Orange)

bzw. die SFR La Carte ohne Vertragsbindung und ohne monatliche Rechnungen. Beim Kauf wird ein Personalausweis oder Reisepass verlangt, außerdem muss man eine Adresse auf Réunion nennen. Guthaben *(forfait)* sind in allen Supermärkten, Zeitungs- und Buchläden sowie zahlreichen anderen Verkaufsstellen erhältlich. Kleinere Guthaben (5 €) verfallen nach ca. 14 Tagen, größere (10 oder 20 €) bleiben einen Monat gültig. Nach sechs oder zwölf Monaten ohne Anruf wird die Nummer automatisch deaktiviert.

Trinkgeld

Trinkgeld *(pourboire)* ist an und für sich keine große Sache auf Réunion. Als Trinkgeld verbleiben ein paar Münzen auf dem Tisch, bloß das Wechselgeld als Trinkgeld zu belassen ist unhöflich. Überhaupt wird nicht so viel Trinkgeld wie in Deutschland oder Österreich gegeben, es ist überdies im Preis meist schon inbegriffen.

Trinkwasser

Offiziell heißt es, dass das Trinkwasser nach französischem Vorbild aufbereitet wird und keine Gesundheitsgefährdung darstellt. Es ist daher grundsätzlich möglich, das Wasser aus der Leitung zu konsumieren. Dennoch ist es in vielen Regionen stark gechlort. Manchmal, je nach Witterung und Menge der Regenfälle, kann die Wasserqualität nicht aufrechterhalten werden. Viele Réunionesen kaufen daher im Supermarkt lieber abgepacktes Wasser.

Umgangsformen

Außer wenn es sich um religiöse Stätten handelt, gibt es wenige Fettnäpfchen, in die Mitteleuropäer treten können. Die Umgangsformen sind französisch, die allgemeine Etikette ebenso. Korrekterweise sollte man statt eines schmucklosen »bonjour« besser »bonjour, Madame, bonjour, Monsieur« oder »bonjour, messieurs dames« sagen. So viel Zeit gebietet die französische Höflichkeit. Wer zum Apéro (Aperitif) geladen wird, kommt besser satt und gegen 18, 19 Uhr zur Einladung. Beim Apéro werden neben Alkohol auch kleine Häppchen gereicht, aber nach spätestens zwei Stunden erwarten die Gastgeber, dass der Besuch sich verabschiedet. In Restaurants werden keine getrennten Rechnungen ausgestellt. Einer zahlt stets für alle am Tisch. Da Pünktlichkeit schon in Frankreich keine große Tugend ist, sollte man dies auch nicht für Réunion erwarten. Termine, Veranstaltungen oder gesellige Zusammenkünfte starten selten pünktlich. Anders ist die Lage beim Nachhausegehen – da schließen die Läden, Restaurants und Autovermietungen überpünktlich.

In den Gaststätten herrscht striktes Rauchverbot, doch dürfen rauchende Besucher darauf hoffen, dass die Gesetze gerne in Eigenregie korrigiert werden. Hinduistische Tempel sowie katholische Kirchen verlangen dezente Bekleidung, die Knie und Schultern bedeckt. Vor den heiligen Innenräumen eines Tempels müssen die Schuhe abgestreift werden. Einige Moscheen stehen Besuchern nach den Gebetsstunden offen, im Zweifelsfall sollte man genau nachfragen.

Zeit

In der mitteleuropäischen Sommerzeit (MESZ) ist Réunion zwei Stunden voraus, im Winter drei Stunden. Auf der Insel selbst wird nicht auf Sommerzeit umgestellt.

Panorama – Daten, Essays, Hintergründe

Urwaldkulisse auf dem Weg zur La Roche Ecrite

Steckbrief Réunion

Lage und Fläche: Réunion liegt im Indischen Ozean und gehört zum Maskarenen-Archipel, das aus Réunion, Mauritius und Rodrigues besteht. Die Insel liegt auf 55° 29′ östlicher Länge und 21° 5′ südlicher Breite, ca. 680 km östlich von Madagaskar und 180 km südwestlich von Mauritius. Réunion ist 72 km lang und 51 km breit, verfügt aber wegen des zerfurchten Reliefs über eine Fläche von 2512 km^2, was der Größe Luxemburgs entspricht.
Einwohner: 821 136 (laut Volkszählung 2010)
Inselhauptstadt: Saint-Denis (145 022 Einw.)
Größte Städte: Saint-Paul (mit Saint-Gilles 103 346 Einw.), Saint-Pierre (79 228 Einw.), Le Tampon (73 365 Einw.)
Währung: Euro
Zeitzone: UTC +4 , April–Okt. +3 Std., ansonsten +2 Std. zu Mitteleuropa

Geografie und Natur

Réunion ist vulkanischen Ursprungs und wird aus zwei Vulkanen gebildet, wobei einer noch äußerst aktiv ist. Die höchste Erhebung ist der Piton des Neiges mit 3071 m, der die drei Cirques Cilaos, Mafate und Salazie wie ein Kleeblatt um sich schart. Sehr zur Freude der Wanderer bietet das gebirgige Relief viele Möglichkeiten für Touren. Der aktive Vulkan Piton de la Fournaise und seine Lavaströme können gefahrlos besucht werden. Zwei markante Klimazonen sorgen für unterschiedlich hohe Regenmengen im Osten und im Westen, was drastische Unterschiede in der Vegetation zur Folge hat. Zudem gibt es je nach Seehöhe unterschiedlichste Vegetationstypen – von der Savanne bis zu Heidekraut-Steppen. Der Großteil der einzigartigen, teilweise endemischen Vegetation wurde dem wirtschaftlichen Gewinnstreben (Monokulturen) geopfert, nur wenige ursprüngliche Naturräume konnten erhalten bleiben, z. B. der Bergregenwald von Bébour-Bélouve. 2007 wurden über 40 % der Insel als Naturpark ausgewiesen; 2010 erhielten die Kernzonen des Naturparks die Anerkennung als UNESCO-Weltnaturerbe.

Geschichte und Kultur

Viele Jahrhunderte war Réunion unbesiedelt und nichts als ein bequemer Zwischenstopp auf dem Seeweg nach Asien. Als die französische Vormachtstellung im indischen Ozean erstarkte, geriet auch Réunion in den französischen Einflussbereich, zuerst als Kolonie, später als Teil des Staates. Primär wurde Réunion für wirtschaftliche Zwecke ausgebeutet, für den Anbau von Kaffee, später von Zuckerrohr und Vanille. Der einstige Reichtum der Insel begründete sich in erster Linie auf der Sklaverei. Afrikaner, Inder, Chinesen und Europäer besiedelten Réunion und vermischten sich, was die markante *métissage* der Bevölkerung ausmacht. Es entstand die kreolische Sprache und Kultur.

Politik und Verwaltung

Seit dem 19. März 1946 ist Réunion ein

französisches Überseedepartement, das seit 2003 nur mehr als La France d'Outre Mer (DOM) bezeichnet wird. Ein Präfekt steht an der Spitze, dem ein Generalrat (frz. *Conseil général*) mit 44 gewählten Mitgliedern und ein Regionalrat (frz. *Conseil régional*) mit 45 Mitgliedern zur Seite steht. Réunion entsendet fünf Abgeordnete in die französische Nationalversammlung (frz. *Assemblée nationale*) und drei in den Senat (frz. *Sénat*). Réunion ist durch seine Zugehörigkeit zu Frankreich Teil der Europäischen Union.

Wirtschaft und Tourismus

Réunion ist stark vom Mutterland Frankreich und von der EU abhängig: Die Einfuhren nach Réunion überstiegen im Jahr 2009 die Ausfuhren um das Sechzehnfache. Heute ist Réunion zudem einer der größten Subventionsempfänger von Frankreich und der EU. Wichtigster Wirtschaftszweig ist die Landwirtschaft, vor allem die Produktion von Rohrzucker und Rum, tropischen Früchten und Vanille. Die regionale Kaufkraft liegt bei 58 % des Mutterlandes Frankreich. Die Arbeitslosenquote beläuft sich auf mehr als 29,5 % und ist somit ähnlich hoch wie in den anderen Überseegebieten Guadeloupe oder Martinique. Im Schatten der Strände von Mauritius oder den Seychellen stehend, entwickelt sich der Tourismus nur langsam. Ein großes Handicap stellt das hohe Preisniveau und die französische Sprache dar.

Bevölkerung und Sprachen

Die Bevölkerungszahlen sind stark steigend (1,4 % pro Jahr). 1999 wohnten knapp 706 180 Menschen auf Réunion, 2010 waren es 821 136. Über die ethnischen Zugehörigkeiten gibt es nur Schätzungen: 45 % der Bevölkerung sollen madagassischer und afrikanischer, 25 % indischer, 25 % europäischer und 3 % chinesischer Abstammung sein. Laut Prognosen sollen 2040 mehr als 1 Mio. Menschen auf der Insel leben. Im Privaten sprechen die Réunionesen die Mischsprache *créole* (dt. Kreolisch, s. S. 76). Französisch ist die offizielle Landessprache.

Religion

Weil alle Sklaven ohne Ausnahme zwangskatholiziert wurden, bekennt sich die große Mehrheit der Bevölkerung zum römisch-katholischen Glauben. Erst nach Abschaffung der Sklaverei wurde den indischen Vertragsarbeitern die Religionsausübung erlaubt, was die große Anzahl von Hindus und Muslimen erklärt. Unter den Chinesen gibt es einige wenige Buddhisten. Neben den institutionellen Konfessionen ist der Aberglaube weit verbreitet.

Réunion

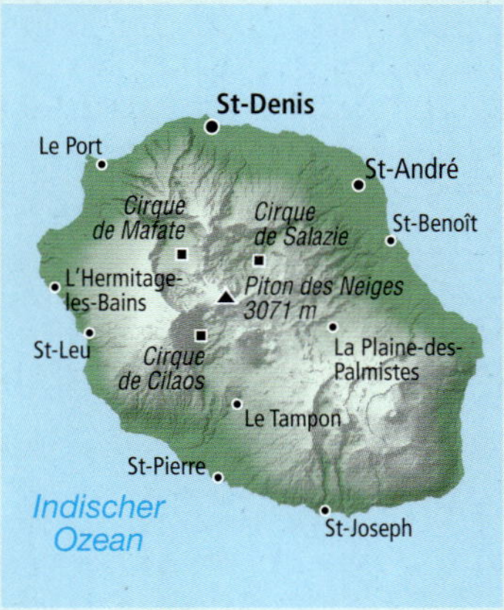

Geschichte im Überblick

Entdeckungszeit

1186 Erste arabische Aufzeichnungen erwähnen eine Insel namens Dina Morgabim.

1504 Der portugiesische Seefahrer Diego Fernandez Pereira landet ungeplant am 9. Februar auf Réunion. Er nannte die Insel Santa Apollonia. Wenige Tage später entdeckte er Mauritius.

1513 Auf der Suche nach einem alternativen Seeweg nach Indien fährt der portugiesische Seemann Pedro Mascarenhas über das Kap der guten Hoffnung und erreicht das Archipel, das nach ihm benannt wird.

1638 Das bretonische Schiff ›Saint-Alexis‹ ankert am 29. Juni vor Possession und nimmt die Insel in Besitz.

1642 Im Namen der französischen Krone wird die Insel ein zweites Mal besetzt, diesmal von Saint-Paul aus. Zum Ruhme des Sonnenkönigs Ludwig XIV., der dem Adelsgeschlecht der Bourbonen entstammt, wird sie Île Bourbon getauft.

1663 Am 10. November gehen zwei Siedler mit sechs madagassischen Dienern, darunter drei Frauen, bei der Grotte des Premiers Français im heutigen Saint-Paul an Land. Der erste französische Stützpunkt im Indischen Ozean wird gegründet.

Die Jahre der Französischen Ostindien-Kompanie

1664 Die Französische Ostindien-Kompanie wird gegründet. Das Handelsunternehmen erhält das Monopol auf den Handel, ein Besitzrecht auf eroberte Gebiete und sogar eine eigene Gerichtsbarkeit.

1665 Als erster Gouverneur einer französischen Kolonie im Indischen Ozean legt Etienne Regnault mit 20 weiteren Siedlern den Grundstein für das erste Dorf an den Ufern des Etang de Saint-Paul.

1667–1704 Etienne Regnault gründet 1667 die beiden Siedlungen Saint-Denis und Sainte-Suzanne. Als sich Frankreich 1669 aus Madagaskar zurückzieht, bleiben die Siedler auf Bourbon. 1671 zählt die Inselbevölkerung 76, 1686 schon 216 Personen. 734 Siedler sind es im Jahr 1704.

1715 Sechs Mokka-Kaffeepflanzen gelangen auf die Île Bourbon.

1717 Jeder Siedler, der 100 Sträucher Kaffee anbaut, erhält seine eigene, kleine Plantage. Das Modegetränk in den Pariser Salons bringt der Kompanie rasch satte Gewinne.

1723 Für die Arbeit auf den Plantagen werden bis 1735 jährlich an die 1500 Sklaven aus Madagaskar, Afrika und Indien importiert.

1723 Der Code Noir tritt in Kraft. Das Gesetz regelt den Umgang mit Sklaven und vereinheitlicht die Bedingungen der Sklaverei in allen Kolonien.

1735–1746 Der Marineoffizier Bertrand-François Mahé de La Bourdonnais wird Gouverneur von Bourbon und Mauritius und baut sie zu blühenden Kolonien aus, indem er Häfen, Straßen und Lagerhäuser bauen lässt.

1754 Laut einer Volkszählung leben 3376 Weiße und 13 517 Sklaven auf der Île Bourbon.

1767 Der französische König kauft die Kolonie von der bankrotten Ostindien-Kompanie zurück.

Die Revolutionsjahre

1789 Französische Revolution. Es folgt eine Neuorganisation der Verwaltung auf Bourbon. Der direkt von den Bürgern zu wählende Conseil général und eine Assemblée coloniale werden eingeführt.

1793 Die Umbenennung in Île de la Réunion erinnert an den Zusammenschluss der Revolutionssoldaten mit den Königlichen Garden beim Sturm auf die Tuilerien, mit dem der Sonnenkönig verjagt wurde.

1796 Die Kolonialversammlung weigert sich, dem Dekret aus dem Mutterland Folge zu leisten, nämlich die Sklaverei abzuschaffen.

1806 Als Zeichen des Danks an Napoleon wird die Insel in Île Bonaparte umbenannt, nachdem er die Verwaltung umstrukturiert und 1802 die Sklaverei wieder eingeführt hat.

1807 Mehrere Wirbelstürme zerstören alle Kaffee- und Gewürznelkenplantagen. Zuckerrohr wird wegen seiner Widerstandsfähigkeit erstmals angepflanzt.

1809–1815 Nach der gewonnenen Schlacht von Trafalgar wollen die Briten die Vormachtstellung der Franzosen im Indischen Ozean brechen. Sie gehen 1809 in Sainte-Rose an Land und liefern sich in den Folgejahren blutige Schlachten mit den Franzosen. Bei der Redoutenschlacht bei Saint-Denis wird die französische Garnison vernichtend geschlagen. Der Vertrag von Paris vom 6. April 1815 regelt, dass die Insel an Frankreich zurückgegeben werden muss.

Die Jahre der Zuckerkolonie

1817–1833 Zuckerrohr wird zum alles dominierenden Wirtschaftsgut auf Bourbon. 1819 baut Charles Desbassyns die erste dampfbetriebene Zuckermühle, bis 1833 entstehen 189 Fabriken. Trotz stetigem Import von Sklaven muss dem Bedarf an Arbeitskräften mit Vertragsarbeitern aus Indien begegnet werden.

1840 Der Sklave Edmond Albius entdeckt die manuelle Vanillebefruchtung.

1848 Das Pariser Dekret über die Abschaffung der Sklaverei wird am 20. Dezember durch Generalkommissar Sarda Garriga auf Réunion verkündet. Als Ersatz für die afrikanischstämmigen Sklaven werden in der Folge indische Vertragsarbeiter angeheuert.

1850–1860 Der Ruhm der prosperierenden Kolonie erreicht Paris, wo Réunion auf der Weltausstellung 1855 viele Medaillen gewinnt und Leconte de Lisle mit seinen exotisch-romantischen Gedichten begeisterte Leser findet. In den Städten entstehen repräsentative Villen, das lycée besuchen bereits 500 Schüler und 1856 wird die Gesellschaft für Wissenschaft und Kunst ins Leben gerufen.

ab 1860 Wegen der zunehmenden Konkurrenz (Zuckerrohr aus Kuba, Zuckerrüben in Europa) und durch den Bau des Suezkanals 1869 verliert Réunion seine handelspolitische Bedeutung. Im Zusammenspiel mit verschiedenen Epidemien halbiert sich die Zuckerproduktion. Es wird mit neuen Kulturen experimentiert.

Architektur der Kolonialzeit: Villa eines Zuckerbarons in Saint-Denis

1882 Die erste Eisenbahnlinie von Saint-Benoît nach Saint-Denis wird am 11. Februar, die zweite von Saint-Louis nach Saint-Pierre am 19. Juni eröffnet.

1886 Nach siebenjähriger Bauzeit legt das erste Dampfschiff am neuen Überseehafen von Le Port an.

ab 1900 Große Rodungsaktionen finden in den Höhenlagen statt, wo Geranium, Vetyvergras, Ylang-Ylang und weitere Duftessenzen als neues Exportgut die sinkenden Zuckererlöse wettmachen sollen.

1918 Von 14 423 Soldaten überleben 3000 den Ersten Weltkrieg nicht.

1945 Nachdem die Verbindung zum Mutterland durch die Besetzung der Deutschen gekappt wird, bricht die blanke Not aus. Die Monokulturen führen zu Hungersnöten, die Wirtschaft bricht zusammen und Epidemien breiten sich aus.

Departementalisierung

1946 Réunion wird in ein französisches Departement umgewandelt. Ausbau der Infrastruktur und Modernisierung der Wirtschaft.

ab 1962 Die Verdoppelung der Einwohner auf knapp 355 000 erfordert ein umfangreiches Schulbauprogramm.

1976 Die vierspurig ausgebaute Küstenstraße zwischen Saint-Denis und La Possession wird als teuerste Straße der Welt zum populären Symbol der Departementalisierung.

2007 Einer der regenreichsten Zyklone (Gamède) fegt im Februar über die Insel. Ein Teil der einzigen Verbindung zwischen dem Süden und dem Norden, die Brücke über die Rivière Saint-Etienne, stürzt ein.

2009 Die Route-des-Tamarins, die vierspurige Autobahn zwischen Saint-Louis und Saint-Paul, wird am 23. Juni eröffnet.

2010 Am 21. März geht die Ära des Langzeitregenten Paul Vergès zu Ende, dessen unorthodoxe Politik und Vetternwirtschaft gegen Schluss kritisiert wird. Didier Robert aus Le Tampon löst ihn als Präsident des Conseil régional de la Réunion ab. Réunion wird UNESCO-Weltnaturerbe.

2012 Im Februar kommt es im Chaudron-Viertel in Saint-Denis erneut zu Ausschreitungen. Wie bereits 1991 waren überproportionale Arbeitslosigkeit und hohe Lebenshaltungskosten die Auslöser. Haiattacken, teilweise mit Todesfolge, versetzen Surfer und Badende in Schrecken.

Tanz auf dem Vulkan

Die Schwesterninseln Mauritius und Rodrigues liegen nicht weit von Réunion entfernt, und doch könnten die Inseln unterschiedlicher nicht sein. Réunion, das jüngste und höchste Eiland des Maskarenen-Archipels, erhob sich vor 2,5 Mio. Jahren aus dem Meer. Seitdem formen Wasser, Wind und Feuer das unverkennbare Relief.

Inselketten sind ein typisches Phänomen des sogenannten Hotspot-Vulkanismus. Der aktive Réunion-Hotspot, eine massive Magmakammer im oberen Erdmantel, die ihren Standort nicht verändert, brach vor über 65 Mio. Jahren auf und fördert seitdem Magma an die Erdoberfläche. Es entstanden über die Jahrmillionen die Seychellen, Lakkadiven und Malediven, die nach Norden abdrifteten, da sich die über dem Hotspot liegende Erdplatte bewegt. Als sich die Inselgruppen vom Hotspot entfernten, erloschen die Vulkane, die Landmassen kühlten ab, sanken in sich zusammen und wurden durch Erosion abgetragen. Übrig blieben schließlich nur noch Atolle zum Teil unter dem Meeresspiegel. Jüngeren Entstehungsdatums sind die Maskarenen-Inseln Rodrigues und Mauritius – sie bildeten sich vor etwa 10 Mio. Jahren. Das jüngste Eiland, Réunion, liegt noch über dem Hotspot, sodass es zu den aktivsten vulkanischen Regionen der Welt zählt.

Lava- und Erosionslandschaften

Während die Aktivitäten des Piton des Neiges (3071 m), des Stammvulkans von Réunion, vor 12 000 Jahren zum Stillstand kamen, brodelt der Piton de la Fournaise (2621 m) bis heute. Seine Lavaströme bedecken mindestens ein Drittel der Insel, und wie mächtig der Vulkan einst gewesen sein muss, macht die 3 km breite Caldera, die Plaine des Sables, deutlich. Die Silhouette der beiden zusammengewachsenen Schildvulkane Piton des Neiges und Piton de la Fournaise bestimmt das Aussehen und die Geologie der Feuerinsel, weitere über 180 größere und kleinere Krater prägen die Landschaften wie z. B. die eingestürzten Riesenkrater der drei Talkessel Salazie, Mafate und Cilaos. Beim Piton de la Fournaise ist die Schildform, ein weiter Krater mit flach abfallenden Hängen, noch deutlich zu erkennen.

Das zackige, zerklüftete Inselrelief geht allerdings nicht auf den Vulkanismus, sondern auf die zügige Erosion durch die hohen Niederschlagsmengen zurück. So haben Wind und Regen tiefe Schluchten *(ravines)* im porösen Basalt geformt, kleine Inselchen in den Kesseln *(îlets)* herausgewaschen, steil aufragende Kesselwände *(remparts)* hinterlassen und gewaltige Flussläufe *(rivières)* eingeschnitten, die im Oberlauf Gesteinsmassen mit sich reißen und sie nahe dem Mündungsdelta wieder freigeben.

Vulkanismus live

Der absolute Höhepunkt besteht für jeden Réunion-Urlauber darin, die rot glühende Lava am Piton de la Fournaise in Aktion zu beobachten. Mal brodelt sie in der Caldera, mal fließt sie die Bergflanken gen Süden hinunter. Hier überrollen Lavaströme regelmäßig die Hauptküstenstraße, um anschließend mit Getöse im Meer zu versinken. Es ist nicht unwahrscheinlich, dass man das Spektakel erlebt – immerhin fließt die Lava ein- bis zweimal pro Jahr. 2007 kam es sogar zum Jahrhundertausbruch. Seit dem Zweiten Weltkrieg konnte man beobachten, dass die großen Vulkanausbrüche einer gewissen Systematik folgen: Sie treten im Neun- bis Elf-Jahresrhythmus auf. Die letzten markanten Ausbrüche fanden 1977, 1986, 1998 und 2007 statt.

Leben mit dem Ausbruch

Was für Besucher ein unvergessliches Spektakel darstellt, ist für Réunionesen ein Stück Identität. Nicht umsonst hat man eher ein liebevolles Verhältnis zum Piton de la Fournaise. Der Vulkan bricht nicht aus, sondern er ›furzt‹ *(Volcan i pet),* und wenn das Erwachen des Vulkans in den Medien vermeldet wird, feiert sich die Insel selbst. Einheimische setzen sich ins Auto und sichern sich die besten Aussichtsplätze. Immerhin: Ein Ausbruch stellt keine Lebensgefahr dar, denn Explosionen mit Aschewolken finden nicht statt. Als effusiver Vulkan entleert sich der Piton de la Fournaise schnell und ruhig. Nur selten sind Dörfer von den Lavaströmen bedroht.

Grüne Insel dank Lava
Lava ist reich an Nährstoffen, darum siedeln sich schon wenige Jahre nach dem Erkalten darauf Flechten, Moose und Farne an. Entlang von Spalten bilden Büsche tiefe Wurzeln aus, die bei Regen den Nährstoffstrom aufnehmen. Besonders gut zu beobachten sind diese Vorgänge am Le Grand Brûlé im Inselsüden (s. S. 194).

Schatzinsel der Natur – die Tier- und Pflanzenwelt

Schroffe Bergketten, neblige Urwälder, wüstenartige Vulkanlandschaften und eine türkisblaue Lagune – Réunions Naturräume sind vielfältig. Darin wachsen einzigartige Pflanzen von Palmen über Baumfarne und Orchideen bis hin zu Tamarinden und Grünalgen. Tiere bekommt man nur selten zu sehen, es sei denn, man taucht ab ins Wasser.

Den üppigen Pflanzenbewuchs verdankt die vulkanische Insel weit draußen im Meer Wind, Vögeln und Meeresströmungen. Sie brachten eine Fülle von Samen aus allen Himmelsrichtungen, aber am häufigsten aus dem afrikanisch-madagassischen Raum hierher. Das tropische Klima und die geografische Isolation ließen sie zu einer unverwechselbaren Flora gedeihen. Biologen schätzen, dass heute etwa 60 % der Vegetation endemisch, also nur auf Réunion, vorzufinden sind. Die Fauna nimmt sich dagegen bescheidener aus. Die Tierarten, darunter Vögel, Insekten, Reptilien und Säugetiere, die den weiten Weg über den Ozean fanden, blieben überschaubar.

Klare Wasserläufe durchziehen den Urwald im Forêt de Bébour-Bélouve

Markante Vegetationszonen

Intakte Farbholzwälder *(frz. forêt de bois de couleurs des bas)* findet man am ehesten an den unteren Hängen des Piton de la Fournaise, z. B. bei Basse-Vallée oder Mare Longue. Es gibt mehr als 330 heimische Tropenhölzer, deren Namen fantastisch klingen, wie *bois de corail* (Korallenholz) oder *bois de fer bâtard* (Eisenholz). Der immergrüne Bergurwald herrscht ab 800 m im Osten und ab 1100 m im Westen vor. Häufige Niederschläge, hohe Luftfeuchtigkeit und der permanente Nebel sorgen für ein dichtes Blätterdach aus zahlreichen Etagen. Im Unterholz mit diffusen Lichtverhältnissen wuchern meterhohe Farne und delikate Orchideen, wovon Letztere an die 150 Gattungen auf Réunion entwickelt haben. Tropfnasse Moose und Flechten überziehen die umgestürzten Bäume und verzweigten Äste. Dieser Höhenurwald ist in einigen wenigen Regionen erhalten geblieben, z. B. im Forêt de Bébour-Bélouve (s. S. 281). Wo kommerzielle Interessen den Wald schwinden ließen, wurde Mitte des 20. Jh. der inselfremde Sekundärwald mit japanischer Sicheltanne, der schnellwachsenden Kryptomeria, aufgeforstet, um eine Bodenerosion zu verhindern. Das Holz ist allerdings nicht hochwertig.

Ab 1500 m dominiert die charakteristische Höhentamarinde, ein knorriger, krumm wachsender Baum, der ebenso endemisch wie der Calumet-Bambus ist und die sonnigen Lagen in der Höhe bevorzugt. Je höher man kommt, desto karger wird die Landschaft und niedriger die Pflanzendecke. Strauchartige Heidegewächse, Erika und Moose herrschen hier vor. Viele Arten haben Blätter mit einem wachsartigen Überzug oder samtigen Haaren entwickelt, um weniger Feuchtigkeit zu verdunsten und sich so vor dem Vertrocknen zu schützen.

Minimalistische Fauna

Die artenreichste Tiergruppe Réunions sind die Vögel. Sie erreichten die Insel auf ihren Langstreckenflügen oder wurden zufällig durch den Wind hierhergetragen. Der schneeweiße Tropicvogel (frz. *paille-en-queue*) ist zu einer Art Wappentier avanciert. Er lebt in Strandnähe und ist leicht an seinen langen Schwanzfedern zu erkennen. Der Tec-Tec, ein Spatz mit schwarzem Kopf und weißer Kehle, fällt durch seine rostrote Brust, der Cardinal durch sein leuchtend rotes Federkleid zwischen den grünen Blättern auf. Der Webervogel (*frz. tisserin*) baut kugelförmige Nester in den Bäumen.

Zyklonwinde brachten Insekten und Spinnen nach Réunion. Am häufigsten sieht man am Wegesrand ungefährliche Seidenspinnen, die aber vielen wegen der großen Körper und massiven Netze einen Schrecken einjagen. Von den Reptilien ist anzunehmen, dass sie als blinde Passagiere auf Treibgut die Insel erreichten. Das Chamäleon z. B. stammt ursprünglich aus Madagaskar. Seine zeitlupenartigen Bewegungen haben ihm den liebevollen Kosenamen *endormi* (Eingeschlafener) eingebracht. Überaus wendig flitzen dagegen Geckos (frz. *margouillat*) an Bäumen oder Hauswänden entlang. Die schnelle Salamanderart mit ihren bezaubernden Klick-Lauten nutzt jede Lichtquelle, um Moskitos, Falter und Käfer zu fangen.

Einziges nennenswertes heimisches Säugetier ist der Tanrek, ein Borstenigel, der sich nicht einrollen kann und während der kühlen Jahreszeit in seinem Bau überwintert. Sein Auftauchen auf diversen Speisekarten *(kreol. tangue)* zur Jagdzeit im März ist heutzutage umstritten.

Die mit den Menschen kamen

Nach der Entdeckung und Besiedelung der Insel Anfang des 18 Jh. begannen die Siedler damit, die Wälder im Küstenbereich großflächig zu roden, um das Land landwirtschaftlich nutzbar zu machen (s. S. 59). Damit begann der Import von Nutzpflanzen wie Kaffee, Bohnen, Linsen, Zuckerrohr, Victoria-Ananas, Bananen, Mangos, Litschis, Zitrusfrüchten, Kokosnüssen, Mais, Reis und Weizen. Gewürzpflanzen wie Vanille, Pfeffer, Ingwer oder Gewürznelken gehören seit diesen Tagen ebenfalls zur réunionesischen Pflanzenwelt. Anfang des 20. Jh. kamen Duftpflanzen wie Geranium und Vetyver hinzu,

Ausgestorben und doch überall zu sehen – der Dodo
Nur wenige Jahre nach der Entdeckung Réunions galt der Dodo, ein plumper, flugunfähiger Vogel, als ausgerottet. Sein schmackhaftes Fleisch war bei den Neuankömmlingen sehr beliebt. In aller Munde ist er aber heute immer noch – als Biersorte mit Kultcharakter. Der Werbeschriftzug ›La Dodo lè la‹ (Der Dodo ist hier) sowie der stilisierte Kopf des Vogels in den charakteristischen Farben Grün, Rot und Gelb prangen allerorten auf Mauern oder Kneipentüren.

die in den Höhen angebaut wurden. Große Probleme bereiten in heutiger Zeit die eingeschleppten wuchernden Pflanzenarten wie Goyavier, Rosenapfel und wilder Wein. Vielerorts überwuchern sie als Pflanzenpest die ursprüngliche Vegetation und drohen sie zu ›ersticken‹.

Auch die ursprüngliche Fauna blieb von der Ankunft des Menschen nicht unberührt. Die Siedler brachten Nutztiere wie Schweine, Kühe, Katzen und Hunde auf die Insel. Um auf die Jagd gehen zu können, setzten sie Rotwild, Hasen und Wachteln aus. Ratten und Mäuse reisten mit jedem Schiff an. Schon nach kurzer Zeit wurden einheimische Tierarten, die bisher keine natürlichen Feinde kannten, von Ratten und verwilderten Haustieren bedroht. Viele einheimische Tiere verschwanden nach einiger Zeit ganz aus dem Naturraum, da die Siedler ihr Fleisch schätzten (s. Kasten links).

Bunte Korallenwelt

Im Gegensatz zur Landfauna ist die Meeresfauna um Réunion ungeheuer artenreich. Dazu trägt insbesondere die reiche Fischwelt des Korallenriffs zwischen Boucan-Canot und Pointe au Sel bei Saint-Leu bei. Korallen beziehen ihren Sauerstoff von einzelligen Grünalgen, die für ihren Stoffwechsel Licht benötigen. Lichtdurchflutete Lagunen wie die von L'Hermitage oder Naturhöhlen wie die von Boucan-Canot oder am Cap Homard bieten optimale Bedingungen, damit die Korallenpolypen ihre kalkhaltige Substanz ausscheiden und eine vielgestaltige Zauberwelt von Türmchen, Rosetten, Labyrinthen oder fächerartigen Stöcken bilden. Je nach Korallenart benötigen sie mindestens

Bei der Jagd verharrt das Chamäleon in einer Art Starre

100 Jahre zum Wachsen, manchmal sogar tausend. Zwischen den Korallen schwimmen neben Seepferdchen, Krebsen oder Muränen eine bunte Schar von Rifffischen wie beispielsweise die orange-weiß gestreiften Clownfische, gelbe Kofferfische, lustige Wimpelfische mit ihrem auffälligen, langen weißen Fortsatz oder Papageienfische in den Farben des Regenbogens.

Schutzgebiete und Weltnaturerbe

Um das Korallenriff besser vor menschlichen Eingriffen zu schützen, wurde die Réserve Naturelle Nationale Marine de la Réunion geschaffen. In dem 40 km langen Unterwasserreservat von Cap La Houssaye bis L'Etang-Salé gelten mehr oder weniger strikte Bestimmungen – so ist in der hellblauen Zone Baden, Schnorcheln oder Tauchen erlaubt, in der roten Zone hingegen darf sich niemand aufhalten. Ähnlich motiviert war die Erklärung von Réunion zum neunten Nationalpark Frankreichs im März 2007. 40 % der Inseloberfläche stehen seitdem unter Schutz. Primär geht es darum, die Vielfalt der Fauna und Flora zu erhalten und Projekte einzudämmen, die Naturräume für wirtschaftliche Zwecke erschließen. Besondere Aufmerksamkeit verdient auf Réunion die große Anzahl von endemischen Gattungen, die dreimal so groß wie auf Hawaii und viermal so vielfältig wie auf den Galapagos-Inseln ist. Für Wanderer bedeutet der Nationalpark (ohne Eintrittsgebühren) kaum Einschränkungen, allerdings könnte es zukünftig zu Änderungen bei anderen Aktivitäten wie z. B. Mountainbiken kommen, denn die Routen führen mitten durch die eigentlich geschützten Landschaften. Der Einzigartigkeit Réunions Rechnung tragend nahm die UNESCO die Insel 2010 in die Liste des Weltnaturerbes auf – ein weiterer offizieller Schritt in Richtung eines ernsthaften Naturschutzes.

Ein Garten Eden für Blumenfreunde

Die Flora auf Réunion präsentiert sich wie ein Garten Eden – neben eingeführten Duft- und Gewürzpflanzen gedeihen unter flechtenbehangenen Urwaldbäumen einheimische Orchideen. Der blühenden Pracht begegnet man auf Schritt und Tritt: Sie zeigt sich am Wegesrand, in den Vorgärten der Häuser, in Parks oder in den botanischen Anlagen.

Unvergesslich für jeden Réunion-Besucher in den Monaten November bis Februar ist sicher die Blüte der Flamboyants, der Flammenbäume. Mit ihren leuchtend roten Blütenständen verwandeln sie die Grünanlagen in den Küstenregionen in ein Flammenmeer. Während des restlichen Jahres zeigen sich die Bäume ganz unauffällig grün, aber dafür blühen dann andere exotische Schönheiten.

Edle Blütenformen

Die Orchideen zählen zu den begehrtesten und beliebtesten Pflanzen der Insel. Im Unterholz der Hochlandwälder gedeihen mindestens 120 Orchideenarten, die auf Réunion leichter als anderswo zu sehen sind, da die Bäume weniger hoch wachsen. Denn: Orchideen sitzen auf Bäumen – von dort lassen sie ihre Wurzeln baumeln, um Wasser aus der feuchten Luft aufzunehmen. Im Allgemeinen öffnen sie ihre eleganten Blüten zwischen November und Juni.

Von blassorange bis knackig rot reicht die Färbung des attraktiven Fackelingwers (frz. *rose de porcelain*), der auf den Bauernmärkten genauso wie in den Blumenhandlungen nicht fehlen darf. Bis zu 25 cm Durchmesser erreichen die imposanten Blüten,

die auf Réunion nur als dekorative Elemente, in der Heimat der Pflanze, Asien, auch zur Desinfektion von Wunden oder als Zutat in Suppen und Currys verwendet werden.

Blühende Kaskaden

Mit üppig hängenden Blütenständen hübsch anzusehen hat die Schnabel-Heliconie (lat. *Heliconia Rostrata*) einen festen Platz in vielen Inselgärten. Die blassroten bis scharlachroten Blüten mit den breiten gelben Rändern ähneln Papageienschnäbeln, darum der französische Name *bec d'oiseau* (Vogelschnabel), oder erinnern an Hummerscheren. Aus Peru und Argentinien stammend, wurde das Bananengewächs vermutlich von Botanikern heimisch gemacht.

Herzförmige Blätter und pfeifenförmige, bordeauxrote Blüten machen die Pfeifenblume (lat. *Aristolochia*) zu einem Hingucker in botanischen Gärten. Die hängenden Blüten der tropischen Kletterpflanze duften betörend, um Insekten zur Bestäubung anzulocken. Es gibt noch zahlreiche andere Sorten der Pfeifenblume auf Réunion, die sich in Farbe und Größe unterschieden – die auffälligen Formen bleiben aber unverkennbar. Im Inselwesten ergießen sich die pinken Bougainvilleas über graue Betonmauern.

Blumenfelder in den Höhen

In allen Rot-, Weiß- und Rosaschattierungen blühen die Flamingoblumen (lat. *Anthurium*), die ebenso wie die eleganten weißen Callas (lat. *Zantedeschia aethiopica*) auf dem Hochplateau von Plaine-des-Cafres oder im Wald von Bébour wachsen (s. S. 281). Am Kratersee Piton de l'Eau schreitet man im tropischen Winter, von Juli bis September, durch ein Meer von Abertausenden von weißen Calla-Blüten (s. S. 280). Blau blühende Hortensienwälder kann man auf dem Weg zum Bassin des Hirondelles bewundern (s. S. 285, Foto S. 57).

Gewürze: Ingwer und Pfeffer

Genau hinschauen muss man in botanischen Gärten, um Ingwer zu erkennen, dessen unterirdische Wurzel als Küchengewürz und Arzneimittel Verwendung findet. Die Kletterpflanze mit ca. 10 cm langen Ähren, auf denen kleine Kügelchen sitzen, stammt ursprünglich aus Indien. Erstmals auf Réunion angepflanzt hat sie der Botaniker Joseph Hubert in Saint-Benoît, der die meisten Nutz- und Zierpflanzen nach Réunion brachte.

Dufterlebnis der besonderen Art

Im Jardin des Parfums et des Epices bei Le Baril hat der Hobby-Botaniker Patrick Fontaine auf einem 300–400 Jahre alten Lavastrom den wertvollsten botanischen Garten der Insel angelegt. Endemische Pflanzen, Orchideen, Vanille, Zimtbäume oder Parfümpflanzen wie Geranium und Ylang-Ylang werden gezüchtet. Seine Mission: tropische, endemische und botanisch interessante Pflanzen für die Nachwelt zu konservieren (s. S. 191).

Pfeffer ist ebenfalls eine Kletterpflanze, die bis zu 10 m lange Ranken ausbildet. Genutzt werden die Pfeffer-Samen in verschiedenen Stadien ihrer Reifung. Alle vier Pfeffersorten – weiß, schwarz, rot und grün – werden von ein und derselben Pfefferpflanze gewonnen. Für weißen Pfeffer erntet man die roten reifen Beeren, legt sie in Wasser ein, entfernt die Schalen und trocknet sie. Für schwarzen Pfeffer werden die unreifen Früchte getrocknet, wodurch sie sich schwarz verfärben. In Lake eingelegt werden für grünen Pfeffer die unreifen, für roten Pfeffer die vollreifen Samen.

Kuriose Nutzpflanzen

Seit 1825 soll die große unförmige Jackfrucht Aufzeichnungen zufolge auf der Insel kultiviert werden. Meistens verkochen sie die Réunionesen wie ein Gemüse fein geschnitten in *carris* (s. S. 27), doch auch die gelblichen Samen mit Kastaniengeschmack können gekocht gegessen werden. Unangenehm ist die Zubereitung, denn die das Fruchtfleisch umgebenden Fasern stoßen ein klebriges Sekret aus, das sich nur mit Öl von der Haut lösen lässt.

Der Flaschenkürbis gehört zu den klassischen Zutaten der réunionesischen Küche, z. B. in Eintöpfen *(daube de calebasse)*. Weil die Früchte ein Jahr lang unbeschadet in Salzwasser schwimmen können, ohne dass die Samen an Keimfähigkeit einbüßen, überstanden die ersten Exemplare einst die lange Reise von Ostafrika nach Réunion. Der endemische Calumet-Bambus wurde zwar nie gegessen, aber früher im Hüttenbau verwendet. Er wächst in Nachbarschaft mit der Hochlandtamarinde in dichten Wäldern wie z. B. bei La Petite-France (s. S. 131).

Geschundenes Paradies – Umweltzerstörung gestern und heute

Raubbau an der Natur hat die Insel seit ihrer Kolonialisierung begleitet. Als die ersten Siedler anlegten, drangen sie in vollkommen unberührte Landschaften vor. Innerhalb weniger Jahrzehnte wichen die Urwälder Zuckerrohrplantagen und Siedlungen. Heute bedrohen die globale Erwärmung der Meere und die Umweltverschmutzung das artenreiche Korallenriff.

Stück für Stück wurde die Fauna und Flora von Anbeginn der menschlichen Besiedlung den wirtschaftlichen Interessen geopfert. Die ersten Siedler rotteten Landschildkröten und den Dodo (s. S. 54) aus, weil sie sich vorrangig von ihnen ernährten. Dann begannen die Kolonialisten, Plantagen anzulegen, zuerst in kleinerem Rahmen für Kaffee, später im großen Stil im Küstenbereich für Zuckerrohr. Anfang des 20. Jh. mussten den Geraniumfeldern immense Urwaldbestände in den Höhen weichen.

Verschwundene Primärwälder

Die Folgen waren verheerend: Mehr als die Hälfte aller Wälder wurden dem Erdboden gleichgemacht. Vom einstigen Trockenwald auf der Inselwestseite (bis auf etwa 750 m) gibt es nur noch Restbestände im Cirque de Cilaos, denn die Ebenholzbäume sind längst in einem Möbelstück oder einem Dachstuhl verarbeitet. Der vormals über 750 m liegende halbtrockene Wald ist vollends verschwunden. Holzarten wie Grand-Natte oder Eisenholz waren ebenfalls im kolonialen Schiffs- und Möbelbau begehrt. Auf den gerodeten, nicht mehr bewirtschafteten Flächen bildeten sich savannenähnliche Landschaften mit Sukkulenten und widerstandsfähigen Agaven wie z. B. bei Saint-Leu. Einzig der Forêt de Bébour-Bélouve ist als letzter unberührter Primärwald erhalten (s. S. 281).

Dort, wo früher im Küstenbereich Mangrovenwälder die Erosion verhinderten, forstete man vor über 50 Jahren australische Filaosbäume (Sumpfeiche) als Brennholz auf. Um die Kulturen und Menschen vor den Winden und den Kräften des Meeres zu schützen, ließ man großflächig auf den schwarzen Basaltküsten Vacoabäume *(kreol. pinpin)* aus Madagaskar pflanzen. Die Bewohner des Südens machten aus der Not eine Tugend, integrierten die Vacoafrucht alsbald in ihren Speiseplan und flochten aus den Palmenblättern Korbwaren.

Korallenriff in Not

Bereits während der Zeit der ersten Zuckerrohrplantagen begann das Korallenriff zu leiden. Damals benötigte man neben Asche Kalk, um den Zuckerrohrsaft zu reinigen. Der

Auch unser Problem? – Korallensterben
Pessimisten sagen, dass das Korallenriff vor Réunion bis 2050 gänzlich verschwunden sein könnte. Schuld daran ist zum einen die **Korallenbleiche,** eine Korallenkrankheit, die weltweit seit den 1970er-Jahren beobachtet wird. Die Ursachen sind noch nicht ganz geklärt, aber vieles weist darauf hin, dass sie u. a. durch die weltweite Erwärmung der Ozeane ausgelöst wird. Bereits bei einer geringfügigen Erhöhung der Wassertemperatur sterben die für die bunten Farben der Korallen verantwortlichen Mikroorganismen ab. In diesem Zustand sind die für den Bau der Kalkgebilde verantwortlichen Nesseltiere besonders anfällig für Bakterien oder schnellwachsende Algen und verenden ebenfalls. Nur die toten weißen Kalkgehäuse bleiben zurück – eine trostlose Mondlandschaft. Dazu macht den Riffen die **Wasserverschmutzung,** u. a. durch Abwässer, und die **Übersäuerung der Ozeane** zu schaffen. Das Kohlendioxid reichert sich nicht nur in der Luft an, große Mengen schlucken auch die Meere. Dort entsteht daraus Kohlensäure, die die Korallenskelette einfach auflöst.

Einfachheit halber gewann man das Mineral aus dem Korallenriff. Nach der Zuckerproduktion folgten das Dynamitfischen und später das Fischen mit Schleppnetzen der französischen Fischereiflotte. In den letzten drei Dekaden kamen darüber hinaus noch die Wasserverschmutzung durch Exkremente und Dünger sowie die globale Erwärmung der Meere, die Übersäuerung der Ozeane durch angereichertes Kohlendioxid und der Wassersport hinzu. Heute ist das Korallenriff vor Réunion akut gefährdet (s. Kasten links).

Sterben Korallenriffe, verschwindet die Nahrungsmittelgrundlage der bunten, wendigen Bewohner wie Papageien- oder Schmetterlingsfische, Schnecken, Krebse oder Seeigel. Es verschwindet aber auch der natürliche Schutzwall, der die Küstenbereiche vor Brandung und Erosion schützt. Weniger Schutz bei hohem Wellengang – insbesondere bei Tropenstürmen – hat Küstenerosion und dadurch bedingt häufigere Überflutungen zur Folge.

Regionale Umweltstrategien

Zumindest auf institutioneller Ebene hat man schon vor Jahren erkannt, dass Réunion seine Ressourcen schützen muss. Die Meereschutzzone, die 80 % des Korallenriffs einschließt, und der 2007 eingerichtete Nationalpark sind wichtige Instrumente der nachhaltigen Regionalentwicklung (s. S. 55). Die Réserve Naturelle Nationale Marine kann jedoch nur ein erster lokaler Schritt sein, denn es bedarf globaler Schutzmaßnahmen, um das Absterben der Korallenriffe vor Réunion und weltweit zu stoppen. Bei der Stromversorgung versucht die Politik seit geraumer Zeit, den Anteil an erneuerbarer Energie beständig zu erhöhen. Ca. 30 % des Stroms stammen aus Wasserkraft, Biomasse (Zuckerrohr), Wind- und Solarenergie. Das vom ehemaligen Präsident Sarkozy 2007 ins Leben gerufene Programm GERRI (Green Energy Revolution Reunion Island) strebt bis 2030 die vollkommene Energieautonomie vom Mutterland an, und zwar ausschließlich durch saubere Energien.

Gamède, Dina oder Clothilda – Zyklone haben hübsche Namen

Schon lange vor dem ersten tropischen Sturm der Saison gibt der meteorologische Dienst in Sainte Clotilde die Liste der Vornamen bekannt, nach denen sie benannt werden. Gamède hieß der schwerste Zyklon der letzten Jahre. Er brachte im Februar 2007 die Brücke in Saint-Louis zum Einsturz.

Von Januar bis April gehören Zyklone zum Leben auf Réunion wie der Schnee im Winter in Mitteleuropa. Nicht jeder aufkommende Wind ist gleich ein Zyklon, manche glückliche Jahre sehen nur starke Stürme.

Rasende Tiefdruckwirbel

Die Tropenstürme entstehen über dem Meer: Wenn sich gegen Ende des tropischen Sommers die Wassertemperaturen in Tiefen von 70–80 m über 27 °C aufheizen, verdunsten riesige Wassermengen. Die feuchte Luft steigt auf und gerät unter dem Einfluss der Erdrotation in Bewegung. Üblicherweise wandern die tropischen Wirbelstürme langsam von Ost nach West – sie erreichen durchschnittlich kaum mehr als 25 km/h –, doch die Richtung kann sich abrupt ändern, was sie unberechenbar und gefährlich macht. Im Inneren des Wirbels herrschen Tiefdruck und völlige Windstille. Sobald die Luftmassen schneller als 60 km/h um das ›Auge‹ wirbeln, hat sich das Tiefdruckgebiet schon zu einem zünftigen Tropensturm ausgewachsen. Ab Rotationsgeschwindigkeiten von 118 km/h sprechen Meteorologen von einem Zyklon, der leicht bis zu 200 km/h oder mehr erreichen kann.

Ausgeklügelt – das Vorwarnsystem

Wenn ein Tropensturm im Anrollen ist, hält die Insel den Atem an. Hochleistungsrechner berechnen mit Hilfe von Satellitenbildern die Verläufe *(trajets)* und die Ankunft der Tiefdruckgebiete. Gebannt verfolgt man vor dem Fernseher die Meldungen und leistet den Anweisungen der Präfektur im gegebenen Fall Folge. Die Ankündigung der Vigilance cyclonique bedeutet, dass in den nächsten Tagen mit einem Zyklon zu rechnen ist. Die Bevölkerung wird aufgefordert, Häuser auf lose Bauteile und Bäume auf brüchige Äste zu kontrollieren. Danach folgt die Warnstufe 2, Alerte orange. In den Supermärkten bilden sich wegen der Hamsterkäufe von Lebensmitteln und Wasser lange Schlangen an den Kassen. Schulen und Kindergärten werden geschlossen, Ausflüge aufs Meer oder in die Berge sind natürlich zu stornieren. Für die letzten Besorgungen und Vorbereitungen an den Häusern bleiben noch 24 Stunden. Bei Alerte rouge schließlich herrscht Ausgehverbot, das von der Polizei kontrolliert wird.

Spur der Verwüstung

Die verheerende Gewalt eines Zyklons ist schwer vorstellbar und noch schwerer in Worten wiederzugeben. Heulende Windstöße wirbeln alles in die Luft, was nicht niet- und nagelfest ist, reißen Dächer von den Häusern und entwurzeln massive Bäume. Stromleitungen werden gekappt und so manches Auto hat danach nur noch Schrottwert. Viel schlimmer als der Wind sind jedoch die enormen Regenmassen. Vormals vollkommen ausgetrocknete Schluchten verwandeln sich binnen Minuten in reißende Flüsse. Das aufgepeitschte Meer türmt sich zu Wellen von 7–9 m Höhe auf und kracht gegen die Küste. Marinas werden zerstört, Boote sogar an Land geschleudert.

Überwiegend Sachschäden

Tagelang halten solche Tiefdruckgebiete die Insel in ihrem Bann. Oft ist es mit einem Durchgang nicht getan: Der Zyklon dreht ab, schlägt einen Haken und kommt zurück. Sobald die Gefahr vorüber ist, beginnt das Großreinemachen. Straßen müssen gesäubert, die Elektrizität wieder in Gang gesetzt und die verstopften Flussläufe ausgeputzt werden. Soliden Häusern mit ordentlichen Fensterläden und Balken können solche Wirbelstürme normalerweise kaum etwas anhaben. Am meisten leiden die Armen in ihren bescheidenen Behausungen sowie die Landwirtschaft unter den Stürmen. Nicht alle Regionen auf der Insel sind übrigens gleich stark von Zyklonen betroffen.

Tropenstürme auf einen Blick
Je nach mittlerer Windgeschwindigkeit unterscheidet Météo-France folgende Sturmklassen.
Dépression Tropicale: 51–62 km/h
Tempête Tropicale modérée: 63–88 km/h
Forte Tempête Tropicale: 89–117 km/h
Cyclone Tropical: 118–165 km/h
Cyclone Tropical intense: 166–212 km/h
Cyclone Tropical très intense: über 212 km/h

Sklaverei – die dunkle Seite der Kolonialwirtschaft

Ab 1715 bauten französische Siedler Kaffee, später Zuckerrohr auf Réunion an. In den nachfolgenden Dekaden, schätzt man, wurden dafür jährlich bis zu 1500 Sklaven aus Ostafrika und Madagaskar auf die Insel deportiert. Die Kolonialverwaltung hatte aus den Fehlern anderer Kolonien gelernt und führte 1723 den Code noir ein – ein königliches Edikt, das den Umgang der Pflanzer mit ihrem ›Menschenmaterial‹ regelte.

Der Code noir, das schwarze Gesetzbuch, institutionalisierte die Sklaverei auf Réunion bis zu ihrer Abschaffung 1848. Er verpflichtete die Besitzer, ihre Sklaven den Umständen entsprechend gut zu behandeln. Sie mussten gut genährt und gekleidet sein und bei Krankheit gepflegt werden. Den Alten wurde ein humanes Sterben gewährt, nicht wie bis dahin üblich ein gewaltsamer Tod durch Verhungern. Darüber hinaus schrieb er fest, dass die Sklaven ihrem alten Glauben abschwören und stattdessen zwangsgetauft und -katholisiert werden mussten. Auch wenn sie keinerlei christliche Nächstenliebe von ihren Besitzern erwarten durften, so gestand man ihnen einen freien Sonntag zu, allerdings nur, damit sie nicht den Kirchgang und die Bibelstunden versäumten.

Entrechtetes Dasein

Das Edikt sah die Pflanzer und Plantagenbesitzer als väterliche Respekts-

Nachgestellte Ankunft der ersten Sklaven: Fête des Cafres am Strand von Saint-Paul

personen, die im Gegenzug für ihre Güte Ergebenheit und Treue bis in den Tod erwarten durften. So mussten zwei junge Sklaven, die heiraten wollten, ihre Besitzer um Erlaubnis bitten. Ihre Kinder gingen automatisch in den Besitz desjenigen Herrn über, dem die Mutter gehörte. Besonders drakonisch wurden Fluchtversuche geahndet: Beim ersten unentschuldigten Fernbleiben wurde dem Fliehenden ein Ohr abgeschnitten, beim zweiten wurden die Kniekehlen durchtrennt und beim dritten der Tod angeordnet. Schließlich regelte der Code noir, dass für Sklaven vor dem Gesetz die gleichen Rechte galten wie für bewegliche Dinge.

Alltag auf den Plantagen

Während die Männer die harte Arbeit auf den Feldern ausführten, verrichteten die Frauen die Hausarbeit. Ihre Tätigkeit war sozial höherwertig als die der Feldsklaven. Handwerker und Kutscher waren mehr wert als Gartenarbeiter. In der gleißenden tropischen Sonne schufteten die Sklaven immer unter der Beobachtung der Aufseher. Einmal pro Tag schaute der Herr vorbei und ließ sich Bericht erstatten. Nach zehn bis zwölf Stunden Arbeit durften sich die Sklaven in ihre Strohhütten ohne Belüftung und Licht zurückziehen. Ihre eigenen Häuser richteten die Gutsherren *(maîtres)* luxuriös ein und statteten sie mit allem erdenklichen Komfort aus. So eine *habitation* (oder später *domaine)* war fast wie ein autarkes Dorf, denn neben den Hütten der Sklaven und dem Herrenhaus umfasste sie weitere Wirtschafts- und Wohngebäude für die weißen Aufseher, Buchhalter, Ingenieure, Ärzte und das farbige Hauspersonal sowie eine Krankenstation, eine Kapelle und sogar Verliese.

Ohne Sklaven wäre die Bewirtschaftung der riesigen Ländereien unmöglich gewesen. Sie waren die Lokomotive des Wohlstands. Sogar Priester hielten sich Sklaven, die per Aushang an den Kirchentüren zum Verkauf angeboten wurden.

Flucht in die Berge

Einige Sklaven ertrugen die Peitschenhiebe und Repressalien nicht länger und flüchteten. Es trieb sie in die unwegsamen, bis dahin noch nicht erschlossenen Berge. Sie bildeten Gruppen, die mal hier, mal dort campierten und von der Jagd, dem Fischfang und ein wenig Ackerbau lebten. Um sich Werkzeug, Waffen oder andere Dinge zu besorgen, formierten sie sich zu Banden und unternahmen Raubzüge zu abseits gelegenen Plantagen. Dort brannten sie Häuser und Felder nieder, töteten, wenn es sein musste, Aufseher und nahmen auch schwarze Frauen mit – zwecks Familiengründung. Die Plantagenbesitzer reagierten mit der Entsendung schwer bewaffneter Suchtrupps. Unerbittlich jagten die Sklavenjäger die Entflohenen, man lieferte sich ein brutales Katz-und-Maus-Spiel. Selbst die einfache Bevölkerung machte Jagd auf die *marrons,* wie man die entflohenen Sklaven nannte, denn die abgetrennte linke Hand berechtigte zur ausgesetzten Prämie – für verarmte Weiße eine Menge Geld.

Besonders in den Cirques und Höhenlagen erinnern viele topografische Namen an die heldenhaften Aufständischen von damals. So waren Cilaos und Mafate, Anchaing und Cimendef allesamt Bandenführer, Hèva und Maryan ihre Gefährtinnen. Allerdings wurden die gefürchtetsten Sklavenjäger, Bronchard und Mussard, ebenfalls in den Namen eines Höhenzugs und einer Höhle verewigt.

Freiheit ohne Perspektive

103 000 Réunionesen, davon 60 000 Unfreie, hörten am 20. Dezember 1848 die Verlautbarung des aus Paris angereisten Kommissars der Republik, Sarda Garriga, über das Ende der Sklaverei. Im verlesenen Dekret appellierte man an die Befreiten, dass sie dennoch die Arbeit auf den Plantagen nicht niederlegen sollten, da sie dort alsbald einen gerechten Lohn für ihre Arbeit erhalten würden. Man empfahl ihnen Brüderlichkeit und ermahnte sie, im Sinne der französischen Tugenden Ordnung und Arbeit hochzuhalten.

Die wiedererlangte Freiheit bedeutete jedoch nicht, dass sich die Lebensverhältnisse grundlegend veränderten. Neue schikanöse Gesetze machten den Freigelassenen ein Überleben fast unmöglich. So mussten schwarze Landbesitzer beispielsweise beim Bürgermeister eine Genehmigung einholen, um Waren auf dem Markt zu verkaufen, die selbstverständlich nur einen Tag gültig war, also immer wieder neu beantragt werden musste. Sich auf der Insel zu bewegen war für die Befreiten ebenfalls nur bedingt möglich, da sie ohne ein *livret de travail,* das ausschließlich die auf den Plantagen verbliebenen ehemaligen Sklaven erhielten, jederzeit wegen Vagabundierens verhaftet werden konnten. Insgesamt war die wirtschaftliche Situation der Freigelassenen so schlecht, dass sich viele wieder auf ein Abhängigkeitsverhältnis mit dem ehemaligen Herrn einließen.

Arbeiternachschub aus Indien

Um dem drohenden Ende des Sklavenhandels zuvorzukommen, das seit 1817 offiziell in den französischen Kolonien herrschte, aber nur halbherzig umgesetzt wurde, rekrutierten die Großgrundbesitzer ab 1827 Vertragsarbeiter *(engagés)* aus Indien. Eine zweite indische Einwanderungswelle folgte nach der tatsächlichen Abschaffung der Sklaverei 1848, als den Plantagen die afrikanischstämmigen Arbeitskräfte reihenweise davonliefen.

Für die Pflanzer und Plantagenbesitzer bedeutete das Ende der Sklaverei kein grundsätzliches ethisches Umdenken. Um ihre hohen Profite beizubehalten, stellten sie zwar nun meist die südindischen Tamilen mit Vertrag ein, zahlten ihnen für die harte Feldarbeit aber nur ein paar Franc. Ähnlich wie ihre afrikanischen Vorgänger kamen die Inder in Schiffen wie Tiere eingepfercht über den Indischen Ozean. Dennoch gewährte man ihnen zumindest auf dem Papier mehr Rechte: Sie durften zu ihren Göttern beten, konnten sich Ehepartner aussuchen und ihre Kinder waren freie Menschen.

Tag der Freude
Neben den religiösen Hochfesten gilt **La fête des Cafres** (kreol. Fet Kaf') am 20. Dezember als höchster Feiertag. Der Abschaffung der Sklaverei wird mit Umzügen und Festlichkeiten, begleitet von traditionellen Klängen wie Séga und Maloya, in allen größeren Städten gedacht. Die Tourismusbüros erteilen Informationen zu den Veranstaltungen.

1914-1918

Von der Kolonie zum Département d'Outre-Mer

Anfangs war die Insel für die Franzosen nur ein bequemer Zwischenstopp auf der Handelsroute nach Indien. Als im 18. Jh. dort aber erfolgreich Kaffee gepflanzt wurde, zweifelten die kühlen Rechner in Paris keine Sekunde daran, dass die Île Bourbon das Potenzial zu einer ertragreichen Kolonie hatte. Heute ist Réunion als Überseedepartement vollwertiges Mitglied der Grande Nation.

Die Gründung der französischen Ostindien-Kompanie im Jahr 1664 hatte vor allem den Zweck, den Seeweg zwischen dem Kap der Guten Hoffnung in Südafrika und Asien sicherzustellen. Als Aktiengesellschaft war die Kompanie profitorientiert und an der Erschließung neuer Handelsgebiete, aber vor allem an der Billigproduktion gewinnbringender Waren, darunter Kaffee, interessiert. Die eroberten Gebiete gingen in ihren Besitz über, dafür musste die Kompanie aber auch für die militärische Verteidigung sorgen. Auf ihr Betreiben hin wurden die ersten Siedler auf Réunion ansässig gemacht, die ersten Plantagen angelegt und die ersten Sklaven auf die Insel gebracht. Trotz mäßig guter Geschäfte schlitterte das Unternehmen in finanzielle Schwierigkeiten, da der Krieg in Indien mit den Engländern es viel Geld kostete. 1767 war der Verlust unzähliger Schiffe für die Ostindien-Kompanie nicht mehr zu kompensieren, sodass sie bankrott ging. Der französische Staat sprang ein und übernahm die Besitzungen.

Koloniale Landwirtschaft

Die Siedler, die bis zu diesem Zeitpunkt von der Ostindien-Kompanie ausgenutzt worden waren, sahen mit dem Kauf der Ländereien ihre Stunde gekommen. Sie reorganisierten die Verwaltung und führten verschiedene administrative Ebenen ein. Durch den Wegfall des Kaffeemonopols der Ostindien-Kompanie stagnierte der Handel mit Kaffee, außerdem zerstörten Zyklone und Parasiten einige Ernten. Es mussten neue Exportschlager gepflanzt werden, doch der Anbau von Nelken und Muskatnuss brachte nicht den gewünschten wirtschaftlichen Erfolg. Danach versuchte man sich an Mais, Weizen, Bohnen oder Erbsen, doch auch sie waren nur mäßig erfolgreich, besonders weil Frankreich ihren Import beliebig steuern durfte. Wenn in Frankreich genügend Bohnen oder Weizen vorhanden war, wurde der Import einfach gestoppt.

Als sich am 1. Januar 1804 Saint-Domingue in der Karibik unabhängig

Repräsentatives Gebäude der Kolonialzeit: das alte Rathaus in Saint-Denis

erklärte, war Frankreich auf einen Schlag eine seiner profitbringendsten Zuckerkolonien los. Zuckerrohr war bereits um 1785 auf Île Bourbon eingeführt worden, doch nun brachte man auch noch die Zuckerverarbeitung, die zuvor auf den Antillen perfektioniert worden war, nach Réunion. Bis 1833 entstanden 189 Zuckerfabriken, die händeringend Arbeitskräfte benötigten. Da die afrikanischen Sklaven nicht mehr ausreichten, engagierte man Arbeiter aus Indien (s. S. 65). Die wirtschaftliche Blütezeit der Insel wurde eingeläutet, ab 1841 exportierte man darüber hinaus die berühmte Bourbon-Vanille ins Mutterland.

Krise der Monokulturen

Wie fatal die Abhängigkeit von den Monokulturen war, zeigte sich ab 1860, als die Weltmarktpreise für Zucker einbrachen. Der Rohrzucker begann mit dem billigeren europäischen Rübenzucker zu konkurrieren, und zahlreiche Ernteausfälle durch Parasiten führten zur Rezession. Ab 1900 wurden riesige Landstriche für die Geraniumproduktion gerodet, denn die Blütenduftessenz sollte als neues Exportgut die sinkenden Zuckererlöse wettmachen. Die Rosengeranie enthält wie Rosenöl Citronellol und sollte das echte teure Rosenöl ersetzen. Durch den Ersten Weltkrieg und die große Weltwirtschaftskrise in den 1930er-Jahren brachen die Exporteinnahmen aber weiter weg. Schon bald konnten die meisten Réunionesen die hohen Preise für importierte Lebensmittel nicht mehr bezahlen. Da wegen der Plantagenwirtschaft aber keine Nutzflächen für den Anbau von Nahrungsmitteln zur Verfügung standen, drohten Hungerkatastrophen.

Duft der Plantagenwirtschaft – Geranium

Obwohl Réunion wie um 1900 noch immer ein wichtiger Lieferant für Geraniumessenz ist, wird das Duftöl nicht mehr im großen Stil hergestellt. Einige wenige Réunionesen betreiben kleine Destillerien *(alambics)* als Zubrot und verkaufen die Essenzen ab Hof, z. B. in La Petite-France (s. S. 131) oder in der Kooperative CAHEB in Le Tampon (S. 268). Fündig werden Liebhaber schwerer Düfte auch auf den diversen Bauernmärkten, z. B. in Saint-Paul oder Saint-Pierre.

Neubeginn als Überseedepartement

Gegen Ende des Zweiten Weltkriegs befand sich Réunion in einem desolaten Zustand. Die Bevölkerung war unterernährt, die Kindersterblichkeit hoch. Während sich die meisten ehemaligen Kolonien bemühten, zu unabhängigen Staaten zu werden, zog es Réunion vor, französisch zu bleiben. 1946 schließlich gliederte die Republik Réunion, Martinique, Guyana und Guadeloupe als Überseedepartements (DOM, Département d'Outre-Mer) in die Grande Nation ein. Die Insulaner wurden den Kontinentalfranzosen gleichgestellt. Trotz des Wendepunktes auf dem Papier mussten die Inselbewohner noch lange auf echten Fortschritt warten. Ab 1959 führte ein steter Geldfluss auf die Insel aber doch zu Verbesserungen für die stark angewachsene Bevölkerung. Es wurden Gesundheitseinrichtungen, Schulen, vier-

Zuckerrohrfelder, soweit das Auge blickt: Landschaft bei Sainte-Suzanne

spurige Schnellstraßen sowie moderne Kraftwerke gebaut. Die Küstentrasse N1 von Saint-Denis nach La Possession ging als teuerstes Straßenbauprojekt der Welt in die Geschichte ein.

Postkoloniale Strukturprobleme

An dem hohen Anteil von Zucker am réunionesischen Export hat sich bis heute nichts geändert, allerdings können die Pflanzer kaum noch davon leben – und das, obwohl der Staat den Zuckerrohranbau kräftig subventioniert. Jedes Jahr wird der Basispreis für Zuckerrohr von der EU neu festgesetzt. Dieser liegt weit über dem Weltmarktpreis, deckt aber nicht die Kosten der Pflanzer. Deshalb zahlt Paris noch einen zusätzlichen Zuschlag, um die réunionesische Zuckerproduktion auf dem Weltmarkt wettbewerbsfähig zu machen.

Die Subventionierung der Insel ist allerdings kein selbstloser Akt, vielmehr legt die Grande Nation Wert darauf, im Indischen Ozean präsent zu sein. Außerdem kommen die Subventionen letztlich französischen Konsumgüterproduzenten, Handelsunternehmen, Baufirmen und Stromversorgern zugute, die auf Réunion Aufträge erhalten. In zweiter Linie scheint die Subventionierung der Landwirtschaft sinnvoller zu sein, als arbeitslos gewordenen Landwirten Arbeitslosengeld zu gewähren. Drittens sichert das Überseedepartement dem Mutterland nicht nur militärische Präsenz, sondern vor allem nicht unbeträchtliche Fischereigründe. Eine Strategie zur Modernisierung der réunionesischen Wirtschaft verzeichnet in den letzten Jahren außerdem deutliche Erfolge (s. S. 72)

Teuer bezahlt – der Anschluss an Europa

Man wähnt sich in Europa, nachdem man den Flieger verlassen hat: vierspurige Schnellstraßen, Strom, der immer fließt, ausgezeichnete Kliniken, moderne Schulzentren, eine ordentliche Kanalisation samt Kläranlagen, teure Sportstätten mit Flutlicht und angemessene Sozialwohnungen. Abermillionen Euro sind im französischen Budget veranschlagt, um Réunion an den europäischen Lebensstandard anzugleichen.

Als französisches Überseedepartement ist Réunion gleichzeitig Teil der EU. So kommt die Insel nicht nur in den Genuss der nationalen Solidarität, sondern auch der europäischen Strukturförderung. Eine der unangenehmen Nebenwirkungen der Zugehörigkeit zu Europa trotz der sonst positiven Auswirkungen ist das hohe Preisniveau, das laut INSEE, dem Statischen Amt, im Durchschnitt um 12 % höher liegt als im Mutterland Frankreich. Lebensmittel sind aber bis zu 40 % teurer!

Hohe Lebenshaltungskosten

Die Politik argumentiert damit, dass die hohen Transportkosten und Einfuhrsteuern am hohen Preisniveau schuld seien, was nur bedingt stimmt. Es fehlt vielmehr der politische Wille. Einerseits kann an einer Senkung der Steuern und folglich des Preisniveaus niemand ernsthaft interessiert sein, denn ein gewisser Teil der Importsteuern fließt direkt in die Kassen der Kommunen. Damit wird Infrastruktur gebaut oder instand gehalten, was wesentlich zur Attraktivität der Dörfer und Städte beiträgt und wiederum Ansiedlungen (und Steuereinnahmen) begünstigt. Andererseits bekrittelt die Kartellbehörde immer wieder, dass es auf Réunion keine echte freie Marktwirtschaft gebe. Die politischen Entscheidungsträger sind so eng mit der Wirtschaft verflochten, dass sie sich damit schwertun, echten Wettbewerb auf der Insel zu fördern und Markteintrittsbarrieren für neue Unternehmen zu senken. Egal ob im Lebensmittelhandel, beim Auto- und Elektrogeräteimport oder im Bauwesen, die großen marktdominierenden Firmen befinden sich in der Hand einiger weniger Familien, die die Preise kontrollieren und zugleich politisch Einfluss nehmen. Ein gutes Beispiel sind die hohen Flugticketpreise. Nur drei Fluglinien dürfen auf der Strecke Paris–Réunion fliegen, von gesundem Wettbewerb kann keine Rede sein. Gewisse politische Entscheidungsträger sind überdies Aktionäre bei den beiden heimischen Fluglinien Air Austral und Corsair.

Die Kaufkraft verpufft

Während die durch Zuschläge, Urlaubsgratifikationen und teilweise sogar Gratisflüge nach Paris verwöhnten Beamten wie Politiker, Lehrer, Forstbeamte, Polizisten oder Bademeister selten ein Problem mit den erhöhten Lebenshaltungskosten haben und häufig auf Gehälter jenseits der 4000-€-Grenze kommen, müssen die ärmeren Bevölkerungsgruppen den Euro ihrer Sozialleistungen mehrmals umdrehen. Ganze 52 % der Réunionesen leben unter der Armutsgrenze von 880 € pro Monat. Trotzdem: Die Arbeitslosengelder, Familienbeihilfen und sonstigen Unterstützungszahlungen tragen nicht unerheblich zur gesteigerten Kaufkraft bei. Die öffentlichen Leistungen speisen so indirekt den Konsum. Dennoch kann der lokale Produktionsapparat davon nur am Rande profitieren, denn in erster Linie werden ja importierte Waren konsumiert. Ein 2007 gestartetes Förderprogramm der EU nimmt deshalb die Ansiedlung von Firmen auf Réunion in Angriff.

Mangel an Arbeitsplätzen

Das Interesse nationaler wie internationaler Investoren an dem kleinen Markt Réunions mit nur ca. 821 000 Verbrauchern ist jedoch gering, dazu kommen hohe Lohnkosten, die französische Steuergesetzgebung und die 35-Stunden-Woche. Am lukrativsten für Investoren und Geschäftsleute bleibt der Handel. Der Großteil der Beschäftigten ist im Dienstleistungsbereich tätig. In der Zuckerrohr-Landwirtschaft arbeiten hingegen nur noch 11 500 Saisonarbeiter während der Erntezeit von Juni bis Dezember, 3500 Pflanzer und ein paar hundert Fabrikarbeiter, die den Zucker verarbeiten. Der Rest der landwirtschaftlichen Produktion fällt nicht ins Gewicht, denn weder vom Vanilleanbau, der Rumdestillation, den Parfümessenzen oder dem Anbau von tropischen Früchten kann auf der Insel ein Bauer gut leben. Einzig einige wenige Fischereiunternehmen mit großen Trawlern fahren mit dem Fang von Thunfisch, Tiefseekrabben, Krabben und Langusten satte Gewinne ein.

Trotz aller schwierigen Voraussetzungen hat sich die Wirtschaftsstruktur von Réunion im Laufe der letzten Jahre aber positiv verändert. Innerhalb zweier Generationen hat sie sich von einer auf monoindustriellen Branchen wie der Zuckerproduktion basierenden hin zu einer auf Dienstleistungen konzentrierten Wirtschaft entwickelt. Nichtdestotrotz sind die Tourismus-, Dienstleistungs- und Handwerksbetriebe aber nicht in der Lage, in ausreichendem Maße Arbeitsplätze zu schaffen (s. Kasten unten), mit dem Ergebnis, dass es eine offizielle Arbeitslosenrate von 29,5 % gibt. Dabei beschönigt diese Zahl das tatsächliche Heer der Erwerbslosen, denn Gelegenheitsarbeiter, Umschulungsmaßnahmen, prekäre Beschäftigungsverhältnisse und saisonal befristete Verträge sind von den offiziellen Zahlen ausgeschlossen. Zu den größten gesellschaftlichen Herausforderungen zählt die hohe Jugendarbeitslosigkeit von knapp 60 %. Viele sehen als letzten Ausweg die Emigration nach Frankreich, wo sie mit ähnlichen Problemen wie zu Hause kämpfen müssen.

Paradoxon: Arbeitslosigkeit trotz Wirtschaftswachstum
Réunion boomt: Straßen- und Wohnungsbau, Infrastrukturverbesserungen und viele Investitionen seitens Frankreich und der EU bescheren der Insel ein weit über dem europäischen Durchschnitt liegendes Wirtschaftswachstum von knapp 4 % pro Jahr. Die Zahl der Arbeitsplätze steigt dadurch kontinuierlich. Dennoch kann das wirtschaftliche Wachstum nicht mit dem demografischen mithalten. Ca. 40 % der Bevölkerung sind unter 25 Jahren.

Zögerliche Tourismusentwicklung

Auch wenn die Ernennung zum UNESCO-Weltnaturerbe 2010 (s. S. 55) die Insel ins Bewusstsein der mitteleuropäischen Touristen katapultiert hat, kommt der Tourismus nicht so recht in die Gänge, denn die hohen Flugpreise, fehlende Direktflüge aus Europa und das hohe Preisniveau bleiben ein Handicap im preissensiblen Tourismussegment. Zusätzlich fehlt einheimisches Personal, das ausreichend qualifiziert ist. Eine touristische Servicementalität hat sich bei den meisten Réunionesen ebenfalls noch nicht eingestellt. Daran können auch rührige Begleitmaßnahmen des Conseil régional wie die Einrichtung von Museen, Wanderwegen und Picknickplätzen nichts ändern. Réunion wird sich wahrscheinlich nicht zum zweiten Mauritius entwickeln, nicht nur wegen der fehlenden Sandstrände. Der größte Anteil der derzeitigen Touristen besteht aus Réunionesen auf Verwandtschaftsbesuch und Franzosen *(métros)*. Die Anzahl der ausländischen Touristen hauptsächlich aus Deutschland, Österreich und der Schweiz bleibt bescheiden.

Métissage – Identität aus drei Kontinenten

Am 8. April 1794 wurde aus der Île Bourbon La Réunion. Obwohl sich der Name auf ein Ereignis der Französischen Revolution bezieht, ist er auf der Insel heute Programm. Ethnien aus drei Kontinenten verschmolzen zu einem großartigen Neuen – im wahrsten Sinne eine Réunion, eine Vereinigung und Zusammenkunft, verschiedener Kulturen und Traditionen.

Die Vorfahren der heutigen Inselbewohner kamen in aufeinanderfolgenden Einwanderungswellen, zuerst die Weißen, dann die Afrikaner und später die Inder und Chinesen. Ungewöhnlich für ehemalige Kolonialgebiete begannen die verschiedenen Bevölkerungsgruppen sich im Laufe des 20. Jh. miteinander zu vermischen. *Métissage* nennen die Inselbewohner den so entstandenen bunten Cocktail an Hautfarben, Gesichts- und Körpertypen und tragen ihr Lebensmotto als Schriftzug sogar auf T-Shirts. Jeder Réunion-Besucher stellt schnell fest, dass die unzähligen gemischtethnischen Paare nicht nur auf dem Papier von Tourismusprospekten existieren, sondern tatsächlich gelebter Alltag sind.

Zuallererst Kreolen

Alle Réunionesen sind französische Staats- und damit gleichzeitig EU-Bürger. Zuallererst legen die Inselbewohner aber Wert darauf, als Kreolen *(créoles)* bezeichnet zu werden. Jede Person, die auf der Insel geboren wurde, ungeachtet ihrer Hautfarbe und ethnischen Herkunft, gilt als Kreole. Im August 1668 wurde Anne Mousse, Tochter zweier Madagassen, offiziell als erste Kreolin geboren. Sie wird bis heute als Großmutter der *créoles* verehrt.

Offen Rassismus zu zeigen wird als eines der größten Tabus auf der Insel geahndet. Hinter vorgehaltener Hand jedoch müssen selbst die größten Idealisten feststellen, dass versteckter Rassismus wie in jeder Gesellschaft auch hier existiert. Es geht dabei weniger um institutionelle Diskriminierung, denn sowohl im öffentlichen Dienst als auch in hohen, wirtschaftlichen Positionen sitzen heute Réunionesen aus allen Bevölkerungsgruppen. Dennoch entscheidet die Herkunft oft noch immer über den sozialen Status.

Cafres

Ein ähnliches Dilemma entsteht bei der Einteilung der Bevölkerung in Herkunftsgruppen. Denn obwohl die *métissage* ein wichtiges Merkmal der réunionesischen Identität ist, kommt es offiziell zur Zuordnung zu ›reinrassigen‹ Kategorien. Als *cafres* bezeichnen sich die Menschen afrikanischer Abstammung, deren Vorfahren als Sklaven auf die Insel gebracht wurden, um die Arbeit auf den Plantagen zu verrichten. Sie machen die Mehrheit der Bevölkerung aus. Aus dem Arabischen stammend, bedeutet *kafir* ›der Ungläubige‹ und wurde ursprünglich im südlichen und östlichen Afrika von den deutschen Kolonialisten für die Einheimischen verwendet. Von einer negativen Konnotation kann aber auf Réunion keine Rede sein.

Malbars und zarabs

Die *malbars*, Nachfahren der indischen Vertragsarbeiter (s. S. 65), machen den zweitgrößten Anteil in der Bevölkerung aus. Die Anfang des 19. Jh. nach Réunion zugewanderten Inder waren zwar zum großen Teil Tamilen aus Südindien und nur in geringer Zahl von der Malabarküste im Südwesten Indiens, dennoch setzte sich der Name *malbars* im Kreolischen durch. Als der Hinduismus von den Zuckerbaronen später toleriert wurde, wandten sich viele zwangskatholisierte Tamilen wieder ihrem alten Glauben zu. Inder muslimischer Religionszugehörigkeit, deren Vorfahren aus der an Pakistan grenzenden Region Gujarat stammen, heißen *zarabs.* Zum Namen kamen sie, weil sie sich zum gleichen Glauben wie die Araber bekannten.

Ti-blan, gro-blan und z'oreille

Der Bevölkerungsanteil der Europäer von unter 10 % wird in drei Gruppen unterteilt: *ti-blan* (auch *yabs*), *gro-blan* und *z'oreille*. Die Bezeichnung yab oder *ti-blan,* frz. *petits-blancs,* ›kleiner Weißer‹, klingt heute noch ein wenig abwertend. Sie geht auf die ersten französischen Siedler zurück, die Kleinbauern, Händler und Handwerker waren. Viele von ihnen flohen in die Berge, als sie von der Regierung 1717 gezwungen wurden, auf den Kaffeeplantagen zu arbeiten. Sie mussten zudem den Großgrundbesitzern an der Küste weichen, die alles Land aufkauften. In den Bergen verarmten sie und mischten sich mit den ebenfalls in die Höhen geflohenen *cafres*.

Im Gegensatz zu ihnen galten die *gro-blan,* frz. *gros blancs*, die reichen Großgrund-, Plantagen- und Fabrikbesitzer, als Aristokratie. Sie bauten ihre Anwesen hauptsächlich in Küstennähe, um in der Nähe ihrer Plantagen und Fabriken zu sein, aber dennoch auf ungefähr 200–300 m Seehöhe, um in den Genuss der kühleren Höhenluft und der Winde zu kommen. Nach Ende des Zuckerbooms sattelten sie um auf das Banken- und Versicherungswesen, eröffneten Importfirmen und gründeten bedeutende Handelsunternehmen, z. B. für Autos. Noch heute ist die Insel wirtschaftlich und politisch in den Händen einiger weniger alteingesessener Familien.

Die Departementalisierung 1946 zog die Einwanderung von Regierungsbeamten, Ingenieuren und Lehrern aus dem Mutterland nach sich, die übermäßig gut bezahlte Arbeitsplätze erhielten. Die weiße urbane Mittelschicht, die ihre französischen Gewohnheiten mitbrachte, fand unter den echten Réunionesen kaum Anschluss. Ihr Name *z'oreilles* erinnert angeblich daran, dass die Festlandfranzosen eine Hand ans Ohr hielten, weil sie das Kreolisch nicht verstanden. Da der Begriff einen negativen Beigeschmack hat, hört man häufig die neutrale Bezeichnung *métros* von *métropolitain* (dt. hauptstädtisch).

Sinoi

Mit der letzten Einwanderungswelle in den 1850er- und 1860er-Jahren kamen die Chinesen *(sinoi)* nach Réunion – die zahlenmäßig kleinste Bevölkerungsgruppe (ca. 3 %). Die schlechten Lebensbedingungen sowie politische Repressalien in den südchinesischen Provinzen bewegten sie dazu, ihre Heimat zu verlassen. Die sich stetig verbessernden Schiffsverbindungen zwischen Hongkong und den Maskarenen beförderten die arbeitswilligen Chinesen nach Réunion. Anfangs als Vertragsarbeiter beliebt, begannen sie sich alsbald vehement gegen die schlechten Arbeitsbedingungen zu wehren und wurden den Plantagenbetreibern lästig. Sie flohen, mussten betteln und stehlen, und lange haftete ihnen ein schlechter Ruf an, was die Immigration zum Erliegen brachte. Gegen Ende des 19. Jh. und während der ersten Dekaden des 20. Jh. intensivierte sich die Einwanderung wieder, die Chinesen ließen sich hauptsächlich als Händler nieder. Die typischen Chinesenläden *(boutik sinoi)* wandelten sich mit der Zeit zu Supermärkten, und vielen gelang der Aufstieg zu Großhändlern oder Lebensmittelproduzenten. Die jüngeren Generationen genossen häufig gute Ausbildungen, z. B. in Paris, und sind heute freiberuflich als Ärzte, Rechtsanwälte oder Architekten tätig. Wie die anderen Ethnien pflegen die *sinoi* ihre Traditionen, feiern das Neujahrsfest oder lernen die Sprache ihrer Vorfahren in Sprachkursen, sind aber nicht so sehr wie die Tamilen oder Muslime ihrer Geschichte verpflichtet.

Gemeinsame Heimatsymbole
Egal welcher Herkunft – alle Réunionesen lieben ihre Insel. Auf T-Shirts, Postkarten, Tassen prangen die repräsentativen Motive – unter den beliebtesten rangieren der brodelnde Vulkan Piton de la Fournaise, die Inselumrisse, die Nummer 974 (Kennzahl des Departements), der Vogel mit dem weißen Schweif *(paille en queue)* und nicht zu vergessen der Bierslogan *Le Dodo lé la*. Bei einem Réunionurlaub begegnet man diesen gemeinschaftstiftenden Symbolen überall, als Souvenir kann man sie mit nach Hause nehmen.

Kreolisch – mehr als nur eine Sprache

Aus vielerlei Gründen galt Kreolisch über Jahrhunderte als minderwertig: Es war die Sprache der Sklaven und verarmten Landbevölkerung. Bis vor einigen Jahrzehnten handelte es sich um eine mündliche Sprache ohne Schrift. Heute sehen immer mehr Inselbewohner darin einen kulturellen Reichtum, den sie pflegen möchten.

Eigentlich entstand das Kreolisch aus einer Not heraus. Die Sklaven auf der Île Bourbon wurden aus unterschiedlichen Ländern rekrutiert. Aus Angst vor Aufständen trennte man Menschen gleicher Herkunft prinzipiell voneinander, die Sklaven konnten sich also untereinander gar nicht verständigen. Damit sie die Anweisungen ihrer Besitzer verstanden, sprachen diese mit ihnen in einem reduzierten Französisch. So bildete sich das réunionesische Kreolisch heraus – ein melodischer Singsang, der zwar eine große Nähe zum Standardfranzösischen aufweist, aber dennoch eine Bereicherung durch portugiesische, madagassische, tamilische Elemente erfahren hat und sogar Kisuaheli- und Hindi-Spuren beinhaltet.

Einfache Grammatik, bildhafter Wortschatz

Die kreolische Grammatik zeichnet sich durch Vereinfachung aus. Nomen und Verben sind größtenteils unveränderlich. So existieren weder ein -s in der Mehrzahl noch Geschlechter (maskulin oder feminin) für Nomen. Verben kennen keine Konjugation und auch keine komplizierten Zeitformen. Der für Französischlernende schwer begreifbare *subjonctif* wurde gänzlich eliminiert, als einziges Hilfsverb bei zusammengesetzten Zeiten wurde *avoir* eingeführt, z. B. *elle a sorti* statt französisch *elle est sortie* (gebildet mit *être*).

Das Kreolisch mag zwar in der Grammatik nicht so kompliziert sein, doch auf der lexikalischen Ebene weist es einen großen Reichtum an bildhaften Umschreibungen auf. So wird die Nacht (frz. *la nuit*) als *fait noir* bezeichnet, die Polizei (frz. *la police*) als *la loi* (in Anlehnung an das Gesetz) oder der Baum (frz. *l'arbre*) als *pied de bois* (frei übersetzt: Holzfuß). Weil das Chamäleon sich zur Täuschung von Feinden tot stellt und minutenlang starr verharrt, nennen es die Insulaner *endormi* (frz. eingeschlafen). Eine Biene heißt *mouche à miel* (frei übersetzt ›die, die Honig schneuzen‹) und Wandern, eine Lieblingsbeschäftigung der Réunionesen, *batt' un carré* (frei übersetzt ›durch die Felder ziehen‹).

Fließender Sprachenwechsel

In informellen Gesprächssituationen, in der Familie, im Alltag, wenn es um Tradition und Unterhaltung geht oder auch darum, mit einer Pointe zu punkten, dominiert das Kreolisch. Für den Beruf, die Schule, die Verwaltung, die Wissenschaft und fast alle Medien ist das Standardfranzösisch reserviert – die offizielle Landessprache. An häufiges Wechseln zwischen den Sprachen sind die meisten Inselbewohner gewöhnt. Trotzdem erleben die Kinder ihre kreolische Mündlichkeit spätestens in der Schule als Handicap. Nicht nur der Schulerfolg, sondern der spätere berufliche und soziale Aufstieg ist nämlich unweigerlich an die Beherrschung des Französischen gebunden. Ältere Réunionesen, speziell in Bergregionen, sind des Standardfranzösischen häufig nicht mächtig.

Aufwertung des kreolischen Kulturguts

Vor allem die Studien Robert Chaudensons und seiner Schüler vom Kreolischen Institut der Universität Saint-Denis haben zu einer Neubewertung des Kreolischen geführt. Literaten, Lehrer, Theaterleute, Journalisten und Musiker haben sich der

Kreolische Vokabeln für den Alltag

Die Aussprache ist überwiegend lauttreu.

Bonzhour! Adië!	Guten Tag!
Adië zot tout!	Guten Tag an alle!
Nï artrouv!	Auf Wiedersehen!
siouplè	bitte sehr
merssi	danke
Lé bon	einverstanden
ben sir	klar doch, sicher
Kosa la fé?	Was gibt es Neues?
Koman i lé?	Wie geht es dir?
Mi apel …	Ich heiße …
Mi sort …	Ich komme aus …
Mi rod …	Ich suche …
Moin la bëzoin …	Ich benötige …
Nana …?	Hast du, haben Sie …?
Mi perd ler.	Ich habe mich verirrt.
lontan	damals, vor langer Zeit
ziskakan	bis wann?

Kultivierung der kreolischen Sprache verschrieben. 2001 wurde unter der Schirmherrschaft der Académie de Réunion der Conseil Académique de la Langue et de la Culture Réunionnaises gegründet, um den Ruf und die Wertigkeit des Kreolischen zu verbessern und die Inselsprache auch in den Unterricht zu integrieren. Die *créolité*-Bewegung widmet sich der Poesie und der Literatur und einige Radiosendungen sowie Internetzeitungen publizieren auf Kreolisch.

Immer mehr Réunionesen sind stolz darauf, Kreolisch zu sprechen. Während sich im Jahr 2000 nur 47 % der Bevölkerung für eine Forcierung aussprachen, sind es bei einer Umfrage 2008 bereits 61 %. Gleichzeitig bekräftigen 90 % der Befragten, dass sie die Zweisprachigkeit und die kreolische Sprache im Besonderen als Bereicherung ansehen. Die ursprüngliche Forderung, Kreolisch als Unterrichtssprache einzuführen, wurde jedoch noch nicht umgesetzt – immerhin hat es ja noch gar keine offiziell bestätigte Rechtschreibung. Wer Blogs oder Kommentare auf Online-Plattformen liest, wird sehen, dass sich die Sprecher für unterschiedliche Schreibweisen entscheiden: Das Französische *comment* z. B. wird von einigen Sprechern als *comen,* von anderen als *komen* transkribiert.

Kreolische Lebensweise

Bei den Schreibweisen des Kreolischen mag vielleicht Uneinigkeit herrschen, bei den Lebensgewohnheiten der Réunionesen dafür nicht. Ähnlich wie im Mutterland sieht man sie an Wochenenden oder an kühleren Abenden am Strand, in sandigen Hauseinfahrten oder auf eigens angelegten Plätzen Pétanque spielen. Obwohl einige Spieler in Clubs organisiert sind, betreiben die meisten es einfach als ein geselliges Hobby. 1999 fand sogar die Weltmeisterschaft in Saint-Denis statt. Ebenso begeistert gehen die Insulaner wandern. Besucher werden kaum eine Wanderung unternehmen, ohne auf Einheimische zu treffen. Man sieht sie ungeachtet von Temperaturen oder Wochentagen schnellen Schrittes auf der Straße marschieren. Sie kennen alle Abkürzungen und Schleichwege sowie die schönsten Kioske für die Brotzeit. Die Wochenenden, insbesondere der Sonntag, sind für ein Picknick mit der Familie oder Freunden reserviert. Wenn sie es sich leisten können, verbringen die Réunionesen das Wochenende und den Urlaub am liebsten weg von zu Hause. Die Bergler strömen ans Meer, die Küstenbewohner freuen sich auf die kühlere, klare Bergluft. Von Juni bis Dezember haben die Hahnenkämpfe *(les coqs bataille)* in den Arenen *(gallodromes)* Hochsaison, die die indischen Einwanderer mitbrachten.

Neue Impulse

Einflüsse auf die kreolische Lebensart kommen in der jüngsten Vergangenheit auch von neuen Einwanderergruppen. Zum einen suchen Menschen aus Madagaskar und den Komoren auf Réunion Arbeit. Die Komorer verändern mit ihrer Kleidung aus Tüchern und den bemalten Gesichtern das Straßenbild: Als Sonnenschutzmittel und Schönheitselixier werden die Sandelholzmasken aufgetragen. Zum anderen verlegen auch immer mehr Festlandfranzosen ihren Wohnsitz auf die Insel, wenn ihnen die westliche Leistungsgesellschaft zu viel wird. Sie genießen es, dass auf Réunion die Uhren nach wie vor langsamer ticken.

Der Puls der Insel – Musik und Tanz

Seit jeher waren die Inselbewohner hin- und hergerissen zwischen kreolischer Identität und französischer Assimilierung. In Musik und Tanz zeigt sich diese Ambivalenz ganz deutlich. Séga und Maloya, die beiden wichtigsten Musikstile der kreolischen Volkskultur, erzählen die Geschichte einer zerrissenen Gesellschaft.

Äußerlich mögen die Stile sich ähneln, aber ihre Botschaften könnten konträrer nicht sein. Sie spiegeln die ambivalente Gesellschaft mit weißen, privilegierten Gutsherren oder Beamten aus Frankreich einerseits und farbigen, unterprivilegierten Immigranten aus Afrika, Indien oder China andererseits.

Der assimilierte Séga

Die europäische Einflussnahme auf den Séga zeigt sich schon beim Namen: Er stammt von den Portugiesen, die das Wort während ihrer Besatzungszeit in Ostafrika aufgeschnappt haben. Von dort kommen die Melodien, die typischen Instrumente aus Früchten und Tierteilen, die ekstatischen Tanzelemente, der erotische Hüftschwung, die sinnlichen Handbewegungen. Vielen Planta-

Tanzen, bis die Röcke fliegen: Séga-Tanzgruppe bei einer Festveranstaltung

Séga, Maloya und mehr
Fête des Cafres: Die Fet Kaf, wie die Kreolen sie nennen, erinnert am 20. Dezember an die Abschaffung der Sklaverei. Die ganze Insel verwandelt sich in ein Volksfest, überall erklingen die traditionellen Rhythmen Séga und Maloya.
Sakifo: Das größte Musikfestival der Insel findet Anfang Juni in Saint-Pierre statt. Mehrere Tage lang begeistern réunionesische, französische und internationale Bands auf mehreren Bühnen in Ravine-Blanche. Weitere Musikrichtungen neben Séga und Maloya sind z. B. Hip-Hop, Reggae, Folk und Chanson. Der kreolische Festivalname Sakifo ist abgeleitet von dem Ausdruck *ce qu'il faut* (dt. es muss). Tagespässe kosten ca. 25 €, Mehrtagespässe ca. 90 €. Ein Muss für Musikinteressierte! Auf der Webseite www.sakifo.com sind die Musikbeiträge des Vorjahresfestivals eingestellt. Mehr Musik unter www.sakiforecords.com.

genbesitzern war der Tanz ein Dorn im Auge, vielerorts verboten sie den um 1750 erstmals erwähnten Séga.

Während der prosperierenden Regierungszeit Napoleons suchten mehr und mehr Privilegierte ihr Glück in der Ferne und brachten europäische Traditionen auf die Insel. Sie führten Elemente der Quadrille, der Polka und der Mazurka ein, die schwarze Musiker mit afrikanischen Elementen mischten, bis in den 1920er-Jahren die Quadrille creole entstand. Die Texte waren seit jeher näher an der Standardsprache und behandelten banale Themen wie Liebe und Natur. So hat der Séga den Ruf, ›weißer‹ als der Maloya zu sein.

Das wichtigste traditionelle Rhythmusinstrument des Séga war der *bobre*. An einem mit einer Saite zu einem Bogen gespannten Vacoa-Holzstab war eine Kalebasse als Resonanzkörper befestigt. Mit einem Holzstab schlug der Musiker auf das Stahlseil und gab den Takt für die Tänzerinnen und Sänger an. Der *caïamb*, eine Art Rassel, bestand aus einem aus Zuckerrohr gefertigten Hohlkörper, der mit Maiskörnern gefüllt war. Aus alten Rumfässern stellte man die Trommel *houleur* her, die mit Kuhhaut bespannt wurde.

Obwohl bei Volksfesten häufig noch traditionelle Séga-Gruppen auftreten, erfreut sich heute vor allem der moderne Séga großer Beliebtheit. Die traditionellen Instrumente sind dort der Akustikgitarre, dem Schlagzeug und dem Synthesizer gewichen. Einige moderne Séga-Bands sind bei den Jugendlichen beliebter als amerikanische Popstars. Der Séga ist auf allen Inseln im Indischen Ozean verbreitet, doch jede Variante hat ihren ganz eigenen Rhythmus. Bis heute wird der Séga auf Kreolisch gesungen, die erotisch anmutenden Tanzelemente blieben ebenfalls erhalten. Die Séga-Tänzer auf Réunion sind farbenprächtig gekleidet, besonders die Frauen. Mit den knappen Oberteilen, die vorne oft von einem Knoten gehalten werden und den bunten, weiten Volantröcken erinnern sie an spanische und portugiesische Folklore.

Der rebellische Maloya

Vergleichbar mit dem Blues der amerikanischen Sklaven entstand der Maloya auf den Feldern und in den Hütten als Klagelied. In einer Art Sprechgesang begann ein Sänger mit einer Frage und forderte die Antwort des Chores, der *bande*, heraus. Begleitet von traditionellen Schlaginstrumenten, wurden die anklagenden Fragen und verzweifelten Antworten unaufhörlich wiederholt. Währenddessen fanden sich Paare zum Tanz ein. Die Kolonialverwaltung verbat den Maloya alsbald, da man fürchtete, die Lieder würden die Sklaven zu Aufständen animieren.

Wiederentdeckt hat man den Maloya in den 1970er-Jahren. Zu Beginn der 1980er-Jahre erfuhr er eine politische Aufwertung, als der 20. Dezember, der Tag der Abschaffung der Sklaverei, offiziell zum Feiertag (fr. *Fête des Cafres,* kreol. *fet kaf)* ernannt wurde. Seitdem dominieren sozialkritische Themen wie Arbeitslosigkeit, Drogen und Alkohol, Korruption und Misswirtschaft. Moderne Texte thematisieren die heutige Parallellgesellschaft mit den einkommensschwachen Kreolen einerseits, die kaum die hohen Lebensmittelpreise bezahlen können, und den wohlhabenden *métros* andererseits, die sich hübsche Wohnungen am Meer leisten. Dass aus den politisch-gesellschaftlichen Anklagen letztlich ein populäres Genre entstehen konnte, ist Danyèl Waros zu verdanken. Andere wichtige Vertreter sind Ziskakan, die den Maloya zu einer Art Ethnorock mit indischen Elementen, Reggae und Jazz weiterentwickelten. Ti-Fock machten aus dem Maloya einen Maloggae, eine Verschmelzung von Reggae mit Maloya. Als Meisterwerk des immateriellen und mündlichen Erbes wurde der Maloya 2009 von der UNESCO zum Welterbe ernannt.

Der kämpfende Moringue

Wie der Maloya erlebt der Moringue, eine afro-madagassische Kombination aus Kampfkunst und Tanz, seit den 1980er Jahren eine Renaissance. Mehrere Clubs und Schulen haben sich schon formiert, es werden sogar Meisterschaften ausgetragen. Die Entstehung des Moringue (auch *batay kréol*) ist unklar. In erster Linie entwickelte er sich dadurch, dass die entwurzelten Afrikaner mit rituellen Tänzen sich ihrer Heimat erinnerten. Zudem versetzten die Bewegungsabfolgen und Trommelrhythmen die Männer in Trance, und sie entflohen wenigstens vorübergehend ihrem tristen Alltag. Als sich der Moringue langsam zu einer Tanz- und Kampfkunst mit festen Regeln entwickelte, boten die spielerischen Kämpfe den Männern die Möglichkeit, sich untereinander zu duellieren – was den Sklaven durch den Code noir (s. S. 63) grundsätzlich verboten war. Der Moringue wurde von den Gutsherren geduldet, aber meist fanden die Kämpfe ohnehin im Geheimen statt. Im 20. Jh. drohte der Moringue in Vergessenheit zu geraten.

Andere réunionesische Klänge

Doch nicht jede traditionelle Musik, die man im Radio hört, ist Maloya, Séga oder Moringue. Viele Lieder sind einfache *chansons créoles*, deren Melodien mit den Händlern und Seemännern aus Europa kamen. Solche Walzer, Polkas oder gar Opernarien aufgepeppt mit volkssprachlichen Texten waren im 19. Jh. bei den *soirées* beliebt. Als heimliche Hymne der Insel wird »Ti Fleur Aimée« betrachtet, das bei Karaoke-Abenden oder Partys gerne lautstark mitgesungen wird. Coverversionen tauchen in regelmäßigen Abständen auf und ein Fest ohne das Lied, das vom réunionesischen Künstler Georges Fourcade 1930 komponiert wurde, ist undenkbar.

Mit göttlicher Hilfe – Vielfalt der Religionen

Farbenprächtige hinduistische Tempel liegen in unmittelbarer Nachbarschaft zu eleganten Minaretten und katholischen Kirchen. Die Dichte an Gotteshäusern ist gemessen an der Einwohnerzahl hoch – die Réunionesen sind tiefgläubig. Religiöse Berührungsängste existieren keine, ganz im Gegenteil: Die Gläubigen empfinden die Toleranz über Konfessionsgrenzen hinweg als Bereicherung.

Über TV und Radio laden sich die Religionsgemeinschaften auf Réunion gegenseitig zu wichtigen Feierlichkeiten ein. Die Weihnachtsdekoration schmückt die Straßen von November bis weit in den April hinein, denn nach dem christlichen Weihnachten folgen das chinesische Neujahr im Februar und schließlich das tamilische Neujahr im April. Selbst die Muslime gestatten in ausgesuchten Moscheen Andersgläubigen den Zutritt. Toleranz ist auf Réunion keine Worthülse, sondern gelebter Respekt vor den Mitmenschen.

Die Insel der Heiligen

Saint-Denis, Saint-Pierre, Saint-Paul, unzählige Städte, gerade an der Küste, tragen die Namen von Heiligen. Da in den Anfängen der Kolonie die Angst vor Missernten, Krankheiten, Zyklonen und Vulkanausbrüchen in der Bevölkerung groß war, stellten die Stadtväter die Siedlungen unter den Schutz von Heiligen. Der Bau von Gotteshäusern wurde zu diesem Zweck forciert, mit dem Ergebnis, dass heute jedes noch so kleine Dörfchen zumindest über eine Kapelle verfügt.

Seit der Besiedlungszeit dominiert der Katholizismus, da auch alle Sklaven mit ihrer Ankunft zwangskatholisiert wurden, notfalls mit Peitschenhieben. Ausdruck einer lebendigen Volksfrömmigkeit sind heute die zahlreichen, stets mit frischen Blumen geschmückten Heiligenstatuen, die teilweise an besonderen Punkten in der Landschaft aufgestellt wurden, wie z. B. die Figur der Gottesmutter nahe dem Col de Bellevue (s. S. 283) oder die Vierge au Parasol am Grand Brûlé (s. S. 195). Aber nicht nur die Jungfrau Maria wird verehrt, auch die Ruhestätten aufopfernder Geistlicher, z. B. von Pfarrer Lafosse in Saint-Louis, der sich für die Abschaffung der Sklaverei einsetzte, oder Pater Clément Raimbault in Saint-Bernard, der sein Leben den Leprakranken widmete, zählen zu den verehrten Plätzen. Besucher finden sich manchmal unverhofft in Prozessionen zu Ehren der örtlichen Namenspatronen wieder, die zu großen Spektakeln ausarten. Das größte Fest richtet Saint-Leu aus,

Ein junger Tamile hat sich zum Dipavali-Fest als Gott Vishnu verkleidet

wo die Fête de La Salette, ein Fest zu Ehren der Muttergottes, Zehntausende Menschen mobilisiert (s. S. 136). Viele Menschen bekreuzigen sich vor Opferstöcken, Heiligenstatuen und rot bemalten Altären des Heiligen Expédit. Die Heilige Maria dankt ihren Schäfchen die Treue: Sie erscheint auf Réunion öfters als anderswo.

Hindus und Muslime öffnen sich bereitwillig

Der Hinduismus, die älteste Religion der Welt, kennt anderswo verwirrend viele Götter, das starre Kastenwesen und die Reinkarnation. Nicht so auf Réunion, denn die eingewanderten Tamilen mussten ihre hinduistischen Traditionen mit katholischen Einflüssen in Einklang bringen. Wie alle Plantagenarbeiter wurden sie zunächst zwangskatholisiert: Sonntags hatten sie in die Kirche zu gehen und sie erhielten katholische Namen. Als später der Bau hinduistischer Tempel erlaubt wurde, befahlen ihnen ihre Herren, weiterhin am christlich-französischen Leben teilzuhaben. Heute leben die tamilischen Nachfahren in zwei Welten – sie essen einerseits kein Fleisch, weil es die Hindutradition vorsieht, und wichtige Festivitäten wie Hochzeiten oder Taufen werden nach der hinduistischen Astrologie ausgerichtet, aber gleichzeitig lassen sie ihre Kinder christlich taufen und verehren den katholischen Heiligen Expédit (s. S. 85).

Die Aufweichung der starren Traditionen bringt ihnen den Vorwurf ein, öffentlich christlich und im privaten Rahmen hinduistisch zu sein. Die réunionesischen Hindus nehmen solche Anschuldigungen gelassen und laden stattdessen alle Insulaner regelmäßig zu ihren Festen ein. Einige finden immer in den gleichen Tempeln statt, andere wechseln von Jahr zu Jahr ihren Platz. In den örtlichen Fremdenverkehrsämtern informiert man gerne über anstehende Festlichkeiten.

Tolerant und offen verhalten sich ebenfalls die Muslime. Die muslimische Gemeinde auf Réunion kann als gemäßigt bezeichnet werden, die keinem Fundamentalismus anhängt. Vielleicht hat dies auch mit ihrer starken Wirtschaftsleistung von 35 % zu tun, obwohl sie nur knapp 5 % der Bevölkerung stellt. Dennoch werden Besucher kaum mit muslimischen Festen in Berührung kommen, viele Moscheen stehen Besuchern aber außerhalb der Gebetsstunden offen.

Chinesische Traditionen

Die chinesischen Vertragsarbeiter konvertierten bereitwillig zum Christentum – möglicherweise bedingt durch das konfuzianische Ideal der Harmonie. Erst spät, Mitte des 20. Jh., entstanden quasi als Gegenbewegung erste Tempel, nachdem 1949 in China die Kommunisten an die Macht kamen. Erste Sekten, basierend auf buddhistischem Gedankengut, wurden gegründet. Man erbaute und renovierte vermehrt chinesische Tempel, in denen daoistische, buddhistische und konfuzianische Gottheiten verehrt werden. In den Privathäusern werden chinesische Traditionen noch immer hochgehalten. Die traditionellen chinesischen Feste wie das Neujahrsfest oder der Geburtstag des Kriegsgottes Guan Di im Juli oder August nehmen überdies im réunionesisch-chinesischen Jahreskalender eine wichtige Stellung ein. Wie schon bei den Hindus ist jedermann zum chinesischen Neujahrsfest eingeladen, wenn in den Straßen der

Städte mit Feuerwerk und Knallkörpern böse Geister vertrieben und der Löwen- und Drachentanz aufgeführt werden. Nur im Familienkreis hingegen verzehrt man jene Speisen, die laut chinesischer Mythologie Reichtum und Wohlstand bringen sollen.

Mysteriöse Machenschaften

Institutionelle Religionen und Wahrsagerei, Geisterbeschwörung, Voodoo-Zauber oder Hexerei schließen sich auf Réunion nicht aus. Mit Grasbüscheln und Bananenblättern oder mit von den oberirdischen Stromleitungen pendelnden Schuhen wünscht man gewissen Mitmenschen Unheil an den Hals. Die Urheber warnen davor, solche Arrangements durcheinanderzubringen, denn dies wird mit einem Fluch geahndet. Nicht selten finden Geisterbeschwörungen und Teufelsaustreibungen statt, die passenderweise gleich vom christlichen Seelsorger der Gemeinde durchgeführt werden. Selbst ein Mörder wird verehrt. Bevor Kleinkriminelle ein Ding drehen, heißt es, bitten sie die Geister des 1911 hingerichteten Massenmörders und Einbrecherkönigs Sitarane um Unterstützung – mit Rum, Zigaretten, frischen Blumen und roten Stofffetzen.

Ein Heiliger für alle Fälle

Mehr als auf die Fürsprache der Jungfrau Maria und der Ahnen vertraut man aber auf Réunion auf den Heiligen Expédit. Der christlichen Lehre zufolge war Expédit ein römischer Zenturio in Armenien, der zum Christentum konvertierte. Deshalb stehen in den blutroten kleineren und großen Altären auch die typischen Legionärsstatuen. Die Verehrung des Saint-Expédit entstand aber eher aus einem Missgeschick heraus. Als Anfang des 20. Jh. eine Bestellung in Rom mit der Bitte um Sendung einer Heiligenstatue einging, wurde diese prompt erfüllt. Bei der Ankunft des Pakets auf Réunion wusste aber leider keiner der Empfänger, um welchen Heiligen es sich dabei handelte. Auf dem Paket stand nur »e spedito« und ein Datum, also »versandt am«. In Unkenntnis des Italienischen nahmen die Gläubigen an, es handle sich um den Namen des Heiligen. Die Signalfarbe rot rührt übrigens daher, dass die päpstliche Farbe Rot ebenfalls auf dem Paket zu finden war. Ob diese Geschichte stimmt, sei dahingestellt, sie zeichnet aber ein augenzwinkerndes Bild der réunionesischen Gutgläubigkeit. Am Straßenrand, oft an unübersichtlichen Stellen oder versteckt in Felsnischen stehen die roten Altäre zu Ehren des Expédit, geschmückt mit Blumen, kleinen Porzellanfiguren und Kerzen. Bei der Suche nach einer Arbeitsstelle oder bei Familienproblemen vertraut man auf seine Hilfe und bringt ihm Opfergaben dar. Gefeiert wird er übrigens am 19. April.

Sehenswerte Gotteshäuser und Friedhöfe

Cimetière Marin, S. 117
Grab von Sitarane, S. 161
Mosquée Mubarak und Eglise de Saint-Louis, S. 150
Temple Narassinga Peroumal, S. 161
Temple du Colosse, S. 208
Chapelle de Bethléem, S. 216
Église de Sainte-Anne, S. 220
Église Notre Dame des Laves, S. 222
Marienstatue nahe dem Col de Bellevue, S. 283

Unterwegs auf Réunion

Der Blick vom Piton Maïdo auf den Cirque de Mafate ist atemberaubend

Das Beste auf einen Blick

Saint-Denis und Umgebung

Highlight !

La Roche Ecrite: Der Hausberg von Saint-Denis geizt weder mit Aussicht noch mit sportlicher Herausforderung. S. 103

Auf Entdeckungstour

So wohnte die Hautevolee von einst – Rue de Paris: An der Rue de Paris, dem einstigen Beverly Hills von Saint-Denis, wohnten Zuckerbarone und Politiker, reiche Händler und Ärzte. Ihr Geschmack prägte die Kolonialarchitektur der Insel. S. 94

Die Briten auf Réunion – die D41 und der Chemin des Anglais: Anders als auf Mauritius erinnert auf Réunion nichts mehr an die kurze Präsenz der Briten, doch bei einem Ausflug auf der Bergstraße D41 lässt sich die Geschichte nachvollziehen. S. 108

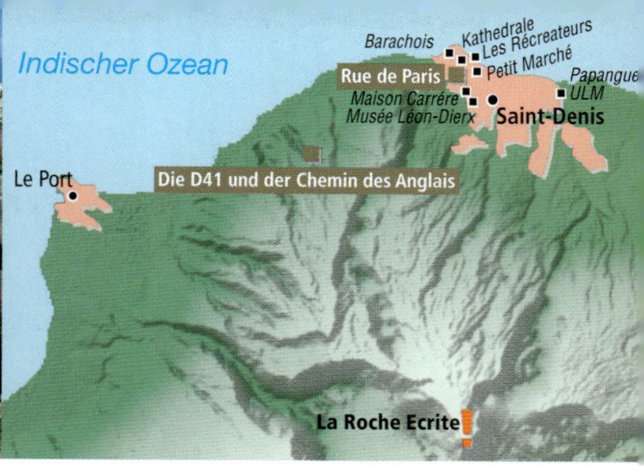

Kultur & Sehenswertes

Maison Carrère: In der originalgetreu nachgebauten Villa können Besucher das Leben vor hundert Jahren mit all seinen Vor- und Nachteilen rekonstruieren. S. 95

Musée Léon-Dierx: Liebhabern der schönen Künste präsentiert das Museum Exponate namhafter réunionesischer und französischer Künstler. S. 96

Aktiv unterwegs

Papangue ULM: Ein Flug in einem Ultraleichtflugzeug über das Gebirgspanorama von Réunion ist unvergesslich für jene, die immer schon wie ein Vogel fliegen wollten. S. 101

Le Dodo Palmé: Wer Tauchspots abseits der Touristengruppen sucht, sollte mit dem Veranstalter Le Dodo Palmé Tauchgänge rund um Le Port unternehmen. S. 111

Genießen & Atmosphäre

Rund um die Kathedrale: Das urige Altstadtflair ist einzigartig auf Réunion. Hinter der Kathedrale blüht eine lebhafte Kneipen- und Cafészene. S. 92

Petit Marché: Auf dem kleinen Markt in Saint-Denis herrscht am Vormittag dichtes Gedränge um die bunten Obst- und Gemüsestände. S. 97

Abends & Nachts

Barachois: Am Barachois, dem Inbegriff der kreolischen Flaniermeile, ist immer etwas los. S. 91

Les Récreateurs: Im Café Culturel kommt jeder ins Schwitzen: Musik, DJs, Party, Tanzen bis zum Umfallen! S. 102

Urbanes Savoir-Vivre vor herrlichem Bergpanorama

Der erste Blick auf Réunion vom Flugzeug aus macht Lust auf mehr: Die steil aufragenden, zerfurchten und sattgrünen Berglandschaften warten verheißungsvoll auf aktive Urlauber. Der weiße Häuserteppich von Saint-Denis überzieht die Hänge und verliert sich weiter oben im charakteristischen Bergnebel. Das türkisblaue Meer plätschert an die anthrazitgrauen Steine der Küste.

Dazwischen wälzt sich eine Verkehrslawine über die Schnellstraße, die den Osten und den Westen über die Hauptstadt verbindet. Willkommen am südlichsten Ende Frankreichs!

Saint-Denis ▸ E/F 1/2

Der erste Eindruck der Inselhauptstadt mag gar nicht so schmeichelhaft sein: heruntergekommene Gebäude an der Durchgangsstraße, Verkehrsstaus und zwischen den Häusern stickige, abgasverseuchte Luft. An dem wirtschaftlichen und administrativen Zentrum mit knapp 145 000 Einwohnern (Stand 2010) finden Besucher erst auf den zweiten Blick Gefallen. Hübsche Stadtvillen, ein großer Stadtpark, mehrere Museen, Straßenmärkte sowie Einkaufsmeilen, Haute-Couture-Boutiquen und Krämerläden machen einen

Infobox

Reservierungen

Centrale de Réservation de l'Île de la Réunion Tourisme: Tel. 0810 16 00 00, www.reunion.fr. Inselweite Reservierungen, nur telefonisch oder per E-Mail.

Anreise und Weiterkommen

Auto: Die Route Nationale N2 verbindet den östlich der Stadt gelegenen Flughafen mit dem Stadtzentrum. Parkplätze befinden sich am Barachois, in den einzelnen Straßenzügen, am alten Bahnhof und beim Bierlokal Trois Brasseurs. Parkgebühren: Mo–Sa 8–12 und 14–18 Uhr (außer in den Schulferien), 1 Std. 0,40 €, 3 Std. 0,80 €, 8 Std. 1,80 €. Saint-Denis kämpft täglich mit dem Verkehrskollaps. Man solte die Stadt von 6.30–10 Uhr, in den Mittagsstunden und von 17–19 Uhr großräumig meiden.

Bus: Saint-Denis kann leicht mit Bussen erreicht werden. Vom Flughafen über den Busbahnhof bis zum Hôtel de Ville in der Rue de Paris verkehrt 12 x tgl. ein Shuttlebus (*navette aéroport*, 4 €). Ebenso fährt die Linie G der Busgesellschaft Cars Jaunes von Saint-Benoît über den Flughafen (Gillot) sowie die Linien A, B und C derselben Gesellschaft vom Westen und den Stränden zum Busbahnhof in Saint-Denis. Für die Erkundung der Umgebung sind die Busse keine Alternative zum Auto.

Wanderkarten: IGN 4402 RT für La Roche Ecrite, IGN 4401 RT für La Possession, Dos-d'Ane, Le Port.

Besuch kurzweilig. Dort, wo heute nahe dem Hôtel de la Préfecture der Verkehr durchrollt, ankerte 1667 im Mündungsdelta der Rivière Saint-Denis das Schiff des ersten Gouverneurs Etienne Regnault. Anfangs regierte er die Insel von Saint-Paul aus, doch schon bald ließ er ein Lagerhaus, die spätere Präfektur, am Saint-Denis-Delta bauen. Saint-Denis lag strategisch günstig, ganz in der Nähe der großen Plantagen, die sich im grünen, fruchtbaren Nordosten befanden. Die ersten Siedler ließen sich daraufhin am rechten Flussufer nieder, doch erst 1728 wurden weitere Lagerhallen für die Zwischenlagerung von Kaffee, dem ersten Exportgut der Inselwirtschaft, errichtet. Gouverneur Mahé de La Bourdonnais verlegte die Kolonialverwaltung 1738 schließlich nach Saint-Denis und baute die Stadt aus. Trotz der Passatwinde war der Schiffsanleger, der danach häufig von Zyklonen zerstört wurde, für die großen Handelsschiffe der Ostindien-Kompanie sehr gut geeignet.

Heute lebt der Großteil der Dionysiens in den Randbezirken zwischen Supermärkten, Fußballplätzen und kleinen Parks. Viele der dicht besiedelten *quartiers* sind Schauplätze sozialer und ethnischer Auseinandersetzungen. Als das heißeste Viertel gilt Le Chaudron (dt. Kochkessel), wo es 1990 und 2012 zu gewaltsamen Protesten gegen die hohen Lebenshaltungskosten kam.

Das alte Hafenviertel

Im unteren Teil der Stadt lagen einst der Hafen, die Lagerhäuser und Verteidigungsanlagen. Die heutige Rue de Nice war z. B. die Rue de l'Embarcadère (Anlegestelle); in der ehemaligen Rue de l'Intendance (heute Rue de l'Amiral Lacaze) befanden sich die Versorgungseinheiten für die Kriegsschiffe.

Barachois

Heute ist der Barachois eine lang gezogene Promenade unter Palmen, die beim öffentlichen Schwimmbad beginnt und bis zu den Kanonen nahe dem Square La Bourdonnais reicht. Dabei erinnert der Name daran, dass ein 1819 errichteter Schiffsanleger bereits während der Bauarbeiten von einem Zyklon zerstört wurde. Die Überreste der Mole formten eine kleine Lagune (frz. *barachois*). Bald aber versandete der kleine Hafen und 1937 schüttete man die Lagune vollends zu. Die Küstenpromenade mit ihren Bänken, den Pétanque-Plätzen und den Snackbars ist ein beliebter Treffpunkt der Einheimischen – insbesondere in den Stunden der glutroten Sonnenuntergänge.

Parc d'Artillerie 1

Gegenüber dem Schwimmbad erhebt sich ein imposantes Gebäude, der Parc d'Artillerie mit seinem Säulengang aus Vulkangestein im Innenhof. Früher als Kaserne und als Haus des Militärkommandanten genutzt, ist hier das Straßenamt untergebracht.

Roland-Garros-Statue 2

Weiter westlich, schräg vor einem Café gleichen Namens, steht die Roland-Garros-Statue. Der 1888 in Saint-Denis geborene Luftfahrtpionier überflog als erster Pilot das Mittelmeer, machte sich bei sehr vielen europäischen Wettbewerben einen Namen und war im Ersten Weltkrieg der erste Soldat, der eine Maschine mit Gewehr an Bord – quasi das erste Jagdflugzeug – manövrierte. 1918 starb er im Luftkampf.

Kanonen und Square La Bourdonnais

Direkt am Meer zeigen die **Kanonen** 3 in Richtung Wasser und erinnern daran, dass sich Saint-Denis im Laufe der Geschichte oft verteidigen musste.

Bei den Kanonen geht die Nulllinie der Insel durch, d. h. von hier aus werden die Distanzen zum Rest der Welt gemessen. Schräg gegenüber befindet sich der **Square La Bourdonnais** 4, wo am 20. Dezember 1848 die Abschaffung der Sklaverei proklamiert wurde.

Hôtel de la Préfecture 5

Neben dem Square La Bourdonnais thront das markante Hôtel de la Préfecture – das älteste Steingebäude der Insel. Auf den Fundamenten eines Lagerhauses der Ostindien-Kompanie erbaut, ließ es Mahé de Labourdonnais 1739 weiter zu einem repräsentativen Gouverneurspalast samt Befestigungsanlage mit Kasernen und Lagerhallen für den Kaffee ausbauen. Mehrere Baumeister hinterließen ihre Handschrift, doch die meisten fanden Gefallen an neoklassizistischen Elementen wie den Säulengängen, den Veranden oder den prägnanten Erkern.

Avenue de la Victoire

Die Avenue de la Victoire führt nun bergauf, sie endet am Kriegerdenkmal.

Unser Tipp

Altstadtflair

Hinter der Kathedrale liegt ein Ausgeh-Viertel, das zu jeder Tageszeit seinen Reiz hat. Tagsüber kann man sich in der beliebten Patisserie **Casta** bei Espresso und Nascherei stärken oder im Biorestaurant **Planète Nature** (s. S. 100) zu Mittag essen. Abends kann man im hippen **Ktdral** (s. S. 102) oder im **Café Edouard** rustikal auf Bierbänken den Tag ausklingen lassen.

Alte Lagerhäuser der Ostindien-Kompanie lassen sich ausmachen. Das Viertel nordöstlich davon besticht durch einen Mix aus alten Gebäuden aus Vulkangestein und schönen Villen und Stadthäusern mit schmiedeeisernen Balkonen.

Kathedrale 6

Place de la Cathédrale

Die schlichte weiße Fassade der 1829–1832 erbauten Kathedrale beherrscht den begrünten Platz an der Avenue de la Victoire, in dessen Mitte ein dekorativer Brunnen aus dem Jahr 1854 steht. Das Gotteshaus läutete die neoklassizistische Ära auf der Insel ein. An der Ecke des Kirchvorplatzes zur Rue Alexis de Villeneuve erinnert eine Büste an den einflussreichen réunionesischen Politiker, der 1946 an dieser Stelle ermordet wurde – bis heute blieb sein gewaltsamer Tod ein Rätsel.

Collège Saint-Cyprien und ehemaliges Militärhospital

Schräg gegenüber der Kathedrale steht das 1759 fertiggestellte **Collège Saint-Cyprien** 7, das Lazaristenkolleg. In der einstigen Missionarschule war von 1963 bis vor wenigen Jahren das Hauptgebäude der Universität untergebracht. Seit deren Umzug nach Moufia dient das gelbe Gebäude als Annex der Universität. Ein paar Schritte weiter liegt hinter einem kleinen Park versteckt das ehemalige **Militärhospital** 8 *(Ancien hôpital militaire)*, wo heute ein Teil der Präfektur einquartiert ist.

Rue de Paris

Der kleine Kreisverkehr mit dem **Monument aux Morts**, der Gedenksäule für die Gefallenen des Ersten Weltkriegs, und dem prachtvollen alten **Rathaus** 9 markiert den Beginn der Rue de Paris (Foto S. 66). An ihr reihen sich präch-

Überschaubare Metropole: Saint-Denis am Abend

tige Palais aneinander, die Einblick in den Lebensstil der Kolonialzeit gewähren, darunter das **Musée Léon-Dierx** (s. Entdeckungstour S. 96).

Rue Maréchal-Leclerc

Zwei Häuserblocks hinter dem Kreisverkehr kreuzt die Rue Maréchal-Leclerc die Rue de Paris. Ein eklektischer Mix aus modernen internationalen Marken- und indischen sowie chinesischen Läden flankiert die zu den Öffnungszeiten quirlige Einkaufsstraße. Es lohnt sich, an einem der Kioske zur Stärkung einen Happen zu essen, z. B. *samoussas.* Der Straßenabschnitt zwischen Rue de Paris und Rue de l'Est ist Fußgängerzone.

Grand Marché 18

Mo–Sa 7–18 Uhr, manchmal wird auch früher geschlossen

Am südwestlichen Ende der Rue Maréchal-Leclerc liegt der Grand Marché. Die Markthallen wurden 1866 eröffnet. Stilistisch nehmen die schmucken Eisenkonstruktionen an der Architektur des Second Empire Anleihe. Die Einzelteile wurden direkt aus Paris eingeführt. Heute sind die Hallen vornehmlich Souvenir- und Kunsthandwerkverkäufern aus Madagaskar vorbehalten, weswegen man auch vom *marché malgache* spricht.

Grande mosquée Noor al Islam 19

Besichtigung nur mit Führung, z. B. durch Guid'a nou, S. 101

Von Weitem schon sieht man das schlanke, blütenweiße und 32 m hohe Minarett der großen Moschee. Nachdem sich 1854 verstärkt sunnitische Muslime aus Indien niederließen, entstand der Bedarf für ein Gebetshaus. Erst 1905 wurde ein solches eröffnet – das erste und größte der Insel und ▷ S. 97

Auf Entdeckungstour: So wohnte die Hautevolee von einst – Rue de Paris

An der Rue de Paris, dem einstigen Beverly Hills von Saint-Denis, wohnten Zuckerbarone und Politiker, reiche Händler und Ärzte. Ihr Geschmack prägte die Kolonialarchitektur der Insel, denn sie ließen Stilelemente aus einzelnen Epochen und verschiedenen Regionen importieren und zu einem neuen Ganzen verschmelzen.

Cityplan: s. S. 99

Öffnungszeiten: Bis auf die Museen sind die Häuser nur von außen zu besichtigen.
Maison Carrère: Mo–Sa 9–17.30 Uhr, Führungen (nur Franz.) von 9.30–16.30 Uhr, 3–4 €
Artothèque: Di–So 9.30–17.30 Uhr, freier Eintritt
Musée Léon-Dierx: Di–So 9.30–17.30 Uhr, 2 €

Der Spaziergang beginnt am Kreisverkehr um das Monument aux Morts, wo die Avenue de la Victoire in die Rue de Paris übergeht. Triumphierend thront auf der rechten Seite das 1860 fertiggestellte alte **Rathaus** 9. Der neo-klassizistische Monumentalismus entsprach dem Selbstverständnis der Grande Nation: Mit 75 Fenstern, imposanten Maßen von 37 m x 13 m, dem kecken Campanile und dem prächtigen Springbrunnen im Innenhof kann es wohl kaum ein anderes Gebäude auf der Insel aufnehmen.

Nord-Süd-Achse im Schachbrettmuster

Die Rue de Paris bildet zusammen mit der Avenue de la Victoire die Nord-Süd-Achse der Stadt. Der erste Bauplan für Saint-Denis, der die Anordnung der Häuser nach strengem barockem Schachbrettmuster wie in Europa vorsah, wurde 1733 entworfen. Dem städtebaulichen Wildwuchs musste schließlich ein Riegel vorgeschoben werden. Die Stadtplaner reservierten die Querstraßen an der Avenue de la Victoire für die Lagerhallen, Läden, eine Schule und den Gouverneurspalast (Hôtel de la Préfecture) der Ostindien-Kompanie. Jenseits des Rathauses sollten die Residenzen der wohlhabenden Bürger errichtet werden. Die wichtigste Straße erhielt anfangs den Namen Grande Rue, wurde aber 1848 nach der Februarrevolution in Paris zur Rue de Paris umgetauft.

Prachtexemplare kolonialer Inselarchitektur

Neben dem Rathaus sind nur noch wenige originale Gebäude erhalten, denn viele der zwischen 1830 und 1870 aus Holz erbauten Villen mussten im 20. Jh. abgerissen werden. Vielfach errichtete man stattdessen originalgetreue Kopien. Hinter der Querstraße Rue Pasteur liegt links die auffällige mintgrüne **Maison Déramond-Barre** 10 (Nr. 15), wegen ihrer Bewohner, dem Dichter Léon Dierx und dem späteren französischen Premierminister Raymond Barre, eines der prominentesten Häuser der Straße. Errichtet 1830–1832 und mehrmals umgebaut, gilt es als Wegbereiter für die Architektur der kreolischen Herrenhäuser: die epochale Veranda *(varangue)*, die es auch bei den bescheideneren kreolischen Häusern gibt, sowie die Scheinfassade *(façade-écran)*, die die Stadtbaumeister der kirchlichen Barockarchitektur entliehen hatten, avancierten zu den archetypischen Architekturelementen. Wie bei vielen anderen Villen auch, fügte man erst in den 1920er-Jahren den Springbrunnen sowie das mächtige Eisentor *(baro)* hinzu.

Intime Details aus dem Leben der Stadtbewohner

An der Adresse Rue de Paris Nr. 14 liegt die **Maison Carrère** 11. Das 1905 erbaute Haus eines Zuckerhändlers, der es mit seinen fünf Töchtern bewohnte, ist heute der Sitz des Fremdenverkehrsamtes. Bei Führungen schreitet man durch die Zimmer mit französischem, britischem und indischem Mobiliar und kunstvollen Vitrinen, die typisch für wohlhabende Haushalte waren. Im hinteren Teil liegen die Rauchküche, der Hühnerstall und die Latrinen, denn selbst gut situierte Stadtbewohner hatten Ende des 19. Jh. weder fließend Wasser noch Strom oder eine Kanalisation. Ebenso wenig wurden die in den europäischen Städten üblichen Zerstreuungen angeboten. Aus Angst vor Übergriffen unterlag die ohnehin schon streng katholische Gesellschaft einem noch viel strikteren Reglement. Frauen beispielsweise war es nicht gestattet, am öffentlichen Leben teilzunehmen oder sich auf den Straßen frei zu bewegen. Das geselligste Ereignis des Tages für Bürgertöchter und -ehefrauen bestand darin, auf der *guétali*, einer Art Panoramaterrasse an der Einfriedung des Gartens, zu sitzen, zu häkeln und hinter den filigran geschnitzten Holzabdeckungen das Treiben auf der Straße zu beobachten. An einigen Häusern in Saint-Denis sind die *guétali* (die kreolische Wendung *gèt a li* bedeutet so viel wie »Schau dir das an!«) noch erhalten.

Ein Haus aus Stein

Die Hausnummer 25 an der Rue de Paris trägt die blitzweiße **Maison Repiquet** 12, die im 19. Jh. als einziges Haus von Saint-Denis komplett aus Stein gebaut wurde – ein Indiz dafür, dass die Erbauer besonders wohlhabend gewesen sein müssen. Besonders imposant ist die inseltypische Veranda, die sich über die komplette Vorderseite erstreckt. Schmucke Pilaster und Ornamente auf der Scheinfassade, indische Fensterbögen aus Glas, filigrane *lambrequins*, eine Art Regenrinne, die den prasselnden Regen abfängt, machen die Villa zu einer Augenweide. Selbst Gärten durften bei einem Stadthaus nicht fehlen. Sie dienten neben dem ästhetischen Zweck einem praktischen: Man baute Obst und Gemüse an, legte Kräutergärten an, pflanzte schattenspendende Bäume und bunt blühende Blumen, da sich die Haushalte mit diesen Produkten selbst versorgen mussten.

Kunst in prächtigem Rahmen

In typisch kreolischer Manier erbaute man in den 1840er-Jahren das gelb-weiße Herrenhaus an der Rue de Paris Nr. 26: vollständig aus Holz, mit großen Fenstern für die Luftzirkulation, einem Springbrunnen und besonders auffälliger Scheinfassade. Heute können sich Kunstinteressierte in der dort ansässigen **Artothèque** 13 gegen minimale Gebühren Werke zeitgenössischer réunionesischer Künstler ausleihen. Ein Besuch der Innenräume lohnt nicht nur wegen der Kunstobjekte, sondern besonders wegen der prunkvollen Ausstattung und des Mobiliars.

Gut zu erkennen an seiner hellblau-weißen Scheinfassade ist das neoklassizistische **Musée Léon-Dierx** 14 (Nr. 28, s. Foto oben), das in den 1840er-Jahren entstanden ist, aber Mitte des 20. Jh. komplett entkernt und neu ausgebaut wurde. Das Museum ehrt den 1912 verstorbenen großen Poeten der Insel. Das Who's Who der zeitgenössischen réunionesischen Kunst ist ebenso zu sehen wie einflussreiche Altmeister und Avantgardisten, u. a. Cézanne, Gauguin, Renoir oder Picasso.

Villen am südlichen Ende

Die kreolische Architektur von Mauritius, erkennbar an den Türmchen, inspirierte den Erbauer der **Maison Timol** 15 (Nr. 32). Die Fassade ist wie in Originaltagen noch immer vollständig aus Holz. Schräg gegenüber in der **Villa du Conseil Général** 16 (Nr. 49) wohnte der wohlhabende Händler Lucien Lebeau, der sich entgegen der kreolischen Tradition für ein geneigtes Dach entschied. Seit 1977 ist das Gebäude in staatlichem Besitz. Die Erbauer der **Maison Isautier** 17 (Nr. 51) ließen sich zu keinen architektonischen Experimenten hinreißen. Von der Veranda und der Scheinfassade bis hin zum Flachdach und dem schmiedeeisernen Tor entspricht alles dem Lehrbuch. Ein paar Schritte weiter endet die Rue de Paris am Kreisverkehr der Place de Metz.

das erste Frankreichs überhaupt. Im mit smaragdgrünen Fliesen verzierten Haupthaus sind im Erdgeschoss bazarartige Ladenarkaden untergebracht, die einen angenehm kühlen und einladenden Innenhof mit Waschgelegenheiten und Beträumen umgeben.

Petit Marché 20

Mo–Sa 6–19 Uhr

Zwei Häuserblöcke hinter dem Ende der Fußgängerzone, dort wo der stark befahrene Teil der Rue Maréchal-Leclerc beginnt, befindet sich bergwärts in zweiter Reihe der Petit Marché, der so klein gar nicht ist. Früchte, Gemüse, Fisch, Fleisch, Blumen bieten die Händler hier feil. Leichter zu erkennen ist der Petit Marché, wenn man sich ihm über die Rue Sainte-Marie nähert.

Pagoden Guan Di 21 und Thiaw Law Tong 22

82 und 83, rue Sainte-Anne, Besichtigung nur mit Führung durch Guid'a nou, S. 101

In unmittelbarer Nachbarschaft, in der Rue Sainte-Anne bergwärts, liegen die chinesische Pagode Thiaw Law Tong (oder Li Si Tong) und gegenüber die Pagode Guan Di, die beide Ende des 19. Jh. erbaut wurden. Sie sind General Guan-Di gewidmet, der vor 2000 Jahren lebte und als Gott des Handels, des Krieges und des Mutes verehrt wird. An großen Festtagen wie dem Chinesischen Neujahr oder dem Geburtstag von Guan-Di organisieren die Gemeindemitglieder große Drachenumzüge mit Feuerwerk.

Kalikambal 23

Noch ein paar Schritte weiter auf der Maréchal-Leclerc und man steht vor dem farbenfrohen Hindutempel Kalikambal, dem vierten Gotteshaus auf der wichtigsten Marktstraße von Saint-Denis. Er wurde von hinduistischen Kaufleuten am damaligen Stadteingang errichtet. Besuche im Inneren sind momentan nicht möglich.

Jardin de l'Etat 24

Place de Metz, tgl. 6–18 Uhr, frei

Seine Glanzzeiten erlebte der 1767 eingerichtete Jardin de l'Etat in den 1860er-Jahren, als der Garten aus über 4000 Pflanzenspezies aus Australien, China, Indonesien, Brasilien, Madagaskar oder auch Mauritius bestand. Zwei Büsten im Park erinnern an den Botaniker und Gründungsvater Pierre Poivre und an Joseph Hubert, den wichtigsten réunionesischen Tropenbotaniker. Für Pflanzenliebhaber ist der schön angelegte Garten ein Muss: Seltene Gattungen aus fernen Ländern, lauschige Plätzchen, Springbrunnen und Teiche machen ihn zu einem angenehmen Ort an heißen Tagen. Das Parkcafé Guétali lädt zum Verweilen ein (s. Unser Tipp S. 101).

Muséum d'Histoire Naturelle 25

1, rue Poivre, Di–So 9.30–17.30 Uhr, 2 €, bei Redaktionsschluss geschl.

Das am Ende des Parks gelegene und 1855 eröffnete Naturhistorische Museum zeigt Exponate und Tierpräparate der Fauna der Insel und anderer tropischer Umgebungen, z. B. Käfer und Schmetterlinge, aber auch Wassertiere und gar ein Skelett des ausgestorbenen Dodo (s. S. 54).

Übernachten

Saint-Denis ist ein teures Pflaster. Die Hotels sind bei der gebotenen Qualität überteuert.

Originalgetreu – **Villa Angelique** 1: 39, rue de Paris, Tel. 0262 48 41 48, www.villa-angelique.fr, DZ ab 220 €.

Wer Wert auf geschmackvolles Interieur legt, ist mit der originalgetreu nachgebauten Villa gut beraten. Exzellente Lage direkt an der Rue de Paris, je vier charmante Zimmer und Suiten mit Tamarindenholzböden und einem Einrichtungsmix aus Kreolisch und Modern, Nespressomaschine, Safe, Minibar, AC, Pool im Hinterhof mit Holzdeck, Salon de Thé auf der Terrasse unter Bäumen. Dennoch ist es keine vier Sterne wert. Verhaltene Freundlichkeit, kaum Fremdsprachenkenntnisse, kein Parkplatz, mittelmäßige Küche.

Saint-Denis

Sehenswert
1 Parc d'Artillerie
2 Roland-Garros-Statue
3 Kanonen
4 Square La Bourdonnais
5 Hôtel de la Préfecture
6 Kathedrale
7 Collège Saint-Cyprien
8 Militärhospital
9 Rathaus
10 Maison Déramond-Barre
11 Maison Carrère
12 Maison Repiquet
13 Artothèque
14 Musée Léon-Dierx
15 Maison Timol
16 Villa du Conseil Général
17 Maison Isautier
18 Grand Marché
19 Grande mosquée Noor al Islam
20 Petit Marché
21 Pagode Guan Di
22 Pagode Thiaw Law Tong
23 Kalikambal
24 Jardin de l'Etat
25 Muséum d'Histoire Naturelle

Übernachten
1 Villa Angelique
2 Mercure Creolia
3 Hôtel Juliette Dodu
4 Best Western Le Saint Denis
5 L'Austral Hôtel

Essen & Trinken
1 Clos Saint Jacques
2 L'Atelier de Ben
3 Le Roland Garros
4 Le Reflet des Îles
5 Planète Nature
6 Guétali Café
7 Le Caudan
8 Paul
9 Le Massalé

Einkaufen
1 La Galerie Artisanale
2 Serge Gélabert
3 Pardon

Aktiv
1 Papangue ULM

Abends & Nachts
1 Théâtre Le Grand Marché
2 Le Bar à Cas
3 Les Trois Brasseurs
4 Ktdral
5 O Bar
6 Les Récreateurs

Nicht zentral – **Mercure Creolia** 2: 14, rue du Stade Montgaillard, Abzweig von der N6 in die Route de la Mairie, danach beschildert, Tel. 0262 94 26 26, www.accorhotels.com, DZ ab 162 €, Frühstück 16 €, hohe Rabatte bei Direktbuchung. Von außen schreckt der Bau auf einer Anhöhe ab, aber nach dem Betreten der Empfangshalle ist man positiv überrascht. Angenehmes Ambiente durch einen Mix aus modernen und kreolischen Elementen. 107 farbenfrohe Zimmer auf vier Etagen, die meisten mit Meerblick, Pool. Wird trotz

Unser Tipp

Kreolische Spezialitäten – Le Reflet des Îles 4

Neben den üblichen Gerichten finden sich seltene Spezialitäten der traditionellen Küche wie Taro *(songes)* oder Carri mit Grundeln *(carri bichiques)*. Die Speisekarte ist auf Englisch! Das Lokal gilt als eines der besten kreolischen Restaurants der Insel (27, rue de l'Est, Ecke Rue Pasteur, Tel. 0262 21 73 82, Mo–Di, Do–Sa 12–14, 19–22 Uhr, Menüs und Hauptgerichte ab 12 €).

der Distanz zum Zentrum gerne von Veranstaltern gebucht. 4 x tgl. Gratis-Shuttle in die Stadt, Gratis-Flughafentransfer nach Reservierung.

Beste Wahl – **Hôtel Juliette Dodu** 3: 31, rue Juliette Dodu, Tel. 0262 20 91 20, www.hotel-jdodu.com, DZ 157–213 €, 1 Suite 248 €, Halbpension 30 €. Im Geburtshaus der heroischen Juliette Dodu stehen 43 beengte, aber komfortable Zimmer zur Wahl. Die Empfangshalle des Romantikhotels und das Restaurant mit sonnengelbem Mobiliar machen gute Laune. Pool im Innenhof, einladende Lounge im ersten Stock, WLAN, Parkplatz vorhanden, exzellente Lage für die Stadterkundung.

Direkt am Barachois – **Best Western Le Saint Denis** 4: 2, rue Doret, Tel. 0262 21 80 20, www.bestwestern-saintdenis-iledelareunion.com, DZ 125 €, Buffetfrühstück 12,50 €. Das Beste am Geschäftshotel ist die Lage, denn eine Handvoll Designermöbel in Retrofarben und die puristische Bar können nicht darüber hinwegtäuschen, dass das Haus mit 122 Zimmern aus den lieblosen 1980er-Jahren stammt. Pool, WLAN, Parken auf der Straße.

Funktional – **L'Austral Hôtel** 5: 20, rue Charles Gounod, Tel. 0262 94 45 67, www.hotel-austral.fr, an der Schnellstraße auf der Höhe der Les Trois Brasseurs stadteinwärts, DZ 92 €, Buffet-Frühstück 11 €. Funktionales, zentral gelegenes Hotel ohne viel Schnick-Schnack. WLAN, Pool.

Essen & Trinken

Mediterrane Küche – **Clos Saint Jacques** 1: 5, ruelle Edouard, Tel. 0262 21 59 09, Mo–Fr mittags, Di–Sa abends, Mittagsmenüs ab 22 €. Eine stilechte kreolische Villa samt Vintage-Interieur direkt an der Kathedrale ist der romantische Rahmen für solide kulinarische Genüsse.

Klein, aber oho – **L'Atelier de Ben** 2: 12, rue de la Compagnie, Tel. 0262 41 85 73, Di–Sa mittags und abends, Mittagsmenüs ab 21 €, Hauptgerichte ab 24 €. Im kleinen, schicken Lokal in der Nähe des Kriegerdenkmals wird raffinierte mediterrane Küche aus Frankreich und Italien um kreolischen Nuancen ergänzt. Zur Zeit der Recherche das beste Restaurant der Stadt.

Die Institution – **Le Roland Garros** 3: 2, place du 20-Décembre-1848, Tel. 0262 41 44 37, tgl. 7–24 Uhr, Hauptgerichte ab 14,50 €. Direkt am Barachois fühlt man sich ein bisschen wie in einem Pariser Bistro – inklusive spröder Kellner, erhöhtem Lärmpegel und viel Frequenz. Bevorzugter Treff der Geschäftsleute mit klassischen Gerichten aus der Metropole.

Kreolische Spezialitäten – **Le Reflet des Îles** 4: s. Unser Tipp links.

Alles Bio – **Planète Nature** 5: 26, rue Jean Châtel, Tel. 0262 46 53 97, Mo–Mi 9–17, Do–Sa 9–22 Uhr, Tagesgerichte 9–18 €. An der Rückseite der Kathedrale liegt das einzige Bio-Restaurant der Insel. Täglich wechselnde Speisekarte mit vegetarischen Gerichten, aber auch mit Fleisch und Fisch. Schönes Ambien-

te sowohl draußen im Altstadtviertel als auch drinnen im Restaurant.
Im Jardin de l'Etat – **Guétali Café 6**: s. Unser Tipp rechts.
Indisch – **Le Caudan 7**: 38, rue Charles Gounod, Tel. 0262 94 39 00, Di–Sa 10–22, So 10–14 Uhr, Hauptgerichte ab 9 €. Guter, preiswerter Inder zentral in der Rue Pasteur, der von Biriani über Tandoori bis hin zu Kreolisch kocht.
Patisserie zum Anbeißen – **Paul 8**: 3, av. de la Victoire, Tel. 0262 56 05 60, tgl. 6–20 Uhr. Gleich gegenüber vom Barachois gelegen zählen die Torten und Kuchen der Patisserie zum Besten, was Saint-Denis bieten kann. Ideal, um sich einen Espresso oder ein Bier zu genehmigen. Die Räumlichkeiten hin zur Rue Doret sind einladender.
Authentisch indisch – **Le Massalé 9**: 30, rue Alexis de Villeneuve, Tel. 0262 21 75 06, Mo–So 10–20 Uhr. Winzige, unscheinbare indische Snackbar mit feiner Auswahl von *samoussas, bonbon piments* oder auch indischen Kuchen und Törtchen, z. B. die grellbunten, viereckigen *balfi* oder die kreisrunden aromatisierten *napolitains.*

Einkaufen

Letzte Souvenirs – **La Galerie Artisanale 1**: Centre commercial Carrefour, Mo 12.30–20.30, Di–Sa 8.30–20.30, So 9–12.30 Uhr. Das große Geschäft für lokales Kunsthandwerk und jede Art von Souvenirs liegt in einem Rondeau inmitten des Carrefour-Einkaufszentrums.
Fotos vom Profi – **Serge Gélabert 2**: 85, rue Juliette Dodu, Tel. 0692 85 20 79, Mo–Sa 8.30–12.15, 14–18 Uhr. Fotostudio und Geschäft für anspruchsvolle Postkarten- und Fotosammler. Außerdem im Sortiment: DVDs, Bücher, Poster, Tischsets, etc. mit Fotomotiven der Insel.
T-Shirts und mehr – **Pardon 3**: 96, rue Jean-Châtel, Tel. 0262 41 15 62, www.pardon.net, Mo–Sa 9–18.30 Uhr. Einheimische Markenware mit Kultcharakter.

Aktiv

Geführte Touren – **Guid'a nous:** Tel. 0692 86 32 88, www.guid-a-nou.com. Wochenprogramm mit diversen geführten Touren, z. B. Circuit Religieux in Saint-Denis (samstags, Besuch aller Gotteshäuser) oder Le Circuit des Cases Créoles in Hellbourg (dienstags). Gruppentarife ab 9 €, Reservierung mind. am Vortag, nur Französisch.
Über den Wolken – **Papangue ULM 1**: 10, allée Belynted, chemin Segret, erste Abfahrt nach dem Flughafen (beschildert als Duparc/Centre commercial), danach den Schildern ›Port de Plaisance‹ und ›Aéroclubs‹/›Météo France‹ folgen, Tel. 0692 08 85 86, www.papangue-ulm.re. Als äußerst kompetenter Anbieter von Ultraleicht-Überflügen hat sich Papangue auf der Insel einen guten Namen gemacht. Je nach Flugstrecke und Dauer kosten die Überflüge 80–190 €.

Unser Tipp

Erfrischende Oase – Guétali Café 6 im Jardin de l'Etat
Die lauschige Snackbar nur hundert Meter links vom Haupteingang des Gartens serviert durchgehend Nespresso-Café, warme Hauptgerichte, Sandwiches und Snacks sowie kühle Salate. In der luftigen Atmosphäre lässt es sich gut verschnaufen. Am Wochenende ist der Garten samt Café erklärtes Ziel aller Städter (außer Montagnachmittag tgl. 8–18 Uhr, Hauptgerichte ab 15 €).

Abends & Nachts

Selbstbewusstes Gegenwartstheater – **Théâtre Le Grand Marché** 1: 2, rue Maréchal-Leclerc, Tel. 0262 20 33 99, www.cdoi-reunion.com, Mo–Fr 11–18, Sa 14–18 Uhr, die Aufführungen finden samstags statt, Karten 18 €. Hinter den Markthallen wird seit 1998 Theater gemacht. Das multikulturelle Ensemble agiert im Spannungsfeld von französischer Gegenwartsdramaturgie, kreolischer Identität und mannigfaltigen kulturellen Einflüssen.

Immer was los – **Le Bar à Cas** 2: 19, rue Pasteur, Tel. 0262 20 17 68, Mo–Sa 6.30–0.30 Uhr. Die zünftige Brasserie mit den typischen, deftigen Métro-Gerichten (Mittagsmenü ab 11 €) verwandelt sich am Abend in eine geschäftige Bar, freitags mit DJs und Livemusik. Vor allem die Terrasse ist abends und nachts beliebter Treffpunkt der Städter.

Gutes Bier – **Les Trois Brasseurs** 3: bd. Lancastel/place Regnauld, Tel. 0262 30 84 00, www.les3brasseurs.re, tgl. 11.30–0.30 Uhr. Vollmundige Biersorten samt deftigem Essen. Die Mikrobrauerei liegt zwischen Meer und N2, neben dem alten Bahnhof, der 1963 geschlossen wurde.

Hip und trendy – **Ktdral** 4: 7, ruelle Saint-Paul, Tel. 0692 95 92 00, Mo–Sa 10–24 Uhr. Restaurant samt Bar im charmanten Altstadtviertel hinter der Kathedrale. Von Do–Sa finden Konzerte und Themenabende statt; essen sollte man aber lieber woanders, s. Unser Tipp S. 100.

DJs und Party – **O Bar** 5: 32, rue Compagnie, Tel. 0693 90 21 10, Mo–Sa 7–2 Uhr. Die Zauberformel hier heißt tadelloses Essen, mittwochs Livemusik und DJs und an den Wochenenden Party bis spät in die Nacht.

Mehr als eine Bar – **Les Récreateurs** 6: 2, place Etienne Regnault, im alten Bahnhof, www.lesrecreateurs.re, Di–So 17.30–2 Uhr, So teilweise auch früher. Multifunktionale Bar mit langer Theke, großer Tanzfläche und jeder Menge Party. Fr und Sa DJs oder Konzerte (Jazz, Maloya, Funk, Eintritt 5 €), unter der Woche Spieleabende, Kinovorführungen oder Improvisationstheater.

Infos & Termine

Infos

Office de Tourisme Saint-Denis: 14, rue de Paris, Maison Carrère, Tel. 0262 41 83 00, www.lebeaupays.com, Mo–Sa 9–18 Uhr.

Verkehr

Flughafen: Aéroport Roland Garros, Tel. 0262 28 16 16 (Tonbandansage), 0262 48 81 81, www.reunion.aeroport.fr. Der Flughafen hieß früher Gillot und ist vereinzelt so noch auf den Straßenschildern angeschrieben. Er liegt ca. 8 km östlich vom Zentrum direkt an der N2 (15 Min. Fahrzeit). Es verkehren Shuttlebusse zwischen dem Flughafen und dem Stadtzentrum, s. S. 90.

Mietwagen: Au Bas Prix, Aéroport Roland Garros, Tel. 0262 48 81 89, www.aubasprix.fr. Zuverlässige lokale Autovermietung mit einem großen Fuhrpark, Zustellung nach Hause oder ins Hotel. Bei einer Mietdauer von bis zu 13 Tagen 36 €/Tag in der billigsten Kategorie, ab 14 Tagen 30 €/Tag.

ADA: Aéroport Roland Garros, Tel. 0262 21 59 01, www.ada-reunion.com. Bei einer Mietdauer von bis zu 14 Tagen 42 €/Tag für ein klimatisiertes Fahrzeug, bis zu 20 Tagen 35 €/Tag.

ITC Tropicar: Aéroport Roland Garros, Tel. 0262 24 01 01, www.itctropicar.com. Mit Niederlassungen in Saint-Denis, Saint-Gilles und Saint-Pierre. Effizientes und gut organisiertes Unternehmen, Fahrzeugmiete ab 45 €/Tag für 14 Tage.

Busbahnhof: bd. Lancastel, Tel. 0810 12 39 74, an der N2 unweit der Trois Brasseurs. Fast alle Langstrecken-Linien der Cars Jaunes fahren über den Busbahnhof von Saint-Denis *(pôle d'échanges océan)*, s. S. 90. Tickets für eine Zone 1,40 €. Auch die Airport-Shuttles fahren zum Busbahnhof. Busfahrpläne und Informationen sind im Fremdenverkehrsbüro erhältlich.
Stadtbusse: Citalis, Tel. 0800 65 56 55 (gratis). Stadtbusse verkehren flächendeckend im ganzen Stadtgebiet zwischen 5 und 20 Uhr. Einen Busbahnhof gibt es nicht, aber beim Hôtel de Ville und dem Petit Marché befinden sich große Haltestellen. Tickets im Vorverkauf 1 €, im Bus 1,30 €.
Taxis: Die Taxis sind keine wirkliche Alternative, da sie teuer und unzuverlässig sind. Am Jardin de l'Etat oder am Petit Marché gibt es Stellplätze, ansonsten müssen Taxis telefonisch gerufen werden: Taxis Paille-en-queue Tel. 0692 29 20 29, Taxi Rapide Tel. 0692 31 09 02, Flughafen-Taxi Tel. 0262 48 83 83 (25 €). Transfers, z. B. zu Wanderungen oder in einen der Cirques, für Gruppen bis zu 8 Pers., erledigt Mikalo, Tel. 0692 19 34 11 oder 0692 07 00 23, www.transferminibus.re, z. B. zum Maïdo, nach Hell-Bourg oder Dos-D'Ane 100 €.

Termine

Marché sur le Feu: Anfang Januar. Infos beim Tourismusamt.
Nouvel An chinois: Februar. Großes Feuerwerk.
Cavadee: Jan./Feb., auch Aug./Sep. Hinduistisches Büßerfest mit Prozessionen.
Le Guan Di: August. Geburtstagsfeier des chinesischen Kriegsgottes mit Drachenumzügen.
Dipavali: Okt./Nov. Mehrtägiges, öffentliches hinduistisches Fest des Lichts rund um die hinduistischen Tempel. Mit öffentlicher Tanzveranstaltung am Barachois.

Umgebung von Saint-Denis

Wanderung zu La Roche Ecrite !

Als höchste Erhebung im Norden müssen sich die beiden Cirques de Mafate und Salazie den 2276 m hohen Gipfel La Roche Ecrite, einen der schönsten Aussichtsberge der Insel, teilen. Genüsslichen Gehern empfiehlt sich eine Zwei-Tagestour mit einer Übernachtung in der auf 1839 m Höhe gelegenen Gîte de la Plaine des Chicots. Nur geübte Wanderer in guter körperlicher Verfassung sollten die Tour an einem Tag in Angriff nehmen (19 km hin und zurück, 6–8 Std.). Die Gîte sollte bei einem Tourismusamt oder dem IRT (s. S. 33) reserviert werden.

Le Brûlé ▶ E 2

Erste Station von Saint-Denis auf dem Weg zur La Roche Ecrite ist Le Brûlé auf 830 m Seehöhe. Man erreicht das Bergdorf über Bellepierre (D42) oder Saint-François (D43). Seinen Namen verdankt es dem Umstand, dass hier lange Holzkohle für Saint-Denis produziert wurde, der Rauch und das ›Verbrannte‹ waren weithin sichtbar. Hinter Bambushecken versteckt liegen typische Kreolenhäuser, aber außer einer pittoresken Kirche hat das Dorf für Touristen wenig zu bieten. Ab Le Brûlé folgt man der Teerstraße noch knappe 6 km zum Mamode Camp, einem großen Naherholungsgebiet (1200 m) mit Parkplatz und Picknickplätzen.

Wanderung ab Mamode Camp ▶ E 2/3

Start am Mamode Camp, Strecke hin und retour ca. 19 km, ca. 6–8 Std. Mamode Camp – Gîte de la Plaine des

Chicots (5,35 km) – La Roche Ecrite (4,15 km); Strecke einfach gesamt 9,5 km
Am Parkplatz des Mamode Camp lässt man das Auto stehen. Schilder leiten die Wanderer zur Plaine des Chicots. Anfangs führt der Weg durch schattigen Kryptomeriawald, weiter oben weicht er Tamarindenbäumen mit Bartflechten, Fanjanfarnen, Calumet-Bambus oder *fleurs jaunes*, einer Johanniskrautart. Dass es hier feucht ist, kann man mit bloßem Auge sehen: Je nach Saison erfordert der glitschige Pfad volle Konzentration, teilweise ist er sogar mit Holzplanken ausgelegt.

Je höher man kommt, desto mehr weitet sich der Ausblick und das glitzernde Meer wird in der Ferne sichtbar. Nach ca. 1,5–2 Std. gabelt sich der Pfad: Nach links marschiert man nach **Bois-des-Nèfles** (9,5 km, 3 Std.), nach rechts noch 1 km weiter bis zur **Plaine des Chicots** und weiter auf die La Roche Ecrite. Nach weiteren 30 Minuten ist die **Gîte de la Plaine des Chicots** erreicht, die – ganz mit Tamarindenschindeln bedeckt – unter besonders prächtigen Exemplaren der Höhentamarinde steht.

Wanderung ab Mamode Camp

Die Gîte liegt am bewaldeten Rand der Plaine des Chicots, einer kargen Hochebene auf 1900 m Höhe. Die Vegetation zeigt sich in einem anderen Kleid: Heidebüsche und Ginster wechseln sich mit offenen weiten Grasflächen ab. Die großflächigen rutschigen Lavaplatten sind markant mit weißen Pfeilen markiert. Nach 20 Minuten sehen Wanderer erstmals den Gipfel der La Roche Ecrite. Bei der nachfolgenden Abzweigung nach La Bretagne eröffnet sich ein wunderbares Panorama der Ostküste. Steht man nach einer letzten herausfordernden Steigung endlich an der Abbruchkante, ist der Name des Berges kein Rätsel mehr. Auf dem nackten Felsen hinterlassen Wanderer aus aller Welt ihre Inschriften. Die Aussicht macht süchtig: rechts vorne der Kegel des Cimendef (2228 m), dahinter der zerklüftete Morne de Fourche (2267 m), der sanft ansteigende Grand-Bénare (2898 m) und davor der Cirque de Mafate. Getrennt durch die Abbruchkante von Mafate und Cilaos erheben sich links daneben der Piton des Neiges (3071 m) und Le Gros Morne (3019 m), die beide ineinander zu verschmelzen scheinen. Direkt unterhalb liegt der zerklüftete Cirque de Salazie mit seinem abgeflachten Kegel, dem Piton d'Anchaing (1356 m) und dem kreisrunden Teich Mare-à-Martin. Weit draußen schimmert das azurblaue Meer, die ersten Wolken sammeln sich am Horizont.

Rückweg über Mare-aux-Cerfs

▶ E/F 3

Für den Rückweg bieten sich zwei Varianten: Ein Abstecher zur **Caverne Soldats** eröffnet einen Blick in das 1000 m tiefer gelegene Tal der Rivière des Pluies. Viel interessanter ist

Einer der schönsten Aussichtspunkte der Insel: La Roche Ecrite

der Umweg über den **Mare aux Cerfs** und den dahinter liegenden spektakulären Aussichtspunkt über Mafate. Der ›Hirschteich‹ erinnert daran, dass europäische Seemänner um 1750 Hirsche aus Java und Borneo aussetzten, um sich auf der Überfahrt nach Indien Frischfleisch zu sichern. Während im Zweiten Weltkrieg die Hirsche als ausgerottet galten, wurden sie Mitte der 1950er-Jahre wieder angesiedelt – mit mäßigem Erfolg. Vorbei an der **Caverne Dufour** erreicht man schnell die Gîte. Der Abstieg zum Parkplatz Mamode Camp geht zügig voran.

Auf der Route du Littoral bis La Possession

La Grande Montagne ▶ D 2/3

An der Westausfahrt von Saint-Denis auf der Route du Littoral, der Schnellstraße entlang des Meeres, sieht man ihn sehr eindrücklich – den Steilfelsen von La Grande Montagne, der bis zur Abbruchkante des Cirque de Mafate reicht. Zwischen Saint-Paul und Saint-Denis gab es lange nur eine Schiffsverbindung, denn die Felsformation schien unüberwindbar. Den ersten Weg legte man 1730 an. 1849 wurde mit dem Bau der Höhenstraße Route de la Montagne (D 41) begonnen, die aber als zeitaufwendige Alternative zur zweistündigen Bootsfahrt nur bei stürmischer See in Frage kam. Noch heute ist die D41 über den Höhenzug und durch den Ort La Montagne eine panoramareiche Ausweichroute zwischen Saint-Denis und La Possession (s. Entdeckungstour S. 108).

La Grande-Chaloupe ▶ D 1/2

Eingekeilt zwischen Felsen liegt die **Bahnstation** von La Grande-Chaloupe. Der Name erinnert an die Schaluppen, die Pendelboote, die zwischen den großen Schiffen und der Küste verkehrten, um die Fracht anzulanden. Um den

Abtransport des Zuckers zu optimieren, wurde 1882 ein 10,8 km langer Eisenbahntunnel nach Saint-Denis fertiggestellt. Er zählt zu den Pionierleistungen des Eisenbahnbaus und stand damals hinter dem Gotthard- und dem Fréjus-Tunnel an dritter Stelle der Weltrangliste. Doch die Züge fuhren nie profitbringend. Heute sehen Besucher im alten Bahnhofshäuschen Schautafeln über die Sklaverei und die Vertragsarbeiter (S. 63). Ein paar Schritte nach Norden sieht man den alten Tunneleingang.

Durch die isolierte Lage war La Grande-Chaloupe für die Quarantäne prädestiniert. Mit dem vermehrten Zuzug indischer und chinesischer Arbeiter wurden 1860–1865 zwei **Lazarette** errichtet, um die Einschleppung von Pocken, Pest und Cholera zu verhindern (Di–Fr 9.30–12.30, 13.30–15.30, Sa 9–12.30, 13.30–17.30 Uhr, Tel. 0262 55 64 10, freier Eintritt mit französischer Führung, nach Voranmeldung englische Führung möglich).

La Possession ▸ C/D 2

Das aufstrebende Gewerbegebiet La Possession liegt so unscheinbar direkt an der N1, dass viele daran vorbeifahren. Obwohl die Einheimischen den Ort wegen der zentralen Lage und der Wohnqualität lieben, gibt es für Touristen kaum Sehenswertes. Vermutlich 1638, drei Jahrzehnte vor den ersten Kolonisten in Saint-Paul, ankerte das französische Schiff ›Saint-Alexis‹ in der Bucht und der Kapitän nahm die Insel vorsorglich in Besitz *(la possession,* dt. Besitz), indem er das Königswappen an einem Baum befestigte. Seit jeher wird die Region landwirtschaftlich intensiv genutzt. Auf der Insel weiß jedes Kind, dass die Jujube-Frucht, ein seltenes Steinobst asiatischen Ursprungs, die im Geschmack an einen karamellisierten Apfel erinnert, aus La Possession kommt.

Übernachten

Safari-Feeling – **Lodge Roche Tamarin & Spa:** 142, chemin Bœuf Mort, Anfahrt s. Dos-D'Ane, Tel. 0262 44 66 88, http://villagenature.com, DZ ohne Verpflegung ab 166 €, HP 60 € pro Person. Die Konstruktion der Lodge im südafrikanischen Safari-Stil scheint etwas deplatziert, aber die 16 charmanten Chalets haben alle Blick aufs Meer. Traumhaft schönes Spa mit stolzen Preisen ab 70 €.

Infos

Office de Tourisme: 96, rue Leconte-de-Lisle, außerhalb des Zentrums an der alten Route Nationale, Tel. 0262 22 26 66, possession-tourisme@wanadoo.fr, Mo 9–16, Di–Fr 9–17, Sa 9–12 Uhr. Reservierungen u. a. für Mafate und Transporte. Infos über Nostalgiefahrten des Ti'Train Lontan zwischen La Possession und La Grande-Chaloupe, die bis auf weiteres eingestellt sind.
Bus: Die meisten Linien der Car Jaunes, u. a. A, A2, B, C und D halten in La Possession. Für die Weiterfahrt nach Dos-d'Ane empfiehlt sich der Ausstieg beim Stop RN4 oder im Busbahnhof Le Port, um den Kar'Ouest Bus 8a (9 x tgl.) zu erreichen.
4x4-Taxis: Von La Possession verkehren Geländewagentaxis nach Deux-Bras (7 € ab 4 Pers., ansonsten 20 €), z. B. Monsieur Timon Tel. 0692 76 76 68 oder Monsieur Budel Tel. 0692 03 13 29. Anfragen beim Fremdenverkehrsamt.

Dos-d'Ane ▸ D 3

Ab der Abfahrt ›Moulin-Joli/Rivière-des-Galets/Le Port‹ von der N1 folgt man der D1 13,5 km bergauf in Richtung Dos-d'Ane (dt. Eselsrücken). Die 1600 Einwohner des verschlafenen Bergdorfs auf einem Höhenplateau (ab 871 m bis über 1000 m) in unmittelbarer Nähe zum Cirque de Mafate versorgen die Insel mit Salat und Hühnern. Die Gewächshäuser sowie die Hühnerfarmen sind oben auf dem Plateau unübersehbar.

Cap Noir

Oberhalb von Dos-d'Ane erhebt sich das **Cap Noir**, ein Aussichtspunkt mit tollem Panorama über den Cirque de Mafate (s. Lieblingsort S. 113).

Wanderungen

Wanderer können von Dos-d'Ane den anspruchsvollen Pfad auf die **La Roche Ecrite** (4,5 Std. für 8 km) oder die Wanderung nach **Mafate** in Angriff nehmen. Lohnend und schweißtreibend ist auch der Rundweg **La Roche Verre Bouteille** von Cap Noir aus (3 km, 2–3 Std.), mit herrlichen Blicken über den Cirque de Mafate, die Rivière des Galets und Dos-d'Ane. Insgesamt werden 320 Höhenmeter überwunden, mehrere Kletterpassagen führen über Eisenleitern. Man sollte schwindelfrei und gut in Form sein.

Übernachten

Urlaub auf dem Bauernhof – **Le Durantha:** 7, allée Galet Rond, Tel. 0692 14 23 71, DZ 45 € inkl. Frühstück, HP 23 € pro Pers. Einfache Zimmer mit Charme, was vor allem den großen Himmelbetten zu verdanken ist.

Le Port ▸ B/C 2

Da die weite Aufschüttungsebene Plaine-des-Galets als Hafen viel besser geeignet war als die Bucht von Saint-Denis, wurden 1886 die ersten Becken eröffnet. Dockersiedlungen, Lagerhäuser und Matrosenkneipen schossen aus dem Boden. 1895 endlich wurde daraus die flächenmäßig kleinste Stadt der Insel. Als Wiege der Gewerkschaftsbewegung sah sie die ersten Streiks und ist nach wie vor die Hochburg der Kommunisten geblieben. Heute ist Le Port die einzige Industriestadt Réunions (knapp 40 000 Einw.), was man besonders daran erkennt, dass sich frühmorgens und spätnachmittags der Stau rund um Le Port verdichtet. Wer unverfälschtes kreolisches Multikultiambiente ohne französische Einflüsse erleben möchte, kann der Innenstadt einen Besuch abstatten. Östlich der Pointe-des-Galets liegt der große Industriehafen mit seinen unzähligen Containerschiffen, Kränen und Lkw-Kolonnen, der Port Est. Eine Besichtigung ist nicht möglich, wohl aber kann man von der Straße aus das Treiben beobachten. Westlich davon befindet sich der alte Hafen (Port Ouest, *port* oder *darse plaisance),* der frei zugänglich ist. Ab November legen im Port ▷ S. 111

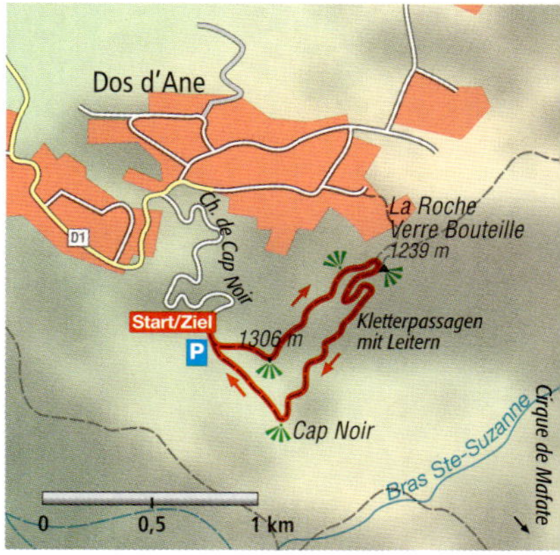

Rundweg La Roche Verre Bouteille

Auf Entdeckungstour: Die Briten auf Réunion – D41 und Chemin des Anglais

Es gab eine Zeit, als im Indischen Ozean noch um Territorien und Einfluss gekämpft wurde. Besonders Großbritannien hatte großes Interesse an Réunion als Außenposten. Anders als auf Mauritius erinnert auf Réunion nichts mehr an die kurze Präsenz der Briten, doch bei einem Ausflug auf der Bergstraße D41 lässt sich die Geschichte nachvollziehen.

Start: Westausfahrt von Saint-Denis an der N1 Richtung La Montagne bergwärts

Strecken: auf der D41 Saint-Denis–La Possession 31 km einfach, Wanderung auf dem Chemin des Anglais hin und zurück ca. 4 km

An der Kreuzung der N1 mit der D41 im Westen von Saint-Denis befindet sich die langgezogene **Caserne Lambert** 1 mit unzähligen Nebengebäuden. Die Kaserne an der Rivière de Saint-Denis wurde zwar erst 1846 erbaut, also nach der britischen Besatzungszeit, die dort stationierten Soldaten sollten die Insel aber vor zukünftigen Invasionen schützen. Noch frisch saß die Erinnerung an die verlorene Redoutenschlacht gegen die Briten 1810. Bis 1946 fanden am prächtig geschmückten Militärübungsplatz alljährlich

Pferderennen statt, wo reiche Zuckerbaroninnen mit den Pferden um die Wette defilierten. Heute beherbergt die Kaserne die französischen Streitkräfte mit 1900 Soldaten als südlichster Außenposten Frankreichs.

Obelisken für die Gefallenen

An einer unübersichtlichen Stelle kurz hinter der neogotischen Eglise Notre Dame de La Délivrance aus grauem Basaltstein biegt man rechts zu den **Mausolées de La Redoute** 2 ab. Das Denkmal, das an die Redoutenschlacht (frz. *Bataille de la Redoute*) erinnert, besteht aus zwei Obelisken: Der kleinere unten gedenkt der britischen Gefallenen und wurde bereits 1810 aufgestellt, der größere und prominentere oben am Hügel erinnert seit 1857 an die französischen Opfer. Weiter oben in Richtung La Montagne fand die Schlacht tatsächlich statt.

Durch die Französische Revolution (1789–1799) und Differenzen mit dem Mutterland war die Verteidigung Réunions geschwächt gewesen. Die Briten liebäugelten mit einem weiteren Stützpunkt im Indischen Ozean, denn seit 1809 war Rodrigues bereits im Besitz der englischen Krone und Réunion sowie Mauritius sollten folgen. Am 7. Juli 1810 landeten die Briten westlich von Saint-Denis bei Grande-Chaloupe und zogen über den Chemin des Anglais Richtung Hauptstadt. Am 8. Juli 1810 vereinten sie sich mit den Truppen, die an der Nordküste an der Rivière de Saint-Denis an Land gegangen waren. Von der Schlagkraft der fast zehnmal so starken britischen Armee sowie dem Angriff von zwei Seiten überrascht, unterlagen die Franzosen im folgenden Gefecht. 20 Gefallene und an die 30 Verletzte waren bei den Franzosen zu beklagen, während 22 britische Soldaten ihr Leben ließen und über 80 verletzt wurden. Es handelte sich dabei um die einzige ordentliche Schlacht in der Inselgeschichte, bei der zwei reguläre Armeen aufeinandertrafen. Es sollte fünf weitere Jahre dauern, bis im Vertrag von Paris 1815 geregelt wurde, dass die englischen Besitzungen wieder an Frankreich zurückerstattet werden mussten.

Die meisten Réunionesen assoziieren La Redoute mit dem Helikopter-Landeplatz und dem **Stadion Stade de La Redoute** 3, wo u. a. jedes Jahr das legendäre Grand Raid endet. Bei der Weiterfahrt auf der D41 sieht man rechter Hand das Stadion liegen.

Kanonen zum Gedenken

Danach beginnen die Kehren hinauf nach La Montagne. Zum Gedenken an die Redoutenschlacht stellten die Stadtväter an der ersten markanten Linkskehre **Les Quatre Canons** 4 vier Kanonen auf – die passenderweise dahin gerichtet sind, wo einst die Briten einfielen (s. Foto links). Nach etlichen Kehren verdichten sich die Villen zum Ortszentrum von La Montagne, das wegen der angenehm kühlen Höhenluft beliebter Wohnort wohlhabender Städter ist. An Wochenenden zieht der Parc du Colorado, wo ein Golfplatz, Picknickplätze, Wanderwege und ein großes Naherholungsgebiet warten, Scharen von Ausflüglern an.

Einfallsroute der Engländer

Nach 14 km ab Saint-Denis zweigt rechts abrupt die Straße nach Saint-Bernard ab. In **Saint-Bernard** 5 (470 m) wurde 1854 die einzige Leprastation der Insel erbaut, in die man die Kranken verbannte. In der renovierten Station ist das örtliche Geschäftszentrum mit Post, Apotheke und Fahrschule entstanden.

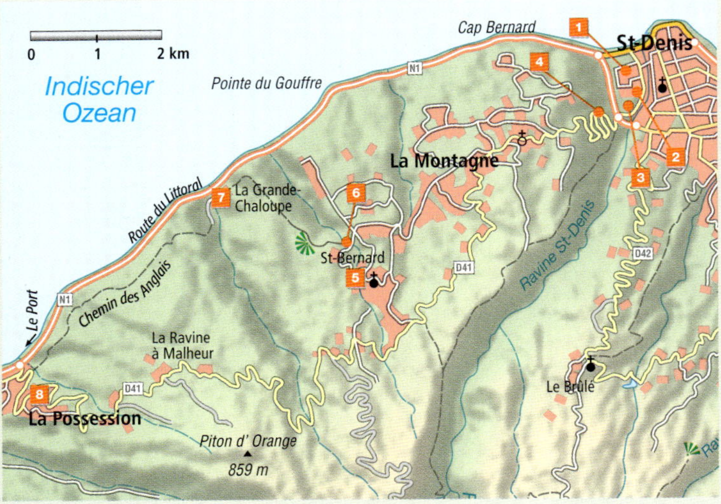

700 m hinter der ehemaligen Leprastation geht es bei der Bushaltestelle Grande-Chaloupe (beschildert) nach links zum Chemin des Anglais. Eine schmale, holprige Betonrampe führt zum Beginn der ältesten Straße von Réunion. Beim kleinen **Parkplatz** 6 lässt man das Fahrzeug stehen. Sanft abfallend geht es Richtung Meer.

1730 ließ der Verwalter Honoré de Crémont mit den Bauarbeiten des Chemin Crémont beginnen; erst 1770 wurde die Pflasterung in Angriff genommen. Auf der Trasse vom Anleger in Grande-Chaloupe über den Fels La Montagne nach Saint-Denis sollten Pferde und Zugtiere Waren transportieren und so die wirtschaftliche Isolation von Saint-Denis beenden. Damals ahnte noch niemand, dass der Weg zum Einfallstor für die Engländer werden würde.

Hin und wieder sind die glattgeschliffenen alten Basaltsteine zu erkennen, rosa bemalte Steine markieren den Weg. Nach 1,6 km ist der erste spektakuläre Aussichtspunkt erreicht, von dem man auf die darunter liegende Autobahn, die Küste, die große Ravine und den Hafen Le Port sieht.

Der Chemin des Anglais führt zur Bahnstation **La Grande-Chaloupe** 7 (s. S. 105) und weiter nach La Possession (insgesamt 8 km, Gehzeit ca. 1,5–2 Std.). Die Pflasterung ist größtenteils gut erhalten. Hinunter bis zur alten Zugstation sind es nur wenige, aber steile hundert Meter, die man am besten wieder zurückgeht.

Abfahrt nach La Possession

Nach der kurzen Wanderung geht es auf der D41 weiter in Richtung **La Possession** 8, wo man entweder nach Saint-Denis zurück- (N1) oder in den Westen der Insel weiterfährt.

Alternativ hält man sich bei der Rückfahrt vom Chemin des Anglais an der Hauptstraße links und fährt direkt zurück nach La Montagne und Saint-Denis.

Ouest zahlreiche Kreuzfahrtschiffe an – ein majestätisches Schauspiel.

Vor den Toren der Stadt fließt der Geröllfluss Rivière des Galets. In der Zyklonzeit muss das ansonsten knochentrockene Flussbett unvorstellbare Wassermassen aus Mafate aufnehmen, die Le Port manchmal an die Grenze einer Katastrophe bringen. Mit etwas mehr als 33 km gehört die Rivière des Galets zu den längsten Flüssen auf der Insel, sie hat ihren Ursprung an der Nordwestflanke des Piton des Neiges. Ein imposanter Anblick, der sich von der Doppelbrücke der N1 darbietet!

Aktiv

Viele Tauchspots – **Le Dodo Palmé:** Darse de Plaisance, Tel. 0692 77 60 71, www.dodopalme.com. Neben Saint-Gilles werden andere Spots im Norden oder im Osten angefahren. Viele Einheimische tauchen hier, da die Tauchspots weniger überlaufen sind. Ein Tauchgang 50 €, 10 Tauchgänge 450 €. Walbeobachtung 55 €, 4 Stunden Ausfahrt.

Segeln wie vor 100 Jahren – **HNOSS:** Darse de Plaisance, Tel. 0692 04 19 19, www.lehnoss.com. Der 1937 erbaute norwegische Fischkutter mit Segeln kann mit oder ohne Skipper für max. 12 Pers. einen ganzen Tag (1140 €) oder nur ein paar Stunden, z. B. am späten Nachmittag für einen Sundowner (660 €), gemietet werden. Die Fahrt mit einem originalen Segelschiff – dem einzigen von Réunion – hat Stil.

Segelcharter – **Objectif Mer:** Darse de Plaisance, Tel. 0262 27 72 15, www.objectif-mer-location.com. Segelboot für einen halben Tag 120–150 €, pro Tag 200–230 €, Skipper halber Tag 50 €.

Katamaran-Fahrten – **Ocean Dream Croisières:** Darse de Plaisance, Tel 0692 04 19 19, www.odc.re. Halbtages- oder Tagesausfahrten mit einem der zwei Katamarane (samt Segel und Motor) ab 60 € pro Person für einen halben Tag, ab 90 € für einen ganzen Tag.

In den Hafen von Le Port fahren riesige Containerschiffe ein

Lieblingsort

Blick in den Kessel von Mafate – Cap Noir ▸ D 3

Nach einer kurzen Fahrt (2,5 km) von Dos-d'Ane auf dem Chemin de Cap Noir kann man das Auto auf einem Parkplatz stehen lassen. Von hier geht es zu Fuß weiter. Der kurze Marsch von gerade zehn Minuten (festes Schuhwerk!) wird mit einem fabelhaften Rundblick auf den Cirque de Mafate – vom Grand-Bénare über den Gros Morne bis zu La Roche Ecrite – belohnt. Das Panorama ist allerdings nur denjenigen vergönnt, die früh genug losgefahren sind. Der Cirque de Mafate verschwindet nämlich schon früh hinter Wolkenschwaden.

Das Beste auf einen Blick

Die Westküste

Highlights !

Piton Maïdo: Nirgendwo anders ist der Blick in den Cirque de Mafate so dramatisch wie vom Maïdo. S. 130

L'Hermitage-les-Bains: Im Schatten von Abertausenden von Filaos-Bäumen am Strand von L'Hermitage schlägt man der Tropenhitze ein Schnippchen. S. 132

Auf Entdeckungstour

Zuckerrohr und Rum – Stationen der Zuckerwirtschaft: Auf Réunion gibt es keine kreolische Familie, die nicht mit der Zuckerproduktion verbunden wäre. Bei einer Fahrt von L'Etang-Salé über Saint-Louis bis nach Saint-Pierre kann man die ›Zuckerseite‹ der Geschichte Réunions erfahren. S. 146

Das schönste kreolische Dorf – L'Entre-Deux: Als weiße Kleinbauern von der Küste in die Berge zogen, entwickelten sie den kreolischen Hausstil. Im schmucken Bergdorf L'Entre-Deux lässt sich die so entstandene typische Inselarchitektur gut nachvollziehen. S. 154

Kultur & Sehenswertes

Musée Historique de Villèle: Im alten Herrenhaus der Domaine Villèle wird die Vergangenheit lebendig – die der gepeinigten Sklaven und die der privilegierten Oberschicht. S. 129

Conservatoire Botanique National: In den klimatisch angenehmen Höhen von Saint-Leu liegt ein beeindruckender botanischer Garten samt revitalisiertem Herrenhaus, der der Vielfalt der Inselflora verpflichtet ist. S. 138

Aktiv unterwegs

Wandern am Maïdo: Die Abbruchkante des Cirque de Mafate bei Sonnenaufgang entlang zu wandern, ist ein einmaliges Erlebnis. S. 131

La Fenêtre: Entweder man wandert entlang der Abbruchkante oder man fährt mit dem Auto bis zum Aussichtspunkt auf den in der Tiefe liegenden Cirque de Cilaos. S. 151

Genießen & Atmosphäre

Wochenmarkt von Saint-Paul: Märkten haftet auf Réunion etwas Farbenfrohes an – dem von Saint-Paul ganz besonders. S. 117

Jachthafen von Saint-Gilles-les-Bains: Am Vormittag, wenn die Hochseefischer und Tauchausflügler zurückkommen, herrscht Betriebsamkeit auf den Kais. S. 123

Abends & Nachts

Sundowner am Strand: In L'Hermitage oder La Saline-les-Bains lässt sich mit den Zehen im Sand gut ein Sundowner-Drink genießen. S. 133, 134

Musik, Tanz, Performances: In Saint-Leu macht man die Nacht gerne zum Tag, denn in den drei Veranstaltungszentren Le Séchoir, Le K und La Ravine tritt die Crème de la crème der kreolischen und frankophonen Künstler auf. S. 140

Wassersport und kreolischer Charme – Küste unter dem Wind

Heißere, trockenere Temperaturen und weniger Regen charakterisieren die windabgewandte Seite der Insel. Für Besucher bedeutet dies nicht nur beste Bedingungen für Strandurlaube und sportliche Herausforderungen wie Gleitschirmfliegen oder Tauchen, sondern auch die umfassendste Infrastruktur der Insel.

Nichts an der Westküste ist wirklich weit entfernt – nicht der nächste Supermarkt, nicht die Autovermietung und schon gar nicht das benachbarte Restaurant. Viele Menschen genießen diese Annehmlichkeiten und siedeln sich im Westen an, nicht zuletzt auch, weil es hier die meisten Arbeitsplätze gibt.

Von Saint-Paul bis Saint-Louis an der Küste und bis zum Maïdo, Tévelave und L'Entre-Deux erstreckt sich eine Region, die viele Gesichter hat.

Infobox

Anreise und Weiterkommen

Auto: Von Saint-Paul bis fast nach Saint-Louis reicht die Route-des-Tamarins (N1). Wer nicht unbedingt schnell von A nach B muss, kann die alte Straße N1A nehmen, die über weite Teile direkt am Meer entlangläuft.

Bus: Entlang der Westküste verkehren die meisten Busse der Cars Jaunes. Im Einzelfall ist abzuklären, welche Ortschaften angesteuert werden, einige fahren über die Höhen (Les Hauts).

Wanderkarten: IGN 4401 RT für Saint-Paul, Saint-Gilles; IGN 4404 RT für Saint-Leu, Le Tévelave, L'Etang-Salé; IGN 4405 RT für Les Makes, L'Entre-Deux.

Saint-Paul ▸ B 3/4

Wenige Kilometer hinter der Überquerung der Brücke über die Rivière des Galets beginnt Saint-Paul, eine der flächenmäßig größten Kommunen Frankreichs. Der Großraum zählt zu den stauanfälligsten der Insel, trotz Route-des-Tamarins scheint Saint-Paul das Nadelöhr schlechthin geblieben zu sein. 1663 erhielten zwei Franzosen die Erlaubnis, auf der Île Bourbon einen permanenten Posten einzurichten. Mit zehn madagassischen Dienern, darunter drei Frauen, gingen sie an Land. Sie lebten zwei Jahre in der Grotte des Premiers Français. Zwei Jahre später landete eine zwanzigköpfige Siedlergruppe – Franzosen, Flamen und Engländer –, die am Nordufer des Teiches, nahe dem heutigen Viertel Savanna, Vieux Saint-Paul gründeten. Saint-Paul wurde zur ersten französischen Niederlassung im Indischen Ozean, nicht nur wegen der besten Ankerbucht der Insel, sondern da der Ökonom Jean-Baptiste Colbert – er hatte unter Ludwig XIV. den Staatshaushalt saniert – das Potenzial der Insel erkannte und sie zum Stützpunkt auf dem Handelsweg nach Indien machte.

Stadtzentrum

Chaussée Royale

Wer das revitalisierte und abschnittweise schmucke Stadtzentrum besuchen möchte, verlässt im Norden von Saint-Paul z. B. beim Centre commercial Savanna die N1, um auf die alte Chaussée Royale zu gelangen. Sie verläuft parallel zur Autobahn. Von den ehemaligen Residenzen gibt es nicht mehr viele, außer dem 1776 erbauten **Haus von Madame Desbassyns** (s. auch S. 129), der **Maison Grande Cour** (Nr. 233). Seit 1959 werden hier Kinder chinesischer Herkunft unterrichtet (Ecole Franco-Chinoise).

Quai Gilbert

Vorbei an der schmucken, aus Basaltsteinen erbauten **Eglise de La Conversion de Saint-Paul** zweigt man am Südende von der Chaussée Royale kurz vor dem Friedhof rechts ab (beschildert als ›La Baie‹). Die Rue de la Baie führt direkt zur Küste und dem Quai Gilbert im Zentrum. Früher stellten Stege die einzige Möglichkeit dar, um Schaluppen mit Waren zu beladen, die zwischen dem seichten Ufer und den draußen in der Baie de Saint-Paul ankernden Schiffen hin und her pendelten. Unzählige Stege konnten den gewaltigen Kräften der Zyklone nichts entgegensetzen – sie wurden allesamt zerstört. Ob der Steg von 2009 dem nächsten Zyklon standhalten kann, wird sich zeigen – er wurde erst nach dem Jahrhundertzyklon Gamède erbaut. Das Sklavendenkmal, eine symbolische Halsfessel, wurde nach Gamède ebenfalls wiederaufgebaut. Heute ist der 124 m lange Steg bei Sonnenuntergang besonders bei den Fischern beliebt.

Jedes Wochenende findet am Quai Gilbert nördlich des Steges der **Wochenmarkt** statt (Fr 6–19, Sa 6–13 Uhr). Er war der erste Markt auf Réunion, den Touristen für sich entdeckten, deswegen beklagen auch viele, dass er zu kommerziell geworden sei: Kleidung aus Indien, madagassische Vanille, kreolische Gemüsekuchen und afrikanische Musikinstrumente. Der wichtigere Markttag ist der Freitag.

Gegenüber dem Steg liegt ein markantes Gebäude mit weißer Fassade, grauen Balken und Basaltsteinverzierungen. Das vormalige **Hôtel Lacaye** für betuchte Reisende und verdienstvolle Marineoffiziere, in dem zeitweise die Marinebehörde, eine Schule und sogar die Feuerwehr einquartiert waren, harrt einer Instandsetzung. Weiter vorne am Quai befindet sich der alte Bahnhof.

Altstadt

Hinter dem Hôtel Lacaye, an der **Place du Général-de-Gaulle**, vor einem plätschernden Springbrunnen, ist das **Bürgermeisteramt** seit 1815 untergebracht. Die vormalige Kaserne der Ostindien-Kompanie erinnert tatsächlich an eine Festung. Rund herum stehen weitere historische Bauten. Der Stadtkern hat in den letzten Jahren durch Revitalisierungen an Attraktivität gewonnen. Kreolisches Flair mit arabischen Läden, indischen Gemüsehändlern, chinesischen Ein-Euro-Läden und kreolischen Kneipen liegt in der Luft. Weiße Gesichter sind Mangelware, *métros* siedeln sich hier erst gar nicht an, denn mangels schwimmtauglicher Strände ist mit Tourismus in der Region kein Geld zu machen.

Cimetière marin

Leicht zu finden ist der am Südende direkt an der N1A gelegene Friedhof mit Ausblick aufs Meer. Auf den Grabsteinen stehen die Namen ehrwürdiger Kapitäne, die bei der Überfahrt ihr Leben verloren, verdienter lokaler Persönlichkeiten wie auch von bedeutenden Personen des öffentlichen Lebens. So fanden der Poet Leconte de Lisle (1818–1894) und der allseits verehrte Pirat La Buse (1680–1730) hier ihre letzte Ruhestätte. La Buse machte als gefürchteter Freibeuter die Gewässer zwischen Madagaskar und den Seychellen unsicher. Sein sagenhafter Schatz soll irgendwo auf den Seychellen – oder vielleicht doch auf Réunion? – vergraben sein. An sein Grab pilgern Menschen und opfern Rum und Zigaretten, in der Hoffnung, er möge sein Geheimnis ausplaudern. Auch wenn es ein wenig morbid anmutet, der gepflegte und blumenreiche Friedhof ist wirklich einen Besuch wert. Gleich am Eingang steht zwar eine Schautafel, aber man kann sich einfach mit den Wogen des angrenzenden Meeres und dem säuselnden Wind treiben lassen.

Grotte des Premiers Français

Gleich gegenüber, auf der anderen Straßenseite, befindet sich die Grotte des Premiers Français (s. S. 116), die seit einigen Jahren wegen Steinschlags gesperrt ist. Von der Absperrung aus ist sie nicht sichtbar.

Etang Saint-Paul ▸ C 3

Am nordöstlichen Ende der Stadt liegt der Etang Saint-Paul, heute ein riesiges, gut gepflegtes Naherholungsgebiet (Abfahrt ›Savanna‹ und der Beschilderung folgen). Der Süßwassersee, der von den Regenfällen in den Bergen gespeist wird, garantierte lange Zeit die Wasserversorgung der Siedler. Zum Meer hin existiert ein kleiner Durchlass, aber selbst bei hoher Brandung gelangt kein Salzwasser in den See. Nur ein kleiner Teil des weitläufigen Etang ist heute noch sichtbar, der Rest ist versumpft und überwuchert. Das Gewässer reicht bis zu 1,5 km ins Landesinnere und zieht sich auf der anderen Seite der Schnellstraße von Norden nach Süden an der ganzen Stadt entlang. Für die Bootsfahrt ist und war der See wegen der geringen Wassertiefe von durchschnittlich 1 m nie geeignet, einzig Wasserskiläufer nutzen den See – ein spritziges, wenn auch kurzes Vergnügen.

Tour des Roches

Viel mehr als historische Fahrt denn als wahre Sehenswürdigkeit sollte die Tour des Roches gewertet werden. Der Weg rund um die Hinterseite des Etang de Saint-Paul führt durch das in den Anfangsjahren der Kolonie bevorzugte Siedlungs- und Anbaugebiet, bevor sich dieses mit zunehmender Versumpfung zu einem Malariaherd entwickelte.

Die 7 km lange Tour beginnt im südlichen Teil der Stadt bei der Abzweigung der N1A nach Le Guillaume und Plateau Caillou. Gleich hinter der Autobahnunterführung hält man sich links und folgt den Schildern. Nach knapp 500 m ist eine Kreuzung erreicht, an der rechts das älteste noch erhaltene Gebäude der Insel steht, **La Poudrière.** Das Pulvermagazin, das wegen der Piratenangriffe errichtet wurde, soll 1724 erbaut worden sein. Immer gerade aus geht die Tour, vorbei an einfachen Wellblechhäusern, dem ersten Siedlungsgebiet Vieux Saint-Paul und im Sumpf wuchernden Taro-Pflanzen und Papyrus-Stauden. Auf halber Strecke um den See liegt ein altes **Mühlrad** *(moulin à eau).* Es ist das einzige erhaltene Mühlrad, das bei der Zuckerproduktion im Einsatz war. Es folgen die Plantagen von **La Perrière** mit Mangobaum-Bestand, der auf die ersten Siedler zurückgeht. Die Tour endet im nördlichen Ortsteil Savanna, wo man links in die Rue Raymond Rivière einbiegt. Hier befindet sich die stillgelegte Zuckerfabrik von Savanna, die mittlerweile in ein Geschäfts- und Bürozentrum umgewandelt wurde. Danach hält man sich bei der Pharmacie links und erreicht wenig später den Jumbo Score sowie den großen Kreis-

Ruhestätten mit Meerblick: der Cimetière marin in Saint-Paul

verkehr. Wer weiter ins Stadtzentrum möchte, folgt den Schildern nach *centre ville.* **Tipp:** Die Tour des Roches kann man auch mit dem roten Bummelzug Rosalie machen (Abfahrt beim Steg, 5 €, Fr 10.30, 13.30 und Sa 10.30 Uhr, Erläuterung auf Französisch mit kreolischer Musik).

Übernachten

Naturnah – **Bangalodge:** 176, chemin des Combavas, über die D4 nach Bois de Nèfles, Tel. 0692 66 26 03, http://ecolodge-bangalodge.over-blog.com, DZ 80 €. Nur für Naturverbundene ist die außergewöhnliche Bangalodge geeignet, die von einer Ornithologin und ihrem ebenso naturbegeisterten Mann betrieben wird. Dichter Bewuchs umgibt das (momentan einzige) Holzchalet mit rustikaler Ausstattung und Trockentoilette, das auf Stelzen steht (mit super Sicht auf das Meer, selbst von der Toilette!). Der Respekt vor der Natur steht im Vordergrund, die Betreiber sind tierlieb und kümmern sich um verwahrloste Hunde und Katzen. Liebenswerte Gastgeber, familiäre Atmosphäre.

Farbenfrohe Zimmer – **Kia Ora:** 204, rue Saint Louis, Abfahrt ›Etang‹, zentral, unweit des Hindu-Tempels, Tel. 0262 25 31 68, www.kiaorarun.com, DZ 65–85 €. Proper und adrett, noch dazu mit äußerst sympathischen Gastgebern, präsentiert sich die familiäre Pension mit drei unterschiedlich großen Zimmern. Üppiger Garten, Lounge zum Relaxen. AC, TV, Kühlschrank.

Essen & Trinken

Direkt am Meer – **Le Grand Baie:** 14, rue des Filaos, Tel. 0692 60 73 70, Di–So 11.45–14, 19–22 Uhr, Gerichte ab 14 €. Einfaches Gasthaus neben dem Friedhof mit sympathischem Ambiente. Kreolische und französische Küche mit viel Fisch und Fleisch.

Unser Tipp

Ultraleicht über die Insel – Felix ULM

Felix ULM ist der älteste und einer der renommiertesten Anbieter von Ultraleichtflügen auf Réunion. Seit 1988 können Touristen die spektakulären Ausblicke auf die réunionesische Küste und Gebirge aus der Vogelperspektive genießen. Die Flugzeuge mit österreichischen Motoren sind in Top-Zustand, die Piloten werden laufend geschult, die Betreuung ist allumfassend und herzlich. Bequeme Kleidung, eventuell eine windundurchlässige Jacke sowie Sonnenbrille gehören zur Ausstattung. Pro ULM kann nur jeweils ein Gast transportiert werden (Z.A. Cambaie, Ausfahrt Sans Souci, den Schildern zur Base ULM folgen, Tel. 0692 87 32 32, www.felixulm.com).

Nah am Steg – **Le Débarcadère:** 1, rue de la baie, Tel. 0262 45 19 41, Mo–Sa mittags, Di–Sa abends, Hauptgerichte ab 13 €. Neben Carris und Fisch kommen lyonesische Spezialitäten auf den Tisch.

Direkt am Meer II – **La Barque:** 48, rue de la Baie, Tel. 0692 23 20 01, Mo–Sa mittags, Hauptgerichte ab 12 €. Nettes Lokal mit Pool im Hinterhof eines Wohnhauses, mit kleiner Speisekarte, die sich an französischer Küche orientiert. Der Wirt spricht sogar ein wenig Deutsch.

Infos & Termine

Auto: An der Meeresfront gibt es ausreichend Parkplätze (30 Min. 0,50 €). Gratisparkplätze stehen u. a. im Areal zwischen dem Viadukt und der N1A zur Verfügung.

Bus: Der Busbahnhof liegt im Stadtzentrum an der Chaussée Royale. Die Linien A, B, C und D der Cars Jaunes verkehren zwischen Saint-Denis und Saint-Paul. Der Bus nach Maïdo fährt ab um 6, 14 und 16.15 Uhr.

Cavadee: Mai/Juni, Hindu-Tempel in der Rue Leconte-de-Lisle. Büßerfest mit beeindruckenden Prozessionen, Besucher sind willkommen.

Boucan-Canot ▸ A/B 4

Südlich des Cap de la Houssaye, wo übrigens während der Saison öfters Wale beobachtet werden können, liegen Réunions schönste Badestrände. Die nächsten 15 km Küstenlinie stehen im Zeichen des Tourismus mit Hotelanlagen und Ferienwohnungen, Restaurants und Bars und viel Action für Jung und Alt. Der erste Strandort, Boucan-Canot, ist 4 km südlich des Cimetière marin von Saint-Paul erreicht. Er zählt zu den Aushängeschildern von Réunion. Blütenweiß und feinsandig präsentiert sich der Strandabschnitt, wo es ohne das vorgelagerte Korallenriff ein wenig steiler ins Meer geht und die Küste deshalb nicht vor höherem Wellengang und Strömungen geschützt ist. Aus diesem Grund gehört Boucan-Canot noch nicht zur Lagune. Kinder planschen am besten im kleinen Naturbecken. Es empfiehlt sich, den überwachten Strandabschnitt zu wählen, der im Einzugsbereich des Rettungsturmes liegt. Die hohen Wellen und unberechenbaren Strömungen reizen die Surfer und Kite-Surfer, aber alle sportlichen Aktivitäten werden vom nicht überwachten Strandabschnitt gestartet. Am Wochenende geht es hier hoch her. Doch es sind nicht primär Touristen, die in Scharen nach

Boucan-Canot kommen, sondern Einheimische. ›Sehen und gesehen werden‹ gilt auch für die réunionesischen Jugendlichen, die sich auf den terrassierten Liegeplätzen oder jenseits der verkehrsberuhigten Straße in den Kneipen und Restaurants vergnügen.

Übernachten

Abgesehen von den beiden Vier-Sterne-Hotels gibt es jede Menge Pensionen und Ferienwohnungen in zweiter Reihe, die aber überteuert sind.

Bestes Hotel am Strand – **Le Saint Alexis:** 44, route de Boucan-Canot, Tel. 0262 24 42 04, www.hotelsaintalexis.com, DZ ab 210 €, Supériere-Zimmer ab 260 €. In Anlehnung an das Schiff der ersten Siedler, die ›Saint-Alexis‹, ist das ältere Hotel architektonisch einem Schiff nachempfunden. In den raffiniert konzipierten Zimmern fühlt man sich wohl, jene im Erdgeschoss haben direkten Zugang zum riesigen Pool. WLAN, schickes Spa mit beeindruckenden Preisen, attraktive Packages. Empfehlenswertes Restaurant und zuvorkommendes Personal.

Zweitbeste Wahl – **Le Boucan-Canot:** 32, rue Boucan-Canot, Tel. 0262 33 44 44, www.boucancanot.com, DZ ab 214 €. Das Beste am in die Jahre gekommenen Hotel mit kleinem Pool und wenig flexiblem Personal ist seine Toplage direkt am Strand. Empfehlenswertes Restaurant, WLAN. Für den gebotenen Standard zu teuer.

Essen & Trinken

Haute Cuisine am Strand – **Le Beau Rivage:** 58, rue de Boucan-Canot, Tel. 0262 43 69 43, www.lebeaurivage.re, Di–Sa 12–14, 19.30–21.30 Uhr, Hauptgerichte 26–90 €, Menü 49–69 €. Direkt am weißen Sandstrand von Boucan-Canot diniert man gehobene, klassisch-französische Küche mit Hang zu Fisch und Meeresfrüchten.

Infos

Auto: Von Saint-Paul fährt man am besten auf der Landstraße, der N1A, entlang der Küste nach Boucan-Canot.
Bus: Die Busse der Cars Jaunes halten in Boucan-Canot, u. a. A, A1, A2, B und C.

Saint-Gilles-les-Bains ▸ A 4

Zu einem großen Strand-Ballungsraum ist Boucan-Canot in den letzten Jahren mit Saint-Gilles-les-Bains verwachsen. Letzteres hat seit Langem den Ruf, das Mekka für Strandtouristen zu sein und noch obendrein der Hotspot in Sachen Nightlife und Einkaufen. Wenn man aber das erste Mal durch die Stadt fährt, ist die Enttäuschung groß, denn unter dem ›mondänsten‹ Ferienort der Insel stellt man sich etwas anderes vor. Und in der Tat, Saint-Gilles-les-Bains, meist als Saint-Gilles abgekürzt, hat in den letzten Jahren viel an Glamour und Exklusivität verloren. Das liegt hauptsächlich daran, dass die restlichen Orte an der Lagune daran gearbeitet haben, attraktiver zu werden, während sich Saint-Gilles auf seinen Lorbeeren ausruhte. In den meisten Fällen gibt es also keinen Grund, sich in Saint-Gilles einzuquartieren. Die Preise sind nirgends so hoch wie hier und kreolischen Charme sucht man vergeblich, denn das gesamte Stadtgebiet bis in die Höhen ist dicht verbaut und fest in der Hand der *métros*.

Der ehemalige Fischerort Saint-Gilles-les-Bains profitiert hauptsächlich von seinem Jachthafen und dem der Küste vorgelagerten Korallenriff. Pri-

mär interessant ist Saint-Gilles deshalb für alle Arten von Wassersport, von Tauchen, Segeln und Hochseefischen bis hin zu Surfen. Wer gut essen gehen möchte, findet hier mit Sicherheit ein Gourmetrestaurant. Außerdem beginnt in Saint-Gilles die Lagune mit ihren traumhaften Strandabschnitten. Nicht alle sind gleich attraktiv, aber irgendwo entlang der Lagune, die bis Etang-Salé reicht, werden Strandliebhaber sicher fündig. Jedenfalls muss man als Tourist damit rechnen, dass man sich den Strand an den Wochenenden und in den Schulferien mit vielen Einheimischen teilen muss.

Saint-Gilles-les-Bains

Sehenswert
1 Plage des Roches Noires
2 Fremdenverkehrsamt
3 Jachthafen
4 Aquarium de la Réunion
5 Plage des Brisants
6 Markthalle
7 Chez Loulou

Übernachten
1 Senteur Vanille

Essen & Trinken
1 Le St. Gilles
2 Sel Et Poivre
3 Le DCP
4 Paul et Virginie
5 Le Vieux Quimper
6 Chez Marie
7 Chez Mité
8 Beach Burger Fast Food
9 Mobile Imbisse
10 Chez Les Filles
11 La Case à Pains

Einkaufen
1 Pardon
2 L'Effet Pei

Aktiv
1 Visiobull
2 Dauphin Safari
3 Cat'Ananas
4 Rando Réunion Passion
5 Bleu Marine
6 Réunion Fishing Club
7 Parksa
8 Helilagon
9 Run Aventures
10 La Compagnie des Pirates

Abends & Nachts
1 Le Cubana
2 Chez Nous
3 La Boite

Plage des Roches-Noires 1

Direkt im Ort Saint-Gilles-les-Bains befindet sich einer der Hauptstrände, nämlich die Plage des Roches-Noires. Er reicht bis zur Marina des Jachthafens. Die Hauptbeschäftigungen an diesem Strand sind Sonnenbaden und Picknicken. Alt und Jung, Einheimische und Touristen finden sich hier gerne ein, genießen die Nähe zu zahlreichen Cafés und Bars und warten auf den leuchtenden Sonnenuntergang. Bleiben Sie am überwachten Strandabschnitt, wo die Rettungsschwimmer Sie im Auge behalten können. Vor den Strömungen und dem starken Wellengang ist Vorsicht geboten! Der Strand Plage des Roches-Noires galt bis zu den Haiattacken 2011 und 2012 als Anfänger-Hotspot für Surfer. Das Wasser ist relativ seicht, an der Reef Break holt man sich selten Verletzungen und die Wellen rollen sanft heran. Wenn das Surf-Verbot wieder aufgehoben wird, kann man hier erste Gehversuche auf dem Brett wagen, sofern auch die Surfschulen wiedereröffnen.

Am Jachthafen

Von der Place Paul-Julius-Bénard, an der das **Fremdenverkehrsamt** 2 seinen Sitz hat, führt eine Fußgängerbrücke in den **Jachthafen** 3. Er wurde in der Mündung der Ravine Saint-Gilles angelegt. Die Brücke endet am oberen Teil der Marina nahe der Bäckerei La Case à Pains (großer Parkplatz vorhanden). Von frühmorgens bis mittags herrscht Betriebsamkeit im Hafen. Boote laufen aus, andere kommen mit großem Fang zurück. Taucher zwängen sich in Neoprenanzüge, Flaneure schlürfen in den Bistros ihren Espresso.

Aquarium de la Réunion 4

Tel. 0262 33 44 00, www.aquariumdelareunion.com, Di–So 10–18 Uhr, 9 €
Auf einer künstlichen Insel mitten im Jachthafen liegt das Unterwassermuseum, das sich der submarinen Welt von Réunion widmet. Anbei findet sich ein gut sortierter Geschenkeladen. Korallengärten, die unterschiedlichsten Fischgattungen und Unterwasserlebewesen können in großen Aquarien ganz aus der Nähe beobachtet werden.

Plage des Brisants 5

Südlich der Marina, am letzten großen Parkplatz an der Rue du Général-de-Gaulle, befindet sich ein weiterer hübscher, idyllischer Strandabschnitt, die Plage des Brisants. Absolute Surfprofis mögen sich an den Wellen des Strandes versuchen, doch wegen des Riffs kommt es hier oft zu Verletzungen. In der kleinen Strandbar **Chez Les Filles** 10 kann getrost auf Schuhe verzichtet werden, man sitzt direkt auf Sand. Der Ozean ist zum Greifen nahe. Besonders empfehlenswert ist ein Sundowner mit Blick auf die Lichter der Stadt, die in letzter Sekunde einlaufenden Boote und die letzten, schäumenden Wellen vor der Finsternis.

Stadtzentrum

Geht man über die Fußgängerbrücke wieder zurück zur Place Paul-Julius-Bénard, kann man einen Blick in die überdachte, städtisch wirkende **Markthalle** 6 werfen. Mittwochvormittags drängen sich hier die Händler, um Obst, Gemüse, lokale Erzeugnisse und das eine oder andere Souvenir an die Frau oder den Mann zu bringen.

Folgt man der Straße vorbei am Fremdenverkehrsamt weiter Richtung Norden, gelangt man auf die Rue du Général-de-Gaulle. Ein paar Schritte weiter fällt an der Ecke zur Rue de la Poste das fotogene türkisfarbene Blechhäuschen **Chez Loulou** 7, heute eine Bäckerei, ins Auge. Hier können Stadtflaneure links abzweigen und über die Rue de la Poste den Strand erreichen. Weiter auf der Verlängerung, der Rue de la Plage, liegen noch einige kreolische blütenumrankte Villen, die an Zeiten erinnern, als in Saint-Gilles noch Baumwolle wuchs und mit der Eisenbahn die ersten Badegäste kamen.

Übernachten

Für Selbstversorger – **Senteur Vanille** 1: route du Théâtre, von der D10 in Richtung L'Eperon bei der Total-Tankstelle links abbiegen, Tel. 0692 78 13 05, www.senteurvanille.com, DZ ab 83 €, Villa 160 €, leider chaotische Reservierung. Die fünf charmanten Wohnungen und drei Villen sind teilweise mit antikem Mobiliar eingerichtet. Die fünf Lodges aus Holz mit je zwei Etagen erinnern an Blockhäuser in Südafrika und bieten exzellente Ausblicke auf das Meer. Üppiger Garten mit 13 000 Mango-Bäumen, man spricht Englisch und Deutsch.

Essen & Trinken

Traumhafter Hafenblick – **Le St. Gilles** 1: Port Saint-Gilles, Tel. 0262 24 51 27, Di–Sa 12–14, 19.30–22 Uhr, So nur mittags, Hauptgerichte 23–80 €. Eine der feinsten Adressen der Insel liegt im südlichen Teil des Hafens im Obergeschoss. Köstlichkeiten des Meeres in allen Varianten werden im eleganten Ambiente kredenzt.

Schöner Garten – **Sel Et Poivre** 2: 29, bd. Roland Garros, gegenüber dem Bürgermeisteramt, Tel. 0692 22 76 17, Do–Di mittags (12–14 Uhr) und abends ab 19 Uhr, Hauptspeisen ab 20 €. Gehobenes Restaurant mit ausgesprochen gepflegtem Interieur in ruhiger Lage mitten in der Stadt. Gespeist wird im idyllischen Tropengarten unter ausladenden Sonnenschirmen inmitten von Palmen. Die belgischen Wirtsleute agieren professionell und äußerst charmant.

Fischspezialitäten – **Le DCP** 3: place du Marché, Tel. 0262 33 02 96, tgl. mittags und abends, Hauptgerichte ab 18 €. Das Restaurant mit dem halsbrecherischen Namen Dispositifs de Concentration de Poissons hat sich auf Fisch spezialisiert, der von den Hochseefischern direkt ins Lokal geliefert wird. Geschmacklich top!

Panorama-Gaumenfreuden – **Paul et Virginie 4**: 15, rue de la Plage, Tel. 0262 33 04 53, Di–So 11.30–14.30, 19–22 Uhr, Hauptgerichte ab 18 €, Mittagsmenüs ab 14 €. Von der großen Terrasse überblicken die hungrigen Gäste die türkisblaue Bucht von Roches-Noires. Moderne französische Küche mit viel Fisch, karges Ambiente.

Bretonische Crêpes und Galettes – **Le Vieux Quimper 5**: place du Marché, Tel. 0262 24 53 48, tgl. 12–23 Uhr, Hauptgerichte ab 7 €. Kein Wunder, dass das Lokal – im Gegensatz zu seinen Nachbarn – immer voll ist: In der erstklassigen Crêperie finden Naschkatzen süße Crêpes wie auch Liebhaber der pikanten Kost Gallettes mit Käse, Wurst, etc. Köstlich sind auch die Eisbecher. Vernünftige Preise.

Kreolisch gut – **Chez Marie 6**: Port Saint-Gilles, unweit der La Case à Pains, Tel. 0262 24 08 87, tgl. 9–16 Uhr, Fr/Sa abends, Hauptgerichte ab 16 €, Mittagsmenüs 14,50 €. Einfaches, sauberes Speiselokal im Hafen, das über die Stadtgrenzen hinweg bekannt ist.

Platzhirsch – **Chez Mité 7**: 6, rue de la Plage, Tel. 0262 24 22 92, Mo–Sa mittags, Hauptgerichte ab 9 €. Das alteingesessene Restaurant bietet solide, kreolische Küche zum attraktiven Preis. Mittags heißt es früh hungrig sein, denn die Töpfe leeren sich schnell. Tipp: Mitnehmen und am Strand genießen!

Snacks mit Aussicht – **Beach Burger Fast Food 8**: Port Saint-Gilles, Tel. 0262 22 17 25, tgl. 10–21 Uhr. Adrettes, sauberes Fast-Food-Restaurant mit dem gewissen Etwas: Die Snacks werden frisch zubereitet, die Bedienung ist freundlich und flott, und am meisten berauscht der Ausblick. Ein guter Ort, um das Treiben des Hafens zu genießen! WLAN.

Pizza mit Aussicht – **Mobile Imbisse 9**: Plage des Roches-Noires, bis spät in die Nacht. Viele Leute kaufen sich einen Snack an einer der beiden Imbissbuden, setzen sich an den Kai und genießen das Meer.

Sand unter den Zehen – **Chez Les Filles 10**: Plage des Brisants, Tel. 0692 03 19 07, tgl. 8–19.30 Uhr. Sandwiches und warme Gerichte.

Beste Bäckerei – **La Case à Pains 11**: Port Saint-Gilles, Tel. 0262 44 81 19, Di–Sa 6.30–19.30, So 6.30–19 Uhr. Süße und pikante Leckereien für den Hunger zwischendurch und schmackhaftes dunkles Brot.

Einkaufen

An der Durchgangsstraße, der Rue Général-de-Gaulle, befinden sich hauptsächlich Souvenir- und T-Shirt-Läden. Die teuren Boutiquen, für die Saint-Gilles berühmt-berüchtigt ist, liegen rund um das Tourismusbüro.

Kult-T-Shirts – **Pardon 1**: 57, rue Général-de-Gaulle, Tel. 0262 24 49 58, www.pardon.net, Mo–Sa 9.30–19, So 9–13 Uhr. Die Kollektionen wechseln jede Saison und immer werden typisch réunionesische Dinge porträtiert und ironisiert. Coole Sprüche und smarte Designs.

Mehr T-Shirts – **L'Effet Pei 2**: 82, rue Général-de-Gaulle, Tel. 0262 33 91 45, Mo–Sa 10–19 Uhr, So vormittags. Beliebte, réunionesische T-Shirt-Marke.

Aktiv

Als Indiz für die gute Qualität von Veranstaltern gilt das Siegel Réunion Qualité Tourisme, wo sich die Mitgliedsbetriebe jährlichen Tests unterziehen.

Glasbodenboote – **Visiobull 1**: Port Saint-Gilles, Tel. 0262 24 37 04, 12 €. Steuert die Korallenriffe der Lagune innerhalb der Réserve Naturelle an. Dauer: 30 Min.

Unser Tipp

Wale in Sicht

Seit mehreren Jahren werden von Juli bis Oktober vor der Küste von Saint-Gilles Wale gesichtet. Wissenschaftler vermuten, dass sie auf der Suche nach sicheren und ruhigeren Gewässern das Meer um Réunion aufsuchen. Doch wegen des Trubels im Wasser und der Nichteinhaltung der Regularien begannen die Wale wieder, andere Routen zu suchen. Die Zahl der Wahlsichtungen ist 2012 drastisch zurückgegangen. Von achtsamen Walbeobachtern ist Eigenverantwortung einzufordern: Boote müssen einen Abstand von mindestens 100 m einhalten. Sprechen Sie vorab mit den Anbietern, z. B. **Dauphin Safari** 2 (Port de Saint-Gilles, Tel. 0262 33 28 32, www.grandbleu.re, 2 Std. 30 €) oder **Bleu Marine** 5.

Katamaranfahrten – **Cat'Ananas** 3: Port Saint-Gilles, Tel. 0262 33 28 32, www.grandbleu.re. Dolce Farniente auf einem segelbestückten Katamaran mit Skipper, halber Tag 60 €, Tag 90 € plus 12 € Lunch. Es steht noch ein weiterer, luxuriöserer Katamaran zur Wahl, halber Tag 90 €, Tag 160 € (inkl. Verpflegung, Getränke, Handtücher).

Downhill & Miet-Velos – **Rando Réunion Passion** 4: 3, rue du Général-de-Gaulle, Tel. 0262 24 26 19, www.veloreunion.com. Bergab-Fahrten vom Maïdo – vom Transfer über die Ausrüstung bis hin zur Versicherung ist im Preis ab 55 € alles inbegriffen. Die Radtour (35 km) führt größtenteils durch den Wald. Miet-Velo ab 15 € pro Tag, gestaffelte Preise.

Tauchen – **Bleu Marine** 5: Port Saint-Gilles, Tel. 0692 85 80 83, www.bleu-marine-reunion.com, Di–So. Alle Taucher, egal ob Profis oder Anfänger, sind bei Yves Reignier gut aufgehoben. Professionelles, gut gewartetes Equipment, Erfahrung seit 1995 und der gewisse Schmäh sind seine Markenzeichen. Im Büro gibt es ein WC, eine Dusche und Kaffee gratis, Tauchgang 50 €, 3 Tauchgänge 144 €, 10 um 450 €, Schnupper-Tauchgang 60 €. Mit englischsprachigen Instruktoren.

Hochseefischen – **Réunion Fishing Club** 6: Port Saint-Gilles, Tel. 0262 24 36 10, www.reunionfishingclub.com. Renommiertes Unternehmen für Hochseefischerei, Halbtagestrips 100 € pro Pers., Boot pro Tag bis zu 6 Fischer 750 €. Im Preis inklusive sind die Angelausrüstung, der Guide, Getränke und sogar der Transfer innerhalb von Saint-Gilles. Wer selbst einen Sportbootführerschein besitzt, kann Fischerboote ohne Skipper mieten, pro Tag 240–280 €. Es wird Englisch gesprochen.

Surfboardverleih – **Parksa** 7: Plage des Roches-Noires, Tel. 0262 24 25 12, tgl. 9–19 Uhr. Surfshop direkt am Strand, wo die ganz Mutigen (noch) für 6 € pro Stunde Boards ausleihen können.

Helikopter-Rundflug – **Helilagon** 8: Altiport de l'Eperon, Anfahrt über die D10 in Richtung L'Eperon, beim Sportplatz links in den Chemin Summer 2 abbiegen, Tel. 0262 55 55 55, www.helilagon.com. Am eindrücklichsten ist mit Sicherheit der Überflug der gesamten Insel (Tour ›L'Incontournable‹), Rundflüge 85–239 €. Bei der Reservierung hilft auch das hiesige Tourismusamt.

Wasser hautnah erleben – **Run Aventures** 9: Port Saint-Gilles, Tel. 0692 64 08 22, www.runaventures.com. Haarsträubende Aktivitäten wie Rafting (35 €), Canyoning (ca. 60 €) und Wildwasserwanderungen (50 €) werden geboten.

Segelschule & -törns – **La Compagnie des Pirates** 10: Port Saint-Gilles, www.lacompagniedespirates.re. Segelausbil-

dung für Anfänger und Fortgeschrittene, z. B. 10-Halbtages-Einheiten mit zwei Tagesausfahrten 480 €/Pers. Törns von 2 bis 7 Tagen, z. B. nach Mauritius für 600 €. Segelcharter für Halbtagesausflüge oder ganze Tage möglich.
Hochseefischen für Genießer – **Franz Arnold:** Tel. 0692 73 23 63, tirolerfranz @rocketmail.com, Treffpunkt nach Telefon- oder Mailkontakt. Seit 22 Jahren ist Franz, ein pfiffiger Tiroler, Berufsfischer auf Réunion. Empfehlenswert für Hochseefischer, die eine deutsche Begleitung oder Organisation suchen, oder für Fischer mit Extrawünschen. Preis auf Anfrage. Übernachten und Essen kann man bei Franz ebenso.

Abends & Nachts

Für Nachtschwärmer – **Le Cubana** 1: 122, rue du Général-de-Gaulle, Tel. 0262 33 24 90, Di–Sa 21–2 Uhr. Beliebte Bar/Diskothek mit Lounge-Charakter, wo es meist hoch hergeht.
Essen und Trinken – **Chez Nous** 2: 122, rue du Général-de-Gaulle, Tel. 0262 24 08 08, tgl. 19–2 Uhr, warme Küche bis Mitternacht. Das gesetztere Publikum isst zu Abend und genießt Drinks in der schicken Brasserie. Eingängige Musik, angenehmes Ambiente, WLAN gratis.
Fette Beats – **La Boite** 3: 1, rue du Général-de-Gaulle, Tel. 0692 71 37 06, www.laboite.re, Do–So ab 23 Uhr. Party, Clubbing, Musik und Tanzen, Konzerte ab 21.30 Uhr sowie Essen & Trinken – dafür steht die Disko La Boite am Ortsanfang von Saint-Gilles.

Infos & Termine

Office de Tourisme: 1, place Paul-Julius-Bénard, Tel. 0810 79 77 97, www.saintpaul-lareunion.com, tgl. 10–13 und 14–18 Uhr.
Internet: Hotw@ve, 37, rue du Général-de-Gaulle, an der Einfahrt von Saint-Gilles, Tel. 0262 24 04 04, Mo–Sa 10–19 Uhr, 1 Min. 0,16 €, 1 Std. 7 €, 2 Std. 13 €. Kleines Cybercafé mit Parkplatz.
Auto: Die N1A führt direkt an der Stadt vorbei, um ins Stadtzentrum zu gelangen, muss man abfahren. Von der Route-des-Tamarins (N1) erreicht man über die D10 das Zentrum.
Mietwagen: Lokale Leihagenturen in der Rue Général-de-Gaulle oder ihrer Verlängerung, der Avenue de Bourbon (in Richtung Les Filaos/L'Hermitage).
Bus: Die Linien A2, B und C der Cars Jaunes halten mehrmals in Saint-Gilles-les-Bains.
Grand Boucan: Ende Juni. Eine Art Faschingsumzug durch das Stadtzentrum mit Musik, Einlagen und Feuerwerk.

Saint-Gilles-les-Hauts ▸ B 4

Untrennbar verbunden mit den Höhen von Saint-Gilles ist der Name der Familie Desbassyns, der ab Mitte des 18. Jh. die Region gehörte. Nachdem Henri Paulin Panon 1745–1763 der französischen Krone im südindischen Puducherry gedient hatte, erbte er große Ländereien im Westen, darunter auch die drei Bassins der Ravine Saint-Gilles, was ihm den Beinamen Desbassyns (›von den Bassins‹) einbrachte. Als er 1770 die beste Partie der Insel, Mademoiselle Marie Anne Ombline Gonneau, ehelichte, vergrößerte sich mit einem Schlag das Plantagenimperium. Zuerst wurde der Anbau von Baumwolle und Kaffee betrieben, später aber durch Zuckerrohr in den Höhen (Les Hauts) ersetzt. Zur Anlegestelle am Meer und dem Depot führte eine Schotterpiste, ein Fußpfad schlängelte sich hinauf bis auf 2400 m zur Höhle La Glacière (s. S. 131).

Wasserfälle ergießen sich in das Bassin des Cormorans

Bassins de la Ravine Saint-Gilles ▸ B 4

Heutzutage geht es viel bequemer in die Les Hauts. 2 km vor Saint-Gilles zweigt die D10 in Richtung Saint-Gilles-les-Hauts und L'Eperon beim Fast-Food-Resto Quick ab. Nach weiteren 2 km passiert man das Theater und oberhalb die Bassins. Der Eingang zum Bassin des Cormorans, Bassin des Aigrettes und Bassin Malheur liegt rechts 100 m hinter dem Imbiss Snack Les Cormorans. Ein paar Hundert Meter weiter liegt links ein kleiner Parkplatz.

Die Wanderung zum ersten Becken, dem türkisblauen Bassin des Cormoran, ist simpel (15 Min.), doch die folgenden Becken erfordern mehr Geschick, vor allem weil wasserführende Tunnel zu durchqueren sind. **Achtung:** Offiziell ist der Pfad gesperrt, Begehen auf eigene Gefahr!

Village artisanal de l'Eperon ▸ B 4

Uneinheitliche Öffnungszeiten, aber meist Di–Sa 10–12, 14–18 Uhr

Von der D10 zweigt man 2,5 km hinter den Bassins nach rechts auf die D12 ab, um 500 m weiter, noch vor der Ortseinfahrt von L'Eperon, rechts zum ›Village Artisanal‹ zu gelangen. Die ursprüngliche Idee, in der ehemaligen Zuckerfabrik der Desbassyns ein Kunsthandwerkerdorf zu etablieren, ist längst dem Kommerz gewichen. Hohe Mieten zwangen die Künstler, den Standort zu verlassen oder aber sich auf lukrativere Geschäfte zu spezialisieren. Deshalb gibt es kaum mehr echtes Kunsthandwerk vor Ort, der Rest ist ein attraktiver Mix aus indisch-indonesischstämmigen Souvenirs, Krimskrams und Kaffeehäusern. Zum Bummeln und Souvenireinkauf ist das Dorf aber allemal einen Abstecher wert. Nur eine Handvoll Künstler sind übrig geblieben.

Aktiv & Kreativ

Malkurse – **Atelier J. J. Houée:** Tel. 0692 41 58 64 oder 0262 71 81 20, www.atelier-houee.com. Mehrtägige Mal-Workshops, Ausstellungen, etc. Jean-Jacques Houée spricht auch Englisch.
Töpferkurse – **Poterie de l'Eperon:** Tel. 0262 22 73 97, Do, Sa 9.30–18 Uhr. Töpferkurse für Anfänger und Fortgeschrittene.
Attraktives Kunsthandwerk – **Quartier Libre:** Di–Sa 10–12.30, 14–18 Uhr. Hier wird geschmackvolles Kunsthandwerk aus La Réunion und Frankreich angeboten, ebenso Fair-Trade-Erzeugnisse aus Madagaskar. Schmuck, Accessoires, Dekoartikel.

Musée Historique de Villèle ▸ B 4

Nach der Durchfahrt von Eperon folgt ein großer Kreisverkehr, von dem die D6 in Richtung Saint-Gilles-les-Hauts abzweigt. 1,8 km weiter, nachdem die D6 um die Ravine Saint-Gilles einen Schlenker gemacht hat, ist der Abzweig rechts zum Museum erreicht.

Maison de Villèle

Tel. 0262 55 64 10, Di–So 9.30–12.30, 13.30–17.30 Uhr, alle 30 Min. Führungen (nur Französisch!) bei mindestens 2 Pers., Dauer jeweils 45 Min., 2 €, Garten und Daueraustellungen gratis
Das ehemalige Herrenhaus der Familie Panon-Desbassyns beherbergt seit 2007 eine Sammlung, die die Kolonialgeschichte Réunions und im besonderen die Kehrseite davon, die Sklaverei, thematisiert. Der herrschaftliche Steinbau – unüblich zu einer Zeit, als man Häuser aus Holz fertigte – wurde 1788 ganz nach den Plänen des Hausherrn im Stil der südindischen Kolonialhäuser vollendet – von Tamilen *(malbars)*, die er als Kriegsbeute mitgebracht hatte. Massive, indoportugiesische Bögen und Säulen formen zweistöckige Veranden. Direkt aus Indien importierten die Hausherren die Idee, das rechteckige Flachdach mit einem zementähnlichen Putz zu veredeln, der aus Kalk, Eiern, Butter und Öl zusammengemischt wurde. Das Dach diente zum Trocknen des Kaffees, später war der portugiesische Begriff für Mörtel namensgebend für das typische franco-kreolische Flachdach: *argamasse*. Innen zeugen edle Parkettböden mit Intarsien, elegante Tamarindenholzvertäfelungen und edelste Ausstattung vom Wohlstand der Besitzer. Sehenswert: edles Mobiliar aus Indien, chinesisches Porzellan, ein Kamin speziell für Zyklone und Illustrationen zum berühmten Mauritius-Roman »Paul und Virginie« (1787). Eine Cousine des Hausherrn soll dem französischen Autor, Jacques-Henri Bernardin de Saint-Pierre, als Vorbild für die weibliche Heldin gedient haben. Das Haupthaus ist nur im Rahmen einer Führung zugänglich.

In den öffentlich zugänglichen Nebengebäuden wird deutlich, worauf der Überfluss basierte – auf der Ausbeutung von Menschen. 1824 ›besaß‹ die Zuckerbaronin 461 Sklaven, über die sie penibel Buch führte. Dem Vernehmen nach regierte sie mit eiserner Hand. Selbst kranke Sklaven waren zu Tätigkeiten wie Seileknüpfen oder Steinezermahlen angehalten. Im weitläufigen Garten finden sich jede Menge Schautafeln, am Horizont glitzert der Indische Ozean.

Chapelle Pointue

Di–So 9.30–12.30, 13.30–17.30 Uhr, kein Eintritt, ein englischer Audio-Guide (ca. 2 €) ist für die Kirche erhältlich

Das Dach der Chapelle Pointue sticht hervor. Erst 1841, wenige Jahre vor ihrem Tod 1846, begann Madame Desbassyns, das Kirchlein mit dem spitz zulaufenden Turm zu erbauen.

Aktiv

Golf mit Aussicht – **Bassin Bleu:** 75, rue Mahatma Gandhi, in der Nähe des Musée de Villèle, Tel. 0262 70 03 00, www.bassinbleu.fr, tgl. 7.30–19 Uhr, 9 Löcher 35 €, 18 Löcher 60 €. 18-Loch-Golfanlage in den Höhenlagen von Saint-Gilles mit noblem Ambiente.

Piton Maïdo ! ▸D 5

Ohne Fleiß kein Preis: Als Entschädigung für die schwindelerregende etwa einstündige Anfahrt bis zum 2205 m hohen Maïdo wartet ein herrlicher Ausblick in den Cirque de Mafate und auf der anderen Seite bis zum Meer – natürlich nur frühmorgens, bevor um spätestens 7 Uhr die ersten Wolken aufziehen (Foto s. S. 86). Der Maïdo ist von der Autobahn aus beschildert. Die Anfahrt erfolgt ab Saint-Paul oder Saint-Gilles-les-Hauts (27 bzw. 29 km). In jedem Fall muss man sich immer in Richtung Le Guillaume halten. Hinter Le Guillaume wechselt man schließlich rechts auf die 17 km lange, gut ausgebaute Forststraße F8. Über den lang gezogenen Höhenweiler La Petite-France gelangt man schließlich auf den Maïdo.

Neben den vielen kreolischen Siedlungen ist an der Anfahrt die Durchquerung der unterschiedlichsten Vegetationszonen interessant. Im unteren, dicht besiedelten Bereich überwiegen die Nutzpflanzen, allen voran Gemüse und Zuckerrohr. Weiter oben herrscht ein frischeres, mit Europa vergleichbares Klima vor, in dem Buchen, Eichen, Platanen, vor allem aber schnellwachsende Akazien gedeihen. Ihre Hitzeleistung schien für die Destillerieapparate bei der Geraniumölherstellung genau richtig, weswegen sie rund um La Petite-France kultiviert wurden. Die endemischen Holzarten wie die Riesenbäume Natte (lat. *Mimusops maxima*) und Takamaka oder die Calvariabäume wurden gegen 1920 flächendeckend abgeholzt und dem Geraniumanbau geopfert.

Oberhalb von La Petite-France gedeiht auf Höhenlagen bis zu 1500 m Réunions einziger endemischer Bambus, der Calumet (erkennbar an den markanten Büscheln), der früher beim Hüttenbau zum Einsatz kam, aber heute nur mehr an wenigen Plätzen vorkommt. Vielerorts hatte man die gerodeten Flächen mit Kryptomeriawald (Sicheltannen) aufgeforstet. Die letzten 6 km sind von Picknickplätzen gesäumt, zuerst entlang samtweicher Wiesen und knorriger Höhentamarinden, ab 1950 Höhenmetern in Heidelandschaft mit vereinzelten Höhentamarinden.

Am ersten großen Parkplatz (mit WC) auf der linken Straßenseite schon in Gipfelnähe starten die anstrengenden Wanderungen nach **Roche-Plate**, am darauffolgenden zweiten Parkplatz ist der Piton Maïdo erreicht. Bis zur Schautafel ist die Zugangsrampe sogar rollstuhltauglich. Die schönsten Berge geben sich ein Stelldichein: von der La Roche Ecrite ganz links über den Cimendef, den Gros Morne, den zweithöchsten Berg der Insel, der den Piton des Neiges verdeckt, bis hin zum Grand-Bénare rechts außen. Ihnen zu Füßen liegt der zerklüftete Cirque de Mafate. Oberhalb drehen knatternde Helikopter und ULM-Flugzeuge ihre Runden – manche kommen sogar so nah, dass man die Passagiere winken sehen kann. Am oberen Parkplatz beginnt die Wanderung zum dritthöchsten Gipfel, dem **Grand-Bénare** (2898 m) und zur **Caverne de la Glacière**. In dieser Höhle wurde zur Zeit der Desbassyns (s. S. 129) in den Becken des Baches Eis ›gemacht‹. Im kühlen Hochlandklima fror die Wasseroberfläche zu. Diese Eisplatten wurden eingesammelt und den Gutsbesitzern sowie ihren Gästen in kühlen Drinks serviert.

La Petite-France ▶ C 4

Ein Zwischenstopp in La Petite-France auf dem Rückweg an die Küste bietet Kurzweil – mit dem Besuch einer Schaudestillerie, einem guten kreolischen Mittagessen sowie einer Runde auf dem Quadbike, auf der Sommerrodelbahn oder im Klettergarten (geöffnet an den Wochenenden und während der Schulferien). Nachdem Ker Anval mitten im Wald auf etwa 1000 m Höhe ein Haus gebaut hatte, taufte er den Ort, weil das kühlere Höhenklima ihn so an seine Heimat Frankreich erinnerte, La Petite-France. Einige wenige Geraniumöldestillerien sind heute noch geöffnet.

Wanderung zur Caverne de la Glacière

Start am Maïdo, Strecke hin und retour 11 km, 4–5 Std.

Man muss nicht unbedingt die lange, anstrengende Wanderung zum Grand-Bénare unternehmen, auch die kürzere Strecke zur Caverne de la Glacière (2548 m) ist lohnenswert. Vom Parkplatz am Maïdo geht es stetig bergauf durch Heidelandschaft und niedrige Sträucher. Vom Streckenprofil her ist die Wanderung durchschnittlich anspruchsvoll, aber die Pfade sind sehr unwegsam und vorne an der Abbruchkante teilweise sehr schmal. Hohe, stabile Wanderstiefel, Sonnenschutz, Kopfbedeckung und ausreichend Wasser sind hier oben ein Muss. Es existiert ein Weg direkt an der Abbruchkante

Wanderung zur Caverne de la Glacière

und einer weiter hinten auf dem ansteigenden Plateau. Wenn beide Wege geöffnet sind, bietet sich Wanderern ein schöner Rundweg.

Übernachten

Edle Bleibe – **La Clé des Champs:** in Bellemène-les-Hauts, an der D3, 154, chemin des Barrières, Tel. 0262 32 37 60, http://lacledeschamps.re, DZ ab 150 €. Charmantes Anwesen auf 700 m Seehöhe mit viel Liebe zum Detail und sternereifer Küche.

Essen & Trinken

Kreolisch essen – **Chez Bazou:** 304, route du Maïdo, zentral in Petite-France, Tel. 0692 81 32 83, Di–So mittags, Hauptgerichte ab 10 €. Landgasthaus mit schmackhaften, kreolischen Spezialitäten.

Einkaufen

Destillerie & ätherische Öle – **La Distillerie du Maïdo:** route du Maïdo, am Ortsende von La Petite-France, Tel. 0692 55 21 91, tgl. 8–18 Uhr. Unzählige Sorten ätherischer Öle und *Rhum arrangé*.

Infos

Bus: Die Ligne 2 von kar'ouest auf den Maïdo (1 Std., 1,50 €, Fahrt, mit kurzem Fußweg zum Aussichtspunkt) verkehrt Mo–Sa vom Gare Routière de Saint-Paul um 6, 14 und 16.15 Uhr. Zurück geht es jeweils um 7.30, 15.05 und 17.20 Uhr. Infos bei kar'ouest (Tel. 0810 45 65 20).
Auto: Für Wanderungen nach Mafate empfiehlt sich der Bus oder ein Transferdienst (s. Tourismusamt La Possession oder Saint-Gilles). Wegen Einbruchgefahr sollte der Mietwagen nicht über Nacht am Maïdo geparkt werden.

L'Hermitage-les-Bains ! ▸ A 5

Um von Saint-Gilles-les-Bains nach L'Hermitage-les-Bains zu gelangen, fährt man in Saint-Gilles die Verlängerung der Rue du Général-de-Gaulle (sie heißt in L'Hermitage Avenue de Bourbon) über das Hotel Le Récif nach L'Hermitage weiter. Überdies gibt es von der N1A aus mehrere Zufahrten zum Strand von L'Hermitage: u. a. über den Kreisverkehr beim Jardin d'Eden, wo man in Richtung Meer abbiegt und sich beim Hotel Blue Beach links hält, oder über den Chemin de l'Hermitage 600 m weiter vorne an der N1A.

Der **Strand** von L'Hermitage ist legendär auf Réunion (s. Foto S. 16). Idyllisch an einem Wald voller schattenspendender Filaos-Bäume gelegen, zieht er Wochenende für Wochenende Insulaner an, die voller Wonne ihrem Lieblingshobby, dem Picknicken, frönen. Unter der Woche geht es hier gemächlicher zu, doch so richtig für sich wird man die fischreichen Gewässer wohl nie haben. Es ist jedoch verboten, sich dem Korallenriff zu sehr zu nähern, da sich zwischen den Korallen kleine Strudel und Strömungen bilden. Zudem warnen Verbotsschilder vor gefährlichen Strömungen.

Jardin d'Eden

An der N1A direkt am Kreisverkehr, Tel. 0262 33 83 16, tgl. Sa–Do 10–18 Uhr, 7 €, Rundgang ca. 1 Std.
Der botanische Garten mit beschilderten Beeten voller Gewürze, aphrodisierender Pflanzen, Heilkräuter, Kakteen, tropischer Nutzpflanzen und heiliger Gewächse der Hindus ist dafür bekannt, dass häufig Chamäleons zu sehen sind. In der liebevoll gepflegten Anlage bleibt es auch im Hochsommer angenehm kühl. Deutsche Infomappen liegen aus.

Übernachten

Fünf-Sterne-Hotel – **Lux* Ile de la Réunion:** 28, rue du lagon, beim Leader Price in Richtung Meer abzweigen, Tel. 0262 70 00 00, http://luxislandresorts.com, DZ ab 375 €. Die Gäste sind in 164 stylischen Zimmern, davon acht Suiten, im kreolisch-tropischen Stil an einem der tollsten Strandabschnitte der Insel untergebracht. Großer Pool, mehrere Restaurants. Gute Deals bei Direktbuchung und bei Pauschalpaketen.
Gemütliches Familienhotel – **Le Récif:** 50, av. de Bourbon, Tel. 0262 70 01 00, www.hotellerecif.com, DZ ab 247 €. Nicht so exquisit wie das Schwesterhotel Lux, aber äußerst sympathische, weitläufige Anlage mit 146 netten Zimmern bzw. Suiten und viel Angebot für Kinder und Familien. Großer Pool und gutes Restaurant. Liegt nicht direkt am Meer. Gute Deals bei Direktbuchung und bei Pauschalpaketen.
Top Preis-Leistungs-Verhältnis – **Tropic Apart'Hôtel:** 102, av. de Bourbon, Tel. 0262 22 53 53, www.residencetropic.com, Studio 70–80 €, Maisonette 100–125 €. Moderne Selbstversorger-Feri-

enanlage mit zweckmäßigen Zimmern (inkl. Kochnische) nicht weit vom Meer. Kleiner Pool, zentrale Lage, WLAN. Mahlzeiten können im benachbarten Hotel zugebucht werden.

Rechtzeitig reservieren – **Les Bougainvilliers:** 27, ruelle des Bougainvilliers, am Ortsende in Richtung Saline rechts in den Chemin de l'Hermitage abzweigen, Tel. 0262 33 82 48, www.bougainvillier.com, DZ ab 56 €, Frühstück 6 €. Das beliebte, familiäre Gästehaus mit 15 adretten, farbenfrohen Zimmern (mit AC, TV und Kühlschrank) bietet einen schönen Pool, WLAN sowie eine Gemeinschaftsküche inmitten eines gepflegten Gartens. Gratis Fahrradverleih.

Essen & Trinken

Kreolisches Buffet – **La Marmite:** 34, bd. Leconte-de-Lisle, direkt an der Lagune, Tel. 0262 33 31 37, Mo–Sa 19–23.30 Uhr, Buffet 20 €. Beliebtes Restaurant, vor allem weil es täglich ein kreolisches Buffet aus 20 verschiedenen traditionellen Gerichten anbietet. Ideal zum Durchkosten! Hier sollte man nicht zu spät kommen, denn ab 20.30 Uhr kann es mit den Köstlichkeiten bereits vorbei sein.

Essen auf der Veranda – **Le Manta:** 18, bd. Leconte-de-Lisle, unweit von La Marmite, Tel. 0262 33 82 44, tgl. 12–14, 19–22 Uhr, Hauptgerichte ab 17 €. Im überbordenden Tropengarten sitzt man in einer offenen Veranda und lässt sich die kreolisch-französischen Gerichte schmecken.

Anständige Preise – **Moby Dick:** 197, N1A, gegenüber des Cave á vin, Tel. 0262 33 23 74, Mo–Sa 8.30–15.30, 18–22 Uhr, Sa nur mittags. Das kleine Resto an der Straße mit Bierbank-Ambiente überrascht mit gut gewürzten Pizzen und Galettes (bretonischen Pfannkuchen), kreolischen und typisch französischen Gerichten wie Tartare. Garantiert frischer Fisch! Tagesgerichte ab 7 €, Hauptgerichte ab 8 €.

Vor 12 Uhr – **L'Arc en Ciel:** 14, rue Père-La-Frite, Nähe Hauptstrand, Tel. 0262 33 80 61, Hauptgerichte ab 7 €. Eines der typisch kreolischen Mittagswirtshäuser mit guter kreolischer Küche bestehend aus 5, 6 Tagesgerichten, die es nur gibt, solange der Vorrat reicht. Beliebt bei Einheimischen, man sollte spätestens um 11.30 Uhr Hunger haben!

Einkaufen

Bio – **Biomonde:** 4, mail de Rodrigues, hinter Score Supermarkt, Di–Fr 9–12.30, Mo–Fr 15–19.30, Sa 9–19.30, So 9–13 Uhr. Größter Bio-Supermarkt der Insel, äußerst gut sortiert. Deutsche, italienische oder französische Bio-Produkte, auch Kosmetik, Waschmittel und Lebensmittel aus der Kühltheke.

Abends & Nachts

Urige Kneipe – **La Gueule de Bois:** 5, allée des Îles Eparses, bei La Villa Club rechts abzweigen, Tel. 0262 22 90 06, Di–So 18–3 Uhr. Legendäre Restaurant-Bar in L'Hermitage mit DJ und Konzerten, speziell an den Wochenenden. Man kann auch zu Abend essen.

Direkt am Meer – **La Bobine:** bd. Leconte-de-Lisle, direkt am Strand, Tel. 0262 33 94 36, tgl. mittags und abends. Eigentlich ein Restaurant, aber das legere Ambiente mit Holzboden, rustikalem Mobiliar und Meeresrauschen eignet sich auch bestens für einen Sundowner-Cocktail oder Schlummertrunk.

Discobeats – **Le Klub:** 2, mail de Rodrigues, neben dem Supermarkt Score, Tel. 0692 85 86 72, Mi–So ab 22 Uhr, 10 €. Hier dreht sich alles um Musik, Tanzen, Party, DJs.

Tanzschuppen – **Moulin du Tango:** av. de Bourbon, beim Casino, Tel. 0262 24

53 90, Mi, Fr, Sa, Ferienzeit 22–5 Uhr, 10 €. Gesetzteres Publikum und junge Leute, die auf Tango, Rock'n'Roll oder eingängigen Pop stehen. Der legendäre Club ist für seine Themenabende bekannt. Guter Ort, um Bekanntschaften zu machen.

Infos

Mietwagen: ITC Tropic Car, 27, av. de Bourbon, Tel. 0262 24 01 01, www.itctropicar.com, Mo–Sa 8–12, 14–18 Uhr, neuere Fahrzeuge ab 36 €/Tag, bei 14–20 Tagen Mietdauer.
Europcar, im Hotel Novotel und im Lux, Tel. 0692 65 28 07, www.europcar-reunion.com, tgl. 7.30–11.30, 16–19 Uhr, neuere Fahrzeuge ab 29 €/Tag, ab 14 Tagen Mietdauer.
Bus: Die Express-Linie A stoppt nur bei Les Filaos; die Linien B und C der Cars Jaunes stoppen auch bei L'Hermitage und Bruniquel (Rue du Lagon), danach etwa noch 500–700 m zum Strand.

La Saline-les-Bains

▶ B 5

Die vor einigen Jahren erbaute Umgehung hat das Straßendorf sehr an Lebens- und Urlaubsqualität gewinnen lassen. Auf der N1A im Bruniquel-Kreisverkehr biegt man in Richtung Meer ab und hält sich dann an der Landstraße (beim Supermarkt Leader Price) links, um wenige hundert Meter danach das Zentrum von Saline-les-Bains zu erreichen. Früher gerne als Badeort für Arme abgetan, hat sich Saline-les-Bains in den letzten Jahren zu einem attraktiven Städtchen mit Apotheke, Boulangerie und einer Menge neuer Quartiere ausgewachsen – denn der Strand steht den anderen in nichts nach. Die Übernachtungs- und Restaurantpreise blieben vergleichsweise auf einem angemessenen Niveau.

Der weiße Sandstrand von L'Hermitage findet hier seine Fortsetzung. Es gibt zwei ausgewiesene Strandabschnitte: Südlich der Post, direkt an der Hauptstraße, zweigt man in Richtung Meer ab und erreicht den Strand **Planch'Alizé**. Am südlichen Ortsende, in Richtung Saint-Leu, liegt der noch viel idyllischere Abschnitt **Trou d'eau** unter einer Schar von Filaos-Bäumen. Achten Sie auf Ihre Wertsachen und schließen Sie Ihr Fahrzeug ab!

Übernachten

Hotel am Strand – **Le Nautile:** 60, rue Lacaussade, Einfahrt gegenüber dem Fußballfeld, Tel. 0262 33 88 88, www.hotel-nautile.com. Älteres Mittelklasse-Hotel mit kreolischem Charme direkt am Strand, mit großem Frühstücksbuffet und recht guter Küche.
Hideaway für Selbstversorger – **La Closerie du Lagon:** 78 ter, rue Lacaussade, Anfahrt s. Le Nautile, Tel. 0692 76 60 89, www.closerie-du-lagon.fr, Apartment 110 € (ohne Frühstück). Die 60 m²-Deluxe-Ferienwohnung ist ein stilvolles Refugium zum attraktiven Preis. WLAN. Direkt am Meer.
Direkt am Strand – **La Maison du Lagon:** 72, rue Lacaussade, Anfahrt s. Le Nautile, Tel. 0262 24 30 14, www.lamaisondulagon.com, DZ ab 86 €, Frühstück 10 €. Wenn nebenan in der Closerie nichts mehr frei ist. Abgewohnt, aber für die Lage akzeptabel. Kaum Parkplätze.

Essen & Trinken

Lässige Atmosphäre – **Planch'Alizé:** Plage du Planch'Alizé, Tel. 0262 24 62 61, tgl. 9–20, Fr/Sa bis 24 Uhr. Gepflegte Snack-Bar mit angeschlossenem Restaurant am Hauptstrand mit einla-

denden blauen Strandsesseln. Hauptgerichte im Resto ab 12 €; in der Snack-Bar Sandwiches, Salate, etc. ab 4 €.
Direkt im Sand – **La petite vague:** Plage du Petit Trou d'eau, Tel. 0692 08 16 76, tgl. 8.30–22 Uhr, Hauptgerichte ab 10 €. Gemütliches Strandlokal mit hausgemachten Spezialitäten mittags und abends. Bekannt für *tartare de thon frais* (Thunfisch-Tartar). Nicht überteuert, aber die Abendpreise sind höher als die Mittagspreise. Die öffentlichen Duschen sind ideal für Badenixen und Schnorchler.

Infos

Bus: Die Linien A2, B und C der Cars Jaunes halten in Saline-les-Bains.

Trois-Bassins ▸ B 5

Bis auf die Surfer werden wohl kaum Leute bei Trois-Bassins Augenglänzen bekommen. Gleich hinter der markanten Kurve der Umgehungsstraße von Saline-les-Bains und noch bevor sich die Straße zu einer zweispurigen Schnellstraße verbreitert, liegt Trois-Bassins, eine etwas unansehnliche Siedlung mit einem schönen Strand und guten Wellen für angehende und erfahrene Surfer. Wenn es an anderen Spots keine *swells,* optimale Surfwellen, gibt, in Trois-Bassins gibt es welche. Man biegt am Schild ›Pointe Trois-Bassins‹ ab. Erst kürzlich wurde das Areal renoviert. Ideal zum Sonnenbaden, Abkühlen in der ruhigeren Lagune (am nördlichen Ende von Trois-Bassins) und Surfen.

Infos

Bus: Die Linien A2, B und C der Cars Jaunes halten kurz vor dem Pointe Trois-Bassins.

Saint-Leu ▸ B/C 6/7

Saint-Leu ist ein kleines, quirliges Städtchen, das seinen Reiz erst bei einem Aufenthalt entfaltet. Der Charme von Saint-Leu besteht in seiner Authentizität. Im regen kreolischen Leben sind die Einheimischen unter sich geblieben, an Wochenenden platzen die Strände und die Picknickplätze aus allen Nähten.

Seinen Namen verdankt der Ort dem ersten Seefahrer Laleu, der sich hier niederließ. Die erste offizielle Landnahme erfolgte 1663 durch die Ostindien-Kompanie. In den 1790er-Jahren lag Saint-Leu auf Platz 10 der französischen Rindfleisch- und Kaffeeproduktion. 1801 eröffnete das erste Hotel seine Pforten. Verheerende Zyklone 1806 und 1807 bedeuteten das Ende der Blütezeit von Saint-Leu. Die einzige Sklavenrevolte, die jemals auf der Île Bourbon stattfand, nahm hier 1811 während der englischen Besatzung (1810–1815) ihren Anfang. Ab 1820 begannen die Katastrophenjahre, als schwere Zyklone und Parasiten die Ernten vernichteten. Daraufhin verlegte man sich auch hier auf Zuckerrohr, wobei zwei der bedeutendsten Zuckerfabriken, nämlich Stella Matutina und Portail, in dieser Gemeinde angesiedelt waren. Später, bis in die 1950er-Jahre, kam noch Geranium hinzu.

Heute macht Saint-Leu eher als Surfer-Hotspot und als kultureller Mikrokosmos von sich reden. Zahlreiche Musiker wie die Geschwister Lacaille und Jessica Persée, Pierrot, Lucie und Nirina Baillif, Na essayé oder Maroner stammen von hier. Ein reges kulturelles Leben hat sich mit dem Kulturzentrum Le Séchoir und dem Tempo-Festival entwickelt. Auf der Insel ist Saint-Leu für seine Zimtäpfel bekannt. Sie werden im März und April frisch geerntet und am Straßenrand feilgeboten.

Sehenswerte Gebäude

Nur ein kleiner Teil der Stadt erinnert an die Ostindien-Kompanie, die hier imposante Lagerhallen aus Lavastein errichtete, um im 18. Jh. Kaffee zu lagern. In einstigen Lagerhallen sind das **Rathaus** und das **Tourismusbüro** untergebracht. Ebenfalls aus der Epoche der Ostindien-Kompanie stammt die hinter dem Ort erhöht liegende, weiß getünchte **Chapelle Notre-Dame-de-La-Salette**, die 1859 Pfarrer Seyssac erbauen ließ, um sich für die wundersame Verschonung des Dorfes bei einer Choleraepidemie erkenntlich zu zeigen. Sie ist eines der wichtigsten Wallfahrtsziele der Insel (19. September). Jenes Gebäude an der Strandpromenade, in dem heute die **Post** untergebracht ist, diente zunächst als Lagerhalle, später als Eisenbahnstation.

Bauernmarkt

Zwischen Rathaus und Meer, Sa vormittags

Nicht so ausgedehnt wie Saint-Paul und nicht so bunt wie in Saint-Pierre, aber der Charme des Bauernmarkts von Saint-Leu liegt in seiner Bescheidenheit. Es handelt sich um einen echten Bauernmarkt, wo Erzeuger der Region ihre Waren feilbieten: Obst, Gemüse, fangfrischer Fisch, Brot, lokale Spezialitäten, Gewürze und Ähnliches. Die Aussicht ist bezaubernd: Hinter den Filaos-Bäumen liegt das funkelnde Meer.

Strandpromenade und Strände

Der schönste Platz, um Surfer zu beobachten, ist die **Strandpromenade**. Für die berüchtigte linksdrehende Welle *(La Gauche)* bekannt, zieht Saint-Leu seit vielen Jahren die besten Wellenreiter an. Der **Hauptstrand**, *(Plages)* liegt südlich des Hafens *(Port de Plaisance)* und ist im Ort entlang der N1A gut beschildert. Es existieren mehrere Abzweigungen zum Wasser. Am südlichen Ende der Stadt liegt der zweite schöne Strand von **Four à Chaux**.

Bei Saint-Leu geht mancher Speisefisch an die Angel

Ein vorgelagertes Korallenriff hält die Brandung in Zaum, dennoch ist es empfehlenswert nur an den ausgeschilderten Stränden ins Wasser zu gehen, da es überall tückische Strömungen gibt. Surfanfänger sollten nach Trois-Bassins oder Saint-Gilles ausweichen. Am Hauptstrand südlich des Hafens gibt es Rettungsschwimmer sowie einen rollstuhlgeeigneten Zugang.

Pointe au Sel

Auf der Hauptstraße N1A nur wenige Kilometer hinter der südlichen Stadtausfahrt geht es rechter Hand zum Pointe au Sel. Das **Salzmuseum** auf der Landspitze ist zwar gut gemeint, aber bietet nur wenig Interessantes (Di–So 9–12, 13.30–17 Uhr, Eintritt frei). Der wahre Grund, um hier eine kurze Pause einzulegen, ist die dahinter liegende **Steilküste**, die sich unglaublich schroff und dramatisch wild präsentiert – ein lohnenswertes Fotomotiv.

Die Küste am Pointe au Sel gilt als schönster **Tauchspot** von ganz Réunion, der allerdings nur für erfahrene Taucher geeignet ist. Man erkennt seine Beliebtheit an den zahlreichen Booten, die dort ankern. Vor der Küste von Saint-Leu befinden sich an die 15 Tauchspots, die von den ortsansässigen Tauchschulen angesteuert werden. Die meisten Spots rangieren zwischen 12 m und 30 m, doch vor dem Pointe au Sel liegt ein 70 m tiefer Abbruch, wo oft Rochen, Thunfische und Hammerkopfhaie gesehen werden.

Gleitschirmlandeplatz

Die wohl wichtigste Sportart neben Surfen und Tauchen ist das Gleitschirmfliegen. Der Himmel über Saint-Leu ist nur selten nicht von bunten Farbklecksen übersät. Mitunter scheint es, als ob die Paragleiter auf der Motorhaube landen würden, denn der Landeplatz und die meisten Büros der Anbieter befinden sich an der nördlichen Ortseinfahrt direkt neben der Hauptverkehrsroute N1A. Der Absprung erfolgt vom Colimaçons (800 m).

Kélonia l'Observatoire des Tortues Marines ▶ B 6

46, rue du Général-de-Gaulle, nördliche Ortseinfahrt, Tel. 0262 34 81 10, www.kelonia.org, tgl. 9–18, geführte Touren um 10, 11.30, 14, 15.15, 16.30 Uhr, ca. 1 Std., 7 €

Die Schildkrötenbeobachtungsstation Kélonia beherbergte zuvor eine berühmt-berüchtigte Schildkrötenfarm, in der vom Aussterben bedrohte Schildkröten für den Verzehr gezüchtet wurden. Das Washingtoner Artenschutzabkommen hatte man hier am Ende von Europa jahrelang großzügig übersehen. Seit 2006 firmiert die Anlage unter Kélonia und widmet sich dem Schutz und der Aufzucht von Schildkröten. In der Station werden verletzte oder bedrohte Tiere versorgt.

Ausflüge von Saint-Leu

Stella Matutina ▶ C 7

Piton Saint-Leu, 6, allée des Flamboyants, an der südlichen Ortsausfahrt von Saint-Leu auf die D11 abzweigen, nach 2 km links, Tel. 0262 34 16 24, www.stellamatutina.fr

Das Museum zur Zuckerwirtschaft in einer stillgelegten Zuckerfabrik ist seit 2011 wegen Renovierung geschlossen. Das Datum der Wiedereröffnung ist ungewiss. Die neue Ausstellung wird die Arbeit der Sklaven auf den Feldern und in den Fabriken genauso darstellen wie die Industrialisierung der Zuckerproduktion durch die Dampfmaschine.

Conservatoire Botanique National ▶ C 6
2, rue du Père-Georges, 7,5 km nördlich von Saint Leu, Anfahrt über D12 Route des Colimaçons, Tel. 0262 24 92 27, www.cbnm.org, Di–So 9–17 Uhr, Eintritt inkl. Führung 7 €
Nördlich von Saint-Leu, auf der Höhe des Gleitschirmlandeplatzes, zweigt die D12 ab und führt in die Höhenlagen. Diese kurvige Route des Colimaçons (dt. Schnecken) war ursprünglich ein Privatweg, der zum 515 m hoch gelegenen Anwesen der Familie Châteauvieux führte, in dem heute das botanische Nationalkonservatorium beheimatet ist. Man parkt bei der Kirche Eglise de Sacré Cœur, die 1863 als Hauskirche aus lokalem Vulkangestein fertiggestellt wurde, und geht die Prachttreppe hoch bis zur Villa.

Auf der Flucht vor der Französischen Revolution ließ sich Armand de Châteauvieux auf Réunion nieder. Im Auftrag von Charles Desbassyns, Sohn der berüchtigten Sklavenherrin von Saint-Gilles (S. 129), erbaute er mehrere Zuckerfabriken, heiratete in die Familie de Villèle ein und erwarb das Grundstück Les Colimaçons, wo er ab 1857 als Botaniker, Architekt und Pflanzer (Zuckerrohr, Geranium, Tee, Baumwolle) lebte. 1991 verlegte der Conseil Régional das Konservatorium auf das 660 ha große eindrucksvolle Anwesen mit betörendem Blick auf die Küstenlinie von Saint-Leu. Seine Hauptaufgabe besteht darin, die Vielfalt der Pflanzenwelt der Insel zu schützen.

Die mit Tamarindenschindeln bedeckten, ursprünglich der Küstenwacht dienenden Ecktürme wurden 1857 durch eine zweistöckige Veranda verbunden, die zum Schutz vor Wind und Wetter später verglast wurde. Durch die Glasfront gelangt man in den Wohntrakt der Villa, wo originale Einrichtungsgegenstände und ein schönes Edelholzparkett in den Zimmern erhalten sind. Im Hof hinter dem Haus liegt ein großer Seerosenteich und dahinter beginnt der äußerst interessante botanische Garten. Fünf verschiedene Gärten warten auf Pflanzenliebhaber: Ein Abschnitt ist den Palmen gewidmet, ein anderer den längst verschwundenen Pflanzen der Insel, ein dritter Obstbäumen, ein vierter Sukkulenten und Kakteen und der letzte den eingeführten Pflanzen. Ebenfalls wurde eine einmalige Orchideenkollektion angelegt, die videoüberwacht wird, um Orchideenliebhaber nicht in Versuchung zu führen.

Übernachten

Saint-Leu ist ein guter Standort, um den Westen zu erkunden.

Stilvoll, aber nicht abgehoben – **Blue Margouillot:** impasse Jean-Albany, am südlichen Ortsende hinter der Gendarmerie und dem S'Center bergwärts abzweigen, Tel. 0262 34 64 00, www.blue-margouillat.com, DZ ab 155 €. Viele liebevolle Details machen das Haus mit 12 Zimmern und 2 Suiten (ab 225 €) nicht umsonst zu einem der gefragtesten Domizile der Gegend: romantisches Candle-Light-Dinner, exzellente Küche, schöner Pool mit Meerblick, elegantes Mobiliar, niveauvoller Service.

Ruhig gelegen – **Villa Mascarine:** in Les Colimaçons, 396, rue Georges Pompidou, 200 m hinter dem Konservatorium rechts, Tel. 0692 93 46 49, www.villamascarine.fr, DZ ab 92 €, Ferienwohnung 574 €/Woche, Frühstück 11 €. Auf klimatisch angenehmen 500 m Seehöhe mit Aussicht auf die Küstenlinie. Die gepflegte Pension eignet sich für romantische, ruhige Urlaube. Internet, es wird ein wenig Englisch gesprochen.

Sympathisches Hotel – **Hôtel Iloha:** in Pointe-des-Châteaux, Anfahrt über die

D12, nach 500 m rechts, Tel. 0262 34 89 89, www.iloha.fr, DZ ab 90 €, Frühstück 12 €. Beliebtes, familienfreundliches Hotel mit 80 Wohneinheiten, davon 56 Studios mit Selbstversorgermöglichkeit durch Kitchenette. Großer Pool mit tollem Meerblick, WLAN, charmantes Spa (Massagen ab 39 €), es wird Englisch gesprochen.

Beste Wahl für Selbstversorger – **Cases Couleurs:** 51, chemin de la pépinière, von der N1A in Richtung Stella auf die D11 abzweigen, nach 1 km rechts, Tel. 0262 55 75 55, www.casescouleurs.com, Ferienwohnung ab 75 €, Frühstück 10 €. Traumhafter Palmengarten samt Pool gepaart mit gemütlichen Ferienwohnungen und herrlichem Blick auf das Meer – die farbintensiven Sonnenuntergänge sind im Preis inbegriffen. Attraktives Preis-Leistungs-Verhältnis.

In den Höhen – **Le Bleu Austral:** 15, chemin des Perdrix, Etang Saint-Leu, Tel. 0692 14 64 65, www.leubleuaustral.fr, DZ 60 €. Sympathische Frühstückspension mit 5 Zimmern in den Höhen von Saint-Leu mit Pool und schönem Blick auf die Küste. Jedes Zimmer hat eine kleine Terrasse sowie eine Kochnische. WLAN, Flatscreen im Zimmer, Safe.

Für Selbstversorger – **L'île en Ylang:** 3, rue Marcel Pagnol, den Schildern zum Blue Margouillot folgen, Tel. 0693 40 01 11, www.lileenylang.re, FeWo 40–70 €/Nacht, 270–390 €/Woche. Nette Selbstversorger-Wohnungen unweit vom Zentrum und den Stränden, jede Wohnung mit Terrasse, WLAN, Flatscreen-TV.

Essen & Trinken

Kreolisches Buffet – **Kotémer:** Im Hôtel Iloha, Adresse s. Übernachten, 20–22 Uhr, Buffet 30 €. Für die freitäglichen kreolischen Buffets *(soirée kréol)* samt musikalischer Umrahmung reisen die Leute von weit an.

Dinieren bei Kerzenlicht – **Blue Margouillot:** Adresse s. Übernachten, nur abends, Hauptgerichte ab 30 €. Feine Gaumenfreuden und die besten Weine aus aller Welt werden bei Kerzenlicht am Pool serviert.

Institution – **Le ZAT:** 14, rue de la Compagnie-des-Indes, Tel. 0262 42 20 92, tgl. 12–16 Uhr, von Okt.–Juni abends geöffnet, Hauptgerichte ab 17 €. In der gemütlichen Strandbar im Sand mit Restaurant finden freitags von Okt.–Jun. Konzerte statt, französische Küche, Tapas.

Meerrauschen – **Sarah Beach:** 44, rue du Géneral-Lambert, nördliches Ende bei der Brücke, Tel. 0262 10 23 37, Mi–Mo mittags und abends. Man speist auf einer Terrasse direkt am Strand mit recht guten Fleisch- und Fischgerichten. Empfehlenswert ist die Spezialität des Hauses, der heiße Stein.

Italienisch – **Trattoria:** im Hôtel Iloha (Adresse s. Übernachten), tgl. 19.30–21.45, Sa/So 12–14 Uhr. In der Trattoria findet man alles, was Italo-Fans schmeckt: Bruschetta ab 13 €, Antipasti ab 8 €, Pasta ab 15 € und Pizzen ab 12 €. Elegantes Ambiente im Obergeschoss mit Blick aufs Meer.

Süßes – **O'Macaron:** 2d, bd. Bonnier, Tel. 0262 33 66 39, Di–Sa 9–19, So 9.30–12.30 Uhr. Hausgemachte Patisserie, asiatische Tees und Kaffee in den Arkaden des alten, geschlossenen Hotels im Stadtzentrum. Probieren Sie die Spezialität des Hauses, die zuckersüßen Macarons!

Einkaufen

Streetwear & Surfen – **Mickey Rat Surf:** 24, rue Barrelier, ein paar Schritte vom Tourismusbüro entfernt, Tel. 0262 34 79 00, www.mickeyratsurf.com, Mo–Sa 9–18 Uhr. Surf- und Streetwear, neue und gebrauchte Boards, Reparaturen und viele gute Tipps.

T-Shirts – **L'Effet Pei:** 144, rue du Général-Lambert, neben dem MarchéU im Ortszentrum, Tel. 0262 38 37 12, Mo–Sa 9–12, 14–18 Uhr. Großes Sortiment an den für Réunion typischen und so beliebten T-Shirts mit Inselmotiven und kreolischen Wortspielen.

Aktiv

Viel Erfahrung – **Parapente Réunion:** 1 & 103, rue Georges-Pompidou, an der Kreuzung der N1A mit der D12, Tel. 0692 82 92 92, www.parapente-reunion.fr, Absprünge ab 75 €. Eines der ältesten Unternehmen in Saint-Leu. Englisch, Deutsch werden gesprochen.
Höchste Sicherheitsstandards – **Excelsus:** in Pointe-des-Châteaux, 1, impasse des Plongeurs, Anfahrt über die D12, Einfahrt 500 m hinter Hotel Iloha, Tel. 0262 34 73 65, www.excelsus-plongee.com. Die älteste und renommierteste Tauchschule von Saint-Leu hat sogar ein Boot für Menschen mit körperlichen Handicaps. Tauchen mit Nitrox ohne Aufpreis. Tauchschein ANMP N1 mit 5 Tauchgängen 330 €, Tauchgang 52 €, 6 Tauchgänge 288 €, Schnorcheln ab 20 €. Walbeobachtung 40 € für ca. 3 Std.
Downhill & Miet-Velos – **Rando Réunion Passion (Cycles Gildas):** rue de la Compagnie-des-Indes, neben dem Café Soluna im alten Hotel, Tel. 0262 24 26 19, www.veloreunion.com. Gleicher Anbieter wie in Saint-Gilles; Maïdo-Abfahrten und Miet-Velo ab 15 € pro Tag, gestaffelte Preise.

Abends & Nachts

Open Air – **Le K:** 209, rue du Général-Lambert, neben Auberge du Relais, Tel. 0262 34 31 38, Tickets 7–18 €. Im Veranstaltungszentrum mit Kartenvorverkaufsstelle mitten in der Stadt gibt es häufig Konzerte.
Rege Kulturszene – **Le Séchoir:** in Piton Saint-Leu, 28, rue Adrien-Lagourgue, die D11 in Richtung Stella nehmen, Tel. 0262 34 31 38, Tickets 7–18 €, erhältlich bei Le K. Es werden regelmäßig Konzerte, Pantomimetheater, Tanztheatervorstellungen, Dokumentarfilmvorführungen und andere kulturelle Leckerbissen veranstaltet.
Exzellente Akustik – **La Ravine:** an der Nordeinfahrt beim ersten Kreisverkehr links halten, gegenüber der Sporthalle, Tel. 0262 34 31 38, Tickets 7–18 €, erhältlich bei Le K. Konzerte, u. a. Jazz, Maloya, Reggae, Hip-Hop, finden hier in der Schlucht statt.
Bar, Wein & Konzerte – **Le Nez Rouge:** 228, rue du Général-Lambert, Tel. 0692 50 06 06, Di–Sa 16–24 Uhr. Die gemütliche Kneipe eignet sich für einen kleinen Umtrunk genauso wie für die gut besuchten freitäglichen Konzerte. An Samstagabenden Theatervorstellungen.
Essen & Konzerte – **Namasté:** 2, rue Haute, nördliche Ortseinfahrt von Saint-Leu, Tel. 0693 01 93 44, Di–Sa 11–15, 18–24 Uhr, So nur abends. Sonntag Abend ab 21 Uhr gibt es im mittelmäßigen Thai-Restaurant Live-Konzerte, wenn die Musikanten im Les Filaos langsam zusammenpacken. Zuvor kann man sich bei Grillgerichten (nur Sonntags) stärken.
Open-Air-Café – **Les Filaos:** Front de Mer. Auf den ersten Blick erscheint die kleine Kneipe rund um den grünen Pavillon etwas runtergekommen, aber die Open-Air-Konzerte an Sonntagabenden sind legendär. Liegt zu Beginn der Uferpromenade unter Filaos-Bäumen.

Infos & Termine

Office de Tourisme: Bâtiment Espace Laleu, 1, rue Barrelier, an der Nordeinfahrt hinter dem Kreisverkehr, Mo

13.30–17.30, Di–Fr 9–12, 13.30–17.30, Sa 9–12, 14–17 Uhr.

Internet: Le 6 Bar: rue Barrelier, gleich beim Office de Tourisme, Di–So 10–20 Uhr. Computergebühr 1 € plus 0,03 €/ Min.; **Namasté:** Adresse s. Abends & Nachts. WLAN gegen Konsum.

Auto: Die N1A führt direkt durch Saint-Leu. Es gibt zwei Auffahrten auf die Schnellstraße – eine über die Straße nach Les Colimaçons (D12) Richtung Norden und eine über Stella Matutina (D11) Richtung Süden. Als Abfahrt eignen sich beide.

Mietwagen: Location St-Leusienne, in Pointe-des-Châteaux, 27, rue Georges-Pompidou, 150 m hinter der Auffahrt auf die D12 links, Tel. 0692 86 44 90. Fahrzeuge ab 23 €/Tag bei Mietdauer von 14 Tagen, hilfsbereiter Betreiber.

Bus: Die Linien A, A1, B, C und C1 der Cars Jaunes halten vor dem Bürgermeisteramt. Mit der Linie C gelangt man nach Stella. Das lokale Busnetz kar'ouest verkehrt im Umland. Die Linien 41, 41B, 46 und 62 halten vor dem Botanischen Observatorium.

Tamilisches Neujahr: April. Umzüge, Tanzaufführungen, Verkaufsstände, tamilische Gerichte, nicht regelmäßig gefeiert, Infos beim Fremdenverkehrsamt.

Leu Tempo Festival: Mai (s. S. 34). Gaukler, Straßentheater, Musikanten auf öffentlichen Plätzen und Konzerte im Veranstaltungszentrum Le K.

Le Tévelave ▸ D 7

Binnen 30 Minuten ist Le Tévelave von der Küste aus erreichbar. Zwischen Saint-Leu und L'Etang-Salé zweigen mehrere Zubringerstraßen nach Les Avirons ab, einem für Einheimische attraktiven Wohnort. Mitten in Les Avirons beginnt die kurvige Höhenstraße D16B nach Le Tévelave (7 km). Der interessant klingende Name des Bergdorfes (800–950 m) stammt aus dem Madagassischen *(tavy lava)* und steht für ›großer Wald‹. Noch heute macht das weitläufige Naturreservat Forêt Tévelave hinter dem Dörfchen seinem Namen alle Ehre. Besucher finden in den kühlen Wäldern entlang der Route forestière F6 zahlreiche ausgewiesene Wanderwege. Jene Forststraße führt übrigens bis zum Maïdo (36 km).

Wandern im Fôret Tévelave

Im Forêt Tévelave (zu erreichen über die Forststraße) existieren zahlreiche ausgeschilderte Wanderwege, z. B. der **Sentier des Tamarins** (blaue Markierungen) und der **Sentier de la Ravine du Gol** (gelbe Markierungen). Die beiden sind auch gut kombinierbar (Rundweg ca. 10 km, 3 Std.), weil sie sich kreuzen. Man folgt zuerst dem Sentier de la Ravine du Gol, der auf 1700 m Seehöhe startet und an seinem höchsten Punkt eine schöne Aussicht auf Les Makes und die Küste bietet. Danach folgt man dem Sentier des Tamarins, der über große Teile recht flach

Unser Tipp

Kochen auf Kreolisch in der Gîte Le Grand Pavois

Elourda Robert, die Hausherrin der Gîte Le Grand Pavois in Le Tévelave, gibt Kochkurse. Von der Menüplanung über Einkaufen bis hin zur Zubereitung, dem Schmoren über offenem Feuer und dem gemeinsamen Abendessen ist alles im Preis inbegriffen (Ameldung in der Gîte, Adresse s. Übernachten, ab 4 Pers. 35 € pro Person, bei Bedarf übersetzt Brigitte Monat, 15 € Aufpreis pro Person, s. S. 18).

Lieblingsort

Schattenspiele mit Meerblick – der Strand von L'Etang-Salé-les Bains ▶ C 8/9

Über 2 km erstreckt sich der magisch-schöne Sandstrand von L'Etang-Salé, unter den Filoas-Bäumen findet man Schutz vor der Sonne. Das tosende Meer ist bei entspannenden Spaziergängen entlang dem Strand und weiter an der Küste eine tolle Geräuschkulisse. Am südlichen Ende liegt die Badebucht, deren sanfte Wellen zum Schwimmen einladen.

dahingeht und mehrmals die Forststraße quert bzw. an ihr entlang führt. Am höchsten Punkt erreicht er knapp 1900 m Seehöhe. Die Waldwege sind teilweise schmal und unwegsam, stabiles Schuhwerk ist ein Muss.

Übernachten

Dichter Tropengarten – **Gîte Le Grand Pavois:** 277, Route des Vacoas, direkt an der D16B links, Tel. 0262 57 26 20, www.legrandpavois.fr, Ferienwohnung 315 €/Woche. Drei einfache Ferienwohnungen für Selbstversorger bei herzlichen Gastgebern im kühleren Höhenklima. Abendessen auf Bestellung für 25 € pro Person.

Familiär – **Chez Mamie:** route des Vacoas, an der D16 links hinter Le Grand Pavois, Tel. 0262 38 00 39, fmayboyer@yahoo.fr. DZ 48 €. Die herzliche Gastgeberin Mamie (eigentlich Mme Boyer) und ihr Mann Sully bieten vier Zimmer im kreolischen Stil, die nach Blumen der Inseln benannt sind. Auf Vorbestellung kocht Mamie Abendessen, 25 € pro Person.

Essen & Trinken

Urig – **Le P'tit Resto:** 44, av. du Général-de-Gaulle, an der Hauptstraße in Avirons gegenüber der Abzweigung nach Tévelave, Tel. 0262 49 80 61, Di–Sa mittags und abends, Hauptgerichte ab 16 €. Das unscheinbare Resto wird von drei Festlandfranzosen mit viel Herz und Witz geführt. Speziell für ›Fleischtiger‹ und Liebhaber von Fisch & Co. Am letzten Samstag im Monat Livemusik.

Berggasthaus – **Domaine des Fougères:** 53, route des Merles, in Tévelave der Beschilderung zum Maïdo folgen, Tel. 0262 38 32 96, tgl. 12–14, 19–21 Uhr, Hauptgerichte ab 15,50 €. Kreolische und französische Spezialitäten bei freundlichem Service im rustikalen Ambiente – sogar mit deutscher Speisekarte! Die 15 Zimmer (eines davon rollstuhlgerecht) sind einfach, aber zum Wohlfühlen, DZ ab 75 €.

Infos

Bus: ab Kirche in Les Avirons 8 x tgl. Bus 85 zur Kirche von Tévelave.

L'Etang-Salé-les Bains ▸ C 8/9

Nachdem 1882 die Eisenbahn angekommen war, sollte aus L'Etang-Salé ein Seebad wie Saint-Gilles werden. Bis heute ist der Plan zum Glück nicht aufgegangen, stattdessen hat sich der dörfliche Charakter erhalten. L'Etang-Salé ist ein beschaulicher Ferienort mit schmucken Häusern und Vierteln, einer blauen Lagune, einer kleinen Marina, einer Badebucht, einem imposanten, zwei Kilometer langen schwarzen Sandstrand (s. Lieblingsort S. 142) inklusive Surferwelle sowie Spazier- und Radwegen. Wer nicht unbedingt auf Trubel und Nachtleben Wert legt und ebenso die überteuerten Preise der Lagunenorte im Westen meiden möchte, ist hier gut aufgehoben.

Der Ortsname ist auf einen mittlerweile ausgetrockneten Salzwassersee (*étang* dt. Teich, *salé* dt. salzig) zurückzuführen. Bis Anfang des 18. Jh. war der Landstrich unbewohnt geblieben, da sich jenseits der Ravine des Avirons niemand an der als gefährlich geltenden Küste anzusiedeln wagte. Die ersten Siedler, Bauern und Fischer, zogen deshalb in die Höhe. Ab 1874 pflanzte man eine Million Filaos-Bäume entlang des Küstensaums, um die Sanddünen zu stabilisieren. Die schönen und bei den 14 000 Einwohnern äußerst beliebten Wälder sind heute noch rund um den Ort zu sehen.

Salzfelder, Kalköfen und Austernzucht dominierten lange die wirtschaftlichen Geschicke von L'Etang-Salé. Alle Betriebsstätten waren im Besitz der Industriellenfamilie Robin. Für die Produktion von Zucker und als einer der wichtigsten Baustoffe war Kalk unerlässlich, ein **Kalkofen** *(four à chaux)* ist im Ort noch erhalten (s. Entdeckungstour S. 146). Die Überreste der Austernzucht *(Parc à Hûitre)* sind aber in der **Marina** kaum mehr auszumachen. Ab 1956 dampften nicht einmal mehr Züge durch den überschaubaren Ort. Im alten **Bahnhof** residiert heute das Tourismusbüro. Auf dem Weg nach Saint-Pierre oder Saint-Leu musste die Dampflokomotive Wasser tanken, das im kleinen, runden Bauwerk außerhalb des Bahnhofs gespeichert wurde. Die Fertigstellung der Route-des-Tamarins im Jahr 2009 hat L'Etang-Salé von einer stinkenden Autolawine befreit, da Sonnenhungrige jetzt nicht mehr durch den Ort fahren müssen, um die Strände entlang der Küste zu erreichen.

Le Gouffre

Am südlichen Ortsende, nur 500 m nach dem letzten Haus, liegt auf dem Weg zum Golfplatz das landschaftlich reizvolle Naherholungsgebiet Le Gouffre, das aber für die Einheimischen einen bitteren Beigeschmack hat. Wie die Hängebrücke der Rivière de l'Est ist das von Lava geformte Naturbecken an der Steilküste, in das die tosenden Wassermassen hineingedrückt werden, sodass meterhohe Fontänen in die Höhe spritzen, der Ort, an dem Réunionesen am liebsten in den Freitod gehen. Dutzende Kreuze bezeugen die Selbstmorde der oftmals jungen Leute, die sich aus Liebeskummer oder sozialen Problemen ins Wasser stürzen.

Übernachten

Überschaubares Hotel – **Le Floralys:** 2, av. de l'Océan, Tel. 0262 91 79 79, www.hotel-floralys.com, DZ mit Frühstück 110–160 €. Nach einem Makeover hat das ältere Hotel einen neuen, fröhlichen Anstrich erhalten. 43 kleine Zimmer und Suiten, aber weitläufiger Garten und toller Pool. Punktet durch Strandnähe. WLAN gratis.

Charmant – **La Villa Blue:** 3, lotissement des Létchis, von der D11 in Etang-Salé-les-Hauts biegt man beim Laden Kadi in die D19 ein, Tel. 0692 90 22 30, www.villabluerun.fr, DZ mit Frühstück 80 € ab 3 Nächten. Eine exklusive, charmant eingerichtete Wohneinheit mit Panoramablick auf 120 m Seehöhe für ruhebedürftige Paare. Didier spricht gut Englisch und auch ein wenig Deutsch. Gayfriendly, WLAN gratis.

Ohne Schraube gebaut – **Zot Case en Natte:** 3, impasse Alamanda, Anfahrt siehe La Villa Blue, Tel. 0262 26 57 73, Reservierungen über Brigitte Monat (s. S. 18), Ferienwohnung 75 €/Tag ab 3 Tage, 485 €/Woche. Originelles, liebevoll restauriertes Kreolenhäuschen aus dem 19 Jh. Die geschmackvolle Inneneinrichtung samt moderner Ausstattung verspricht einen gemütlichen Aufenthalt.

Bunt – **Baobab et Palmiers:** 36, chemin du Cap, an der D110 nach 1,5 km rechts, Tel. 0262 54 02 76, www.baobabetpalmiers.com, Ferienwohnung ab 399 €/Woche. Fünf hübsche Holzchalets in einem dichten Tropengarten mit Pool. Ruhige Höhenlage, WLAN, sicheres Parken. Madame Radiguet spricht ein wenig Englisch.

Essen & Trinken

Salate und Pizza – **La Plantation:** 11, rue des Salines, an der Einfahrtsstraße, gegenüber dem Hotel ▷ S. 149

Auf Entdeckungstour: Zuckerrohr und Rum – Stationen der Zuckerwirtschaft

Auf Réunion gibt es keine kreolische Familie, die nicht mit der Zuckerproduktion verbunden wäre: die eine durch Vorfahren, die als Sklaven auf den Plantagen schufteten, die andere, weil sie von Zuckerbaronen abstammt, die dritte, weil sie heute noch Zuckerrohr pflanzt. Bei einer Fahrt von L'Etang-Salé nach Saint-Louis und weiter nach Saint-Pierre kann man die ›Zuckerseite‹ der Geschichte Réunions erfahren.

Reisekarte: ▶ C–E 8/9

Strecke: 20 km.
Usine sucrière du Gol: 2 km nordwestlich von Saint-Louis an der D11, Tel. 0262 91 05 47, visitesucrerie@gqf.com, Di–Sa 9.30–19 Uhr, Do–Sa auch Nachtführungen, nur nach Voranmeldung während der Ernte von Mitte Juli bis kurz vor Weihnachten, Führungen 8.30, 10.30, 13, 15 Uhr, 5 €

La Saga du Rhum: chemin Frédeline, Bois-d'Olives, Tel. 0262 35 81 90, www.sagadurhum.fr, tgl. 10–18 Uhr, 8,50 €, engl./dt. Audioguide 2 €, Führungen mit Rumverkostung um 10, 11, 14, 15, 16 Uhr.

Was haben Kalköfen mit der Zuckerproduktion zu tun? Das fragt man sich, wenn man in L'Etang-Salé-les-Bains vor den Überresten eines Kalkofens *(four à chaux)* steht. Und doch erinnert der schlichte quadratische Turm an die große Ära der Zuckerindustrie, die ab 1817 nach der Unabhängigkeit der alten französischen Zuckerkolonie Saint-Domingue auf Réunion begann.

Kalk reinigt den Rohzuckersaft

Direkt an der Hauptstraße N1A ist auf der Höhe der Tennisplätze und des großen Kreisverkehrs im Ort ein **Kalkofen** bestens erhalten geblieben. In diesem Kalkofen wurde noch bis in die 1940er-Jahre Kalk aus Korallen gebrannt. Den Rohstoff holte man sozusagen direkt von nebenan aus dem Meer. Überall auf der Insel finden sich weitere Kalköfen, z. B. am Pointe au Sel oder in Saint-Pierre zu Beginn der Rue Victor le Vigoureux. Obwohl seit den 1960er-Jahren auf Réunion kein Kalk mehr aus Korallen gewonnen wird, hat sich an dem Einsatz von Kalk in der Zuckerproduktion nichts geändert. Nach wie vor wird der erste Zuckerrohrsaft mit Asche und Kalk versetzt, um die Nichtzuckerstoffe zu binden und auszufällen.

Plantagen, so weit das Auge reicht

Man verlässt L'Etang-Salé-les-Bains am nördlichen Ende (beim Hotel Floralys) und fährt bergauf über die drei Kreisverkehre. Danach zweigt man nach rechts auf die D17 ab. Die enge Straße führt in Kehren zuerst durch den Wald und später durch Wohngebiet, bis sie die D11 kreuzt. Auf der D11 durchquert man die Gemeinde L'Etang-Salé-les-Hauts, nach wenigen Minuten beginnen ausgedehnte Zuckerrohrfelder, die bis zur Zuckerfabrik Le Gol bei Saint-Louis reichen. Eigentlich ist der trockene Inselwesten denkbar ungeeignet für den wasserintensiven Anbau von Zuckerrohr, aber in der Mitte des 19. Jh. ließen die Zuckerbarone mit Hilfe ausgeklügelter Bewässerungssysteme Wasser vom regenreicheren Osten in den Westen umleiten. Um den Ertrag zu maximieren und das Zuckerrohr für die unzähligen Mikroklimata auf der Insel zu optimieren, werden in Labors laufend neue, immer ertragreichere Zuckerrohrhybriden gezüchtet. 2010 brachte man die 585. Sorte namens R585 auf den Markt. Der überwiegende Teil der Züchtungen ist allerdings nicht mehr im Einsatz.

Blüte- und Erntezeit

Besonders schön sind die Felder, wenn im Mai und Juni das Zuckerrohr blüht und sich die graubraunen Federbüschel im Wind wiegen. Bei der Ernte ab Juli wird das bis zu 5 m hohe Rohr dicht über der Erde geschnitten, früher mit Macheten, heute mit großen Erntemaschinen. Die Wurzel verbleibt in der Erde und treibt im Folgejahr wieder aus. Wenn der Boden nach vier bis acht Jahren ausgelaugt und die Lebenskraft der Pflanze erschöpft ist, wird das Feld umgegraben, gedüngt, mit Mineralien angereichert und mit neuen Zuckerrohrtrieben bepflanzt. Dabei werden die Triebe quer in den Boden gelegt. Aus der Ferne sieht man schon die Schlote der Zuckerfabrik Le Gol rauchen. Während der Erntezeit von Juli bis Dezember geht es in der 1905 erbauten Fabrik hoch her. Voll beladene Lastwagen bringen im Minutentakt das Zuckerrohr, das gleich nach der Ankunft in riesigen Maschinen entwirrt und sortiert wird – 2011 waren es für Le Gol alleine knapp 5000 t pro Tag! Einst transportierten Sklaven die Hunderte Kilo schweren Rohrbündel auf Ochsenkarren in die Zuckerfabriken, von denen es 1833 über 230 auf der Insel gab.

Spannende Einblicke in die Zuckerproduktion

Geführte Rundgänge entlang der einzelnen Produktionsstationen samt einer Degustation von Zucker und einer Rumprobe in der **Usine sucrière du Gol** machen deutlich, wie komplex die Zuckerproduktion ist. Nach dem Sortieren werden die Zuckerrohrstängel zunächst zerkleinert und danach durch mehrere Walzen gepresst, bis der gesamte Zuckersaft aus ihnen gewichen ist. Zum Antreiben der Pressen wurden im 19. Jh. vornehmlich Wasser- und Windkraft eingesetzt. Um 1830 gab es an die 40 Mühlen. Nur eine gut erhaltene Wassermühle existiert heute noch, sie liegt auf dem Weg der Tour des Roches (s. S. 118).

Der trübe Rohsaft durchläuft nun mehrere chemische und physikalische Reinigungsverfahren u. a. unter Zusatz von Kalk und heißem Wasserdampf, bis schließlich die weiße Raffinade aus einem Kessel rieselt. Acht bis neun Kilo Zuckerrohr müssen für ein Kilo raffinierten weißen Zucker verarbeitet werden.

Selbst wenn die Führung nur auf Französisch durchgeführt wird, erhält man einen guten Eindruck. Ein zehnminütiger Film stimmt auf die Führung ein, die nur mit geschlossenen flachen Schuhen und mit Sicherheitshelm absolviert werden darf. Teilweise klettert man über steile Treppen und durch enge Gänge. Personen mit Asthma oder Herzbeschwerden sollten wegen der Staubentwicklung, des Lärms und der Hitze nicht daran teilnehmen.

Die Bedeutung des Zuckers heute

Für Reunion ist das Zuckerrohr Identität und Hauptexportgut in einem. Man mag ihm viel vorwerfen – Monokultur, Pestizidbelastung, Sinnbild der Sklaverei –, doch letzten Endes hat es die Geschichte der Insel maßgeblich bestimmt. 2011 gab die Zuckerindustrie 11 500 Menschen Arbeit, knapp 3500 Zuckerbauern bearbeiten 57 % der landwirtschaftlichen Fläche Réunions. Der Staat Frankreich subventioniert sie mit Millionen von Euro jährlich. Die widerstandsfähigen Hybridzüchtungen sind zyklonresistent und arbeiten der Erosion entgegen. Alle Nebenerzeugnisse der Produktion werden genutzt. So wird ein Viertel der Stromerzeugung der Insel durch das Verheizen der ausgepressten Zuckerfasern bestritten, Reste düngen die Böden und mit Melasse wird Rum hergestellt.

In der ältesten Destillerie der Insel kann der Herstellungsprozess von Rum erlebt und erschmeckt werden. In Pierrefonds hält man sich bergwärts (D26) und zweigt danach rechts auf die D38 (Ligne Paradis) ab. Nach weiteren 2,5 km kommt der Abzweig zum Schaubetrieb **La Saga du Rhum**. Beim Rundgang erhält man Informationen über die Rumherstellung, eine Zuckerpresse von 1940 wird gezeigt. In dem kleinen Andenkenladen können Rum und andere Spezialitäten gekauft werden.

Le Floralys, Tel. 0262 26 52 24, Mi–Mo 11–15, Mi–So 18–22.30 Uhr, Hauptgerichte ab 15 €. Kreolische, französische und chinesische Küche, gute Pizzen ab 12 € und Salate ab 10 €.
Gut besucht – **L'Eté Indien:** av. Octave-Bénard, Tel. 0262 26 67 33, Di–Fr 12–14, 19–22, Sa, So 12–23 Uhr, Hauptgerichte ab 10 €. Die Kunden schätzen die moderaten Preise, die flotte Bedienung und die große Speisekarte des Inders an der Hauptstraße. Gratis WLAN.

Aktiv

Aquapark für Familien – **Akoatys:** 2, av. de l'Océan, gleich neben dem Office de Tourisme, Tel. 0262 91 49 14, ab 10 Uhr während der Ferien und am Wochenende, www.akoatys.com, 15 €, Kinder 10 €. Wasserrutschen, Schwimmbecken und allerlei Attraktionen für Klein und Groß.
Krokodilpark – **Croc Parc:** in L'Etang-Salé-les-Hauts, Anfahrt s. Golf Club de Bourbon, Tel. 0262 91 40 41, www.crocparc.re, tgl. 10–17.30 Uhr, Erw. 7 €, Kinder 5 €. Freizeitpark im Wald mit an die 160 Krokodilen.
Tauchen – **Plongée Salée:** 5, rue Motais de Narbonne, Einfahrt schräg gegenüber der Pharmacie, Tel. 0262 91 71 23. Tauchen in ca. 20 Spots rund um L'Etang-Salé-les-Bains bis zum Pointe au Sel, Tauchgang 54 €, 3 Tauchgänge 153 €, 6 um 297 €.
Putten – **Golf Club de Bourbon:** nach dem südlichen Ortsende 3 km auf der N1A bis zur Unterführung, danach links abbiegen, Tel. 0262 26 33 39, www.golf-bourbon.com, tgl. 8–18, Mo erst ab 12 Uhr. Der älteste Golfplatz der Insel (9- und 18-Loch), Green-Fee für 18-Loch 48 € (am Wochenende 60 €), für 9-Loch 27 € (bzw. 35 €).
Surfboards mieten – **Inside Surf Service:** 28, av. Octave-Bénard, Ortszentrum, Tel. 0262 38 12 18, Mo–Sa 9.30–17.30, So 10–16 Uhr. 1 Tag 25 €, Halbtag 15 €, 1 Woche 70 €.

Infos

Office de Tourisme: 74, av. Octave-Bénard, Nähe Kreisverkehr und Hotel Le Floralys, Tel. 0892 70 22 01 (kostenpflichtig), http://sud.reunion.fr, Mo–Sa 9–12, 13–16.30 Uhr. Im schmucken, alten Bahnhof mit blauen Fensterläden wird man freundlich beraten.

Verkehr

Auto: Von Saint-Leu aus kommend nimmt man die erste Abfahrt, rechts direkt an den Strand bzw. links nach L'Etang-Salé-les-Hauts. Von Saint-Pierre aus kommend hält man sich nach der Abfahrt Les-Bains links (bergab), überquert drei Kreisverkehre und folgt den Schildern geradeaus ins Zentrum.
Bus: Linien A und B der Cars Jaunes.

Saint-Louis ▸ D/E 8/9

Wenn von der N1 aus die dampfenden Schlote des grünen Ungetüms, der Zuckerfabrik Le Gol, auftauchen, dann ist Saint-Louis nicht mehr weit. Die größere der beiden auf der Insel verbliebenen Zuckerfabriken beschäftigt heute noch die Mehrheit der Bevölkerung. Dahinter ragt ungestüm der Dimitile, das südöstliche Ende des Cirque de Cilaos, in die Höhe. Das in den Bergen liegende Dorf Les Makes bietet sich als Ziel eines Tagesausflugs an (s. S. 151). 2007 machte Saint-Louis von sich reden, als der Zyklon Gamède die Brücke über die Rivière Saint-Etienne zerstörte. Jahrelang querte eine behelfsmäßige Fahrbahn das Flussbett, aber der Wiederaufbau der Brücke soll in den nächsten Jahren abgeschlossen sein.

Usine sucrière du Gol

Nördlich von Saint-Louis an der D11
Während der Erntezeit geht es in der 1905 erbauten Zuckerfabrik hoch her (s. S. 146).

Mosquée Mubarak

Avenue principale, Besichtigungen arrangiert M. Moussaji Aslam, Tel. 0692 66 85 57
Mitten in der Stadt, vor dem Hintergrund der sattgrünen Berge, strahlt das Blau der Mosquée Mubarak mit dem Himmel um die Wette. Die Moschee mit dem 33 m hohen Minarett steht seit 1975. In der ›Stadt der Balkone‹ ist die muslimische Glaubensgemeinschaft omnipräsent. Verschleierte Frauen huschen durch das quirlige kreolische Städtchen, Männer mit *kofia* (Kopfbedeckung) und weißen *thawb* (Kleidern) plaudern unter Arkaden. Insgesamt hat sich Saint-Louis gegen allzu europäische Einflüsse resistent erwiesen.

Eglise de Saint-Louis

Rue du Docteur Raymond Verges
Luftlinie nur 300 m von der Moschee entfernt befindet sich die katholische Kirche, die ebenso wie das Minarett schon von der Route Nationale aus zu sehen ist. Im Grundriss einer Basilika ähnlich, demonstriert sie eindrücklich den einstigen Reichtum des Städtchens. Die größte und höchste Kirche der ganzen Insel wurde 1866 aus Basaltsteinen fertiggestellt. Schön anzusehen ist das Viertel rund um die Kirche. Viele der kreolischen Häuser haben einen Balkon im Obergeschoss, wie es in Indien üblich war. Wer Zeit für einen Stadtbummel hat, sollte der Dramaturgie wegen von der Moschee die Hauptstraße entlanggehen und erst auf der Höhe des Rathauses mit seinem begrünten Vorplatz samt Springbrunnen rechts Richtung Kirche abzweigen.

Ausflug von Saint-Louis

La Maison Rouge ▶ E 8

17A, chemin Maison Rouge, 400 m nach dem Gol-Kreisverkehr links, danach rechts in die Avenue des Acacias, nach dem Radier links, Tel. 0262 91 24 30, Di–Fr 9.30–12, 14–17, Sa 14–17.30 Uhr, Eintritt frei, Führung ca. 2. Std., nur mit Reservierung
In den Pferdeställen der ehemaligen Domaine Maison Rouge hat man das Musée des Arts Décoratifs de L'Océan Indien (MADOI) einquartiert. Im kleinen Ausstellungsraum werden wechselnde Ausstellungen gezeigt, die jeweils Bezug zur Entwicklung von Kunst und Kultur auf Réunion haben. Da die Geschichte der Stadt Saint-Louis eng an Kaffee geknüpft ist, endet der kostenlose Besuch mit der Verkostung einer Tasse Kaffee Bourbon pointue. Nur 100 m weiter oben zweigt rechts eine Einfahrt zum tatsächlichen Herrenhaus ab, der baufälligen Maison Rouge.

Übernachten

Ein richtiges Original – **Case Tatave:** in La Rivière, über die D20 und D3, 55, rue Hubert-Delisle, Tel. 0262 39 72 54, www.lacasetatave.com, DZ 55 €, Abendessen 21 €. 100 Jahre alte, als historisches Monument eingetragene Kreolenvilla mit origineller Ausstattung. Zwei Zimmer und eine Ferienwohnung stehen zur Auswahl. Bei den warmherzigen Gastgebern ist Wohlfühlen garantiert.

Essen & Trinken

Alteingesessen – **O'Jacaré:** 6, rue François de Mahy, Tel. 0262 34 02 53, Mo–Sa 12–14, Fr/Sa 18.30–23 Uhr, Salate ab 12 €, Hauptgerichte ab 14 €. Restaurant-Klassiker mit neuem Standort an der Straße nach Cilaos. Auf der Karte finden sich kreolische und französische Spezialitäten; nettes Ambiente auf einer großen Terrasse unter Sonnenschirmen. Äußerst freundlicher und flotter Service, englischsprachig.

Infos & Termine

Office de Tourisme: Das nächste Tourismusbüro ist in L'Etang-Salé-les-Bains.
Auto: Die Abfahrt von Gol führt ins Zentrum, die nachfolgende Abfahrt auch nach Cilaos, Parkgebühren Mo–Sa 8–12, 14–18 Uhr, 1 Std. 0,50 €.
Bus: Busbahnhof, 12, rue Saint-Philippe, auf der Rückseite der Kirche. Busse nach Saint-Denis (Linie A, B, C), Saint-Pierre (Linie A, B, C, E), L'Entre-Deux (L) und Cilaos (Linie 60, Mo–Sa 12 x tgl.) fahren hier durch oder los. Linie 24 fährt Mo–Sa 9 x tgl. nach Les Makes.
Cavadee: Febr. Hinduistisches Büßerfest mit Prozessionen. Anfragen beim Tourismusbüro in L'Etang-Salé-les-Bains.

Les Makes ▸ D/E 7

Im Stadtzentrum von Saint-Louis folgt man den Schildern zum Observatorium. Durch Zuckerrohrfelder geht es die D3/D20 in engen Kehren stetig bergauf. 11 km weiter ist das Bergdorf Les Makes auf der gleichnamigen Hochebene, die eingebettet zwischen wilden Furchen auf 850–1200 m Höhe liegt, erreicht.

L'Observatoire Astronomique

18, rue Georges Bizet, rechts an der Kirche vorbei, Tel. 0262 37 86 83, Führung nur gegen Anmeldung, um 9 €
Seit 1991 ist Les Makes der Standort des größten Observatoriums im Indischen Ozean. Für astronomisch Interessierte gibt es an einem Samstagabend im Monat Führungen, ab 21 Uhr.

La Fenêtre ▸ E 7

Vier Kilometer hinter Les Makes wird aus der D20 eine betonierte Forststraße. Man passiert gepflegte Picknickplätze und Kryptomeriawald und erreicht 11 km hinter Les Makes das Ende der Straße samt Parkplatz. Der Aussichtspunkt La Fenêtre (erkennbar am Funkturm) liegt wenige Schritte entfernt. Der Blick aus 1580 m Höhe hat seinen Reiz: Tief unten liegen die Ortschaften des Cirque de Cilaos mit ihren schimmernden Dächern, darüber wacht der Piton des Neiges, der rechts im langen Bergrücken des Dimitile ausläuft.

Wanderung nach La Fenêtre

Wanderer bevorzugen den schweißtreibenderen Aufstieg zum ›Fenster‹ auf dem Sentier de la Plaine du Bois-de-Nèfles, der 5,5 km nach der Kirche von Les Makes an einer schönen Parkanlage mit Picknickplätzen beginnt und am Westrand des Cirque de Cilaos entlangführt. Man hält sich nach dem Ende der Picknickplätze zweimal links, geht in Richtung La Tapage und folgt später dem Schild ›La Fenêtre par Piton Cabris‹. Nachdem der Piton Cabris erklommen ist, endet der nachfolgende steile Abstieg an einer Lichtung am Sommet du Bras Patate mit fantastischer Aussicht. Geradeaus stapft man auf der letzten steilen Steigung dem Aussichtspunkt La Fenêtre zu, der 45 Min. später erreicht ist. Der ein wenig verwirrende Weg zurück erfolgt entweder über die wenig reizvolle Straße D20 oder über den Sentier du contrefort de la scierie.

Übernachten

Farbenfrohe Bungalows – **Case Métisse:** 70, rue Aristide Briand, auf dem Weg von Saint-Louis nach Les Makes bei Grand-Serré rechts abzweigen, Tel.

0262 37 84 20, www.casemetisse.net, Ferienwohnung 65 €/Tag, 295 €/Woche. Die Häuschen sind geräumig und für Selbstversorger ideal, WLAN, Grillplatz, TV, gepflegter Tropengarten.
Rustikal – **Bungalows des Makes:** 5, rue Raisins Marrons, im Dorf beschildert, Tel. 0692 77 28 38, www.bungalowsrun.com, Ferienwohnung 60 € pro Tag, Frühstück 8 €. Vier rustikale Selbstversorgerbungalows aus Holz mit kleinem Spa und auf Wunsch sogar Massagen.

Essen & Trinken

Solide – **Z'Etoile 4 Heures:** 41, rue Paul Hermann, Tel. 0262 37 82 17, Di–So mittags, Menüs ab 10 €. Ein kreolisches Restaurant mit gutem Ruf, aber nicht immer geöffnet. Reservierung empfohlen.

Aktiv

Reitausflüge – **Centre Equestre de la Fenêtre:** 31, route de Montplaisir, Tel. 0262 37 88 74, tgl. 9–12, 14–18 Uhr. Ausritte 16 €/Std., 45 €/halber Tag, 100 €/Tag inkl. Verpflegung.
Kletterpark – **Parc Aventure:** an der Hauptstraße nach Makes, Tel. 0692 30 29 29, www.makesaventures.com, Mi–So 9–17.30 Uhr, in den Ferien tgl. geöffnet. Vier Kletter-Parcours für Groß und Klein, Erw. 20 €, Kinder (bis 12) 15 €.

L'Entre-Deux ▸ F 8

In Pierrefonds, auf der Höhe des Flughafens, geht die D26 bergwärts ab. Ein paar Hundert Meter weiter vorne zweigt man rechts auf die D27, die Umfahrung von Pierrefonds, ab. Die Straße führt über die Siedlungen Bois d'Olives und Ravine-des-Cabris zur neuen gigantischen Brücke Pont sur le Bras de la Plaine. Über die Brücke ist L'Entre-Deux auch direkt von Le Tampon aus zu erreichen. Hinter der Brücke stößt die D27 wieder auf die D26. In Kehren windet sich die Straße weiter bergwärts bis ins 10 km von der Küste entfernte, 376 m hoch gelegene L'Entre-Deux. Auf dem Rückweg kann man am Picknick- und Parkplatz, der an dem Saint-Pierre zugewandten südlichen Ende der Brücke liegt, eine Rast einlegen.

Hinter dem Dimitile (1837 m), einem Ausläufer des Cirque de Cilaos, entspringen die beiden Flüsse Bras de Cilaos und Bras de la Plaine, die sich weiter unten zur Rivière Saint-Etienne vereinen. Auf dem fruchtbaren Plateau zwischen den beiden Schluchten – daher der Name L'Entre-Deux – erhielten Kaffeepflanzer 1724 erste Konzessionen. Trotzdem blieb das bis 1848 nur über einen schmalen Pfad erreichbare Plateau lange unbewohnt und daher für geflüchtete Sklaven ein willkommener Rückzugsort. Die berühmt-berüchtigten Sklavenjäger notierten in einem Bericht 1743, dass sich die Sklaven unter der Führung des besonders gefährlichen *marron* Dimitil zusammengerottet hätten. Im 19. Jh. erlebte die 1500-Seelen-Gemeinde gute Jahre, doch Ende des 19 Jh. zwangen die Wirtschaftskrise und diverse Pflanzenkrankheiten die Bewohner dazu, ihre Plantagen aufzugeben. Das stellte sich als Glück heraus, denn als nach einigen Jahren wieder Bauern zuzogen, erhielt jeder eine kleine Landparzelle. Aus diesem Grund zählt L'Entre-Deux heute zu den schönsten Dörfern Réunions, da sich jede Familie ein kleines oder größeres kreolisches Haus erbauen konnte und die Menschen die Häuser heute noch bewohnen und instand halten (s. Entdeckungstour S. 154). Die über 5000 Einwohner leben vorwiegend vom Landbau. Daneben hat sich das alte Handwerk erhalten. Der Tourismus spielt noch eine untergeordnete Rolle, denn das Plateau kann trotz dramatischer Bergkulisse nicht mit den echten Cirques konkurrieren. Wie in allen anderen Bergsiedlungen liegt die Arbeitslosigkeit bei 50 %.

Wanderungen

Les Gorges du Bras de la Plaine

Zur Zeit der Recherche (Ende 2012) war der beliebte Pfad zur L'Arche naturelle, ein Lavabogen im Flussbett des Bras de la Plaine, gesperrt. Das erste Teilstück der Wanderung, ist aber in gutem Zustand und benutzbar. Man folgt der Rue Hubert-Delisle vorbei an der Kirche (D3), zweigt links ab in Richtung Dimitile (Rue Jean-Lauret) und folgt der Straße bis zur markanten Linkskurve. Schilder zum Fond de la Rivière oder zur Arche Naturelle sollten den Weg weisen. Wegen Platzmangels empfiehlt es sich, das Fahrzeug im Ort zu parken und zum Startpunkt zu laufen. Es geht steil hinab bis zur Brücke Pont de la Liane über den Fluss und zum Flussbett. Von der Wanderung entlang des Flussufers und der Basaltorgeln flussaufwärts wird aber abgeraten. Derselbe Weg bergauf führt wieder zurück zum Startpunkt.

Dimitile

Der Aufstieg zum Dimitile ist äußerst schweißtreibend, lockt aber mit unbeschreiblich schönen Panoramen auf die Süd- und Westküste, auf die Hochebenen, den Fournaise und nicht zuletzt Cilaos mit seinem Piton des Neiges.

Je nachdem, welche Besteigungsroute man wählt, variieren die Startpunkte. Der Klassiker (und kürzeste Aufstieg), der **Sentier de la Chapelle** (8 km, 5–6 Std. hin und retour) beginnt ca. 10 km nördlich des Dorfes L'Entre-Deux. Zuerst folgt man den Schildern nach Ravine des Citrons, dann fährt man die

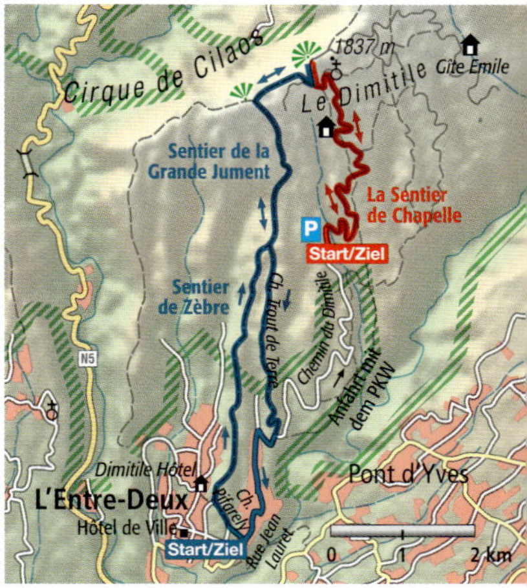

Aufstieg zum Dimitile

Rue Jean-Lauret und den Chemin du Dimitile entlang, bis die Teerstraße endet und der Forstweg beginnt (gut ausgeschildert). Teilweise kreuzt der Weg die Forststraße (Befahren nur mit Geländefahrzeug mögl.). Schon fast ganz oben passiert man die kleine **Kapelle,** die dem Weg seinen Namen gibt. Retour geht es auf dem selben Weg – tolle Ausblicke bis zum Meer säumen den Weg.

Eine zweite Aufstiegsroute beginnt ebenso oberhalb von L'Entre-Deux. Zuerst fährt man in Richtung Ravine des Citrons, zweigt links in den Chemin Pifarely ein und hält sich immer links (gut ausgeschildert). Der **Sentier de Zèbre** vereint sich auf ca. 1300 m Seehöhe mit dem **Sentier de la Grande Jument** (beide Routen je 6–8 Std., nur für ambitionierte Wanderer!). Man kann Zèbre als Aufstiegsroute und den Sentier de la Grande Jument als Abstiegsroute wählen. Hier endet die Wanderung oberhalb am **Chemin Trout de Terre,** der wiederum zurück auf die Rue Jean-Lauret führt, die nach L'Entre-Deux geht. ▷ S. 157

Auf Entdeckungstour: Das schönste kreolische Dorf – L'Entre-Deux

Als weiße Kleinbauern, die petits-blancs, von der Küste in die Berge zogen, entwickelten sie den kreolischen Hausstil. Sie folgten zwar stark europäischen Bauweisen, passten sie aber durch luftige Konstruktionen optimal an das tropische Klima an. Im schmucken Bergdorf L'Entre-Deux lässt sich die so entstandene typische Inselarchitektur gut nachvollziehen.

Startpunkt: bei der Tourismusinformation

Führungen: Zur Zeit der Recherche gab es täglich zwei Führungen (auch in Englisch), 10 u. 14 Uhr, ca. 2 Std., 9 €.
Anmeldungen bei Etienne Bénard, Tel. 0692 36 89 25, benardetienne@hotmail.fr oder in der Tourismusinformation. In der Nebensaison nur gegen Anmeldung.

Wichtige Elemente der kreolischen Architektur sind der rechteckige Grundriss, die einstöckige Holzbauweise, die bunten Farben, ein Vordach mit kunstvollen Schutzblenden, den *lambrequins,* eine Veranda und ein liebevoll gepflegter Garten. Schon das erste Haus des Rundgangs, die **Tourismusinformation** 1, vereint diese Elemente in sich. Danach folgt man der Rue Fortuné-Hoarau ins Dorfzentrum.

Erste einfache Behausungen

Die Schiffsbaumeister, die ersten Architekten auf Réunion, brachten europäische Einflüsse auf die Insel. Sie konstruierten um 1720 erstmals einfache *cabanes*, Hütten aus Holz, die mit Blech verkleidet wurden *(case en bois sous tôle)* – wie in der Rue Fortuné-Hoarau das **Haus Nr. 8** 2. Die cabanes bestanden zunächst aus zwei Räumen und wurden, wenn die Familie wuchs, einfach nach hinten um weitere Zimmer erweitert. Traditionell befindet sich die Küche außerhalb des Hauses, da mit offenem Feuer gekocht wird.

Gleich nebenan fällt das weiß-grüne **Haus Nr. 6** 3 wegen seiner Scheinfassade *(façade-écran)* auf. Das Ornament in der Raute an der oberen Fassade gibt eine stilisierte Taro-Pflanze wieder. Anders als bei den pompösen Stadtvillen in Saint-Denis (s. S. 94) verwendeten die Baumeister auf dem Land simple geometrische Formen oder Symbole aus dem Alltag der Dörfler.

Hinter der Rechtskurve der Hauptstraße liegt das unscheinbare Monument des Esclaves, das Sklaverei-Denkmal. Gegenüber dem Denkmal befindet sich seit 200 Jahren eine **Kneipe** 4 samt Laden nebenan. Beides gehörte dem ersten chinesischen Händler, der sich Mitte der 1860er-Jahre hier ansiedelte. Gelegentlich kamen die geflohenen Sklaven, die *marrons*, ins Dorf, um Lebensmittel und andere Dinge zu kaufen.

Die Legende erzählt, dass die Männer üblicherweise zwei Kühe mitbrachten: Eine verkauften sie, um mit dem Erlös Besorgungen zu erledigen, auf der anderen ritten sie zurück in die sicheren Berge. Beide Häuser wurden sorgfältig und vor allem originalgetreu in Stand gesetzt. Kehren Sie auf eine Tasse Espresso ins Le Gadjak ein!

Typische Schmuckelemente

Am Sklaverei-Denkmal dreht man um und geht geradeaus, vorbei am Bürgermeisteramt *(mairie)* und an der Gendarmerie. Das **Haus links an der Ecke Rue Payet/Rue des Frères** 5 gilt als das älteste von L'Entre-Deux. Auffällig sind die Holzschindeln, die *bardeaux*, sowie die kreolische Veranda, die *varangue*. Die Holzschindeln, anfangs meist aus Tamarindenholz, dämmten, schufen in den Höhen ein angenehmes Raumklima und dämpften den Schall. Die Veranda schützte vor der gleißenden Sonne und dem prasselnden Regen – mit Blick auf den Garten und einer Brise gesegnet, ließen sich hier angenehme Stunden am Abend verbringen.

Weiter geht es über die Rue des Frères. Am **Haus Nr. 12** 6 stechen die besonders kunstvollen *lambrequins* ins Auge. Das Muster der Schutzblenden ist Früchten nachempfunden. *Lambrequins* gehören zu den auffälligsten dekorativen Elementen der kreolischen Häuser. Neben dem ästhetischen erfüllen die Bordüren aus Blech oder Holz vor allem einen praktischen Zweck. An den Vordä-

chern angebracht, schützen sie die Fenster, Fassaden oder Veranden vor den wuchtigen Regenfällen. Über die spitz zulaufenden Formen tropft das Wasser sanft nach unten. Traditionell pflanzten die Hausbesitzer unter der Tropfkante kleinwüchsigen Bambus, der als Spritzschutz diente. Die Fassade blieb dadurch sauber. Nebenan zeigt das weiße **Holzhaus Nr. 14** 7 anschaulich die Vorliebe für neoklassizistische Scheinfassaden. An der Fassade angebrachte Stützpfeiler und Pilaster ohne tragende Funktion oder Sims- und Reliefarbeiten wie hier als Dach- und Fensterabschluss stellten – wie die *lambrequins* – immer ein Zeichen für Wohlstand dar.

Blühender Stolz der Hausfrau

Das benachbarte **Haus Nr. 16** 8 verfügt über einen imposanten Garten. Wer es sich leisten konnte, legte kleine Fischteiche an oder stellte Springbrunnen nach neoklassizistischem Vorbild auf. Doch auch weniger begüterte Familien pflegten den *kour*, den Hof und kreolischen Garten.

Ganz vorne, dicht an der Straße, pflanzte man üblicherweise dekorative Pflanzen wie Fuchsien, Hibiskus oder Bougainvilleas. Viele Gewächse hatten okkulten Charakter. So sollten dornenbesetzte Sträucher die Bewohner vor bösen Geistern schützen, Frangipani ihnen ein langes Leben bescheren und Granatapfelbäume für ausreichend Nachwuchs sorgen. An den Seiten zog man Nutzpflanzen wie Bananenstauden, Papayabäume oder Kartoffeln. Überdies finden sich bis heute in jedem Garten Heilkräuter, z. B. gegen Magenverstimmungen, Durchfall, Fieber oder ähnliche Beschwerden. Je bunter, üppiger und blickdichter der Garten aussah, desto wohlhabender waren die Bewohner.

Leuchtend bunte Fassaden

An der nächsten Wegkreuzung hält man sich links. Hier, gegenüber des Fußballplatzes, stößt man auf ein **Haus mit ungewöhnlicher Farbkombination** 9: rosé und gelb. Die ersten Siedler bemalten ihre Hütten weiß und rot, da rot in allen eingewanderten Kulturen positiv besetzt war. Erst später wurden die Häuser bunter. Die Farben Taubenblau, Mintgrün und Sonnengelb galten dabei als besonders schick, doch heute sind den Schattierungen keine Grenzen gesetzt. Im Grunde werden drei verschiedene Farben kombiniert: eine für das Dach, eine für die Fassade und eine dritte für die Balken und Türverkleidungen. Interessant daran ist, dass früher nur die Fassaden bunt waren, die Rückseite des Hauses war oft nicht einmal weiß getüncht.

Beste Luftzirkulation

Geradeaus weiter, dann links in der Rue Payet, steht ein besonders **edles Haus** 10 (Nr. 125). Wie für kreolische Häuser typisch, hat es keine Gänge. Wegen der Luftzirkulation öffnet jede Tür direkt ins nächste Zimmer, d. h. von der Veranda gelangt man gleich in den vordersten Raum, zumeist den Salon für den Empfang der Besucher.

In den kreolischen Häusern gab es eine strikte Trennung zwischen öffentlicher und privater Sphäre. Zu kleineren Häusern hatten Besucher gar keinen Zutritt, sondern man traf sich im Garten. Wohlhabendere konnten sich den Luxus eines Salons leisten, doch in das nächste und übernächste Zimmer durften auch deren Gäste nicht mehr. Die innersten Räume waren nur der Familie vorbehalten.

Über die Rue Payet und Fontaine gelangt man wieder zum Startpunkt des Rundgangs, der Touristeninformation.

Eine Besteigung des Dimitile ist sehr anstrengend, da viele Höhenmeter und je nach Route auch Leitern überwunden werden müssen. Beschreibungen auf Französisch liegen im Tourismusbüro aus. Der Gratweg über Coteau Kervéguen in Richtung Piton des Neiges gehört zu den schönsten Panoramarouten Réunions, man sollte unbedingt oben in einer Hütte übernachten. Trittsicherheit und Schwindelfreiheit vorausgesetzt – am Sommet de l'Entre-Deux gibt es Leitern –, werden Wanderer mit tollen Aussichten belohnt.

Übernachten

Blick auf die Berge – **Dimitile Hôtel:** 30, route du Bras-Long, Tel. 0262 39 20 00, www.dimitile.eu, DZ 155–205 €. Stilvolles Vier-Sterne-Hotel mit Pool, WLAN, Restaurant, Tennisplatz. Deutsch und Englisch wird gesprochen. Die Rezeption ist in einem farbenprächtigen Gebäude aus dem 19. Jh. einquartiert.

Zentral im Ort – **L'Echappée belle:** 13, impasse du Palmier, Nähe Bürgermeisteramt, Tel. 0262 22 91 31, www.lechappee-belle.com, DZ 95 €. Schönes chambre d'hôtes mit 4 Zimmern und reizenden Gastgebern, in einem weitläufigen Garten mit Pool.

Essen & Trinken

Gehobene Küche – **Entre-Nous:** im Dimitile Hôtel, Adresse s. Übernachten, tgl. abends ab 19 Uhr, Sa, So mittags, Hauptgerichte ab 24 €, Salate 20 €. Raffinierter Mix aus französischer Küche und exotischen, kreolischen Nuancen wie beim Salat ›L'Entre-Deux exotique‹ mit Linsen und Entenbrust.

Essen mit Flair – **L'Arbre à Palabrés:** 29, rue Césaire, Nähe Office de Tourisme, Tel. 0692 92 75 26, Di–So mittags, Do–Sa abends, Hauptgerichte ab 16 €. In einem schmucken, mintgrünen Kreolenhaus wird Gutes aus drei Kontinenten serviert.

Choca-Spezialitäten – **Le Choca:** 104, route du Bras-Long, ca. 1,5 km vom Dorfkern entfernt, Tel. 0693 13 14 21, Di–So mittags, Fr, Sa abends, Tagesgerichte ab 10 €. Typisch kreolisches Restaurant mit Choca-Spezialitäten, dem inneren Teil der Agaven.

Sympathisches Bistro – **Le Gadjak:** 1, rue Fortuné-Hoarau, gegenüber vom Bürgermeisteramt, Tel. 0692 41 03 69, Mo–Fr 8.30–16 Uhr, Tagesgerichte ab 9 €, Salate 7 €. In einem der ältesten Häuser wird kreolisch gekocht.

Einkaufen

Authentisch – **Kunsthandwerk:** In L'Entre-Deux herrscht eine große Tradition im Kunsthandwerk. In mehr als 15 verschiedenen Ateliers werden künstlerische Erzeugnisse, u. a. aus Sisal, Stein, Keramik oder Holz, gefertigt. Ein Plan mit Adressen liegt im Tourismusbüro aus. Besuche nur mit Voranmeldung.

Aktiv

Jeep-Touren – **Kreolie 4x4:** 4, impasse des Avocats, Tel. 0692 86 52 26, www.kreolie4x4.com. Jeep-Touren auf den Dimitile, um 100 €.

Infos & Termine

Office de Tourisme: 9, rue Fortuné-Hoarau, Tel. 0262 39 69 80, www.ot-entre-deux.com, Mo–Sa 8–12, 13.30–17 Uhr. Geführte Rundgänge, z. B. Circuit Café (1,5 Std., 9 €); Reservierungen für Aktivitäten, z. B. Parfümworkshop (2 Std., 40 €). Vor Wanderungen konsultieren!

Bus: Ligne L der Cars Jaunes fährt zwischen Saint-Pierre, Saint-Louis u. Mairie L'Entre-Deux Mo–Sa 6 x tgl., So 4 x tgl.

Fête du Choca: Juli. Agaven-Fest mit Speisen, Ausstellungen, Märkten.

Das Beste auf einen Blick

Die Südküste

Highlights !

Cap Méchant: Am ›bösartigen‹ Kap bieten die Naturkräfte Wind, Wasser und Feuer ein fantastisches Schauspiel. S. 187

Le Grand Brûlé: Das Lavaland an der Ostflanke des Piton de la Fournaise zeugt von den unbändigen Energien des Vulkans. Bei der Durchfahrt eröffnen sich die verschiedensten Perspektiven auf die faszinierenden Vulkanformationen. S. 194

Auf Entdeckungstour

Von den Anfängen Saint-Pierres – die Ostindien-Kompanie: Für den Handel mit Réunion hatte sich die französische Ostindien-Kompanie umfangreiche Rechte gesichert. In Saint-Pierre errichtete die Handelsgesellschaft die ersten Lagerhäuser für den regen Warenumschlag. S. 168

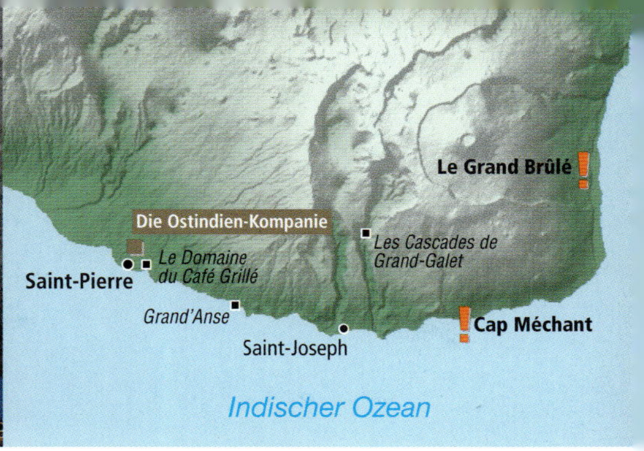

Kultur & Sehenswertes

Historisches Villenviertel von Saint-Pierre: Nördlich der Rue des Bons-Enfants erbauten Zuckerbarone und reiche Händler ihre prachtvollen Residenzen. S. 166

Aktiv unterwegs

Le Domaine du Café Grillé: Sperrig ist nur der Name, die Führung durch den Schaugarten mit dem Charakter eines Freilichtmuseums bleibt in Erinnerung. S. 167

Cascades de Grand-Galet: Die schönsten und größten Wasserfälle der Insel muss man sich erst erobern – sie liegen am Ende einer haarsträubenden Steilpassage. S. 186

Genießen & Atmosphäre

Café de la Gare: In Saint-Pierre trinkt man in einem der stimmungsvollsten Kaffeehäuser der Insel unter Arkaden genüsslich einen Espresso. S. 172

Strand von Grand'Anse: Am Wochenende gehen die Insulaner hier ihrem liebsten Hobby nach – Picknicken, bis sich die Tische biegen. S. 174

Abends & Nachts

Nachtleben von Saint-Pierre: Für Partylöwen und Nachtaktive hat Saint-Pierre viel zu bieten, z. B. heiße Rhythmen im L'Africa Queen oder Latino-Klänge im El Pueblo. S. 173

Tosendes Meer und dampfende Lava – Küste unter dem Vulkan

Als Sud Sauvage, als ›wilder Süden‹, macht der Landstrich seiner Werbelinie alle Ehre. Die unbändigen Kräfte der Natur wirken zwischen Saint-Pierre und Le Grand Brûlé so augenscheinlich wie sonst nirgendwo auf der Insel. Aufgepeitschte Wellen, vom Wind zerzauste Palmen und Vacoa-Bäume, ungezügeltes Wuchern allerorten – alles im Süden ist wild und üppig.

Die Kräfte des Vulkans Piton de la Fournaise formten einen Großteil der Landschaft mit ihren Minikratern, Vulkankegeln und Lavaflüssen, die Wälder, Straßen und Häuser unter sich begruben. Dazwischen drängen Wasserläufe an die Oberfläche und graben auf ihrem Weg zum Meer monumentale Furchen in die Hänge. Selbst klimatisch ist der Süden besonders: Die Temperaturen sind ein wenig erträglicher, sie liegen meist geringfügig unter denen des Westens.

Ohne die kulinarischen Spezialitäten des Südens ist kein Aufenthalt komplett. Aus den kartoffelartigen Früchten des Vacoa-Baumes *(pinpin)* werden Gratins, Carris und Konfitüren hergestellt. Aus dem zarten Herz der im Süden endemischen Palmenart *palmiste rouge* gewinnt man die rare und vergleichsweise teure Delikatesse *palmistes*. Die Palmenherzen benötigen bis zu 10 Jahre zum Reifen. Aus einem Stamm aber können nur maximal zwei bis drei Portionen des Gerichts hergestellt werden. Den Süden mit allen Sinnen zu entdecken gibt einem Réunion-Aufenthalt eine besondere Note – unverschnörkelt, liebenswürdig-schrullig und authentisch.

Infobox

Anreise und Weiterkommen

Auto: Von Westen (Saint-Gilles, Saint-Leu) und Osten (Saint-Benoît) ist Saint-Pierre über gut ausgebaute Schnellstraßen zu erreichen. Vom Süden (Saint-Philippe, Saint-Joseph) führt eine in Teilstücken ausgebaute Schnellstraße nach Saint-Pierre, allerdings gilt die Osteinfahrt als neuralgischer Staupunkt.

Bus: Ein dichtes Liniennetz vereinfacht die Anreise mit dem Bus (Cars Jaunes). Von Saint-Denis verkehren die Linien A, B, C, von Saint-Benoît die Linie H, von Saint-Philippe Linie I nach Saint-Pierre.

Wanderkarten: IGN 4405 RT für Saint-Pierre, Petite-Île; IGN 4406 RT für Saint-Joseph bis Grand Brûlé.

Saint-Pierre ▸ E/F 10

Lange belächelt von der kolonialen Elite von Saint-Denis und der High Society des vormals mondänen Saint-Gilles, scheint sich Saint-Pierre nun endlich von seiner Provinzialität zu befreien. Denn die Hauptstadt des Südens (knapp 80 000 Einw.) hat ihren Rivalinnen im Norden in puncto Lebensqualität, Infrastruktur, Nachtleben und Flair den Rang abgelaufen, ohne an Beschaulichkeit eingebüßt zu haben. Kolonialer und kreolischer Charme paaren sich in den lebhaften Straßen des Städtchens mit gediegener Ausgeh- und Eventkultur. Zahlreiche Festivals und der samstägliche Wochenmarkt bilden Fixpunkte in der Kulturstadt Saint-Pierre.

Vorausschauenden Gemeinderäten ist es gelungen, der Stadt regionales Gewicht zu verleihen. Sie richteten die Unterpräfektur Saint-Pierre ein. Dank des besten Krankenhauses im Indischen Ozean vor den Toren der Stadt in Terre-Rouge wird Réunion auch im Mutterland positiv wahrgenommen. Nicht zuletzt das Aérodrome von Pierrefonds festigt den Status der Stadt. Von Letzterem erhofft man sich den Ausbau zu einem ernst zu nehmenden internationalen Flughafen. Als einziger Nachteil muss das Verkehrsaufkommen genannt werden, denn weder die Verkehrsplanung noch der Straßenbau haben mit der Entwicklung von Saint-Pierre Schritt gehalten. An den Einfahrten und der Hauptdurchgangsstraße, dem Boulevard Bank (Abfahrt McDonald's), staut sich regelmäßig der Verkehr.

Im Angesicht dieser Entwicklungen sind die Zeiten vergessen, als Saint-Pierre wirtschaftlich und politisch so isoliert war, dass Lebensmittel- und Wasserengpässe auf der Tagesordnung standen. Erst der 1825 begonnene Bau des 17 km langen Kanals von Pierrefonds über Les Casernes nach Terre-Rouge bescherte der Zuckerrohrproduktion im Süden einen Aufschwung. Für eine ernst zu nehmende Konkurrenzfähigkeit mit dem Norden hätte nur mehr der Hafen gefehlt. Als man 1883 endlich den Hafen einweihte, ahnte niemand, dass er schon 1886 wieder geschlossen werden sollte. Die Konkurrenz des im selben Jahr eröffneten Hafens von Le Port (s. S. 107) war übermächtig, sodass das Becken schnell versandete und Korallen die Hafeneinfahrt überwucherten. Heute gibt es nur noch einen Jachthafen und – in der dahinter liegenden Mündung der Rivière d'Abord – den Fischerhafen von Terre-Sainte.

Am Meer entlang

Temple Narassinga Peroumal 1

Avenue Luc-Donat, momentan kein Besuch möglich, gelegentlich geführte Touren vom Tourismusamt Saint-Pierre (s. S. 173)

An der westlichen Ortseinfahrt im Stadtteil Ravine-Blanche warten gleich zwei prachtvolle hinduistische Tempel auf Gläubige. Seit 2010 erstrahlt der Tempel Narassinga Peroumal an der Avenue Luc-Donat in neuem Glanz. Die Legende erzählt, dass hier, an der Mündung der Ravine-Blanche, in den 1860er-Jahren ein Boot voller tamilischer Vertragsarbeiter gestrandet sei. 1972 wurde der große Tempel aber erst errichtet, zuvor stand an derselben Stelle ein bescheidenes Bethaus.

Temple Badhra Karli 2

Allée du Puit, momentan kein Besuch möglich, s. o.

Nur eine Straße weiter liegt der zweite tamilische Hindu-Tempel Badhra Karli in der Allée du Puit. Geweiht ist er der Göttin Karli, der Göttin des Todes, der Erneuerung und der Transformation.

Boulevard Hubert-Delisle

Am Kreisverkehr vor der Küste biegt die Avenue Luc-Donat in den Boulevard Hubert-Delisle nach Osten ab. Samstags bleibt die wichtige Hauptstraße abschnittsweise im Ortsteil Ravine-Blanche für den beliebten **Wochenmarkt** 3 (s. Lieblingsort S. 162) gesperrt.

Auf halber Strecke passiert der Boulevard den **Friedhof** 4. Um das Grab des 1911 gehängten Einbrecherkönigs und Serienmörders Sitarane

Lieblingsort

So schmeckt Réunion – Wochenmarkt von Saint-Pierre 3
Ein Stand verkauft eingekochtes Gemüse, frische Ananas, Marmeladen und Duftöle, an der Verkaufsbude mit Kräutertees aus Cilaos formiert sich eine Traube von Interessenten, ganz am Ende gackern aufgeregte Kampfhähne. Indischer oder chinesischer Ramsch wandert natürlich auch über die Ladentische, aber im Großen und Ganzen gilt der samstägliche Markt von Saint-Pierre als authentischster Bauernmarkt der Insel (bd. Hubert-Delisle, Sa 5.30–12 Uhr).

Piment
2€50
4€
Piment
Avec

(*tombe de sitarane*) ist ein wahrer Kult entstanden, wie die immer frischen Grabgaben beweisen. Manche munkeln, dass heute noch bei Sonnenuntergang Rituale stattfinden. Zutiefst im Aberglauben verankerte Réunionesen bringen dem Banditen Opfergaben wie Rum, Zigaretten und rote Stofffetzen in der Hoffnung dar, sie besänftigten die bösen Kräfte oder – raffinierter noch – lenkten sie auf böse Mitmenschen (s. auch S. 85).

Plage de Saint-Pierre 5

Es gibt mehrere Buchten, eine in der Nähe des Jumbo Score am Westende

Saint-Pierre

Sehenswert
- 1 Temple Narassinga Peroumal
- 2 Temple Badhra Karli
- 3 Wochenmarkt
- 4 Friedhof
- 5 Plage de Saint-Pierre
- 6 Marché couvert
- 7 Pagode Guan Di
- 8 Mosquée Attâyab-Ul-Massâdid
- 9 Maison Canonville
- 10 Maison Vasseur
- 11 Maison Motais de Narbonne
- 12 Maison Adam de Villiers
- 13 Médiathèque
- 14 Rathaus
- 15 La Rivière d'Abord
- 16 Entrepôt Kervéguen
- 17 Le Domaine du Café Grillé
- 18 Höhenstraße D3
- 19 La Saga du Rhum

Übernachten
- 1 La Villa Belle
- 2 Villa Morgane
- 3 L'Oasis de Terre-Rouge
- 4 Alizé Plage
- 5 Tipalais
- 6 Cap Sud
- 7 Chez Papa Daya

Essen & Trinken
- 1 Le Flagrant Délice
- 2 Le Mange-Tout
- 3 Utopia
- 4 Le Cinq Sense
- 5 Le Marin Bleu
- 6 La Détente
- 7 Café de la Gare
- 8 Le Corto
- 9 green is better
- 10 Les Bons Enfants

Einkaufen
- 1 Bambrousse
- 2 Charly Lesquelin
- 3 Pardon

Aktiv
- 1 Plongée Océan Indien
- 2 Pêche Sud Evasion
- 3 Corail Hélicoptères

Abends & Nachts
- 1 L'Africa Queen
- 2 Little Italy
- 3 Long Board Café
- 4 O Pub à Tapas
- 5 El Pueblo

des Boulevard Hubert-Delisle, eine am Petit-Boulevard de la Plage und eine in Terre-Sainte, aber die wahre, quirlige Attraktion ist der Hauptstrand von Saint-Pierre beim Hotel Alizé Plage. Hier geht es rund, auch unter der Woche. Duschen, ein Bademeister und sogar ein Zugang für Rollstuhlfahrer stehen den Badenden zur Verfügung. Die Gewässer werden durch ein Korallenriff geschützt, je nach Jahreszeit und Meeresströmungen liegen am Strand allerlei Korallenreste herum. Zu jeder Tages- und Nachtzeit ist der dahinterliegende Park bevölkert, man verbringt gerne seine Mittagspause hier und am Wochenende wird gepicknickt.

An die Wellen vor Saint-Pierre sollten sich nur erfahrene Surfer wagen, der Surfspot La Jetée liegt südlich des Hafens und des Piers. Zum Wind- und Kitesurfen trifft man sich am Strand vor der Gendarmerie am Boulevard Hubert-Delisle (schräg gegenüber vom Friedhof).

Im Stadtzentrum

Marché couvert 6

Rue Victor le Vigoureux, tgl. 7–18 Uhr
Auf dem Weg vom Meer ins Stadtzentrum lohnt ein Abstecher zum Marché couvert, der überdachten Markthalle. Täglich frisches Gemüse, Früchte und Fische, Souvenirs aus Madagaskar oder Indien sowie andere importierte Waren liegen und hängen zum Verkauf aus. Vereinzelt werden auch echte réunionesische Produkte feilgeboten, z. B. Vacoa-Flechtwaren oder Gewürze. Architektonisch ist die Eisenkonstruktion mit dem Grand Marché in Saint-Denis (s. S. 93) verwandt.

Pagode Guan Di 7

46, rue Marius et Ary Leblond
Hinter rot-gelben Mauern versteckt sich die 1920 erbaute Pagode Guan Di. Sie ist dem Schutzpatron der Soldaten, der Literatur und des Handels, General Guan Di (mit bürgerlichem

Namen Guan Yu) geweiht, der in China einen ähnlich glorifizierten Status wie Konfuzius genießt.

Mosquée Attâyab-Ul-Massâdid 8

Rue des Bons-Enfants, Sa–Do 9–12, 14–16 Uhr

Vor der Pagode verläuft die Rue François de Mahy Richtung Meer. Kurz vor dem Zusammentreffen mit der Rue des Bons-Enfants taucht rechter Hand die Moschee Attâyab-Ul-Massâdid (dt. die schönste Moschee) auf. Nachdem 1905 die Moschee von Saint-Denis eröffnet worden war, blieben die muslimischen Brüder von Saint-Pierre nicht lange untätig, kauften Grund mitten in der Stadt und vollendeten 1913 das Gebetshaus. In der heutigen Form existiert die Moschee mit dem 42 m hohen Minarett erst seit 1975. Hier wurde der größte Gebetsraum für Muslime geschaffen, und die Skulpturendekoration der Innenräume von komorischen und afrikanischen Künstlern ist sehenswert. Die Moschee steht angemessen gekleideten nicht-muslimischen Besuchern außerhalb der Gebetszeiten offen, im Zweifelsfall sollte man aber nachfragen. Nicht vergessen: Schuhe ausziehen!

Historisches Villenviertel

Von der Einkaufsstraße Rue des Bons-Enfants nach Norden erstreckt sich das historische Villenviertel. Seit jeher stellte die Rue des Bons-Enfants die Trennlinie zwischen dem Handels- und dem Wohnviertel dar. Blicken Sie nach oben und bewundern Sie die filigranen Balkone, die ein wenig an New Orleans erinnern! Der Großteil der Häuser wurde Anfang des 19. Jh. erbaut, nachdem sich der Inselsüden nach dem Bankrott der Ostindien-Kompanie 1767 wirtschaftlich erholt hatte. Entlang der Rue Auguste Babet befinden sich zahlreiche alte Herrenhäuser, z. B. die **Maison Canonville** 9 (Nr. 17), die Häuser Nr. 46 und 48 oder die weiße Villa mit der typischen Fassade und dem Wellblechdach mit der Hausnummer 58.

Die Rue Marius et Ary Leblond, die zwei der wichtigsten réunionesischen Schriftsteller des 19. und 20. Jh. ehrt, zweigt Richtung Westen ab. Sie war einst die wichtigste Durchgangsstraße, wo das Leben pulsierte. Pferdefuhrwerke trabten hindurch, durstige Reisende labten sich in den Gastschenken und das bunte Treiben ersetzte den Anrainern die Tageszeitung.

In der ehemaligen Hauptstraße ist ein Gebäude prächtiger als das andere. In der **Maison Vasseur** 10 (Nr. 9) residierte hinter einem fast blickdichten grünen Eisenzaun der Unterpräfekt von Saint-Pierre. Gegenüber, zwischen den schicken Häusern von Nr. 6 bis 14, ist das Restaurant **Utopia** 2 in einer alten Villa untergebracht (s. S. 171). Weiter vorne liegt die prachtvolle **Maison Motais de Narbonne** 11 (Nr. 18), in der die Unterpräfektur ihren Sitz hat. Erbaut um 1820 von einem Zuckerbaron, war die sonnengelbe, neoklassizistische Villa mit typischen Elementen wie doppelstöckige Veranda oder toskanischen Säulen wegweisend für die kreolische Architektur im Inselsüden.

Zu den ältesten steinernen Wohngebäuden der Insel zählt die **Maison Adam de Villiers** 12 (Nr. 21) an der nächsten Kreuzung links. Um 1760 wurde der Grundstein gelegt. In der heutigen Rue Barquissau Nr. 54 befand sich früher die Küche, daneben, hinter dem rostig-weißen, schmiedeeisernen Tor, lagen die Stallungen.

In diesem Teil der Stadt finden sich noch weitere kreolische Herrenhäuser. Im Tourismusbüro liegt eine Stadtkarte aus, in der die historisch relevanten Bauten verzeichnet sind.

Südlich der Rue des Bons-Enfants
Von der Rue des Bons-Enfants Richtung Meer erstreckte sich das Viertel mit den Kontoren und Lagerhallen der Ostindien-Kompanie. Drei sehenswerte ehemalige Wirtschaftsgebäude sind heute noch erhalten (s. Entdeckungstour S. 168).

Terre-Sainte

Während rundum eine moderne Stadt heranwuchs, hat sich der Ortsteil Terre-Sainte, in dem heute noch hauptsächlich Fischer leben, nur wenig verändert: In den engen Gassen wohnt man Mauer an Mauer in kleinen kreolischen Häusern, abends treffen sich die Männer zum Kartenspiel, und vorn am Ufer liegen bunte Fischerboote unter ausladenden Bäumen. Nach ein paar Schritten am Ufer entlang in östlicher Richtung folgt eine idyllische Bucht, die gerne von Einheimischen und Touristen zum Sonnenbaden und Schwimmen genutzt wird.

Ausflüge von Saint-Pierre

Le Domaine du Café Grillé 17
10, allée des Cèdres, Pierrefonds, an der Ausfahrt der N1 von Pierrefonds/L'Entre-Deux meerwärts fahren, beschildert, Tel. 0262 24 15 40, www.domaine-cafe-grille.re, Di–So 9.30–17 Uhr, 7 €, Führungen auch ohne Anmeldung möglich
Der Name verrät es nicht, aber ein zweistündiger Besuch des Schaugartens bringt auf erhellende und amüsante Weise die Geschichte und die botanische Vielfalt der Insel auf den Punkt. Blumig und voller Anekdoten machen die *guides* (einer davon spricht Englisch, aber es gibt Infomaterial auf Deutsch) Lust auf Geschichte: Man erschnuppert die Flora vor Ankunft der ersten Siedler, lernt den Unterschied zwischen den verschiedenen, einst auf Réunion kultivierten Kaffeesorten kennen, erschnüffelt alte Heilpflanzen und erfährt, warum die Bewohner bis in die 1970er-Jahre noch am Boden auf Vacoa-Matten schliefen, während im oberen Geschoss einer Hütte Lebensmittel gelagert wurden. Zum Abschluss können Besucher Kaffee verkosten und im Souvenirladen einkaufen. Bemerkenswert: Dieses Projekt ist eine Privatinitiative, kommt ohne Fördermittel aus und besinnt sich auf die Bewahrung von Kultur und Traditionen.

Höhenstraße D3 18
Von Saint-Pierre bietet sich eine Rundfahrt durch die Berge an. Man nimmt die N3 in nordöstlicher Richtung und wechselt in Le Tampon auf die D3 in Richtung Mont-Vert. Typisch kreolische Häuser, markante Schluchten, Zuckerrohrfelder und andere bewirtschaftete Flächen, dichte Wälder und herrliche Panoramen aufs Meer wechseln sich im Minutentakt mit abenteuerlichen Kehren ab. In Mont-Vert biegt man auf die D72 ab, die in die D29 nach Grand-Bois übergeht. Hinter Grands-Bois erreicht man wieder die Küste, nur wenige Kilometer von Saint-Pierre entfernt. Wer die Abzweigung auf die D72 nicht nimmt, kommt in Saint-Joseph an.

La Saga du Rhum 19
chemin Frédeline, außerhalb der Stadt auf dem Weg nach Bois-d'Olives, Tel. 0262 35 81 90, www.sagadurhum.fr, tgl. 10–18 Uhr, 8,50 €, engl./dt. Audioguide 2 €, Führungen mit Rumverkostung 10, 11, 14, 15, 16 Uhr
Die älteste Destillerie der Insel wurde von der Familie Isautier 1845 gegründet und ist bis heute in ▷ S. 170

Auf Entdeckungstour: Von den Anfängen Saint-Pierres – die Ostindien-Kompanie

Im 17. Jh. musste der französische König die wachsenden Kosten der Verwaltung und des Heeres mit der Erwirtschaftung von Handelsüberschüssen ausgleichen. Deshalb mussten Handelsgesellschaften gegründet, Handelswege erschlossen und Produktionsflächen in der Ferne gesichert werden. Für den Handel mit Réunion hatte sich die französische Ostindien-Kompanie umfangreiche Rechte gesichert.

Cityplan: S. 165

Médiathèque 13: 7, rue du collège Arthur, Tel. 0262 96 71 96, Di/Fr/Sa 10–18, Mi 9–18 Uhr, So/Mo/Do geschlossen
Rathaus 14: rue Méziaire Guignard, Mo–Do 8–16.15, Fr 8–15.15 Uhr
Entrepôt Kervéguen 16: nur von außen zu besichtigen (s. Foto oben)

In Saint-Pierre errichtete die Handelsgesellschaft die ersten Lagerhäuser für den regen Warenumschlag. Ab 1717 begann die französische Ostindien-Kompanie (1664–1769), den Kaffeeanbau auf Réunion zu forcieren. Das Modegetränk in den Pariser Salons versprach der Handelsgesellschaft satte Gewinne. Ab 1785 löste Zuckerrohr den Kaffee ab. Die von den Pflanzern erzeugten landwirtschaftlichen Produkte mussten vor der Einschiffung gelagert werden.

Vom Lagerhaus zum Amtssitz

Startpunkt des Rundgangs ist die **Médiathèque Raphaël-Barquissau** 13, die Stadtbücherei von Saint-Pierre. 1773 fertiggestellt war das Gebäude die zweite Lagerhalle der Ostindien-Kompanie auf Réunion. Immerhin liefen die Segelschiffe nur alle paar Monate aus, mehr als drei Monate waren sie von der Île Bourbon nach Frankreich unterwegs. Sie nahmen die Erzeugnisse der Kolonie in ihren Schiffsrümpfen mit und kamen mit lebensnotwendigen Waren für die Siedler zurück.

Obwohl im Laufe der Zeit zahlreiche Um- und Anbauten gemacht wurden, ist das ursprüngliche zweistöckige Lagerhaus am simplen Satteldach und den je sieben halbrunden Fenstern in den oberen Etagen gut zu erkennen. Die Fenster wurden erst in der ersten Hälfte des 19. Jh. eingebaut, als die Kompanie das Steinhaus als Regierungssitz *(vieux gouverneur)* nutzte. Der zweigeteilte Gebäudekomplex verfügt über zwei Zugänge, der Zugang über die Rue Victor le Vigoureux ist leichter zu finden als der über die Rue des Bons-Enfants.

Auf der Rue des Bons-Enfants geht es weiter Richtung Flussbett, das sich nur bei starken Regenfällen mit Wasser füllt. Kurz bevor man das Ufer erreicht, liegt ein weiteres Gebäude der Ostindien-Kompanie an einem grünen Platz mit Brunnen: das heutige weiß-gelbe **Rathaus** 14 mit seinen halbrunden Fenstern und grünen Fensterläden. An gleicher Stelle hatte man 1736 mit dem Bau eines ersten Lagerhauses aus Holz begonnen, da es unweit der Docks lag. Zwischen 1767 und 1777 folgte ein Lagerhaus aus Stein. Nach weiteren Umbauten nutzte man das einst größte Haus des Südens ab 1825 als Rathaus.

Landgang der Stadtgründer

Vom Rathaus sind es nur wenige Schritte bis zur historischen Anlegestelle **La Rivière d'Abord** 15, an der die ersten Siedler von Saint-Pierre in den 1710er-Jahren an Land gingen. Die Autostraße führt hier im Bogen um die Flussmündung. In der Hochzeit der Ostindien-Kompanie lagen vor Saint-Pierre stets Segelschiffe vor Anker, Schaluppen fuhren zwischen der Anlegestelle und den Schiffen hin und her, und am Ufer ging es beim Be- und Entladen hoch her. Schon von Weitem waren die geblähten Segel der Dreimaster zu sehen, wenn sie Kurs auf Saint-Pierre nahmen. Sie brachten Waren, Kurzweil und neue Gesichter in die Stadt.

Entladefläche auf Flussniveau

Ganz in der Nähe der Rivière d'Abord ist ein weiteres Kaffeelager, Verwaltungs- und Wohnhaus der Handelsgesellschaft erhalten, das um 1830 erbaute **Entrepôt Kervéguen** 16 (s. Foto links). Auf seiner untersten Ebene öffneten sich die Türen direkt zum Fluss, was das Ausladen der Waren aus den Schaluppen enorm erleichterte. Mitte des 19. Jh. erwarb die Großgrundbesitzerfamilie Kervéguen das Haus, die den Aufschwung im Süden nachhaltig prägte.

Betrieb. Beim Rundgang erhält man Informationen über die Rumherstellung, eine alte Zuckerpresse aus dem Jahr 1940 wird gezeigt. In dem kleinen Andenkenladen können Rum und andere Spezialitäten gekauft werden. In den Erntemonaten August bis November herrscht am Gelände großer Trubel, wenn unzählige Traktoren und Lkw Zuckerrohr anliefern.

Übernachten

Geheimtipp für Ästheten – **La Villa Belle** 1 : 45, rue Rodier, bei der Shamrock Bar vom Boulevard Bank meerwärts abbiegen, Tel. 0692 65 89 99, http://villabelle.net, DZ ab 185 €, Frühstück ab 20 € pro Pers. Zugegeben, ein Schnäppchen ist die Villa Belle nicht, dafür aber ein Erlebnis für alle Sinne. Aus dem Herrenhaus des 19. Jh. haben die beiden herzlichen Gastgeber, ein Opernsänger und ein Hotelier, ein Schmuckkästchen mit sechs Suiten gezaubert, gayfriendly.

Die Römer lassen grüßen! – **Villa Morgane** 2 : 334, rue Amiral-Lacaze, Terre-Sainte, Tel. 0262 25 82 77, www.villamorgane.re, DZ ab 133 € inkl. Frühstück. Das italienische pompöse Design der acht Zimmer mit üppigen Fresken an der Wand, schweren Vorhängen und Einlegearbeiten im Boden erinnert an italienische Palazzi. Gepflegter Garten, WLAN, Pool, Massagen und Wellness-Bereich.

Schick – **L'Oasis de Terre-Rouge** 3 : 4, chemin Mézino, Terre-Rouge, Tel. 0692 31 28 80, www.oasisdeterrerouge.com, Ferienwohnung für Selbstversorger ab 95 €. Die im mediterranen Stil dekorierten Apartments und Villas in Ruhelage sind mit Flatscreen, WLAN, AC und moderner Küche top ausgestattet. Die Vermieter sind etwas kompliziert.

Koloniales Flair verbreitet der Platz mit Brunnen vor dem Rathaus von Saint-Pierre

Direkt am Strand – **Alizé Plage** 4: 17 bis, bd. Hubert-Delisle, Tel. 0262 35 22 21, www.alizeplage.fr, DZ 95 €, Frühstück 9 € pro Pers. Obwohl die sieben Zimmer (drei davon mit Meerblick) komfortabel und einladend sind, zahlt man die überzogenen Preise vor allem wegen der Lage am Meer. Das gehobene Restaurant ist für seine gute Küche bekannt (Tagesgerichte ab 20 €, Hauptgerichte ab 17 €).

Nette Pension – **Tipalais** 5: 80, allée Nelson Mandela, Ligne Paradis, Tel. 0692 92 94 95, www.tipalais.com, DZ ab 95 €. 2 Ferienwohnungen mit Kitchenette sowie 3 Doppelzimmer, allesamt farbenfroh, schick und mit Liebe zum Detail eingerichtet, stehen zur Auswahl. WLAN und Pool, gepflegter Garten, angenehmes Ambiente, gayfriendly.

Einfach, aber gut – **Cap Sud** 6: 6, rue Caumont, Tel. 0262 25 75 64, www.hotel-capsud-reunion.com, DZ 50 €, Frühstück 6 € pro Pers. Der freundliche Empfang und die zentrale Lage machen die 16 etwas lieblos gestalteten Zimmer (AC, WLAN) wieder wett.

Viel Atmosphäre – **Chez Papa Daya** 7: 27, rue du Four-à-Chaux, Tel. 0262 25 64 87, www.chezpapadaya.com, DZ mit Gemeinschaftsbad 30 €, mit Privat-Dusche und AC 40 €. Sehr einfache Herberge mit kreolischem Herz, das von Papa Daya, einem gastfreundlichen Inder, betrieben wird. Gemeinschaftsküche, WLAN. Gute Stadtlage.

Unser Tipp

Aussicht bis zum Meer – La Cour Mont Vert 8

An klaren Tagen reicht der Ausblick der Fremdenpension La Cour Mont Vert vom Meer bis zum Piton des Neiges. Im gepflegten Tropengarten stehen über 300 Mangobäume. Die vier hübschen, mintgrünen Holzbungalows mit knallgelben Fensterläden und gemütlichen Veranden laden zum Hierbleiben ein. Hausgemachte Spezialitäten zum Frühstück und Abendessen. (18ter, chemin Roland Garros, Abzweigung von der N2 nach Mont-Vert-les-Bas, direkt an der D29 etwa 800 m nach der Kreuzung mit der D72, Tel. 0262 31 21 10, www.courmontvert.com, DZ 70 €, Abendessen ab 25 €).

Essen & Trinken

Für echte Gourmets – **Le Flagrant Délice** 1: 115, rue François de Mahy, auf Höhe des Café de la Gare in die Rue François de Mahy abbiegen, Tel. 0692 87 28 03, Di–Sa mittags und abends ab 19.30 Uhr. Kreative gehobene französische und mediterrane Küche im Herzen von Saint-Pierre rund um einen Innenhof mit Pool. Die beiden Inhaber zeigen Liebe zum Detail und führen das Restaurant sehr persönlich.

Pink macht Laune – **Le Mange-Tout** 2: 53, rue Marius et Ary Leblond, Tel. 0692 94 64 49, Mo–Sa 11.30–14, Di–Sa 19.30–22 Uhr, Menüs ab 20 €, Hauptgerichte ab 16 €. Empfehlenswerte Kontinentalfranzösische Küche im gepflegten Brasserie-Ambiente. Ausgezeichnete Weinselektion, äußerst freundlicher Familienbetrieb mit einem jungen Koch aus Südfrankreich.

Kolonialflair – **Utopia** 3: 8, rue Marius et Ary Leblond, Tel. 0262 35 15 83, Mo–Sa 11–14 und (außer Do) 19–22 Uhr, Menüs ab 18 €. Man speist in den Räumen einer eigenwillig restaurierten Kolonialvilla. Interessante französische Küche aus regionalen Produkten, preislich ein wenig übertrieben.

Für alle Sinne – **Le Cinq Sense** 4: 32, rue Auguste Babet, Tel. 0262 18 81 84,

Mo–Sa 11–14, 18.30 Uhr bis spät, Mittagsmenüs ab 13 €, Abendgerichte ab 20 €. Das gepflegte Restaurant in französisch-Schweizer Hand liegt recht zentral (erkennbar an der Schweizer Flagge) und hat sich in den letzten Jahren einen guten Namen gemacht. Frische, regionale Zutaten kommen bei dezenter musikalischer Untermalung auf den Teller, der Fokus liegt auf französischer und Schweizer Küche. Deutsch und Englisch wird gesprochen, die Speisekarte gibt's auch auf Englisch.

Fisch & Meeresfrüchte – **Le Marin Bleu** **5**: 45, rue Amiral-Lacaze, Terre-Sainte, Tel. 0262 35 61 65, Mo–Sa mittags und abends, Hauptgerichte ab 17 €. Im Fischer- und Kreolenviertel liegt das Fischrestaurant mit Blick auf den Fischerhafen und das Meer.

Kreolisch solide – **La Détente** **6**: 4, rue François-Isautier, Tel. 0262 25 66 77, tgl. mittags und abends bis 22 Uhr, Hauptgerichte ab 10 €. Einfaches, alteingesessenes Gasthaus mit Blick auf einen geschäftigen Parkplatz, das wegen des akzeptablen Preis-Leistungs-Verhältnisses auch bei Einheimischen beliebt ist.

Voller Atmosphäre – **Café de la Gare** **7**: 17, bd. Hubert-Delisle, Tel. 0692 63 72 10, Essen tgl. mittags und Fr, Sa, So abends, Getränke tgl. 7–24 Uhr, kleine Gerichte ab 8 €. Dieser beliebte Treffpunkt im alten Bahnhof kommt der Vorstellung eines französischen Kaffeehauses noch am nächsten. Am Sonntag finden abends Konzerte statt; unter der Woche werden Do Salsa-Abende und Mi ab 21 Uhr Karaoke organisiert (s. auch L'Africa Queen S. 173).

Versteckt gelegen – **Le Corto** **8**: 4, rue François de Mahy, Tel. 0262 43 02 94, Mo–Sa 11–14, 19–23 Uhr, Tagesgerichte ab 8 €, Menüs ab 10 €. Das von zwei Brüdern geführte, unprätentiöse, entspannte Resto in der Nähe der Wasserfront bietet traditionelle und moderne französische Küche zum attraktiven Preis.

Salatbar – **green is better** **9**: 2, rue Augustin Archambaud, Tel. 0262 26 56 08, Mo–Fr 11.30–15 Uhr, Salate 10 €. Wer Lust auf einen gesunden Happen zwischendurch hat, macht an der Salatbar halt. Große Portionen, jüngeres, urbanes Publikum. Liegt unscheinbar unweit des Rathauses.

Gut chinesisch essen – **Les Bons Enfants** **10**: 124, rue des Bons-Enfants, Tel. 0262 25 08 27, Mo–Sa mittags und abends, Mittagsmenüs ab 7 €. Einfaches Gasthaus mit Kantinenflair, ausgezeichnetes Preis-Leistungs-Verhältnis, die Speisen sind solide im Buffetstil zubereitet.

Einkaufen

Delikatessen – **Bambrousse** **1**: in Les Comptoirs du Sud, Ostende bd. Hubert-Delisle, Tel. 0262 25 09 11, Mo 10–17, Di–Sa 9–12.30, 13.30–17.30 Uhr. Hundert Prozent lokale Produkte werden feilgeboten, u. a. aromatisierter sowie handgefertigter Zucker, Gewürze, Marmeladen, Saucen, in Essig, Öl und Gewürzen eingelegte regionale Spezialitäten, Salz aus Saint-Leu und vieles mehr. Schöne Geschenke für Feinschmecker!

Echte Réunionesen – **Charly Lesquelin** **2**: in Les Comptoirs du Sud, Adresse s. o., Tel. 0692 60 16 55, http://charlylesquelin.com. Charly Lesquelin ist ein wahres réunionesisches Original und einer der wenigen international ernst genommenen Maler der Insel. Farbintensive Kunstwerke, die den leuchtenden Farben der Insel und den starken kulturellen Kontrasten gerecht werden.

T-Shirts und mehr – **Pardon** **3**: 40, rue des Bons-Enfants, Tel. 0262 256 48, www.pardon.net, Mo–Fr 9–12.30, 14–18, Sa 9–18 Uhr. Einheimische Markenware mit Kultcharakter.

Regionales – **Märkte:** Samstagsmarkt s. S. 162, Markthalle s. S. 165.

Aktiv

Tauchen – **Plongée Océan Indien 1:** Port de Saint-Pierre, Tel. 0692 69 41 57, http://plongeeoceanindien.com. Ausflüge zu 17 Tauchspots zwischen Saint-Pierre und Petite-Île für alle Niveaus werden angeboten, Schnuppertauchen 55 €, 1 Tauchgang 50 €, 10 Tauchgänge 400 €. Beste Monate Okt.–März, medizinisches Zeugnis wird vorausgesetzt.

Hochseefischen – **Pêche Sud Evasion 2:** Port de Saint-Pierre, Tel. 0692 70 05 18, www.pechesudevasion.com. Halber Tag ab 90 € pro Pers. Kein Büro vorhanden, nur gegen Voranmeldung.

Helikopter-Rundflug – **Corail Hélicoptères 3:** Aérodrome de Pierrefonds, Tel. 0262 22 22 66, www.corail-helicopteres.com. Es werden zahlreiche Flüge angeboten, bei denen z. B. alle drei Cirques (220 €, 35 Min.), der Piton de la Fournaise (160 €, 25 Min.) oder alle Highlights überflogen werden (Cirques, Trou de Fer, Vulkan, Lagune um 240 € für 45 Min.).

Rummuseum – **Le Saga du Rhum:** außerhalb des Stadtzentrums in Bois d'Olive, s. S. 167

Abends & Nachts

Das manchmal laute Nachtleben spielt sich bis ca. 2 Uhr morgens am Boulevard Hubert-Delisle ab. Rund um das Hafenviertel befinden sich auch einige Diskos, wie das Le Duplex oder das Le Five. Die großen Diskotheken befinden sich jedoch außerhalb der Stadt, das Acapulco in Terre-Rouge oder das Le Chapiteau in Mont-Vert-les-Bas. In allen Bars und Pubs kann man auch recht gut speisen.

Im Stadtzentrum – **L'Africa Queen 1:** 17, bd. Hubert-Delisle, Fr–Sa 23–5 Uhr, 10 €. An Wochenenden verwandelt sich das Café de la Gare zum angesagtesten Club in Saint-Pierre. Gespielt werden aktuelle Discofetzer, Electro und Soul, aber auch Hits aus den 1980er-Jahren. Gemischtes Publikum.

Italo-Feeling – **Little Italy 2:** 7, rue du Four-à-Chaux, Tel. 0262 70 00 92, Mo–Fr mittags, Mi–So ab 18 Uhr. Angenehmes Lokal, um den Tag ausklingen zu lassen oder mittags/abends einen Happen zu essen, So ab 20.30 Uhr Livemusik. Abends gibt es Antipasti, Pasta, Bruschetta und Käse-/Schinken-Teller.

Chillen bei Meeresrauschen – **Long Board Café 3:** 18, Petit-Boulevard de la Plage, Tel. 0692 82 09 95, Di–So 10–2 Uhr. Gemütliche Bar mit einigen Tischen direkt am Wasser. Freitags Konzerte. WLAN.

Tapas, Bier & Musik – **O Pub à Tapas 4:** 53, rue du Four-à-Chaux, Nähe Restaurant La Détente, Tel. 0262 34 61 94, Di–Sa 17.30–2 Uhr. Beliebtes und gut besuchtes uriges Lokal. Fr/Sa Konzerte, Di Salsa-Kurs, Mi Karaoke-Abend. Gut gemischtes Publikum.

Lateinamerikanisch – **El Pueblo 5:** 8, bd. Hubert-Delisle, Tel. 0262 38 56 40, Mo–Sa 9–0.30 Uhr, So ab 18 Uhr. Wer Latino-Rhythmen schätzt, wird sich im El Pueblo wohlfühlen. Lässige Atmosphäre im Stile einer Bodega, ab 21 Uhr Konzerte (momentan dienstags).

Infos & Termine

Office de Tourisme: 26, rue Amiral-Lacaze, http://sud.reunion.fr, Tel. 0892 70 22 01 (kostenpflichtig), Mo–Sa 9–12, 13–16.45 Uhr.

Flugzeug: Aérodrome de Pierrefonds, 6 km nordwestlich von Saint-Pierre, direkt an der N1, Tel. 0262 96 77 66 (Flugauskunft), www.pierrefonds.aeroport.fr. Der Flughafen Pierrefonds wickelt hauptsächlich Flüge nach Mauritius, Madagaskar und via Saint-Denis auch einige Flüge ins Mutterland ab.

Auto: Auf den ersten Blick wirkt Saint-Pierre wegen der vielen Einbahnstraßen ein wenig unübersichtlich, aber bald hat man sich an das System gewöhnt – eine Straße führt in die eine, die nächste genau in die entgegengesetzte Richtung. Zahlreiche Gratis-Parkplätze existieren, z. B. direkt an der Ecke Rue François-Isautier/Boulevard Hubert-Delisle oder an der Rivière d'Abord. Im Zentrum zahlt man während der Geschäftszeiten Parkgebühren von 0,90 €/Std., markiert als *payant*.

Mietwagen: Avis, Budget, ADA oder Europcar haben in Saint-Pierre ebenso Niederlassungen wie lokale Anbieter. Wein Location: 49, rue Victor le Vigoureux, Tel. 0262 25 22 52, www.wein location.com. Gute Fahrzeuge, attraktive Preise, allerdings werden öfter Reservierungen verschlampt. Eignet sich aber gut für Spätentschlossene.

Bus: Der Busbahnhof liegt an der Rue Luc Lorion im Westen, unweit des McDonald's-M. Saint-Pierre ist Endstation der meisten Linien, man muss umsteigen. Vom Busbahnhof starten alle Busse in die höher gelegenen Dörfer (Les Hauts). Am zweiten Busbahnhof (gare routière urbaine) auf der Rückseite des Marché couvert hält der Alterneo-Shuttlebus, der zwischen Flughafen Pierrefonds und Stadt verkehrt, 5 €, nur gegen Reservierung unter Tel. 0800 35 53 54.

Sakifo: Juni, www.sakifo.com, Ticketvorverkauf www.tikepei.com und in Ravine-Blanche, Tageseintritt ab 25 €, 3-Tages-Pass 69 €. Das wichtigste Musikfestival der Insel verwandelt Ravine-Blanche (dort wo der Wochenmarkt stattfindet) in einen Klangteppich der Extra-Klasse. Das mehrere Tage dauernde Musikfestival präsentiert Künstler aus praktisch allen Kontinenten, die Weltmusik von Reggae und Maloya über Hip-Hop und Jazz bis hin zu Electro und Chanson darbieten (s. auch S. 80).

Dipavali: Okt./Nov., rund um die hinduistischen Tempel. Infos beim Tourismusamt.

Marché sur le Feu: Ende Dez./Anfang Jan. Infos beim Tourismusamt.

Grand'Anse ▸ G 10

In den Süden gelangt man am schnellsten über die N2, die in Saint-Pierre am Boulevard Bank beginnt. Entlang der Hauptverbindungsroute liegen alle bedeutenden Highlights. Das Postkartenmotiv des Südens schlechthin liegt ganz nah an der Hauptverbindungsroute N2. Geschützt durch zwei Kaps, das Cap du Piton Grand'Anse an der linken Seite und das Cap de l'Abri an der rechten Seite, konnte sich im Laufe der letzten 100 000 Jahre weißer Korallensand anlagern. Den beliebtesten Strand des Südens muss man sich nur an den Wochenenden oder in den Schulferien mit Scharen von picknickenden Einheimischen teilen, die im Schatten der pittoresken Kokospalmen und Vacoa-Bäume ihren Lieblingsbeschäftigungen frönen: Picknicken, Essen, Feiern, Musizieren. Unversehens findet man sich dann in einer Feierlichkeit wieder.

Wer zu Weihnachten oder Neujahr auf Réunion weilt, sollte sich das Spektakel in der Bucht von Grand'Anse nicht entgehen lassen. Ausschließlich im Felsenbecken darf gebadet werden, das tosende offene Meer mit den vielen Strömungen und den spitzen Korallen eignet sich nicht zum Schwimmen.

Die Beine vertreten kann man sich am Piton de Grand'Anse (s. Lieblingsort S. 176).

Zu Fuß auf den Piton de Grand'Anse

Nicht oft können so spektakuläre Aussichtspunkte ohne körperliche Anstrengungen erklommen werden wie im Falle des Piton de Grand'Anse. Start/Endpunkt ist der erste Parkplatz auf der linken Seite auf dem Weg hinunter in die Bucht, erkennbar am Picknick-Kiosk sowie am Steinhäuschen. Gleich beim Parkplatz beginnt der ausgetretene Pfad nach oben. All den kleinen Wegen zu folgen ist lohnenswert, denn sie führen zu großartigen Aussichtspunkten mit Blick auf die wilde Steilküste von Petite-Île. Nach 15–20 Min. ist der höchste Punkt erreicht, von dort blickt man auf die Bucht von Grand'Anse und die Küstenlinie nordwärts. Vom improvisierten Aussichtspunkt führt ein weiterer schmaler, versteckter Weg in Serpentinen durch Wald, Stechgras und dichte Vegetation auf eine kleine Halbinsel mit pittoreskem Blick auf die gesamte Küstenlinie von Petite-Île. **Tipp:** Am schönsten wirkt die Szenerie bei Sonnenuntergang, wenn alles in sanftes Licht getaucht wird (s. Lieblingsort, S. 176).

Übernachten

Luxushotel ohne Anschrift – **Palm Hotel & Spa:** Tel. 0262 56 44 82, www.palm.re, DZ ab 210 €. Das erste und einzige Luxushotel des Südens mit 65 Zimmern thront malerisch über der Bucht von Grand'Anse. Pool, Spa, Fitnesscenter, WLAN, zwei gehobene Restaurants, Bar und Lounge. Es gibt deutsch- und englischsprachiges Personal.

Am tosenden Meer – **Le Victoria:** 10, allée des lataniers, Grand-Bois, Tel. 0262 50 95 67, www.levictoria.re, DZ ab 90 €, Bungalows ab 110 €, Frühstück 10 €. 30 Zimmer in vier verschiedenen Kategorien bietet das vollständig generalsanierte Hotel mit neuen Eigentümern. Die Standard- und Supérieure-Zimmer sind recht beengt, doch die geräumigen Bungalows vorne am Meer haben viel Platz. Ausgezeichnetes Restaurant Le Latanier.

Unser Tipp

Kreolische Villa für Individualisten – Vèrémer

Drei stilvoll dekorierte Zimmer, eine Ferienwohnung und einen Pool mit Blick aufs Meer bietet die Villa Vèrémer an einer der Verbindungsstraßen zwischen N2 und dem Chemin Neuf (D30) zwischen Grand'Anse und Petit-Île. Alain und Rajack sind herzliche Gastgeber, die mit großem Wissen über Ausflüge und Sehenswürdigkeiten aufwarten. Der ganze Stolz von Alain, der fließend Englisch spricht, ist sein Garten (40, chemin Sylvain Vitry, Tel. 0262 31 65 10, www.chambre-gite-veremer.com, DZ 50–63 €, Ferienwohnung 350 €/Woche, WLAN, gayfriendly).

Essen & Trinken

Essen mit Meerblick – **Les Badamiers:** 22, chemin Neuf, unweit der Abzweigung nach Grand'Anse, Tel. 0262 56 97 53, Mo–Sa 11.30–14.30, 18.30–22 Uhr, Hauptgerichte ab 10 €. Leider sind die Speisenqualität bzw. die Launen der Wirtsleute so unberechenbar wie die Strömungen in der Bucht von Grand'Anse, aber wenn man einen guten Tag erwischt, speist man vorzüglich kreolisch mit Blick aufs Meer.

Infos

Auto: Der schnellste Zugang zur Bucht von Grand'Anse befindet sich direkt

Lieblingsort

Wilde Schönheit – die Küste am Piton de Grand'Anse ▶ G 10
Am schönsten wirkt die Küste bei Grand'Anse mit ihren schroffen Basaltfelsen, den sattgrünen Feldern und bunten Häusern, wenn man sie von oben überblickt. Zu den Aussichtspunkten auf dem Piton de Grand'Anse führt vom ersten Parkplatz an der Straße nach Grand'Anse ein versteckter Pfad in Serpentinen durch Wald und Stechgras hinauf.

beim Palm Hotel & Spa, unterhalb dessen die D73 abzweigt. Die zweite Zufahrt über die D30 beginnt vor der Ravine Manapany östlich von Petite-Île. **Bus:** Es gibt keine Busverbindungen, außerhalb an der N2 (Linie I) ist auszusteigen.

Petite-Île ▸ G 10

Auf der Route Nationale 2 weiter, nur 1,8 km hinter dem Palm Hotel & Spa, liegt Petite-Île. Ihren Namen erhielt die Gegend von der vorgelagerten kleinen unbewohnten Felseninsel, die zahlreichen Vögeln als Heimstätte dient. Heute finden sich an den steilen Hängen der Ortschaft viele Plantagen und Felder. Die Menschen in Petite-Île leben hauptsächlich vom Anbau von Obst und Gemüse, wie z. B. von Zitrusfrüchten, Paprika, Tomaten, Kräutern oder Zucchini. Petite-Île besteht aus zwei Teilen. Südlich der Schnellstraße befindet sich ein begehrtes Wohngebiet. Ins Zentrum gelangt man, wenn man beim zweiten Kreisverkehr nach der Abzweigung nach Grand'Anse bergan auf die D31 fährt. Für Touristen bietet das Städtchen wenig, außer ein paar idyllischen Unterkünften. Man brüstet sich, eine Kunsthandwerksstraße (Chemin des Artisans) zu haben, aber die einzelnen Ateliers sind mangels einheitlicher Öffnungszeiten schwer zu kombinieren.

Spaziergang zur Petite-Île

Für abenteuerlustige Spaziergänger bietet sich eine nicht ausgeschilderte, 45-minütige Tour durch Zuckerrohrfelder zu einem Aussichtspunkt auf die kleine vorgelagerte Insel an. Am südlichen Ende der D30 befindet sich eine unscheinbare Brücke über eine kleine Schlucht. 150 m östlich davon liegen eine winzige Parkbucht und die Einfahrt zu einer Schotterpiste, die die Zuckerrohrbauern mit ihren Traktoren nutzen. Man folgt der roten Sand- und Schotterpiste, die sich mehrmals gabelt und in Serpentinen nach unten führt. Solange man sich links vom Filaos-Wäldchen bergab hält und einer der Schotterpisten folgt, sollte man nach 20 Minuten an der Steilküste ankommen. Hier beginnt links von ein paar Vulkansteinen ein schmaler Pfad im Zuckerrohr, der weiter durch ein Filaos-Wäldchen verläuft. Nach wenigen Minuten ist eine Lichtung im Wald erreicht, von der sich ein herrlicher Blick auf die Petite-Île eröffnet.

Da die Insel ein geschütztes Vogelbrutgebiet ist, sind zahlreiche Vögel zu sehen, z. B. die weißen Paille-en-queue mit den langen Schwanzfedern und der schwarzen Musterung auf der Oberseite. **Ausrüstung:** lange Hosen, um sich beim Gang durch das Gras und das Zuckerrohr nicht die Beine aufzuschneiden, sowie ausreichend Moskitolotion.

Übernachten

Gastfreundlich – **Ché Maoul:** 6, rue du piton, Abzweigung im Dorfzentrum an der D31 nach links bei der Shell-Tankstelle, Tel. 0262 56 82 26, yves.hoarau21354@izi.re oder www.chemaoul.re, DZ 60 €. Sympathisches Gästehaus mit vier einfachen, sauberen Zimmern. Im kleinen Swimmingpool wartet Abkühlung, von der Gemeinschaftsterrasse blickt man aufs Meer. Die herzlichen Gastgeber machen den Aufenthalt besonders. Sehr gute kreolische Küche, Abendessen 25 € pro Person.

Meerblick – **Sud Escale:** 24, chemin Sylvain Vitry, Einfahrt 200 m rechts vor dem Kreisverkehr nach Petite-Île, Tel. 0262 56 78 24, www.sudescal.fr, Ferienwohnung 200–250 €/Woche. Die Familie Pierlot ist herzlich und hilfsbereit; die farbenfrohen Wohnungen sind sauber und einfach, aber bestens für Selbstversorger ausgestattet.

Essen & Trinken

Köstlich – **Le Chéry-Narcisse:** 154, rue Mahé de Labourdonnais, an der D31 bergauf rechts, Tel. 0692 03 53 30, Di–So 11–14, Di, Do, Fr, Sa 18–20.30 Uhr, Tagesgerichte ab 6,50 €, Menüs ab 10 €. Hervorragende kreolische Küche zu moderaten Preisen in einem von außen unscheinbaren Restaurant direkt an der D30 nach Petite-Île. Die freundlichen Wirtsleute haben zuvor in der gehobenen Gastronomie auf Réunion gearbeitet und konzentrieren sich nun in ihrem eigenen kleinen Resto auf regionale Produkte und Rezepte.
Pizza – **La Salamandre:** 129, rue Mahé de Labourdonnais, an der D31 bergauf links, Tel. 0262 32 56 92, Mo–Fr mittags und abends, Sa/So abends, Hauptgerichte ab 10 €. Einfaches kreolisches Lokal, bekannt für die Pizzen.

Einkaufen

Porzellanmalerei – **Dékocéan:** 41, rue Joseph Suacot, Abzweigung im Dorfzentrum an der D31 nach links bei der Shell-Tankstelle, Tel. 0262 56 77 10, www.dekocean.com, Di–Sa 10–11.30, 14–18 Uhr. Farbenfrohe Inselmotive auf Tellern, Kaffeetassen, Salz- und Pfefferstreuern und allerlei anderen Gebrauchsgegenständen finden sich im Sortiment des Porzellanmaler-Ehepaares Biton. Auf Wunsch werden die Stücke auch personalisiert.

Manapany-les-Bains ▸ H 10

Je südlicher man kommt, desto mehr wird augenscheinlich, warum in früheren Jahrhunderten der Süden vom Rest der Insel isoliert war. Tiefe Schluchten, die heute scheinbar einfach überbrückt werden, stellten damals unüberwindbare Hindernisse dar. Manapany verdankt seinen Namen den Fledermäusen (madag. *manafany*), die hier in großen Kolonien genistet haben, als die ersten Siedler damit begannen, das abgelegene Land jenseits von Saint-Pierre zu bewirtschaften. Lange Zeit galt die Bucht von Manapany als gefährlicher Hafen für den Abtransport des in den nahe gelegenen Fabriken erzeugten Zuckers. Ein toller Blick von oben auf Manapany-les-Bains mit seiner Basaltbucht und dem tosenden Meer bietet sich übrigens direkt von der N2 aus (Picknickplatz gleich nach der Überquerung der Ravine in einer Linkskurve).

Von der N2 fährt man nach Manapany-les-Bains ab. Der Boulevard de l'Océan führt bis zum Restaurant Chez Jo. Direkt unterhalb des Restaurants liegt das **Natursteinbecken** von Manapany-les-Bains. Es ist die einzige Möglichkeit, sich hier im Wasser auszutoben, denn die starken Strömungen und der hohe Wellengang der Basaltsteinküste wären zum Baden zu gefährlich.

Hartgesottenen Surfern ist Manapany als Surfspot bekannt, wo im September das **Manapany Surf Festival** mit Sportwettbewerben und Konzertreigen stattfindet. Die besten Wellen gibt es im tropischen Winter und Frühjahr (Juli–Okt.).

Übernachten

Traumhafte Sonnenuntergänge – **Le Manacoel:** 8, allée des Cormorans, Tel. 0693 01 61 61, www.manacoel-manapany.com, nice.gigan@hotmail.fr, Ferienwohnung ab 384 €/Woche bzw. 52 €/Tag. Eine schöne, gepflegte Anlage mit

vier unterschiedlich großen, gut ausgestatteten und klimatisierten Ferienwohnungen für Selbstversorger. Pool, teilweise direkter Blick aufs Meer, WLAN.
Deutschsprachig – **Gandalf Safari Camp:** 87, bd. de l'Océan, direkt an der Straße, die zum Becken von Manapany führt, Tel. 0262 58 45 59, www.gandalfsafaricamp.de, DZ 60 €. Fünf farbenfrohe, recht beengte Zimmer. Überdachte Terrasse mit Grill und Kochgelegenheit für Selbstversorger, kleiner Whirlpool und Fitnessecke. Gäste sollten Hunde mögen.
Sympathisch – **Les Cormorans:** 12B, allée des Cormorans, gleich neben Le Manacoel, Tel. 0692 44 82 15, http://gite-des-cormorans-manapany.com, DZ ab 55 €. Drei nette Selbstversorgerwohnungen jeweils mit Kitchenette, Swimmingpool, WLAN. Mme. Duflot ist eine äußerst liebenswürdige Gastgeberin, die gute Tipps zur Erkundung des Südens gibt.

Essen & Trinken

Salate mit Meerblick – **Chez Jo:** 143, bd. de l'Océan, Tel. 0262 31 48 83, Do–Di 12–15 Uhr, Fr, Sa abends geöffnet, Gerichte ab 12 €, zum Mitnehmen ab 6 €. Einfaches kreolisches Landgasthaus mit Blick aufs Meer.

Infos

Maison de Tourisme: 15, allée du Four-à-Chaux, Tel. 0262 37 37 11, www.sud.reunion.fr, Mo–Fr 9.30–12, 13–17.30, So 10–17 Uhr. Das Tourismusamt mit kompetenten und freundlichen Mitarbeitern liegt malerisch am alten Kalkofen von Manapany. Ein kleiner Rundgang lohnt sich!
Bus: An der N2 (Linie I) ist auszusteigen, Fußmarsch nach Manapany-les-Bains ca. 15 Min. Der Lokalbus 73D fährt 5 x tgl. von Saint-Joseph aus.

Saint-Joseph ▶ H/J 10/11

Erst Mitte des 19. Jh. begann man mit der Kultivierung von Zuckerrohr, als 1850 die Zuckerfabrik von Piton erbaut wurde, weitere Fabriken folgten. Trotzdem blieb die Region bis Mitte des 20. Jh. vom Rest der Insel abgeschnitten, bis endlich die Teerstraße in Angriff genommen wurde.

Wegen seiner Randlage hat sich Saint-Joseph mit 36 000 Einwohnern viel von der Atmosphäre früherer Zeiten bewahrt. Benannt nach dem Gouverneur Joseph de Souville, der in den Gründungsjahren regierte, gehen die Uhren hier heute noch immer langsamer als in Saint-Gilles oder im Norden. Außer mit der neoklassizistischen Kirche kann Saint-Joseph mit keinen kulturellen Sehenswürdigkeiten aufwarten, die wahren Sensationen liegen im Hinterland und wurden von Mutter Natur erschaffen.

Manch ein Autofahrer wünscht sich die Umgehungsstraße von Saint-Joseph sehnlichst herbei, denn der gesamte Verkehr verläuft durch das Stadtzentrum – ein Nadelöhr, das täglich lange Staus provoziert. Die Umgehung ist in Planung und soll in den nächsten Jahren gebaut werden. Bis dahin sollten Touristen die Stadt zwischen 7.30 und 9, 11.30 und 12.15 und 17 und 18.30 Uhr meiden.

Übernachten

Familiär – **Arpège Austral:** 53, rue des Prunes, an der Straße nach Grand-Coude (D33) bei der Ortstafel rechts, Tel. 0692 70 74 12, arpegeaustral@orange.fr, DZ 63 € inkl. Frühstück. Einfache Frühstückspension mit zwei Zimmern in den Höhen von Saint-Joseph. Internet, kleine Bibliothek, Spiele und Musikinstrumente stehen zur Verfügung.

Essen & Trinken

Pizza & Steaks – **La Gondole:** 36, rue Raphaël-Babet, gleich beim Score Supermarkt, Tel. 0262 56 16 12, Mo–Sa mittags und abends, So abends, Hauptgerichte ab 14 €. Einfaches archetypisches Gasthaus mit guter Pizza und saftigen Steaks.

Gut versteckt – **Au P'tit St. Jo:** 225, rue Raphaël-Babet, im Stadtzentrum links hinter der Post, Tel. 0262 29 53 11, Di–Sa 11.45–14, Fr, Sa 19–22 Uhr, ab 14 €. Kleines, adrettes Resto mit Bistro-Ambiente, wo kontinental-französische Gerichte wie Maigret de Canard, Quiche, gebackener Camembert, Omelettes sowie Burger, Steaks und Salate serviert werden. Sympathische Wirtsleute!

Infos

Bus: Zentral in der Stadt liegt der Busbahnhof, wo die Linie I und die Lokalbusse abfahren.

Unser Tipp

Auf höchstem Niveau – charmante Pension La Plantation

In den Höhen von Saint-Joseph, ca. 15 Minuten vom Zentrum entfernt, haben Véronique und Jarnö ein außergewöhnliches Gästehaus mit viel Liebe zum Detail geschaffen. Vom blauen Zimmer ›Océan‹ überblickt man den Pool und das Meer. Das elegante beigeweiße Zimmer ›Créole‹ sowie das feurig-gelbe Zimmer ›Volcan‹ liegen gartenseitig. Die geräumige Suite ›La Case‹, ausgestattet mit kleiner Kitchenette, verfügt über einen eigenen Garten und Meerblick. Vom Panoramapool sowie der Frühstücksterrasse eröffnen sich fantastische 180°-Panoramen auf die Küste, Saint-Joseph und das Meer. WLAN, Klimaanlage und großer Flatscreen in jedem Zimmer. Auf Wunsch gibt es Abendessen für 28 €. Die Betreiber sprechen Englisch. La Plantation (124, chemin de Jean-Petit, an der Straße nach Grand-Coude (D33), Tel. 0693 92 53 01, www.plantation.net, DZ 90–125 € inkl. Frühstück).

Plaine-des-Grègues

▶ H 9/10

Gleich mehrere Wasserläufe drängen von den vulkanischen Höhen des Piton de la Fournaise in Richtung Meer. Die Landschaft zwischen Petite-Île und Saint-Philippe ist zerrissen und zerfurcht wie die *lambrequins*, die dekorativen Schutzblenden an den Dächern der Kreolenhäuser. An der westlichsten der markanten Schluchten liegt auf 660 m Höhe das Bergdorf Plaine-des-Grègues in einer Art Mini-Cirque von malerischen Gipfeln umgeben.

Die N2 verlässt man bei der Brücke über die Rivière des Remparts bergwärts (noch vor dem Stadtzentrum von Saint-Joseph). Beim ersten Kreisverkehr hält man sich links, beim zweiten rechts. Danach verläuft die D3 in Kehren nach oben.

Einst wurden auf dem Plateau zwischen Rivière des Remparts und Ravine des Grègues Geranium und Vetyver zu Parfümessenzen destilliert und der berühmt-berüchtigte *rhum marron*, Hausrum, schwarz gebrannt. Nach der Weltwirtschaftskrise blieb nur der Kurkuma-Anbau übrig. Die frische Höhenluft (600–650 m) und der wasserdurchlässige Boden lassen auch andere landwirtschaftliche Erzeugnisse wie Taro, Christophinen oder Pfeilwurz gedeihen. Die Bodenbeschaffenheit gab dem Mini-Cirque im Übrigen auch seinen Namen: *Grègue* bedeutet Kaffeefilter auf Kreolisch, da das Wasser wie durch einen Kaffeefilter versickert.

Piton de L'Entonnoir ▶ H 10

Von Saint-Joseph aus gibt es keinerlei Beschilderung zum Piton de L'Entonnoir (470 m), von dem sich morgens beglückende Panoramen auf die wilde Südküste eröffnen. Etwa 15 Min. Autofahrt (6 km) hinter der Abzweigung folgt eine scharfe Rechtskurve, wo jäh am linken Straßenrand drei unauffällige blaue Schilder stehen, die zum Piton de L'Entonnoir weisen. Der Parkplatz befindet sich ca. 200 m weiter vorne links. Vom Busbahnhof in Saint-Joseph verkehren die Busse 72D und 73.

Vom Aussichtspunkt schweift der Blick von Plaine-des-Grègues über das charakteristische Plateau des Morne Langevin und Grand-Coude über den Piton de la Fournaise im Hintergrund und die dicht bewachsene Schlucht Rivière des Remparts im Vordergrund bis hin zu den weißen Dächern von Saint-Joseph und dem Meer. Wenn es die Wolkenlage und die Fernsicht zulässt, dann ist ein Besuch auch ab 17 Uhr zu empfehlen.

Far Far de Bézaves ▶ H 10

Anfahrt über den Piton de L'Entonnoir, in Bézaves, 205, rue Edmond Albius, Tel. 0262 37 61 92, Erntezeit Juli–Mitte Dez., Führung nur bei Voranmeldung, 7 €

Bei einem etwa einstündigen Rundgang führt Didier Hoareau, Vollerwerbslandwirt, seine Besucher durch die Welt des Zuckerrohrs, Kaffees und Vetyvers. Allein die Tatsache, dass es auf Réunion 585 Zuckerrohrsorten gibt, unterstreicht die Wichtigkeit dieses Rohstoffs. Die verschiedenen Sorten wurden für die zahllosen Mikroklimata gezüchtet, wobei die Pflanzen sich nur in Aussehen und Farbe unterscheiden, nicht aber im Geschmack. Der Großteil der Hybride wird aber nicht mehr genutzt. Daneben zeigt Herr Hoareau die kräfteraubende Herstellung von Vetyveröl. Aus dem Wurzelwerk der Vetyverpflanze wird in einem aufwändigen Verfahren das Öl gepresst. Nur eine Handvoll Bauern macht sich heute noch die Mühe, die Parfümessenz auf traditionelle Art herzustellen. Mittlerweile schätzt man das Vetyvergras als Baustoff für Dächer.

Schließlich erfahren die Besucher Wissenswertes über den réunionesischen Kaffee, der auf dem Weltmarkt als einer der teuersten gehandelt wird: 60 € pro 100 g! Die Sorte Bourbon Pointu ist eine mutierte Arabica-Sorte, die zur Zeit der ersten Kolonialisation bereits angebaut wurde, doch in Vergessenheit geriet. 2001 entdeckte ein lokaler Hobbybotaniker 30 wildwachsende Kaffeestauden, nachdem sie ein japanischer Kaffeeliebhaber zuvor schon gesucht hatte. Seit 2002 wird der Kaffee wieder vermehrt kultiviert. Durch die fruchtigen Geschmackskomponenten wie Mandarine und Litschi mundet das praktisch koffeinfreie Gebräu besonders Japanern – die den Kaffee 2007 erstmals mit großem Erfolg in Japan verkauften. Seitdem gilt er gemeinsam mit dem jamaikanischen Blue Mountains Coffee und dem indonesischen Kopi Luwak zu den exquisitesten Sorten.

La Maison du Curcuma

14, chemin du Rond, an der Kirche links und gleich wieder rechts halten, Tel. 0262 37 54 66, www.maisondu curcuma.fr, tgl. 9–12, 13.30–17 Uhr

Unweit der markanten weiß-blauen Kirche befindet sich rechts der Straße die grell-orange gefärbte Maison du Curcuma, wo alles Wissenswerte über die Kurkuma-Wurzel in Erfah-

Das leuchtend gelbe Kurkuma-Pulver wird aus einer unscheinbaren Knolle gewonnen

rung gebracht werden kann. Bekannt als ›Safran Péï‹, der Safran für Arme, wird das traditionellste aller réunionesischen Gewürze in den Höhen der Plaine-des-Grègues angebaut, weil das Mikroklima die empfindliche Pflanze am besten gedeihen lässt. Die Knollen verzweigen sich wie bei Ingwer, man spricht auch von den Fingern des Kurkuma *(les doigts des curcuma).* Die Mutterknolle *(la mère)* enthält den Kurkuma-Wirk- und Geschmacksstoff in einer hochdosierten Form, weshalb es auch zwei Intensitätsgrade gibt, den *curcuma de luxe* aus der Mutterknolle und den gewöhnlichen *curcuma*, der aus den anderen Teilen gewonnen wird. Die Kurkuma-Ernte findet von September bis Dezember statt. Nach der Ernte ruhen die Wurzeln ein paar Wochen, werden dann gewaschen und meist auf den Dächern getrocknet, bevor elektrische Mühlen sie zu orangegoldenem Pulver mahlen. Es gibt eine Verkostung und einen Verkauf nicht nur von Kurkuma, sondern verschiedenster Sirupe, Konfitüren und Gewürze. Ideal für zu hundert Prozent lokal produzierte Souvenirs!

Wanderungen

Von Plaine-des-Grègues führt ein **Höhenwanderweg** rund um den Ort mit herrlicher Aussicht auf die Rivière des Remparts und die südliche Küste. Der **Grand Boucle du Curcuma** (oder Boucle de Margozier) führt am Wasserfall Cascades Mottet vorbei, dauert etwa 5–6 Std. und ist nur für geeichte Marschierer gedacht (950 Höhenmeter auf ca. 15 km). Nur 1,5 Std. hingegen dauert der **Petit Boucle du Curcuma.** Beide Touren starten nahe der Kirche. Die Teerstraße verläuft nach rechts, wo bei der Haltestelle Verger Citrons ein Pfad zum Parkplatz links abzweigt. Es geht gleich steil bergauf, zu Anfang sind beide Routen identisch. Weiter oben, nach zahllosen schweißtreibenden Höhenmetern, gabelt sich der Weg; der

Petit Boucle du Curcuma führt nach links zurück ins Dorf, während sich der Grand Boucle de Margozier rechts immer weiter in die Höhe schraubt.

Übernachten

Hanglage auf 300 m – **Lodges Les Vanilliers:** 10, chemin Pottier, Carosse, an der D32, Tel. 0262 19 83 62, www.lodgeslesvanilliers.com, DZ 78 €. Elf einfache, gemütliche Holzbungalows wurden vom französisch-kanadischen Ehepaar in den Hang gebaut, fast überall hat man einen schönen Panoramablick über Saint-Joseph und den Ozean. WLAN, TV, Kühlschrank in jedem Chalet. Pool, Restaurant, Halbpension 23,50 € pro Person.
Auf dem Bauernhof – **Far Far de Bézaves:** Adresse s. S. 182, gitenath.sud@wanadoo.fr, DZ 55 €, Ferienwohnung 350 €. Drei einfache Zimmer und eine schöne Ferienwohnung neueren Datums stehen zur Auswahl. Herzliche Gastgeber.

Infos & Termine

Auto: Mit dem Auto erfolgt die Zufahrt über die D3 bzw. D32 durch Zuckerrohrfelder, entweder über Petite-Île, über Saint-Joseph oder Le Tampon.
Bus: Mo–Sa verkehrt 7 x tgl., am So 3 x tgl. die Linie Ti'Car Jaune 72 bzw. 72D zwischen dem Busbahnhof Saint-Joseph und Plaine-des-Grègues.
Le Safran en fête: November. Mehrtägiges Fest mit Marktständen, Imbissen, Musik und geführten Wanderungen.

Le Serré ▸ H/J 9

Von Saint-Joseph nach Norden führt die D33 zwischen den Schluchten der Rivière des Remparts und der Rivière Langevin auf eine schmale Hochebene. Hinter dem Vetyverdorf Jean-Petit verengt sich das Plateau bei Le Serré abenteuerlich. Am schmalsten Teil, den die beiden Flüsse übrig ließen, ist es nur ca. 100 m breit und eröffnet großartige Ausblicke auf die beiden spektakulären Canyons. Die Bergbäche schnitten die ursprünglich eingesunkenen Hohlräume des ersten Piton de la Fournaise noch tiefer ein. Spätere Erdbewegungen wie durch die Eruption des Cratère Commerson vor 2000 Jahren und den Erdrutsch von Mahavel im Jahr 1965 füllten die Schlucht wieder mit Geröll und Lava.

Der erste (nicht beschilderte) Aussichtspunkt auf die Schlucht der Rivière des Remparts befindet sich auf der linken Seite hinter Jean-Petit, wenn man bergan unterwegs ist. Eine rollstuhlgerechte Betonrampe führt zum Ausguck. Etwa 500 m weiter oben blickt man in die Schlucht der Rivière Langevin. Der Morne Langevin (2404 m) und der Nez de Bœuf (2136 m) thronen im Norden. Den Höhenweiler Grand-Galet von oben zu betrachten und den einen oder anderen Wasserfall aufblitzen zu sehen ist erhebend. Beide Aussichtspunkte teilen sich den Parkplatz unten beim ersten Ausguck, noch vor dem roten Saint-Expedit auf der linken Straßenseite. Über Treppen, vorbei an der Heiligenstatue, erreicht man zu Fuß den zweiten Aussichtspunkt (erkennbar am gemauerten Häuschen rechts).

Grand-Coude ▸ H 9

Auf 1200 m Seehöhe endet die D33 direkt vor der dramatischen Kulisse des Morne Langevin im verschlafenen Nest Grand-Coude, das hauptsächlich von der Land- und Milchwirtschaft (Kühe, Schafe) lebt. Die Landschaft und die klimatischen Bedingungen erinnern eher an die Alpen als an eine tropische Insel. Im Winter kann es hier schon mal auf 0 °C abkühlen. Ein Besuch lohnt sich nur früh am Morgen, da ab 10 Uhr der Himmel wolkenverhangen ist.

Zuerst kultivierte man in Grand-Coude Geranium und produzierte Parfümessenzen, aber nach Dekaden der Stagnation ging man in den 1960er-Jahren dazu über, Tee anzubauen. Aus wirtschaftlichen Gründen wurden die Teeplantagen aber bald aufgegeben, die einstige Fabrik wurde zu einem Mehrzwecksaal zurückgebaut (weißes Haus mit rosarotem Dach und Fensterläden direkt an der Durchfahrtsstraße). Hie und da können aber die alten Teesträucher im Gelände gesichtet werden.

Labyrinthe en champ thé

18, rue Emile Mussard, Tel. 0692 60 18 88, tgl. 9–12, 13–17 Uhr und nach Reservierung, geführte Tour ca. 1,5 Std. 8 €, ohne Führer 5 €

An die glorreichen Zeiten des Ortes erinnert die einzige noch bewirtschaftete Teeplantage auf Réunion. Neben einer Teeverkostung und dem Verkauf von weißem und grünem Tee, essentiellen Ölen, darunter Geraniumöl, und Honig wird besonders auf die Produktion von weißem Tee eingegangen. Monsieur Guichard spricht nur Französisch.

Übernachten

An der frischen Bergluft – **L'Eucalyptus:** 24, chemin de la Croisure Grand-Coude, Tel. 0692 03 54 78, eucalyptus.grondin@wanadoo.fr, DZ 44 €. Schönes weiß getünchtes kreolisches Haus mit mintgrünen Fensterläden, in dem zwei Zimmer vermietet werden.

Infos

Auto: An mehreren Stellen in der Umgebung von Saint-Joseph ist Grand-Coude beschildert, sodass man die D33 problemlos erreicht.

Bus: Der Lokalbus 75 fährt von Saint-Joseph nach Grand-Coude.

Rivière des Remparts ▸ H 7–10

Der Fluss Rivière des Remparts zählt mit einer Länge von ca. 25 km zu den längsten der Insel. Er mündet in Saint-Joseph ins Meer.

Früher nahmen fliehende Sklaven den Weg durch die Schlucht, wenn sie von den Plantagen des Südens flüchteten. Als Aufstiegsroute zum Fournaise ist die Geröllpiste aber nicht zu empfehlen, man kann sie jedoch mit dem Geländewagen bis zu dem Weiler **Roche-Plate** hochfahren. Die Zufahrt in die Schlucht beginnt in Saint-Joseph, nahe der Brücke über den Fluss. Nach dem Ende der Teerstraße geht die Fahrt im Flussbett weiter bis Roche-Plate.

Wanderung nach Roche-Plate

Vom Fournaise, genauer gesagt vom Nez de Bœuf (s. S. 271), führt ein fordernder Wanderweg hinab nach Roche-Plate (Gehzeit ca. 4–5 Std., Höhenunterschied mehr als 1300 m). Man muss in Roche-Plate übernachten und am nächsten Tag entweder durch das Flussbett nach Saint-Joseph absteigen oder nach Grand-Coude weitermarschieren (ebenfalls schwierig und steil, ca. 5 Std. Gehzeit). Nur machbar mit zwei Fahrzeugen oder mit Wanderführer samt Fahrzeug.

Übernachten

Schmucke Holzhäuser – **Gîte de la Rivière des Remparts:** in Roche-Plate, Tel. 0692 68 35 32, ab 16 € pro Pers. Die einfachen schindelgedeckten Häuser werden von Jacqueline Morel betrieben.

Rivière Langevin

▶ J 9–11

Im Küstenort Langevin weist am östlichen Ende der Brücke über den Fluss Langevin ein Schild nach Grand-Galet und zur Plaine des Sables. Die Einfahrt ist nicht zu übersehen, da dort ein gigantisches Gerüst steht, das in Erntezeiten als Zuckerrohrverladestation dient. Anfangs verläuft die breite Straße bergwärts rechts des Flusses, wechselt aber auf dem Weg hoch zum Wasserfall mehrmals die Flussseite.

Der Unterlauf der Rivière Langevin ist ein beliebtes Naherholungsgebiet, das bereits am Freitagnachmittag von campierenden und picknickenden Familien in Beschlag genommen wird. An Stellen, wo es ungefährlich ist und wo der Fluss nur wenig Fließgeschwindigkeit hat, kann man sich im kalten Wasser abkühlen. Dieses ist übrigens optimal für die Forellenzucht *(truite);* Fischliebhaber können in einem der Gasthäuser speisen.

Cascades Trou Noir und Cascades de Grand-Galet

▶ J 9

Je näher man den Wasserfällen kommt, desto enger wird die Straße, die sich beständig in steilen Kehren in die Höhe schraubt. 10 km nach der Einfahrt, gleich hinter der Brücke am Ortsende von Le Grand Défriché, befindet sich bergwärts auf der rechten Seite der Parkplatz der **Cascades Trou Noir,** der ›Wasserfälle des schwarzen Lochs‹. Der kleinere Wasserfall ist leicht zugänglich, und in den Trockenmonaten kann man ohne Bedenken darin schwimmen. Von hier führt ein Trampelpfad wenige Minuten bergauf zum zweiten, größeren Wasserfall **Grand-Galet** (ebenfalls rechts der Straße). Wer nicht laufen will, fährt die letzten engen Kehren nach oben, allerdings ist oben nur wenig Platz für Fahrzeuge. Man sollte lieber am großen Stellplatz beim kleineren Wasserfall parken.

Der große Wasserfall **Cascades de Grand-Galet** (auch Cascades de la Grande-Ravine), bietet je nach Saison und Regenfällen ein sensationelles Erlebnis. Mehrere Kaskaden ergießen sich in das türkis-schwarz schimmernde Bassin und bilden dabei eine formvollendete Wassersinfonie. Das Becken ist von der Straße her über einen sehr steilen, unwegsamen Pfad zugänglich.

Grand-Galet ▶ J 9

Die durchweg geteerte Straße führt in den Höhenweiler Grand-Galet (nur 300 m nach dem zweiten Wasserfall). Von dort aus könnte man eine Wanderung in die Plaine des Sables in Angriff nehmen (ca. 11 km, 4 Std. mit schwierigen Aufstiegen).

Essen & Trinken

Kreolisch – **Les pieds dans l'eau:** in der Nähe der Zuckerrohrverladestation am Flussunterlauf, Gerichte ab 5 €. Der Name ist Programm – man hat Blick auf den Fluss. Tipp: Nehmen Sie das *menu à emporter* und setzen Sie sich ans Ufer unter lauschige Bäume!

Infos

Bus: Die Linie 76 der Ti'Car Jaune fährt wochentags 6 x tgl. vom Busbahnhof Saint-Joseph nach Grand-Galet.

Vincendo ▶ J 10

Direkt an der N2 liegt Vincendo, ein Straßendorf, das nach einem der ersten Siedler, François Vincendo, benannt wurde. Seit jeher war das Dorf der Landwirtschaft verpflichtet, heute werden Ingwer und Palmenherzen gezüchtet. Die eigentliche Hauptattraktion von Vincendo ist der Strand. Vom ersten Kreisverkehr in Vincendo gelangt man über den Abzweig ›Gymnase/Lycée‹ auf die Rue de la Marine, die direkt zum Wasser führt. Es gibt Picknickplätze, eine Dusche und einen viel zu kleinen Parkplatz (s. Lieblingsort S. 188).

Essen & Trinken

Quietschgrün – **Le Papangue:** direkt an der N2, neben der Gîte Rougail Mangue, Tel. 0262 31 48 92, Mo, Mi–Sa 12–14, 19–22 Uhr, So Mittag geöffnet, Hauptgerichte ab 14 €. Im einladenden Ambiente, auch auf der Veranda vorne, wird schmackhafte französische À-la-carte-Küche mit kreolischem Touch kredenzt. Das farbenfrohe grüne Häuschen und die rot-weiß karierten Tischdecken machen richtig Appetit! Freundliche Wirtsleute, die sich Zeit nehmen, ihre Kreationen zu erklären. Täglich wechselnde Speisekarte.

Basse-Vallée ▶ K 10

Auf dem Weg nach Saint-Philippe war die Überquerung der markanten Ravine de Basse-Vallée knapp 3 km hinter dem Zentrum von Vincendo lange schwierig und zeitraubend. Heute überquert man die Schlucht vergleichsweise problemlos. Der Ort Basse-Vallée markiert die Wetterscheide zwischen der *côte au vent* (Osten) und der *côte sous le vent* (Westen). Entsprechend unterschiedlich kann das Wetter sein: Während es eben noch klare Sicht gab, können ein paar Kilometer weiter Wolken den Himmel verhängen und Nieselregen niedergehen.

Cap Méchant ! ▶ K 10

Vor mehreren hundert Jahren fürchteten die Seeleute, Fischer und Piraten die unberechenbaren Winde und Strömungen, Riffe und scharfkantigen Lavaklippen der Südküste. Hier, vor der Küste von Basse-Vallée am Cap Méchant, verloren sie oft ganze Schiffe oder gar das eigene Leben. Wegen der Unbezwingbarkeit und Abgelegenheit des ›hinterhältigen‹ Kaps, so die Übersetzung, versteckten sich hier bevorzugt Piraten. Erzählungen von sagenhaften Schätzen kursieren noch heute.

Hinter der langgezogenen Abfahrt nach Basse-Vallée fährt man nach der Brücke am Ortsanfang rechts. Bei der nächsten Weggabelung hält man sich links, danach zweigt man direkt an der zweiten roten Rüttelschwelle rechts in die Rue du Cap Méchant ein. Vom Parkplatz bzw. Restaurant sind es nur wenige Schritte. Über Stufen erreicht man das erste Plateau der gepflegten, parkähnlichen Anlage mit Picknick-Kiosken und Feuerstellen. Gleich rechts liegt der wenig spektakuläre **Puits des Français**, eine verwilderte Zisterne an der Felswand aus dem 18. oder 19. Jh., von der man wenig weiß, außer dass sie zu einer Serie von mehreren Süßwasserbecken gehört. Trotz der hohen Niederschlagsmengen mussten die Bewohner des Südens früher immer wieder tagelang ohne Wasser auskommen, da der Regen im porösen Gestein sofort versickert. Die Zisternen schufen Abhilfe.

Vorne am Meer führen links und rechts Treppen hinauf auf die Lavaklippen. Über die schroffe Steilküste

Lieblingsort

Vom Wind geküsst – die Bucht von Vincendo ► J 10

Zwischen Oktober und März funkelt in der Bucht von Vincendo schwarzer Sand in der Sonne, in den restlichen Monaten waschen starker Wellengang und die Strömung den schwarzen Sand aus. Unter den dicht gewachsenen Vacoa-Bäumen lässt es sich gut picknicken, während das Meer mit Wucht an die Lavaküste prallt und Fontänen von weißer Gischt produziert.

mit Meerespanorama fegt der Wind; das Meer wirft sich mit großer Wucht gegen die Küste und katapultiert Wasserfontänen in die Höhe. Ausgedehnte Vacoa-Wälder wurden gepflanzt, um die dahinter liegenden Gewürzkulturen und Plantagen vor der salzigen Gischt zu schützen. Seitdem hat sich die Vacoa-Pflanze vor allem entlang der Wasserlinie und der Flussufer ausgebreitet. An Wochenenden finden sich am Cap Méchant viele Réunionesen ein. Vom linken Plateau aus führt ein weiß markierter, unwegsamer Wanderweg entlang des Meeres über Stock und Stein.

Wanderung zur Pointe de la Table

Bis zur Pointe de la Table (s. S. 192), marschiert man in nordöstlicher Richtung (ca. 10 km, 5–6 Std.). Nicht ausgeschildert, nur Farbmarkierungen am Lavafels. Nur morgens zu empfehlen; Wasser, Sonnenbrillen, Sonnencreme und Kopfbedeckung nicht vergessen! Rückfahrt zum Auto mit Linie I möglich.

Übernachten

Holzhäuschen – **Chambre d'hôtes du Cap Méchant:** 31, rue de Labourdonnais, auf dem Weg zum Cap, Tel. 0692 53 92 72, huet.jacky@hotmail.fr, DZ ab 65 €. Einfache, schmucke Holzbungalows in ruhiger Lage mit Pool, in unmittelbarer Nähe des Cap Méchant.

Essen & Trinken

Kreolisch-chinesisch – **Le Cap Méchant:** direkt am Parkplatz des Cap Méchant, Tel. 0262 37 00 61, Di–So 11.30–14 Uhr, Hauptgerichte ab 10 €. Rein äußerlich macht das mintgrüne Restaurant mit Bahnhofshallenflair nichts her, aber die Einheimischen sind sich einig, dass es hier das beste kreolische Essen weit und breit gibt.

Infos

Bus: Die Linie I der Cars Jaunes hält an der N2 nahe am Cap Méchant, Fußweg 15 Min.

Le Baril ▸ K 10

In Baril passiert man – vom Cap Méchant kommend linker Hand – die unscheinbaren Überreste einer alten Zuckerfabrik (erbaut 1863, stillgelegt 1919) samt Zuckerrohrverladestation. Ein paar hundert Meter weiter rechts befindet sich eine weitere Zisterne, der **Puits des Anglais**. Erkennbar ist die Attraktion am Parkplatz und an den Picknickbänken unter Vacoa- und Filaos-Bäumen. Entstanden in den Jahren 1813–1822, also zur Zeit der englischen Besatzung (1810–1815), diente die Zisterne als Wasserreservoir. In den Schulferien ist das Salzwasserschwimmbad direkt an der Basaltküste in Betrieb. Wer früh genug unterwegs ist, wird mit einem tollen Blick auf den Vulkan und die davor liegenden Zuckerrohrfelder belohnt.

Forêt de Mare-Longue

150 m hinter dem Puits des Anglais zweigt links der Chemin de Ceinture zum Forêt de Mare-Longue ab, einem seit 1958 unter Naturschutz stehenden Gebiet und seit 2010 Teil des Weltnaturerbes. Auf einem 300–400 Jahre alten Lavafeld gedeihen im Feuchtwald zwischen 100 und 700 m Seehöhe zahllose endemische Pflanzenarten, von denen ein Drittel ausschließlich auf Réunion und zwei Drittel nur auf den Maskarenen beheimatet sind. Es soll sich um einen der letzten Farbholzwälder *(forêt de bois de couleurs des bas)* der Maskarenen und um das botanisch wertvollste Gebiet der Insel handeln. Rundwege führen durch die

Artenvielfalt des Regenwaldes (s. u., Sentier botanique).

Jardin des Parfums et des Epices

7, chemin Forestier, mehrere Zugänge, einer s. Forêt de Mare-Longue, einer 900 m weiter vorne auf der Route forestière 4 bergwärts, Tel. 0262 37 06 36, tgl. 10.30–14.30 Uhr, Eintritt 5 € ohne Führung, 6,10 € mit Führung (ca. 1,5 Std.) auf Französisch

Der Hobby-Botaniker Patrick Fontaine hat mitten im geschützten Wald von Mare-Longue den bedeutendsten botanischen Garten der Insel angelegt – ein Dufterlebnis und Augenschmaus der besonderen Art (s. S. 58). Die Parkanlage kommt ohne Schautafeln aus, da sich die Standorte der Gewächse laufend saisonal verändern. Man versucht, menschliche Eingriffe zu vermeiden. Deshalb ist die Zuhilfenahme eines Führers ratsam (nur gegen Voranmeldung).

Sentier botanique

Neben dem Jardin des Parfums et des Epices kann man sich weiter oben im Forêt de Mare-Longue die Beine vertreten. Der Sentier botanique ist ein botanischer Lehrpfad, bestehend aus drei Abschnitten mit Schautafeln; Dauer ca. 1 Std., festes Schuhwerk erforderlich. Gleiche Anfahrt wie zum Jardin des Parfums et Epices über den Forstweg, gleich hinter der Abzweigung zum Garten links abbiegen.

Übernachten, Essen

Institution – **Le Pinpin d'Amour:** in Baril-les-Hauts, 56 A, chemin Paul Hoarau, Tel. 0262 37 14 86 oder 0692 67 91 37, www.pinpindamour.com, DZ 60 €, Menüs 29 €, Essen nur auf Bestellung. Die kreolische Fremdenpension mit einfachen, aber gut ausgestatteten Zimmern (eines rollstuhlgerecht) liegt am Berg mit Blick auf die Zuckerrohrfelder und das Meer. Internet, Verkauf hausgemachter Produkte (Honig, Konfitüre etc.), Sauna. Der Ruf eilt der Köchin voraus: Von überall her trudeln Reservierungen ein, um die typische Vacoa-Küche zu genießen.

Küche des Südens – **Ferme Auberge Guimard:** Mare-Longue, 4, route forestière, auf der Straße zum Jardin des Parfums et des Epices (2. Zugang), Tel. 0262 37 09 63, marguerite.guimard@wanadoo.fr, am besten mit Reservierung. Traditionelle Küche aus Vacoa, Palmenherzen und Papaya, Menü 25 € pro Person, weithin bekannt und beliebt bei den Einheimischen.

Infos

Bus: Die Linie I der Cars Jaunes hält in Le Baril, Puits des Anglais oder Mare-Longue. Über die RF4 ca. 500 m bis zum Duftgarten.

Saint-Philippe ▶ L 10

Die Straße quält sich über erkaltete Lavaströme dem Passat entgegen, der die nun windzugewandte Küste in ein einziges Treibhaus verwandelt. Nirgends ist die Vegetation so üppig und vielfältig wie in diesem entlegenen Winkel, wo gleichzeitig der Vulkan alles Leben erstickt und verbrennt. Neben einigen farbenfrohen traditionellen Kreolenhäusern mit den typischen Veranden und den *lambrequins,* den Schutzblenden an den Vordächern, sind auch viele ärmliche Behausungen zu sehen. Tief im Inselsüden gibt es wenig Arbeit, nur wenige Touristen verweilen. Einzig der Anbau verschiedener Arten von Nutzpalmen sowie von Gewürzvanille spielt eine Rolle.

Der **Strand** von Saint-Philippe besteht aus schroffen schwarzen Lavaformationen, an die das Meer peitscht und auf denen Vacoa-Bäume wachsen. Wer der Rue de la Marine vor dem Eco-Musée folgt, gelangt an den alten **Hafen** *(le vieux port)*, der seit 1880 als bedeutender Fischerhafen des Südens in Betrieb ist. 1897 lief die Warren Hastings, ein britisches Boot, auf Grund, als die Navigationsgeräte wegen eines Vulkanausbruchs verrückt spielten. Von der 1262 Mann starken Besatzung konnten bis auf zwei Seeleute alle gerettet werden.

Eco-Musée Au Bon Roi Louis

1, rue de la Marine, direkt an der N2, Tel. 0262 37 12 98, Mo–Sa 9–12, 14–16.30 Uhr, geführte Tour 1,5 Std., 5 €
Im 1850 erbauten Haus sind Gegenstände des kreolischen Lebens wie alte Werkzeuge, Geld, Geschirr, Dokumente oder Sklavenketten ausgestellt.

Übernachten

Gepflegt – **Au domaine du Vacoa:** 12, chemin Vacoa, Tel. 0692 64 89 89, DZ 60 €. Äußerst nette, am Berg gelegene Fremdenpension mit zwei farbenfrohen Zimmern mit Meerblick. Abendessen (23–26 €) nur auf Vorbestellung.

Infos

Maison du Tourisme: 62, rue Leconte-de-Lisle, beim Hôtel de Ville, Tel. 0262 97 75 84, Mo–Sa 9–17 Uhr.
Bus: Von Saint-Pierre bis Le Tremblet fahren 8 x tgl. Busse der Linie I Mo–Sa, nach Saint-Benoît verkehren 5 Busse tgl., sonntags 4 bzw. 3 Fahrten.

Pointe de la Table

▶ M 10

Die Ostflanke des Piton de la Fournaise besteht aus zahllosen Lavaströmen. Mit jeder einzelnen Eruption wächst die Insel trotz der starken Brandung auf dieser windzugewandten Seite. 1986 öffnete sich in 1000 m Höhe eine lange Spalte, die zwei Lavaströme freisetzte, die auf die Siedlungen Takamaka und Le Tremblet zusteuerten. 2 Mio. m³ Lava vergrößerten Réunion binnen einer Woche um knapp 25 ha. Über 30 Jahre später hat einer der beiden Lavaströme *(coulée)* als Pointe de la Table seinen Fixplatz im Besichtigungsprogramm erobert. Die lang gezogene Landzunge kann über eine Zufahrt vorbei an der Zisterne Le Puits Arabe erreicht werden.

Le Puits Arabe

Obwohl sich die Legende, es handle sich um ein von arabischen Seefahrern gebautes Becken, hartnäckig hält, wurde der Puits Arabe 1813 vom Botaniker Joseph Hubert nach arabischen Vorbildern angelegt. Er verantwortete die Einführung und Optimierung der Gewürznelke und verbrachte sein ganzes Leben im Süden. Die 42 in den Basalt gehauenen Stufen führen bis zum Grundwasser in etwa 10 m Tiefe. Nach der Eruption 1986 wurde die Zisterne (links vor dem Parkplatz) trockengelegt, die bis dahin die Trinkwasserversorgung der Anrainerdörfer sicherstellte.

Wanderungen entlang der Küste

Am großzügig gestalteten Parkplatz samt Picknicktischen und Sanitäranlagen beginnen zwei flache Wanderwege entlang der Küste. Die kleinere Runde *(petite bouclé)* führt in Richtung Nordosten bis zum **Pointe du Tremblet** (2,5 km, ca. 1,5 Std.) über das Lavafeld von 1986. Viel weiter, nämlich bis zum **Cap Méchant,** marschiert man in südwestlicher Richtung (ca. 10 km, 5–6 Std.). Nicht ausgeschildert, nur Farbmarkierungen am Lavafels. Nur morgens zu empfehlen; Wasser, Sonnenbrillen, Sonnencreme und Kopfbedeckung nicht vergessen! Rückfahrt zum Auto mit Linie I möglich.

Essen & Trinken

Einfach, aber lecker – **Vanille Coco:** direkt an der N2 bergseitig vor Ravine Ango, Tel. 0692 00 23 91, Mo–Fr 11.30–14 Uhr, Sa–So ganztägig, Hauptgerichte ab 10 €. In dem Lokal werden u. a. Spezialitäten mit Vanille serviert.

Infos

Bus: Die Linie I der Cars Jaunes hält am Puits Arabe (Gehweg ca. 500 m), Mo–Fr 8 x tgl., Sa/So 4 x tgl.

Le Tremblet ▸ L 9

Das ehemalige Fischerdorf Le Tremblet ist die letzte Siedlung vor der großen Barriere Grand Brûlé, ein seit jeher spärlich besiedelter und abgelegener Landstrich. Den sagenhaften Lavastrom von 1986 kann man nur noch erahnen, denn die Natur hat sich ihren Raum zurückerobert. Nur wer genau schaut (oder die Küstenwanderung von der Pointe de la Table unternimmt), erkennt die blassgraue Lava der Risseruptionen im dichten Unterholz. Je dunkler Lava ist, desto jünger ist sie übrigens.

Seit dem Jahrhundertausbruch des Piton de la Fournaise 2007 hat sich das verschlafene Le Tremblet als Basis für Wanderungen und den Besuch der Lavafelder etabliert. Vom Fischen lebt das Dorf schon lange nicht mehr, viel eher von Vanille und landwirtschaftlichen Produkten.

Le Vieux Port du Tremblet

Etwa 5 km hinter der Abzweigung zur Pointe de la Table, gleich hinter dem Schild Ravine Citron Galets, führen rechts eine unbeschilderte, 1,4 km lange Stichstraße und ein kurzer, unwegsamer Pfad hinunter zur wilden Bucht des Vieux Port. Vom alten, natürlichen Hafen gibt es keinerlei Überreste, aber man kann erahnen, wie mutig die Fischer von Le Tremblet ihren Beruf ausübten.

Das Schöne am Vieux Port ist vielmehr der olivingrün schimmernde **Strand,** der hier und dort mit dem dunkelgrauen Sand eine Symbiose eingeht. Tosend und schäumend wirft sich das Meer gegen die schroffe Vulkanküste und die Sandbucht. Man kann über die Lava oder bei Ebbe über den olivingrünen Strand spazieren, bis man schließlich den Lavastrom von 2007 erreicht, der hier dampfend ins Meer geflossen ist (ca. 2 Stunden hin und retour). Schilder erinnern daran, dass der Zutritt aufgrund der fragilen Bodenbeschaffenheit der Lava verboten ist. Baden ist strengstens untersagt, aber der wilde, farbintensive Strand mit seinen steil aufragenden Abbrüchen ist allemal einen Abstecher wert.

Übernachten

Farbenfroh – **Le Crabe Sous la Varangue:** 1 N2, am Ortsanfang von Le Tremblet, Tel. 0692 92 13 56, lacazboyer @laposte.net, DZ 65 €, Triple 95 €. Die einzige Unterkunft in unmittelbarer Nähe zum Grand Brûlé macht mit ihren drei farbenfrohen Zimmern und dem üppigen Garten gute Laune. Vier-Gang-Abendessen 24 € pro Person.

Essen & Trinken

Nahe der Lava – **Le Vieux Port:** 112, N2 Tremblet, 500 m hinter der Einfahrt zum Vieux Port, Tel. 0692 15 79 31, tgl. mittags, abends nur gegen Reservierung. Typisch kreolische Spezialitäten des Inselsüdens werden im lauschigen Tropengarten serviert. Herzlicher Empfang, große Portionen.

Einkaufen

Vanille – **Escale Bleue Vanille:** 7, N2 Tremblet, direkt an der N2, nach der Ortseinfahrt links, Tel. 0262 37 03 99, Mo–Fr 9.30–17.30 Uhr. Verkauf von Vanille und Vanilleprodukten, wie Zutaten für *rhum arrangé* (5 €) oder Vanilleöl (6 €).
Souvenirs – **La Case Volcan:** 123, N2 Tremblet, Tel. 0692 64 77 67, Do–Di 9–18 Uhr. In der kleinen Boutique finden sich typische Erzeugnisse des Südens, wie Konfitüren, Honig, Schmuck aus Lavagestein sowie Postkarten, DVDs und Bücher über den Vulkan. Es gibt auch kleine Snacks und Getränke.

Aktiv

Vanilleplantage – **Escale Bleue Vanille:** Anfahrt s. Einkaufen, Mo–Fr 7 x tgl. Zur Zeit der Bestäubung, im Oktober, November, Dezember, führt M. Leichnig Interessierte durch seine Vanille-Gärten und erklärt enthusiastisch, wie die Blüten bestäubt werden, wie Vanille geerntet und weiterverarbeitet wird. 5 € pro Person. Man ist flexibel bei den Touren und äußerst gastfreundlich!
Lavawanderungen – **Rougail Rando:** Adresse und Email s. Le Crabe Sous la Varangue S. 193, Tel. 0692 92 14 34. Juanito Boyer ist der einzige zertifizierte Guide im Südosten, er ist am Vulkan aufgewachsen und kennt die Gegend wie seine Westentasche. Wanderungen am und unter dem Grand Brûlé ab 45 € pro Person, andere Wanderungen 160 € pro Gruppe und Tag. Ausrüstung: gutes Schuhwerk (ausreichend dicke Sohlen!), Sonnen- und Kopfschutz sowie genügend Wasservorrat.

Infos

Bus: Die Linie I der Cars Jaunes hält in Le Tremblet und direkt vor dem Grand Brûlé, Mo–Fr 8 x tgl., Sa/So 4 x tgl.

Le Grand Brûlé ! ▶ L 8

Die Abbruchkante Rempart du Tremblet markiert nicht nur das Tor zum Grand Brûlé, sondern auch zum Parc National de la Réunion. Gleich zu Beginn geht es durch das 1,5 km breite Lavafeld der Eruption von 2007. Bei dem Jahrhundertausbruch des Piton de la Fournaise flossen 140 Mio. m^3 Lava von einer Ruptur an der Ostflanke auf nur 650 m Höhe in bemerkenswerter Geschwindigkeit Richtung Meer. Wie schon bei dem Ausbruch 1986 war Le Tremblet bedroht, doch diesmal nicht so sehr durch die Lava als vielmehr durch die giftigen Dämpfe, die Feuerwalze sowie den nachfolgenden sauren Regen. Erst nach mehr als einem Jahr Zuwartens konnte die Lücke der N2 über das neu entstandene Lavafeld geschlossen werden. Teilweise raucht es noch, man spürt die Hitze von unten oder riecht Gase. Man schätzt, dass während des vierwöchigen Ausbruchs vom 2. April bis 1. Mai 2007 thermische Energie im Ausmaß von 80 Hiroshima-Bomben freigesetzt wurde. Um ganze 0,45 km^2 vergrößerte sich die Insel, zwei kleinere Krater wurden geboren.

Die Forscher schätzen, dass die Lavadecke des neuen Lavastroms bis zu 65 m tief ist. Unter der erstarrten Oberfläche ist der Lavafluss aber alles andere als unbeweglich. Ab etwa 12 m Tiefe ist die Lava noch immer flüssig und bewegt sich ohne Unterlass nach dem Prinzip eines Gletschers etwa 2 cm pro Jahr in Richtung Meer. Wer genau hinsieht, wird verschobe-

Auf dem jüngsten Lavafeld des Grand Brûlé sollte man die Straße nicht verlassen

ne Straßenkanten und Brüche in der Fahrbahn erkennen. Noch 200 Jahre werden vergehen, bis die Lava bis in tiefe Schichten völlig erkaltet ist.

Und obwohl der Ausbruch erst wenige Jahre her ist, drängen erste Pflanzen ungeduldig durch den Basalt (s. auch S. 51). Zur eigenen Sicherheit darf man die Schilder am Straßenrand nicht ignorieren. Auf dem neuen Lavafeld zu spazieren kann lebensgefährlich sein. Der langsam erstarrende und doch ständig sich bewegende Strom verändert sich laufend. Lavablasen brechen ohne Vorwarnung ein, Gleiches gilt für Lavatunnels. Nicht umsonst mahnen die Schilder, sich nur entlang der Straße zu bewegen. Eine Schautafel in der Mitte des Lavaflusses wird der Magie des Ortes ganz und gar nicht gerecht. Auf der Weiterfahrt folgen zahlreiche Lavaströme von Eruptionen aus den Jahren 1998–2005.

La Vierge au Parasol

Am Ende des Grand Brûlé steht endlich wieder die blaue Jungfrau mit Schirm, La Vierge au Parasol. Anfang des 20. Jh. hatte sie Monsieur Leroux, der Besitzer der Zuckerrohrplantagen von Bois-Blanc, aufstellen lassen, um die Ernten vor Vernichtung, insbesondere durch Lava, zu bewahren.

Die Legende erzählt, dass ein Lavastrom die Jungfrau verschonte, während er das Gebiet ringsum verwüstete. 2002 musste die Statue nach Piton Sainte-Rose neben die Lavakirche Notre-Dame-des-Laves (s. S. 222) übersiedeln, weil eine massive Eruption sie zu vernichten drohte.

Erst Ende 2010 brachte man sie zurück an ihren angestammten Ort, wo sie als eine der wichtigsten Marienfiguren die Bewohner des Landstrichs erneut gegen Eruptionen schützen soll.

Das Beste auf einen Blick

Die Ostküste

Highlight !

Takamaka: Das spektakuläre Panorama auf die saftig grünen Schluchten und Täler bannt jeden Besucher. S. 217

Auf Entdeckungstour

Das Geheimnis der Vanille – Plantation de Vanille Rouloff: Die Produktion von echter Bourbon-Vanille erfordert viel Handarbeit. Beim geführten Rundgang durch ihre Plantage erklärt die Familie Rouloff den Anbau, die Pflege und die Verarbeitung der wertvollen Gewürzpflanze. S. 204

Hinduismus zum Anfassen – Temple du Colosse: Ein Revival des Hinduismus auf Réunion hat in den letzten Jahren vermehrt zum Bau von Tempelanlagen und Ashrams geführt. Der Temple du Colosse vereint wichtige Elemente der hinduistischen Sakralarchitektur. S. 208

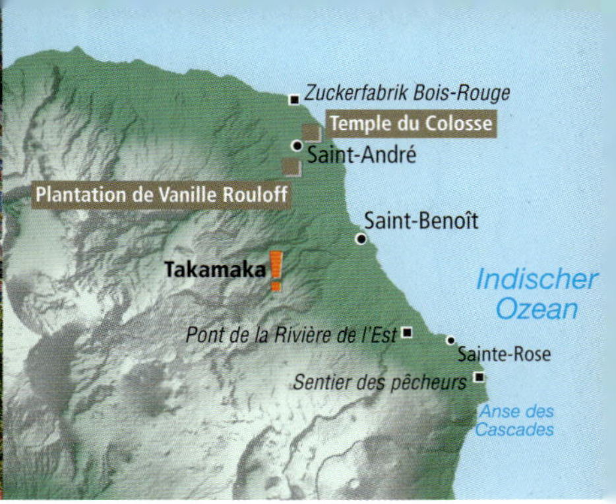

Kultur & Sehenswertes

Maison Martin Valliamée in Saint-André: Die exzentrische kreolische Villa mit italienischen Balken und arabischen Böden versetzt Besucher in eine andere Zeit. S. 202

Pont de la Rivière de l'Est: Einst als längste Hängebrücke der Welt bewundert und bis 1979 im Einsatz, hat sie heute nur Fotomotiv-Charakter. S. 218

Anse des Cascades: Die hübsche Bucht im äußersten Südosten teilt man sich mit Tausenden Palmen, bunten Booten und eifrigen Fischern. S. 223

Zu Fuß unterwegs

Sentier des pêcheurs: Der knapp 15 km lange Küstenwanderweg von Sainte-Rose nach Anse des Cascades ist für die Fotokamera fordernder als für die Beine. S. 219

Genießen & Atmosphäre

Zentrum von Saint-Benoît: Nicht spektakulär, aber lohnenswert ist ein Spaziergang durch den historischen Kern rund um die Kirche von Saint-Benoît. S. 213

Grundelfischen: Zwischen September und Dezember hoffen die Männer an den Flussmündungen an der Ostküste auf reichen Fang – und das ganze Dorf drückt die Daumen. S. 214

Abends & Nachts

Zuckerfabrik Bois-Rouge bei Nacht: Viel imposanter als bei Tag wirkt das Getöse in der Zuckerfabrik bei Scheinwerferlicht und angenehmen Temperaturen. S. 207

Zuckerrohr, Vanille und Tempel – Küste im Wind

Die Berge stauen die Passatwolken auf und bescheren der Region eine jährliche Niederschlagsmenge von 3000 bis 5000 Liter pro m². Zum Vergleich: In Deutschland liegt die durchschnittliche Niederschlagsmenge je nach Region bei 200 bis 700 Liter pro m²! Im feucht-warmen Tropenklima gedeiht praktisch alles, was in die Erde gesteckt wird. Die Ostseite der Insel hat Wasser im Überfluss, so viel, dass fast die gesamte Wasserversorgung des Westens auch gesichert ist. Deshalb war der Osten schon früh dem Anbau von Zuckerrohr, Kaffee und Vanille vorbehalten. Da auf den Plantagen nach Abschaffung der Sklaverei viele tamilische Vertragsarbeiter arbeiteten (s. S. 65), prägen ihre Nachfahren heute die Städte der Region. Einziger Grund, warum viele Reisende keinen Urlaub im Inselosten planen: Es gibt keine Strände, die zum Schwimmen geeignet wären. Außerdem bleibt nach all den anderen sensationellen Highlights oft kaum mehr Zeit, um den nicht minder spektakulären Osten zu erkunden.

Infobox

Anreise und Weiterkommen

Auto: Die Küstenstraße N2 führt von Saint-Denis bis hinunter nach Sainte-Rose und Saint-Philippe. Die Straße N3 über die Hochplateaus (Plaine-des-Cafres und Plaine-des-Palmistes) endet in Saint-Benoît.

Bus: Von Saint-Denis aus verkehren die Linien F und G, von Saint-Pierre aus die Linien H (über Plaine-des-Palmistes) und I (über Saint-Philippe). Die Verbindungen von Stadt zu Stadt mit den Bussen der Cars Jaunes funktionieren ganz gut, aber für Ausflüge ins Hinterland reicht das Busnetz nicht aus.

Wanderkarten: IGN 4402 RT für Sainte-Suzanne; IGN 4403 RT für Saint-André, Saint-Benoît, Takamaka, Sainte-Rose; IGN 4406 RT für Anse des Cascades.

Sainte-Suzanne ▸ H 2

Die zwölf Gesetzesbrecher, die im Jahr 1646 von Madagaskar nach Réunion verbannt worden waren, gründeten an dem Ort, der heute Quartier-Français heißt, die ersten Siedlungen der Insel. Von Anfang an bis heute war Sainte-Suzanne eines der bedeutendsten Zentren der Landwirtschaft, anfangs für Weizen, Reis, Wein und Tabak, später für Kaffee und Zuckerrohr. 1820 führten die Betriebe der Region die Zuckerproduktion der Insel an. Jahrzehnte später kam der Vanilleanbau hinzu. Ein nicht enden wollender, tiefgrüner Teppich aus Zuckerrohrfeldern umgibt heute noch das Städtchen, sodass es nicht verwundert, dass die knapp 22 500 Einwohner nach wie vor vorwiegend von der Landwirtschaft leben. Mit Touristen haben sie kaum zu tun, brausen doch die meisten auf der Autobahn in Richtung Salazie einfach an Sainte-Suzanne vorbei.

Phare de Bel-Air

Mo–Sa 9.30–12.30, 13.30–17 Uhr

An der westlichen Stadteinfahrt, an der Kreuzung der Hauptstraße mit der D51 nach Bagatelle und Bassin Bœuf, führt die Rue du Phare zum Leuchtturm und zum Tourismusbüro. Schon von der Autobahn aus ist der rot-weiße Phare de Bel-Air zu sehen. Der Turm wurde 1846 in Betrieb genommen und diente bis 1984 als Anhaltspunkt für die Seeleute, um an den gefährlichen Küstenabschnitten des Nordostens vorbeizusegeln. Er ist der einzige Leuchtturm der Insel, der bisher sämtlichen Zyklonen standgehalten hat. 1997 wurden nach der Erklärung zum *Monument historique* die Räume im Erdgeschoss generalsaniert. Hier finden heimische Künstler einen Rahmen, um ihre Kunstwerke auszustellen. Die Wendeltreppe nach oben ist aber nach wie vor nicht für die Öffentlichkeit geöffnet.

Domaine du Grand Hazier

Allée Chassagne, Tel. 0692 68 50 19, www.domainedugrandhazier.re, Führung nach telefonischer Absprache, 5 €;
La Vanilleraie, in den Stallungen, Tel. 0262 23 07 26, www.lavanilleraie.com, Mo–Sa 9–12, 14–17 Uhr, Führungen 9, 10, 11, 14, 15, 16 Uhr, 5 €

Obwohl gerade die Höhen von Sainte-Suzanne einst Heimat der Zuckerbarone waren, merken heutige Besucher kaum etwas vom Glanz der alten Tage. Gelegentlich markieren schmucke Palmenalleen die Auffahrt zu einem Herrenhaus, doch der Zutritt wird schon an der Einfahrtsstraße mittels großer Schilder verweigert, öffentlich zugänglich ist nur das Landgut Grand Hazier. Um zu dem Anwesen zu gelangen, fährt man auf der D51 Richtung Bagatelle und Bassin Bœuf und zweigt in Bel-Air auf die Rue Transversale du Bel-Air nach Westen ab. Ab hier ist der Weg zur Domaine ausgeschildert. Die letzte Anfahrt durch eine Palmenallee stimmt auf den Besuch des über dreihundert Jahre alten bewohnten kreolischen **Herrenhauses** der Familie Chassagne ein. Möglicherweise handelt es sich um die älteste Domaine (landwirtschaftlicher Gutshof) der Insel überhaupt. Bei Führungen (Anmeldungen mind. einen Tag im Voraus) sind Originalmobiliar aus der Zeit der Ostindien-Kompanie, historische Souvenirs, kreolische Einzelstücke und vor allem der liebevoll gepflegte Garten zu sehen.

In den 1897 erbauten Stallungen quartierte sich im Oktober 2009 der Vanilleproduzent **La Vanilleraie** ein, der als verarbeitender Betrieb die Vanilleernten der Bauern zukauft und zu preisgekrönter Vanille und Vanilleprodukten verarbeitet. In der Boutique steht Vanille auch zum Verkauf (10 g um 7 €, 17 g um 11 €, 200 g um 99 €).

Spaziergang zum Bassin-Bœuf

Wer Lust auf einen Spaziergang und Abkühlung hat, fährt auf der D51 weiter in die Höhe. Zuerst in Richtung Bagatelle, bei der Kirche in Bagatelle links abzweigen, dann weiter in Richtung Pointe-Canal und **Bassin-Bœuf.** Das Bassin-Bœuf ist eines von mehreren Naturbecken samt Wasserfall, das die Rivière Sainte-Suzanne auf dem Weg zum Meer bildet. Nicht vergessen: Badesachen, Essen und rutschfeste Schuhe. **Achtung:** Die Wasserpegelstände können sich binnen Minuten ändern, wenn es im Inselinneren regnet.

Im Ortszentrum

Das Ortszentrum besteht aus einem **Bürgermeisteramt** (erbaut 1890) und einem Brunnen, der um 1900 entstand. Gleich daneben strahlt die katholische Kirche **Eglise Sainte-Vivienne** in blitzendem Weiß. Der 2. Dezember, der Namenstag der Schutzpatronin, der Heiligen Bibiana, markiert den Höhepunkt des katholischen Lebens. Wenn zur Weihnachtszeit die Flamboyants blühen, erstrahlt der Platz vor der Kir-

Noch immer ist die Zuckerrohrernte vielerorts anstrengende Handarbeit

che in leuchtendem Rot. Wer hinter der Kirche in Richtung Meer fährt und sich danach links hält, kommt zum **alten Bahnhof**. Früher fuhren hier die Plantagenarbeiter mit ihren Ochsenkarren vor und lieferten die Bündel Zuckerrohr an der Großwaage ab. Die voll beladenen Waggons wurden dann direkt zu einer der nächstgelegenen Zuckerfabriken dirigiert, die allesamt Schienenzugänge hatten. Geradeaus vorbei am Bahnhof und entlang der Küste führt eine Nebenstraße, die weiter vorne auf den alten **Eisenbahntunnel** stößt. Heute wird dieser küstennahe Weg als Sentier littoral du Nord genutzt (s. S. 201). Die Küste ist hier nicht sehr ansehnlich – in der Ferne sieht man die dampfenden Schlote der Sucrerie Bois-Rouge und der Distillerie Savanna. Beide Betriebe kann man auf der Weiterfahrt nach Saint-André besichtigen (s. S. 202). Zurück zur Hauptstraße geht es am Bahnhof rechts in Richtung Bürgermeisteramt. Ein unscheinbares **Denkmal** am östlichen Ortsausgang Richtung Saint-André (Bushaltestelle Le Bocage) erinnert daran, dass Sainte-Suzanne die Wiege des Vanilleanbaus auf Réunion ist. Hier befindet sich auch eine von vielen Einstiegsstellen in den **Sentier littoral du Nord** (s. S. 201).

Cascades du Niagara

Die amerikanischen Niagarafälle im Hosentaschenformat finden sich ebenfalls am östlichen Ortsende inmitten von Zuckerrohrfeldern. An der Hauptstraße weist nur 150 m nach der Kirche vor der kleinen Brücke ein Schild nach rechts zu den Cascades du Niagara. Nach 1,2 km auf dem Chemin Marencourt zweigt man nach rechts ab, um etwa 800 m weiter die Wasserfälle zu erreichen. Achtung: Wenn das Zuckerrohr besonders hoch steht, ist das Hinweisschild zum Abzweig verdeckt. Die Wasserfälle präsentieren sich je nach Saison und Regenfällen mal imposanter, mal weniger eindrücklich. Der Platz wird gleichermaßen zum Baden, Picknicken und Klettern genutzt. Unterhalb der knapp

50 m hohen Kaskade schwimmen Wagemutige im eiskalten Felsenbecken.

Wandern auf dem Sentier littoral du Nord

Von Saint-Denis bis nach Sainte-Suzanne reicht der knapp 20 km lange Geh- und Fahrradweg vorbei an alten Friedhöfen, pittoresken Marinas und Zuckerrohrfeldern, tamilischen Tempeln und der Domaine du Grand Hazier. Es gibt mehrere Einstiegsstellen mit kleinen Parkbuchten, z. B. in Saint-Denis am Cimetière de l'Est, in Sainte-Marie bei La Mare, in der Nähe der Domaine du Grand Hazier, beim Leuchtturm und beim Endpunkt Le Bocage am östlichen Ortsende von Sainte-Suzanne. Empfehlenswert: Der Sonnenaufgang im Großraum Sainte-Suzanne bzw. der Sonnenuntergang nahe Saint-Denis. Radfahrer können in Saint-Denis ein Fahrrad ausborgen (Yellow Bike, 19bis chemin du Général-de-Gaulle, Le Brûlé, Tel. 0692 32 17 02), das Fremdenverkehrsamt hilft gerne weiter.

Übernachten

Einfach, aber zentral – **Résidences du Niagara:** 1, chemin de la Renaissance, Tel. 0262 52 38 92, http://residence-du-niagara.allonslareunion.com, DZ 50 €. Fünf einfache Bungalows in A-Form für Selbstversorger in einem gepflegten Garten, nahe an der Schnellstraße.
Gepflegt – **Les Gîtes Ango:** 140, Commune Ango, Tel. 0262 52 19 00, www.gites-ango.com, Selbstversorger-Ferienwohnung für bis zu 4 Pers. ab 539 €/Woche. Drei großzügig angelegte Ferienhäuser mit schönem kreolischem Mobiliar, Pool, Wellnesseinrichtungen, Internet und vielem mehr.

Essen & Trinken

Herzhaft gut – **Le Pharest:** 22, rue Blanchet, bei der Tankstelle Elf abzweigen, Tel. 0262 98 91 10, Mo–Do nur abends, Menü ab 15 €. Eins der wenigen authentischen Restaurants der Gegend, die kreolische Küche ist schmackhaft und die Menüs sind preislich attraktiv.

Infos & Termine

Office de Tourisme: neben dem Leuchtturm Phare de Bel-Air, 14, rue du Phare, Tel. 0262 52 13 54, www.lebeaupays.com, Mo–Sa 9–12.30, 13.30–17 Uhr.

Unser Tipp

Charmantes Refugium – La villa des cannes

Das Gästehaus von Barbara und Antoine liegt eigentlich in Sainte-Marie, noch vor Sainte-Suzanne – ideal für jene, die Saint-Denis erkunden, aber nicht in der Stadt übernachten wollen. Auch alle anderen Sehenswürdigkeiten des Ostens und sogar Salazie sind zügig erreichbar. Das intime Gästehaus mit zwei Zimmern und einer Suite spricht Leute an, die Wert auf Individualität und persönliche, charmante Betreuung legen. Ausgesprochen geschmackvolles Interieur in beige, creme, mauve und grau mit interessanten Details, z. B. geräumige, offene Wellness-Badezimmer. Der Salzwasser-Pool kommt ohne Chlor aus, der weitläufige Garten wird liebevoll manikürt. Reichhaltiges Frühstück mit hausgemachten Spezialitäten, auf Vorbestellung Abendessen. (17, quartier LISA, Chiendent Route du Paradis, 3 km hinter Jumbo Score an der N2 die Abfahrt **Sainte-Marie centre** nehmen, danach bergwärts fahren, Details zur Anfahrt anfragen, Tel. 0692 06 45 22, www.lavilladescannes.com, DZ ab 120 €).

Auto: Sainte-Suzanne liegt direkt an der N2.
Bus: Die Buslinien F/G halten an der Haltestelle ›Bel-Air‹ oder ›Mairie/Eglise Sainte-Suzanne‹ bei der Kirche.
Dipavali: Okt./Nov., im Park Bocage am Südende. Mehrtägiges, öffentliches hinduistisches Fest des Lichts.
Fête de la Vanille: August, im Park Bocage. Mit Marktständen, Musik und freiem Eintritt für einen der vanilleproduzierenden Betriebe.

Saint-André ▸ J 2–3

Wegen seines Rufs als Zucker- und Vanillehauptstadt und weil die Hauptstadt Saint-Denis nur etwa 15 Min. mit dem Auto auf der Autobahn entfernt liegt, zählt Saint-André zu den am dichtesten bewohnten Gebieten der Insel. Das Mündungsgebiet zwischen Rivière du Mât und Rivière Saint-Jean war das erste dauerhaft besiedelte und landwirtschaftlich genutzte Land. 1704 lebten an die 30 Menschen – vier weiße Familien mit ihren Sklaven – im Großraum Saint-André. Ab 1718 wurden die Landwirtschaft intensiviert und Tabak, Maniok, Tee, Kaffee, Mais, Nelken, Reis, Vanille und Weizen angebaut. Seinen Namen verdankt die Stadt André Héguerty, der von 1739 bis 1743 der Gouverneur der Insel Bourbon war.

Auf den ersten Blick fühlt sich Saint-André mit seinen 54 000 Einwohnern gar nicht an wie eine Stadt. Man wähnt sich vielmehr auf dem Land, denn die weitläufige Stadtarchitektur mit Feldern und Wiesen mitten im Stadtgebiet gibt Saint-André eine besondere Note. Einzig das historische Zentrum mit der katholischen Kirche und der Moschee, dem Friedhof, dem Bürgermeisteramt und der Einkaufsstraße versprüht kleinstädtisches Flair. Rund um die Altstadt sind die meisten Stadtteile wie das Industrieviertel Cambuston, der Grüngürtel Le Colosse oder das Wohnviertel La Cressonnière längst zu einem städtischen Großraum zusammengewachsen.

In den Straßen von Saint-André sieht man vorwiegend tamilische Gesichter, der plakative Vergleich als ›Little India‹ hat seine Berechtigung. Mehrere große und kleine Tempel sowie unzählige Haustempel existieren, und die hinduistischen Tamilen prägen das kulturelle Leben der Stadt, insbesondere durch ihre großartigen Festivitäten. Im Fremdenverkehrsamt kann man die genauen Termine erfahren.

Temple Petit Bazar 1

1360, avenue de l'Île de France, Bushaltestelle Chapelle der Linie G, unweit der Abzweigung in den Chemin du Chapelle, Besichtigung ohne oder mit telefonischer Anmeldung möglich, Tel. 0692 79 19 01

Farbenprächtig leuchtet der tamilische Tempel Petit Bazar direkt an der Avenue de l'Île de France, der nördlichen Einfahrtsstraße ins Altstadtzentrum und Verlängerung der Avenue des Mascareignes. So wie jeder hinduistische Tempel ist er einer bestimmten Gottheit geweiht, nämlich dem Gott Sri Murugan, dem Sohn der höchsten Gottheit Shiva. In die heiligen Innenräume dürfen ausländische Besucher nicht. Ein Spaziergang im Hof – züchtig bekleidet und ohne Schuhe – ist möglich.

Plantation de Vanille Rouloff 2

Die Familie Rouloff führt Interessierte durch ihre Vanille-Plantage. Anbau, Ernte, Verarbeitung und Lagerung des begehrten Gewürzes werden erklärt (s. Entdeckungstour s. S. 204).

Maison Martin Valliamée 3

1590, chemin du Centre, Tel. 0262 46 91 63, geführte Touren ▷ S. 207

Saint-André

Sehenswert

1 Temple Petit Bazar
2 Plantation de Vanille Rouloff
3 Maison Martin Valliamée
4 Eglise de Saint-André
5 Eglise de Champ-Borne
6 Temple du Colosse
7 Sucrerie Bois-Rouge und Distillerie Savanna

Übernachten

1 L'Auberge du Désert

Essen & Trinken

1 Royal Hindoustan
2 Resto Velli

Einkaufen

1 Boutique Tafia & Galabé

Auf Entdeckungstour: Das Geheimnis der Vanille – Plantation de Vanille Rouloff

Die Produktion echter Bourbon-Vanille, der Königin der Gewürze, erfordert neben den passenden klimatischen Gegebenheiten vor allem viel Handarbeit. Beim geführten Rundgang durch ihre Plantage erklärt die Familie Rouloff den Anbau, die Pflege und Verarbeitung der wertvollen Gewürzpflanze.

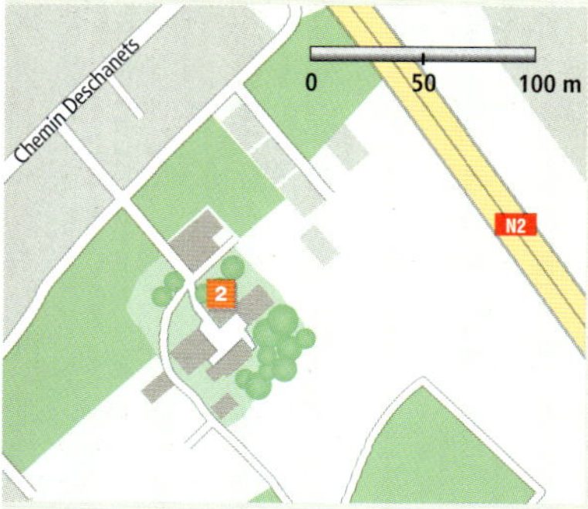

Cityplan: s. S. 203

Plantation de Vanille Rouloff 2: M. Rouloff, 470, rue Déschanets, Abzweig in die Rue Déschanets unweit vom Tempel Petit Bazar, Tel. 0692 10 87 15, www.lavanilledelareunion.com, Mo–Sa 11, 14, 15, 16 Uhr, 4 €. Besichtigung nur nach telefonischer Vereinbarung, empfehlenswert sind die Erntemonate Juni–Aug. und die Monate der Bestäubung Sept.–Dez., das Tourismusbüro Saint-André hilft bei der Reservierung.

Wer Glanz und Glamour erwartet, ist auf der Vanilleplantage der Familie Rouloff falsch. Dafür erleben Besucher den authentischen Produktionsbetrieb einer alteingesessenen Pflanzerfamilie, den man im Rahmen einer französischsprachigen Führung besichtigen kann. Man spaziert durch ein echtes Wirtschaftsgebäude, sieht die grünen Vanilleschoten an den Wirtspflanzen hängen und erfährt Wissenswertes über deren Kultivierung. Mehr Aktivität wird nur während der Erntezeit und der Bestäubungsmonate geboten, wenn die verschiedenen Arbeitsschritte unmittelbar beobachtet werden können. Für Vanilleliebhaber ist der Besuch der Plantage interessant, vor allem um den Wert der echten Vanille zu begreifen. Es gibt weitere Vanilleproduzenten, die für Besucher ihre Türen öffnen: z. B. in Bras-Panon die Coopérative de vanille (s. S. 212).

Unspektakuläre Produktion

Im Wirtschaftsgebäude der Plantage verdeutlichen einige Schautafeln die vielen Arbeitsschritte, die hinter den Kulissen beim Vanilleanbau notwendig sind. Im Lagerraum stehen Kisten voller schokobrauner Vanilleschoten, das Aroma der Vanille schwebt in der Luft. Bereits die Azteken erfreuten sich am exotischen Geschmack der Vanille, insbesondere weil ihnen die aphrodisierende Wirkung nicht verborgen blieb. Durch die Eroberungsfeldzüge gelangte die Orchideenart mit den kostbaren Schotenfrüchten nach Spanien. Weil die Spanier die Form des unbekannten Gewürzes an ihre Schwertscheiden (span. *vaina*) erinnerte, nannten sie es *vainilla*. 1819 trafen die ersten Orchideen-Exemplare in der Kolonie Réunion ein. Doch erst nachdem der Sklave Edmond Albius aus Sainte-Suzanne 1841 zufällig die händische Bestäubung der Vanille entdeckt hatte, konnte Vanille im großen Stil kultiviert werden.

Schatten bevorzugt

Entscheidend für das ideale Wachstum ist das heiße, feuchte Tropenklima im Halbschatten. Zwischen Saint-Philippe und Sainte-Rose gedeiht die kletternde Vanille-Orchidee im Unterholz der Wälder. In der Region Saint-André und Sainte-Suzanne hingegen ranken sich die Lianen an Wirtspflanzen mit kleinerem Blätterdach wie Vacoa-Bäumen oder Drachenbäumen hoch oder wachsen unauffällig zwischen Zuckerrohrfeldern. Um das Sonnenlicht abzudämpfen, haben die Rouloffs über ihre Felder, die das Wirtschaftsgebäude umgeben, ein Gazedach gespannt.

Drei Jahre und drei Sekunden

Gepflanzt wird die Vanille mit Hilfe von Zuckerrohr. In die Kerben des Rohres werden die Setzlinge gesteckt. Danach verbuddelt man sie in der Erde und harrt drei Jahre aus, bis die Setzlinge groß genug sind, um sich an Wirtspflanzen hochzuranken. Jetzt erscheinen an den fleischigen Blättern auch die ersten Blüten. Nur einen Tag sind sie geöffnet, um in einem heiklen Arbeitsschritt händisch bestäubt zu werden. Zwischen Mitte September und Ende Dezember ist der tägliche frühmorgendliche Gang durch die Plantagen für den Bauern und seine Helferinnen unabdingbar – die Blüten sind jeweils nur in der Morgensonne geöffnet. Drei Sekunden benötigen flinke Frauenhände für eine Bestäubung. Eingefleischte Réunionesen bauen in den klimatisch begünstigten Regionen übrigens ihre eigene Vanille an, so wie in unseren Breiten passionierte Köche ihre eigenen Kräuter züchten.

Die Ernte und die Verarbeitung

Etwa neun Monate später, von Juni bis August im darauffolgenden Jahr, erfolgt die Ernte, wenn sich die grünen Kapselfrüchte an den Enden gelb verfärben. Der Vanille fehlt aber noch das Entscheidende: ihr Aroma. Dieses entwickelt sich erst durch einen aufwendigen Veredelungsprozess, der mehr als ein Jahr in Anspruch nimmt. Um den natürlichen Reifungsprozess zu stoppen, werden die grünen Schoten *(les gousses)* zunächst drei Minuten lang in 65 °C heißem Wasser erhitzt *(échaudage)*. Danach wickelt man sie in Wolltücher und legt sie in große Holzkisten, wo sie 12–15 Stunden schwitzen *(étuvage)*. Erst jetzt nehmen sie die typische schokoladenbraune Farbe an, die durch Enzyme hervorgerufen wird. Anschließend werden die Schoten zwei bis vier Monate lang getrocknet – zuerst in einem Ofen, später in der Sonne. Der Trick dabei besteht darin, dass die Schoten geschlossen bleiben, die wertvollen Inhaltsstoffe nicht austrocknen können und sie dennoch reifen. Am Ende des langwierigen Trocknungsprozesses *(séchage)* wird den Vanilleschoten zur Verfeinerung des Geschmacks der letzte Rest an Feuchtigkeit behutsam im Schatten auf Gitterrosten entzogen.

Abschließende Reifung

Nach einer finalen Sterilisation über Wasserdampf werden die Vanillebündel in Wachspapier gewickelt, in Holzkisten gepackt und über 8–12 Monate unter Verschluss gehalten *(mise en malles)*, damit die Fermentierung abgeschlossen wird. In dieser Zeit entfaltet sich das endgültige Aroma der Vanille. Jeden Sonntag prüft der Bauer die Vanille, öffnet die Kisten, dreht und wendet die einzelnen Bündel. Eine einzige verdorbene Schote kann die Ernte einer ganzen Kiste gefährden. Der Bauer erkennt bereits am Geruch, ob mit einer Kiste etwas nicht stimmt. Immerhin – eine Holzkassette hat einen Wert von bis zu 30 000 €! Wann die Vanillekapseln ihre Reife abgeschlossen haben, weiß der Pflanzer aus Erfahrung. Neben der Größe der Vanille ist auch die Konsistenz ein Qualitätsmerkmal: Gute Vanille ist saftig weich und lässt sich ganz leicht um den Finger wickeln, ohne dass sie bricht. Die Vanilleschoten werden abschließend gewogen, gemessen, in Qualitätsstufen sortiert und in Bündel für den Verkauf verpackt *(calibrage)*.

Qualität und Preis der Bourbon-Vanille

Massive Preisunterschiede der Marktführer Indonesien oder Madagaskar zu Réunion erklären sich nicht nur durch unterschiedliche Lohnniveaus, sondern vor allem durch den Verarbeitungsprozess. So erfolgt in der Billigproduktion die Ernte in Bausch und Bogen, ohne Rücksicht auf die individuellen Färbungen der Kapseln, wie auf Réunion üblich. Zudem wird der Trocknungsprozess weit weniger akribisch durchgeführt. Auf Réunion benötigt eine Vanilleschote gute zwei Jahre, bis sie verkaufsfertig ist, während billigere Vanille schon nach einem Jahr in den Verkauf kommt.

So teuer uns der Luxusartikel Vanille mit 1,50 bis 2 € Verkaufspreis pro Schote auch erscheinen mag, ein Pflanzer kann davon nicht leben. Als größter einzelner Produzent der Insel bearbeitet die Familie Rouloff momentan 2 ha Land mit ca. 6000–8000 Wirtspflanzen, wobei jährlich 160 000 Vanilleschoten produziert werden. Jede Schote wird bis zu 20 Mal angefasst – die Vanilleproduktion ist also ein aufwendiges manuelles Unterfangen. Wer die hochwertige Vanille mit nach Hause nehmen möchte, kann sie abschließend bei Familie Rouloff kaufen.

nur mit Reservierung Mo–Fr 9–12.30, 13.30–17 Uhr, Dauer ca. 1 Std., 3 €
Nur ein paar Meter westlich der Kreuzung des Chemin du Centre mit dem Chemin Lagourgue befindet sich etwas nach hinten versetzt die strahlend weiße Villa im kreolischen Stil, in der auch das Fremdenverkehrsbüro untergebracht ist. Der Arzt und Bürgermeister Léopold Martin ließ das prachtvolle Gebäude 1925 nach seinen Vorstellungen am Rand der Stadt erbauen. Es besteht aus 24 Zimmern verteilt auf drei Etagen, obwohl der Junggeselle gar keine Familie hatte. Léopold Martin wollte die Welt der Architektur in einem Haus vereinen und ließ italienische Balken, eine Fassade im mauretanisch-viktorianischen Stil, spanische Fliesen, die typischen Fenster aus Frankreich sowie indische Elemente zu einer Einheit zusammenfügen. Der Grundriss ist streng symmetrisch, drei Veranden sorgen für eine ausreichende Luftzirkulation im schwül-heißen Osten. Die Veranda, die nach vorne gerichtet ist, war der Bewirtung von hochrangigen Besuchern vorbehalten, während auf den beiden seitlichen Veranden der Hausherr seine Mahlzeiten einnahm. Bis 1955 bewohnte der Hausherr die Villa. Danach zog die indischstämmige Familie Valliamée ein und adaptierte sie geringfügig.

Von der Altstadt zur Küste

Viel hat das Zentrum des quirligen Städtchens nicht zu bieten, aber rund um die **Eglise de Saint-André** 4 und den Hauptplatz lohnt sich ein Spaziergang allemal. Im Umkreis der Kirche stößt man auf einige historische Straßenzüge mit kreolischen Villen und alten Lagerhäusern. Das ehemalige Pfarrhaus fungiert heute als Schule. Saint-André ist ein echtes Kreolenstädtchen mit vornehmlich indischer Bevölkerung, was sich im Stadtbild und in der Architektur widerspiegelt. Über den 3,2 km langen, fast schnurgeraden Chemin Lefaguyes gelangt man von der Altstadt am schnellsten ans Meer. Die verfallene Kirche **Eglise de Champ-Borne** 5 direkt an der Küste sticht ins Auge. Sie wurde in der ersten Hälfte des 19. Jh. erbaut und hielt dem Zyklon Jenny am 28. Februar 1962 nicht stand.

Temple du Colosse 6

Route de Champ-Borne, Besichtigung nach telefonischer Anmeldung, Infos im Tourismusbüro
Die D47 – rechter Hand tost der milchigblaue Ozean hinter einem Grünstreifen mit Vacoa-Bäumen – führt in nordwestlicher Richtung direkt zum Temple du Colosse, der nach 1,3 km erreicht ist. Der größte und bedeutende hinduistische Tempel wurde erst vor Kurzem generalsaniert und strahlt wieder in prächtigen Farben (s. Entdeckungstour S. 208). Der Name des Ortsteils – Colosse – stammt nicht, wie man vielleicht vermuten möchte, aus der hinduistischen Mythologie, sondern ganz trivial aus der Zeit, als die Inder in kolossalen Passagierschiffen in eine ungewisse Zukunft fuhren.

Ausflug von Saint-André

Sucrerie Bois-Rouge und Distillerie Savanna 7

In Cambuston, 2, rue Bois-Rouge, Tel. 0262 58 59 74, www.distilleriesavanna.com, Mo–Sa 9.15–12.30, 14.30–18 Uhr, geführte Touren Dez.–Juli, 5 €, Nachtführungen ab 18.30 Uhr 12 €, Kombiticket für beide Betriebe Juli–Nov. 10 €. Reservierung einer Tour zwei Tage im Voraus empfohlen, englische Führung möglich. Start in der Boutique Tafia & Galabé (s. S. 211). Voraussetzungen: festes Schuhwerk (keine Flip-Flops), keine Kleider/Röcke, keine Tücher. ▷ S. 211

Auf Entdeckungstour: Hinduismus zum Anfassen – Temple du Colosse

Etwa 40 % der Bevölkerung auf Réunion stammt von Tamilen ab, die Mitte des 19. Jh. in Südindien als Vertragsarbeiter für die Zuckerplantagen angeheuert wurden. Ein Revival des Hinduismus auf Réunion hat in den letzten Jahren vermehrt zum Bau von Tempelanlagen und Ashrams geführt. Der Temple du Colosse vereint wichtige Elemente der hinduistischen Sakralarchitektur.

Cityplan: s. S. 203

Temple du Colosse 6: Route de Champ-Borne, Besichtigung nach telefonischer Anmeldung beim Tourismusbüro, Spende erwünscht, Führung ca. 45 Min.

Wichtig: Schuhe ausziehen, Knie und Schulter bedecken.

So schlicht wie das Eingangstor zum Temple du Colosse gehalten ist, so farbenprächtig und aufwendig verziert erhebt sich unmittelbar dahinter der Turm des Tempelhaupthauses. Rechts davor befindet sich durch einen weißen Bretterzaun abgetrennt ein kleines Feld, der Feuergraben. Mehrmals im Jahr gehen hier Gläubige barfuß über glühende Kohlen *(marche sur le feu)*, um der Göttin Pandialée die Ehre zu erweisen.

Die drei Göttinnen

Der Temple du Colosse ist der Feuergöttin Pandialée (Draupadi) geweiht, die gemeinsam mit den weiblichen Gottheiten Karli und Maryamèn von den tamilischen Réunionesen als wichtigste Gottheit verehrt wird. Pandialée ist eine mythische Frauenfigur, die für Stärke, Lebensmut, Selbstbewusstsein, Gerechtigkeit und moralische Überlegenheit steht. Karli, die Göttin des Todes, der Erneuerung und der Transformation, gilt als Gottesmutter, die Leben gibt und es auch wieder nimmt. Maryamèn, die Göttin des Wassers, beschützt vor Krankheiten, sichert gute Ernten und sorgt sich allgemein um Wasser.

Mit Opfergaben, Ritualen und Gebeten bitten Gläubige im Temple du Colosse um das Wohlwollen und Einsehen der Göttinnen. Man will die bösen Geister einer Krankheit vertreiben, eine Arbeitsstelle behalten oder bittet um eine gute Ernte.

Verborgene Bedeutungen

Bis auf wenige Ausnahmen haben die intensiven Farben, in denen das gesamte Bauwerk gehalten ist, keine Bedeutung, außer dass sie der Seele schmeicheln sollen. Besetzt sind allerdings die Farben Rot als Farbe für Pandialée, Weiß als Farbe für die Gläubigen und Schwarz als Farbe für Karli. Das Kunsthandwerk der Tempelmalerei wird in untadeligen Familien von Generation zu Generation weitervererbt und ist mit höchsten Ehren verbunden. Die Gläubigen sind verpflichtet, die Tempelrenovierung alle zwölf Jahre durchzuführen. Die kostspieligen Tempelbauten werden durch Spenden der Gemeinschaft finanziert.

Weit bedeutender als die Farben wiegt die richtige Ausrichtung der Gebäudeteile. Wer genau hinsieht, erkennt, dass der vordere Teil des lang gezogenen Haupthauses, der Tempel der Pandialée, exakt nach Osten in Richtung aufgehende Sonne und Meer ausgerichtet ist. Der hintere, der Göttin Karli geweihte Teil weist dagegen in Richtung Sonnenuntergang und zu den Hängen des Vulkans.

Darstellung der menschlichen Gestalt

Zentrum des spirituellen und sozialen Lebens der Hindus ist der Tempel, der als heiligster Ort gilt, denn hier berührt die Welt der Götter die Welt der Menschen. Aus diesem Grund ist das Betreten der Innenräume der Tempel für Nichtgläubige strengstens untersagt.

Bei einer Führung schreitet man in Le Colosse deshalb die Gebäude nur von außen ab. Selbst Hindus dürfen nur unter bestimmten Voraussetzungen das Innere der Tempel aufsuchen, wenn sie äußerlich z. B. durch Enthaltsamkeit und moralisches Leben und innerlich durch drei Tage strenges Fasten gereinigt sind.

Der Temple du Colosse, der erst 1980 in der heutigen Form errichtet wurde, ist – wie auch andere Tempel auf Réunion – der menschlichen Gestalt nachempfunden. Der vordere Teil mit der markanten Dachkonstruktion symbolisiert die Beine der Gestalt, das Hauptschiff den Körper. Der hintere Teil mit der Kuppel steht für den Kopf und gilt als heiligster Ort der Tempelanlage.

Haupthaus – Tempel der Pandialée

Vor dem Tempel der Pandialée wacht linker Hand Ganesha, der Gott des Anfangs und des Gelingens. Das Kind mit einem Elefantenkopf, der nur einen Stoßzahn hat, wird von seinem Reittier begleitet, einer Ratte – dem Symbol für Intelligenz und Stärke. Die vier Arme der Figur gelten als Zeichen von Virtuosität und überlegener göttlicher Macht, denn als Sohn des Hauptgottes Shiva verkörpert Ganesha die Weisheit.

Rechts des Eingangstors steht Murugan, der Gott des Krieges, der jugendlichen Kraft und der Schönheit, der der Mythologie nach auf Pfauen durch die hinduistische Götterwelt reitet.

Ähnlich wie die Eingangsfront und der vordere Turmaufbau sind die Innenräume des Tempels mit Figuren und Szenen aus der Mythologie, wie z. B. dem kosmischen Tanz Shivas oder der Geburt von Pandialée, ausgeschmückt.

Opferstelle – Tempel der Karli

Obwohl die Tempelanlage der Pandialée geweiht ist, ist der Tempel der Karli im architektonisch abgetrennten hinteren Ende des Haupthauses der heiligste Ort. Um Karli, an dessen Seite ein Löwe tänzelt, gnädig zu stimmen, werden hier Tieropfer dargebracht, was an der Vorrichtung im Boden zu erkennen ist. Der schwarze Stein im Innenraum stammt direkt aus Indien und bewacht den Tempel. Alle Gläubigen, die den Tempel betreten möchten, müssen alle Kleidungsstücke aus Leder ablegen, denn Leder gilt als unrein.

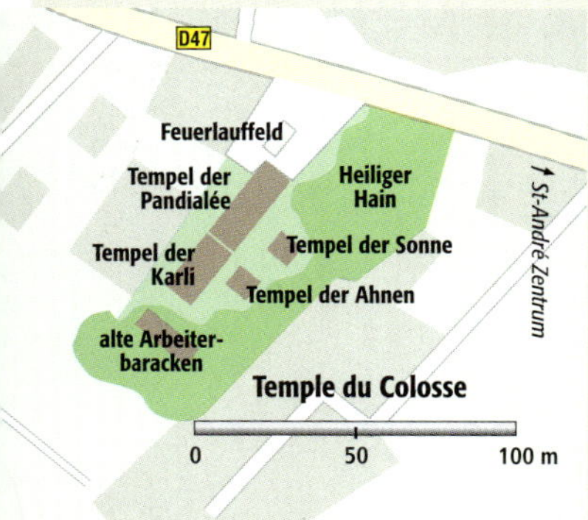

Verehrung von Sonne und Ahnen

Surya, der Göttin der Sonne, die leicht an den sieben Pferden zu erkennen ist, ist der vordere kleine Tempel links neben dem Haupthaus geweiht. Schon in den ältesten hinduistischen Schriften erscheint Surya als Personifizierung der Sonne. Unter ihr thront Chaya, der Gott des Schattens, der als Ursache von Tag und Nacht verehrt wird. Die schwarze Maske im Vordergrund mit den leuchtend orangenen Augen repräsentiert die Sonne.

Der hintere kleine Tempel ist den Vorfahren gewidmet, er ist üblicherweise geschlossen. Darin befinden sich Fotografien verstorbener Persönlichkeiten des réunionesischen Hinduismus. Ganz hinten links befinden sich die *kalbanon*, die Baracken der tamilischen Vertragsarbeiter, die mit Erlaubnis des Zuckerbarons den Tempel errichteten.

Heiliger Hain

Neben den Tempelbauten wachsen zahllose Bäume und Sträucher. Sie sind den Hindus heilig, wie z. B. die echte Limette *(citron galet)*, die ölhaltige Purgiernuss oder der auf Kreolisch *lilas* genannte Niembaum, der wegen seiner Heilkraft direkt der Gottheit Shakti zugerechnet wird. Wenn Pflanzen besonders intensiv duften, halten sie zudem Dämonen und böse Geister ab, wie Frangipani, Kampfer oder indischer Basilikum.

Der am meisten verehrte Baum, der Banyan-Baum, findet sich übrigens im Temple du Colosse nicht (s. Banian des Orangers, S. 218).

Die dampfenden Schlote der Zuckerfabrik Bois-Rouge und der angrenzenden Rumbrennerei Savanna in Cambuston an der Küste zwischen Saint-André und Sainte-Suzanne sind weithin sichtbar. Von den einst 189 Zuckerfabriken sind nur noch zwei in Betrieb. Was Le Gol bei Saint-Louis für den Westen ist, ist Bois-Rouge für den Osten. Während der Zuckerrohrernte von Juli bis November spielt sich ein unvergleichliches Schauspiel ab: Überdimensionierte Lastwagen und Traktoren liefern im Minutentakt Zuckerrohr in die Fabrik. Für Ausflügler sind diese Monate einerseits besonders eindrücklich, da es überall von Menschen und Maschinen wuselt, aber gleichzeitig auch ein Spießrutenlauf, wenn Sehenswürdigkeiten und Unterkünfte vorübergehend nicht erreichbar sind, weil gigantische Trucks die Straßen blockieren. In der Destillerie wird der Herstellungsprozess von Rum vorgeführt und man kann sich die unterschiedlichen Geschmacksrichtungen der Rumsorten auf der Zunge zergehen lassen. Es werden auch Nachtführungen angeboten (12 €), die besonders bei den Einheimischen beliebt sind. Es ist weniger heiß, das Publikum ist gemischt und mit den Lichtern wirken die Gerätschaften und das Getöse noch imposanter. Der angeschlossene Verkaufsshop ist sehenswert (s. Unser Tipp).

Übernachten

Ländlich rustikal – **L'Auberge du Désert 1**: 2606, chemin Bras-des-Chevrettes, Tel. 0262 46 64 43, an der Kirche rechts, 3 km in Richtung Bras-des-Chevrettes, DZ 45 €. Das schöne Anwesen macht die reduzierte Ausstattung der vier Zimmer wieder wett. Absolutes Plus: der weitläufige Swimmingpool. Auf Vorbestellung erhält man ein Abendessen (ab 22 €), WLAN.

Unser Tipp

Rum und Zucker – Boutique Tafia & Galabé 1

In einem stimmungsvollen gelben kreolischen Haus gegenüber der Sucrerie Bois-Rouge und Distillerie Savanna (s. S. 207) befindet sich der Verkaufsshop des Rumproduzenten Tafia & Galabé, der für seine preisgekrönten Rumbrände über die Grenzen von Réunion hinaus bekannt ist. In dem Laden werden nicht nur Rumspezialitäten, sondern auch Zuckerköstlichkeiten, Konfitüren und Gelees verkauft. Verkostungen und Direktverkauf finden das ganze Jahr über statt.

Essen & Trinken

Köstlich indisch – **Royal Hindoustan 1**: 700, chemin du Centre, unweit des Tourismusbüros, Einfahrt gegenüber Ruelle Papou, Tel. 0262 56 57 57, Di–So 11.30–14.30, Di–Sa 19.30–22.30 Uhr, Hauptgerichte ab 12 €. Überdimensionale Elefantenköpfe begrüßen hungrige Gäste, die sich auf hervorragende indische Küche freuen können.

Exzellent kreolisch – **Resto Velli 2**: 336, route de Champ-Borne, Tel. 0262 46 03 38, unmittelbar neben dem Temple du Colosse, Di–So 12–13.45 Uhr, Hauptgerichte ab 12 €. Das unscheinbare Lokal ist nicht umsonst an den Wochenenden für Hochzeiten und Taufen gut gebucht, denn es zählt zu den besten der Ostküste.

Einkaufen

Rum und Zucker – **Boutique Tafia & Galabé 1**: s. o. Unser Tipp.

Infos & Termine

Office de Tourisme: in der Maison Martin Valliamée, 1590, chemin du Centre, Tel. 0262 46 91 63, www.est.reunion.fr, Mo–Fr 9–12.30, 13.30–17 Uhr.
Auto: Über die nördliche Autobahnabfahrt (von Saint-Denis aus kommend), die als ›Saint-André centre – Cambuston – Quartier-Français‹ ausgeschildert ist, erreicht man die Zuckerfabrik, die Tempel, die Vanilleplantage und das Tourismusamt. Die südliche Einfahrt – von Saint-Benoît aus kommend – endet in einem Gewerbegebiet *(zone industrielle)*. Von hier sind die Altstadt, Champ-Borne und ebenfalls das Tourismusamt gut erreichbar.
Bus: Die Buslinien F/G halten u. a. an den Haltestellen ›Petit Bazar‹ oder ›Gare du Saint-André‹.
Fête de Pandialée: Dez./Jan., u. a. Temple du Colosse. Fest zu Ehren der Hauptgöttin, bei dem Gläubige über glühende Kohlen gehen.
Cavadee: Jan./Feb. Fest zu Ehren von Murugan, Prozession von der Rivière des Marsouins zum Temple du Colosse.
Dipavali: Okt./Nov., rund um die hinduistischen Tempel. Mehrtägiges, öffentliches hinduistisches Fest des Lichts.
Bei den farbenprächtigen indischen Festivitäten sind auch Touristen gern gesehene Gäste.

Bras-Panon ▶ J/K 3/4

Früher gehörte das Land einer der ältesten und reichsten Familien der Insel, den Panon-Desbassyns. Als Sieur Panon 1736 beim Abschreiten und Ausmessen seines Anwesens ausrutschte und sich den Arm (frz. *bras)* brach, war der Name des Landstrichs und der 1882 gegründeten Ortschaft vorprogrammiert. Bras-Panon heißt aber nicht nur die Ortschaft, sondern auch der Zufluss der Rivière des Roches. Landwirtschaft, Vanille- und Zuckerrohranbau, Grundelfischerei (s. S. 214) sind der Haupterwerb der knapp 12 000 Einwohner.

Pro Vanille Coopérative de vanille
21, Route Nationale, Tel. 0262 51 71 02, Mo–Sa 8.30–12, 13.30–17 Uhr, Führungen von ca. 45 Min. Mo–Sa 9, 9.45, 10.30, 11.15, 14, 14.45, 15.30, 16.15 Uhr, 5 €, Führungen auf Englisch möglich, Video auf Deutsch
Als einzige Sehenswürdigkeit wartet die Vanillekooperative am Südende von Bras-Panon auf Besucher. Der Zusammenschluss von Vanillebauern aus der Region von Sainte-Suzanne bis Saint-Philippe ermöglicht es auch kleinen Plantagenbetreibern, ihre Vanille professionell zu verarbeiten und zu vermarkten. Im Hofladen stehen die Produkte zum Verkauf. Führungen lohnen sich allerdings nur zwischen Juni und Dezember, wenn man den Beschäftigten bei der Arbeit zusehen kann. Von Juni bis August sieht man die Ernte, von September bis Dezember die Befruchtung der blühenden Orchideen. Schöne Souvenirs, z. B. Vanille-Duschbad (5,50 €), Vanille-Salz (5 €) oder Vanilleschoten (20 g um 10 €).

Übernachten

Gutes Preis-Leistungs-Verhältnis – **La Passiflore:** 31, rue des Baies Roses, Tel. 0262 51 74 68, casolari.christian@yahoo.fr, DZ ab 60 €. Nettes Gästehaus mit drei recht beengten Zimmern in Ruhelage. Gefrühstückt wird auf der Terrasse mit Blick auf den schönen Garten. WLAN, Pool.

Essen & Trinken

Exzellent – **Ferme Auberge Eva Annibal:** 6, chemin Rivière-du-Mât, am Kreisverkehr nahe des Bürgermeisteramtes in Richtung Meer fahren, nächste Kreuzung rechts, Tel. 0262 51 53 76, Tagesmenüs 25 €. Mme. Annibal kocht traditionell kreolisch mit Vanille, Taro *(songes)*, kürbisartigen Christophinen *(chouchou)* oder auch der Jackfrucht. Es gibt ausschließlich Komplettmenüs mit Aperitif, Vorspeise (z. B. ein Gratin), Hauptspeise (z. B. die Spezialität des Hauses Vanilleente *(canard à la vanille)* sowie Dessert und Kaffee. Zählt zu den besten Adressen der Ostküste.

Aktiv

Adrenalin – **Evasion Kréol:** 6, rue des Becs-Roses, Tel. 0692 61 34 55, www.evasionkreol.com. Abenteuerliches Canyoning z. B. durch die Niagara-Wasserfälle und die Becken des Flusses Rivière Sainte-Suzanne oder in Salazie, ab 50 €. Mehrtages-Wanderungen über die Insel ab 760 € (fünf Nächte, z. B. Mafate), alles inklusive.

Infos

Bus: Von Saint-Denis oder Saint-Benoît kommend, halten die Buslinien F/G u. a. an den Haltestellen ›Marché Bras-Panon‹ oder ›Coopérative de Vanille‹.

Saint-Benoît ▸K 4

Die 35 000 Einwohner von Saint-Benoît leben beschaulich, vom großen Remmidemmi der Westküste scheint man hier Lichtjahre entfernt. Wie auch die anderen Städte an der Ostküste verdankt Saint-Benoît seine Existenz der Erschließung neuer Kaffeeplantagen, später kamen Vanille- und Zuckerrohranbau dazu. 1785 wurden hier, im Ortsteil Beaulieu, die ersten Versuche mit Zuckerrohr gestartet. Heute rühmt sich die Hauptstadt des Ostens, der Obst- und Blumengarten Réunions zu sein: Victoria-Ananas, Mango und Lit-

Hübsches Fotomotiv: der Brunnen vor der Eglise de Saint-Benoît

Unser Tipp

»Bichique la monté!« – die Grundeln kommen!
Wer sich zwischen September und Dezember in Saint-Benoît aufhält, kann ein aufregendes Schauspiel erleben: den Fang der *bichique* (Grundeln). Die Fischer lauern an den Flussmündungen auf die ca. 3 cm kleinen Fische, die in diesen Monaten beginnen, flussaufwärts zu den Laichplätzen zu wandern, z. B. an der Rivière des Roches (Grenzfluss zw. Bras-Panon und Saint-Benoît) oder an der Rivière des Marsouins im südlichen Teil von Saint-Benoît. Regelrechte Zeltbarackensiedlungen entstehen dann dort, weil die Männer die Grundeln nicht aus den Augen lassen. An der Mündung fangen die Fischer sie mit Barrieren ab. Vorsichtig öffnen sie die Löcher zwischen den Sandsäcken und brauchen nur noch ihre konischen Reusen richtig zu positionieren. Beim Wort *bichique* läuft jedem Kreolen das Wasser im Mund zusammen – sie gelten als Delikatesse. 40–50 € pro Kilo kostet der réunionesische ›Kaviar‹ auf dem Schwarzmarkt. Auch in anderen Orten an der Ostküste erschallt ab September der Ruf *»Bichique la monté!«*.

schis, Palmen sowie Gewürzpflanzen und Orchideen dominieren neben Zuckerrohr und Reis die landwirtschaftliche Produktion. Daneben spielt auch der Fischfang, besonders der *bichique,* eine gewisse Rolle.

Unter Gouverneur Pierre Benoît Dumas wurde Saint-Benoît 1733 gegründet. Die Eisenbahn brachte Ende des 19. Jh. Wohlstand. 1950 zerstörte eine Feuersbrunst die Innenstadt, sodass die meisten Gebäude aus der zweiten Hälfte des 20. Jh. stammen. Dennoch lohnt sich ein Spaziergang durch das Zentrum, das vor kreolischem Flair strotzt: bunte Läden, die hier *bazar* heißen, chinesische Händler und Restaurants, tamilische Gesichter in der Apotheke. Am südöstlichen Ende der verkehrsberuhigten Rue Pompidou ragt das schlanke Minarett der Moschee **Mosquée Masdid Habibiyah** zwischen Läden empor, am nordwestlichen thront neben dem Bürgermeisteramt die katholische Kirche **Eglise de Saint-Benoît**. Im Ensemble mit der weitläufigen Grünfläche und dem **Kirchvorplatz** wirkt das Herz der Stadt äußerst sympathisch. An der Verlängerung der Rue Alexis de Villeneuve vorne am Meer stehen Überreste des alten **Bahnhofs**. Unweit davon liegt das Mündungsdelta der Rivière des Marsouins, wo sich von Oktober bis Dezember die Fischer um die besten *bichique*-Fangplätze streiten (s. Unser Tipp links).

Distillerie Rivière-du-Mât

Zone industrielle de Beaufonds, Tel. 0262 50 27 32, www.rdm.gqf.com, zur Zeit der Recherche gab es keine Führungen, Infos im Tourismusamt Sainte-Anne

Die Rumdestillerie Rivière-du-Mât am Südende der Stadt zu besichtigen lohnt sich nur in der Erntezeit von Juni bis Dezember, wenn die Produktion in vollem Gange ist. In sechs Schritten von der Herstellung der Melasse bis zur Lagerung in monumentalen Eichenfässern wird aus Zuckerrohr Rum gewonnen. Der Rum von Rivière-du-Mât genießt international bei Rumkennern einen guten Ruf. Die Anfahrt in das Gewerbegebiet von Beaufonds erfolgt über die N2, 1,2 km südöstlich des großen Kreisverkehrs nach Plaine-des-Palmistes. Am Temple de Beaufonds hält man sich landeinwärts.

Übernachten

Niveauvolles Glashaus – **Longani's Lodge:** in Abondance, 95, chemin Harmonie, auf der D53 nach Takamaka 4 km bis zum Chemin d'Abondance und zur Schule fahren, rechts abbiegen, Tel. 0692 76 84 52, www.longanilodge.com, Ferienwohnung 100 €/Tag, Aufzahlung zur Halbpension 20 € pro Person. Mit erlesenen Möbeln und Dekorationen aus Indien, Afrika und Japan haucht die weit gereiste Besitzerin dem luftigen Haus ein ganz besonderes Flair ein. Wegen der vielen großflächigen Fenster fühlt man sich wie in einem Baumhaus.

Marokkanisch-kreolisch – **La Topaze:** 150, chemin Ceinture, an der D3 vom Chemin Ceinture in Richtung Sainte-Rose, Tel. 0692 66 78 18, la.topaze@hotmail.fr, DZ 72 €. Geschmackvolles kreolisches Häuschen mit zwei Zimmern, die durch ein Wohnzimmer verbunden sind. Großzügiges Raumangebot und schönes Bad. Viel Liebe zum Detail, selbst beim Frühstück!

Enthusiastische Gastgeber – **Le Saint Alexandre:** 14, Pont Payet, auf der N3 bei Pont Payet beim Gemüsestand rechts abbiegen, Tel. 0692 64 17 92, www.saintalexandre974.com, Ferienwohnung ab 70 €, drei Nächte Minimum. Die Unterbringung erfolgt in sieben farbenprächtigen und komfortabel ausgestatteten Selbstversorger-Bungalows (für 2 und 4 Pers.), die in einer duftenden Orangenplantage liegen. Unkompliziertes und äußerst gastfreundliches Haus.

Essen & Trinken

Gutes aus dem Meer – **Le Beauvallon:** in Rivière-des-Roches, rue du Stade-Raymond-Arnoux, auf der N2002 (Landstraße) kurz vor Bras-Panon vor der Brücke in Richtung Meer abzweigen und vorbei am Sportplatz bis ans Meer fahren, Tel. 0692 66 35 62, tgl. 11–15 Uhr, Hauptgerichte ab 12 €. Die Lage an der Küste in einem kleinen Park entschädigt für das nackte, lagerhallenartige Flair. Fisch und Meeresfrüchte, indisch und chinesisch, mit Spezialitäten wie *Carri bichique* (s. S. 214) oder *anguilles* (Aal). Hier kann man auch gut den Bichique-Fischern zusehen!

Gemütlich kreolisch – **Chez Mimi:** 11, rue des violettes, Bras-Fusil, auf der N3 900 m hinter dem großen Kreisverkehr rechts, Tel. 0692 01 01 10, Mo–Sa mittags, Fr, Sa abends. Gute kreolische Küche in einem gepflegten Gasthaus mit Blick auf einen Pool unter einer überdachten Terrasse.

Aktiv

Outdoor-Action – **Run Aventures:** in Bras-Canot, Îlet-Coco, Anfahrt inseleinwärts über D54, Tel. 0692 64 08 22, www.runaventures.com. Rafting, Kayak Jump und Wildwasserwanderungen an der Ostküste, ab 50 €. In Saint-Gilles-les-Bains gibt es einen Laden für Aktivitäten, die im Westen stattfinden bzw. für Gäste, die im Westen übernachten (s. S. 126).

Infos

Auto: Die Schnellstraßenabfahrt beim Centre commercial mit Jumbo Score und McDonald's ›Saint-Benoît Centre‹, ›Bethléem‹) führt direkt zur Rue Pompidou in die Innenstadt und, wenn man inseleinwärts fährt, nach Bethléem. Die südlichen Ausfahrten von der N2 (›Les Bambous‹ und ›Le Butor‹) führen in Stadtteile südlich der Rivière des Marsouins. Durch die Brücke über den Fluss sind diese Viertel aber direkt mit der Altstadt verbunden. Am Kreisverkehr ›Le Butor‹ geht die Transversale N3 nach Plaine-des-Cafres ab. Um zur D53 nach Takamaka und Beth-

Im Tal von Takamaka stürzen unzählige Wasserfälle die Berghänge hinunter

léem zu gelangen, fährt man von der N2 an der Ausfahrt Le Bourbier/Takamaka ab. In der Innenstadt von Saint-Benoît existiert ein ausgeklügeltes Einbahnstraßensystem, das sich nach anfänglicher Verwirrung als äußerst transparent herausstellt.

Bus: Der Busbahnhof (Tel. 0262 50 10 69) liegt an der N2 etwa 500 m südöstlich des großen Einkaufszentrums mit dem Jumbo Score und McDonald's. Ab Saint-Benoît fahren Busse in Richtung Saint-Denis (G, F) und Saint-Pierre (Linie I über Saint-Philippe und Linie H über das Hochplateau).

Bethléem ▶ J/K 4

Der Ort im Hinterland von Saint-Benoît ist als Picknick- und Naherholungsgebiet beliebt – insbesondere um sich in den Fluten der Rivière des Marsouins abzukühlen. Es gibt zwei Zufahrten: Die kürzeste führt über das Centre commercial (McDonald's) in Saint-Benoît (knapp 3 km), die längere über die D53 (nach Takamaka), wo man im Dorf Le Boubier-les-Hauts am grellroten Snack-Rondeau links abzweigt, dem Chemin Bellier folgt, sich an dessen Ende rechts und weiter vorne links hält. Für viele Réunionesen ist die **Chapelle de Bethléem** ein Wallfahrtsort. Ab dem Parkplatz folgt man dem geteerten Pfad durch dichten Bambus hinunter zum Fluss (10 Min. Gehzeit). Zur Zeit der Piratenüberfälle im 18. Jh. hatten sich viele Kreolen und französische Siedler weit in die Berge auf die Îlet de la Rivière des Marsouins zurückgezogen. 500 bis 600 Siedler lebten dort von der Jagd und vom Fischfang. Schockiert vom Elend, gründete die Ehefrau des Gouverneurs Hubert Delisle 1855 Bethléem und organisierte dort Armenspeisungen. Mädchen wurden von Ordensschwestern in Kochen, Nähen und Gartenarbeit unterrichtet. 1935 gaben die Nonnen die Schule auf.

Takamaka ! ▸ H 5

Am Ende der D53 beginnt das spektakuläre Tal von Takamaka, das die Rivière des Marsouins in den Basalt geschliffen hat. Das Panorama von der 820 m hoch gelegenen Aussichtsplattform auf das zerklüftete Landschaftsrelief beeindruckt. Hunderte von Wasserfällen tosen die steilen, dicht bewaldeten Steilhänge hinab. Der hier weit verbreitete Indische Mahagoni, ein Hartholzbaum, den die Azteken Takamaka nannten, gab dem Tal seinen Namen.

Wuchtige Hochspannungsleitungen auf dem Weg nach oben verraten, dass die beiden Wasserkraftwerke Takamaka I und II für den größten Teil des Stroms auf der Insel verantwortlich sind. Der Staudamm *(barrage)* Takamaka I mit einem 315 m hohen Wasserauffangbecken wurde 1968 fertiggestellt. Nach jahrzehntelanger Planung hatte man schließlich einen Weg gefunden, einen der regen- und wasserreichsten Punkte der Insel für die Stromerzeugung zu nutzen. Wegen des Reliefs konnte nirgendwo anders ein Staudamm errichtet werden. Die Turbinen und das Kraftwerk befinden sich tief im Felsen und sind nur über einen Liftschacht zu erreichen. Aufgrund des steigenden Strombedarfs musste Takamaka II, das zweite unterirdische Kraftwerk samt Staubecken, in Betrieb genommen werden. Oben, am Ende der Stichstraße, befinden sich die Gebäude der französischen Elektrizitätswerke (EdF) und der Lift.

Für die Mitarbeiter der Elektrizitätswerke wurden Wege angelegt, die auch von Wanderern genutzt werden können – so sie geöffnet sind. Sie führen zu den Staubecken und den Wasserfällen, ins tiefer gelegene Tal und schließlich sogar bis zum Forêt de Bébour. Das steile, glitschige Terrain ist nur für geübte, trittsichere Wanderer zu empfehlen. Zahlreiche Steigleitern und Stahlkonstruktionen gilt es zu überwinden. Am besten, man erkundigt sich beim ONF (Tel. 0262 37 38 39) oder dem nächsten Tourismusamt über den Zustand der Wege. Bei der Recherche war der Weg nach Bélouve gesperrt. Canyoning sollte in Takamaka nur von erfahrenen Kletterern oder als gebuchte Tour mit einem Veranstalter in Angriff genommen werden, die Gewässer und Schluchten zählen zu den schwierigsten. Der Einstieg erfolgt über Plaine-des-Palmistes.

Le Grand-Etang ▸ J 5

Von Saint-Benoît fährt man die Transversale N3 in Richtung Plaine-des-Palmistes, um nach etwa 8 km rechts zum größten See der Insel abzuzweigen. Im niederschlagsreichen Hinterland von Saint-Benoît liegt der schlammig-grüne Bergsee eingekesselt von Steilwänden auf 525 m Höhe. Er entstand durch einen Lavastrom des Piton de la Fournaise, der den Zufluss Bras d'Annette verlegte, wodurch sich die Wassermassen stauten. Durch seine Unzugänglichkeit blieb der kleine Talkessel isoliert – sehr zur Freude der Botaniker und Ornithologen. Endemische Vögel der Hochlagen wie der *tec-tec,* das Réunionschwarzkehlchen *(Saxicola tectes)*, oder der *papangue (Réunion Harrier)* werden hier beobachtet. Es gedeihen üppig wachsende Baumfarne oder Rosenapfelbäume, deren gelbliche Früchte an Pflaumen erinnern, weswegen der Baum Malbarpflaume genannt wird. Von Mai bis Juni säumen blutrote Goyavier den Wanderweg um den See und zu den schlanken **Cascades de Bras d'Anette** (ca. 1,5 Std., mit Abstecher zum Wasserfall 2,5 Std.). Der Rundweg ist ohne nennenswerte Steigungen, dafür aber oft schlammig und bei Überflutungen gesperrt.

Sainte-Anne ▸ K/L 5

5 km südöstlich von Saint-Benoît steht an der N2 in Sainte-Anne eine seltsam kitschig anmutende Kirche, die **Eglise de Sainte-Anne**, das einzige Highlight des schmucklosen Straßendorfes. Dass das Gotteshaus von 1857 als Filmkulisse in François Truffauts »Das Geheimnis der falschen Braut« 1969 groß herauskommen würde, konnte Père Dobemberger, der Schöpfer der barocken Üppigkeit, nicht ahnen (s. Lieblingsort s. S. 220). Oberhalb von Sainte-Anne lagen die Gärten, in denen Joseph Hubert (1747–1826) Geschichte schrieb, denn die Experimentierfreudigkeit des autodidaktischen Botanikers machte Gewürze wie die Gewürznelke und Muskatnuss auf der Île Bourbon heimisch.

Unser Tipp

Wanne mit Aussicht – Diana Déa Lodge

In den Höhen von Sainte-Anne, ca. 8 km von der N2 entfernt, liegt die elegante Lodge auf 650 m Seehöhe mitten in einem Jagdgebiet. Java-Hirsche und Rehböcke marschieren durch das weitläufige Gelände und kommen bis vor die eigene Terrasse. Die 30 Zimmer in drei Kategorien im südafrikanischen Landhaus-Stil haben alle etwas gemeinsam: die tolle Aussicht bis ans Meer und eine Badewanne direkt an der Glasfront. Alle Zimmer mit Tee-/Kaffee-Station, Klimaanlage/Heizung, Safe und Balkon. Geschmackvoller Salon mit knisterndem Kamin, Jazz & Swing-Untermalung, beheizter Pool, Spa mit Hamam und Massagen ab 60 €. Gehobener Service und Qualität zu nicht übertriebenen Preisen – im Vergleich zum Westen (Zufahrt über die D56 oder die D3, den Schildern folgen, 94, chemin Helvétia, Tel. 0262 20 02 02, www.diana-dea-lod ge.re, DZ ab 198 €, HP-Aufschlag 39 €).

Banian des Orangers

In Richtung Sainte-Rose auf der N2

4,5 km südöstlich der Kirche, im Ortsteil Orangers, ragt meerseitig ein mächtiger Banyanbaum (Banyan-Feige) in den Himmel. Diese Aufsitzerpflanze, die auf anderen Pflanzen gedeiht, ohne sie zu schädigen, gilt den Hindus als heiligstes Gewächs. Der Baum verkörpert die Ideale des Hinduismus: In viele Richtungen wachsend, schöpft er doch aus den vielen Wurzeln Kraft und bezieht seine Lebensenergie von einem einzigen allumfassenden Stamm.

Pont de la Rivière de l'Est

3 km weiter auf der N2 folgt linker Hand die 1894 errichtete Hängebrücke über die Rivière de l'Est, die natürliche Grenze der Gemeinden Sainte-Rose und Saint-Benoît. Zuvor hatten die Menschen den Fluss zu Fuß oder mit Pendelbooten überquert, aber wegen der unberechenbaren Wassermassen blieb die wirtschaftliche Nutzung des Landes jenseits des Flusses eingeschränkt. Bei ihrer Fertigstellung galt die Hängebrücke mit 152 m Spannweite als längste der Welt. Bis 1979 war sie in Gebrauch, trotzte Zyklonen und 1927 sogar einem Hangrutsch. Heute ist sie den Fußgängern vorbehalten, die von der einen auf die andere Seite spazieren können. An der Wildheit der Rivière de l'Est hat sich wenig geändert. Die meiste Zeit des Jahres murmelt der Wasserlauf schlaftrunken vor sich hin, aber wenn die aufgezeichneten Regenrekorde wieder einmal gebrochen werden, tost er aufbrausend in Richtung Meer. Die Rivière de l'Est entspringt auf 2350 m Seehöhe ganz in der Nähe des Piton de la Fournaise.

Essen & Trinken

Kreolisch mit Ausblick – **Il Etait Une Fois dans l'Est:** 133, N2, unweit der Kirche, Tel. 0262 51 18 12, nur mittags geöffnet, Hauptgerichte ab 10 €. Mit Blick aufs Meer speist man im einfachen kreolischen Restaurant. Wer nicht rechtzeitig kommt, geht leer aus.

Einkaufen

Souvenirs – **Îlot Savons:** Place de l'Eglise, Tel. 0692 68 06 71, tgl. 9–17.30 Uhr. Im Laden stapeln sich Aromaseifen, Parfums, Flechterzeugnisse und Schnitzereien aus Madagaskar oder Indonesien.

Aktiv

Tropische Gewächse – **Domaine de Coco:** Chemin du Cap, 3,5 km hinter dem großen Kreisverkehr in Saint-Benoît im Ortsteil Saint-François bergwärts abzweigen, Tel. 0692 65 55 70, www.domainedecoco.com, Führungen tgl. 10.30, 14 Uhr, 7 €. Auf ihrer alten Zuckerplantage zeigt die Familie Bébeau, was auf der Insel gedeihen kann: von Zuckerrohr über Obst und Gemüse bis hin zu Maniok und Taro.

Infos

Office de Tourisme: Place de l'Eglise, Tel. 0262 47 05 09, www.est.reunion.fr, Mo–Sa 9–12.30, 13.30–17 Uhr.
Bus: Bei der Kirche sowie dem Bürgermeisteramt hält Linie I (Mo–Sa 5 x tgl.).

Sainte-Rose ▸ L 6

13 km südlich von Sainte-Anne liegt Sainte-Rose. Immer naturbelassener und weniger dicht bewohnt wird das Land, je weiter man in den Süden kommt. Das fauchende Meer gewinnt an Kraft, die Vegetation wird grüner und unbändiger. Begrenzt durch die Rivière de l'Est und das Lavaland Grand Brûlé ging der Ort 1809 in die Geschichtsbücher ein, als die Nationalgarde das Eindringen britischer Besatzer verhinderte. Die knapp 6000 Einwohner leben heute zum überwiegenden Teil vom Fischfang.

Marina

Eher historisch gibt sich der Hafen von Sainte-Rose (*port de pêche et de la plaisance,* Abzweig bei der Kiche). Bemerkenswert sind das Monument Corbett und die Kanonen, die an die glorreiche Verteidigung der Stadt 1809 gegen die Engländer erinnern. Im konischen Denkmal aus Basaltstein, eigentlich ein Mausoleum, lagen lange die menschlichen Überreste des englischen Offiziers Robert Corbett, der in einer Seeschlacht 1810 gegen den französischen Kapitän Bouvet fiel. Später forderte die britische Krone die Gebeine zurück.

Wandern auf dem Sentier des Pêcheurs

Von der Marina von Sainte-Rose bis zur Bucht Anse des Cascades (s. S. 223) verläuft ein spektakulärer Küstenwanderweg, der Sentier du littoral de Sainte-Rose (auch Le Sentier des pêcheurs). Der Weg – er ist teilweise mit weißen Markierungen gekennzeichnet, manchmal verliert man ihn auch aus den Augen – führt praktisch immer an der schroffen Küste entlang. Aufgeteilt in drei größere Etappen, hat er eine Länge von insgesamt ca. 15 km. Die erste Etappe geht von Sainte-Rose (Parkplatz am Hafen) bis zur Ravine Glissante (ebenfalls Parkbucht), die zweite über die Pointe Corail (Parkbucht) bis zur Lavakirche in Piton Sainte-Rose und die dritte bis zur Anse des Cascades. Wer den Weg zurück nicht laufen will, nimmt den

Lieblingsort

Barocke Fantasie – Eglise de Sainte-Anne ▶ K/L 5

Als der gebürtige Elsässer Père Dobemberger zum Pfarrer von Sainte-Anne berufen wurde, fand er eine schlichte Kirche vor. Das sollte sich unter seiner Amtszeit ändern: Von 1922 bis 1940 steckte er alle Energie in die Dekoration der Kirche, die er gemeinsam mit Gemeindemitgliedern und Schulkindern gestaltete. Inspiriert von den großen französischen Kathedralen, den tamilischen Tempeln und durch seinen Vater, der Architekt war, wurden Ornamente aus Früchten, Blumen, Weintrauben und Figuren aus gegossenem Zement gefertigt und an den Wänden angebracht – noch heute ein sehenswertes Kuriosum.

SI VOUS SAVIEZ LE DON DE DIEU

Wanderung: Sentier des Pêcheurs

Bus oder fährt per Anhalter. **Hinweise:** Nur früh morgens wandern, weil das schwarze Gestein die Wärme speichert und das Licht reflektiert, ausreichend Wasser mitnehmen, nur während der Trockenzeit zu begehen, da die kleinen Ravines und Flussmündungen nicht überquert werden können.

Übernachten, Essen

Nettes Landgasthaus – **Hôtel Restaurant La Fournaise:** 154, N2, Tel. 0262 47 03 40, www.hotellafournaise.fr, DZ 85 €. Bodenständiges Hotel direkt am Ortsanfang von Sainte-Rose, von den 22 Zimmern haben 16 Zimmer Meerblick. Pool, WLAN, Klimaanlage, leckeres Abendessen auf Vorbestellung (HP-Zuschlag 25 €).

Chalets unter Palmen – **Cana Suc:** 219, N2, Tel 0692 77 81 96, www.canasuc. re, DZ mit Frühstück 75 €, Ferienwohnung für Selbstversorger 60 € (3 Tage Minimum). Drei schöne Holzchalets mit kreolischem Interieur, unter Palmen mit großer Wiese, Volleyball-Netz und gepflegtem Tropengarten.

Urlaub am Bauernhof – **La Cayenne:** 317, N2, Ravine Glissante, Tel. 0262 47 23 46, www.ferme-auberge-lacayenne.fr, DZ 45 €, Frühstück 5 € pro Person. Sechs einfache Zimmer, aufgeteilt auf zwei Häuser direkt an der Küste. Auf Vorbestellung kocht Mme. Joëlle Narayanin ein mehrgängiges kreolisches Menü mit Produkten aus der eigenen Erzeugung, z. B. ihre Spezialität *Carri de canard aux bananes vertes* (Enten-Carri mit grünen Bananen), ab 25 €.

Infos

Bus: Bei der Kirche (Abzweigung zur Marina) hält die Linie I (Mo–Sa 5 x tgl.).

Piton Sainte-Rose

▶ M 6

Der 13. April 1977 ging in die Annalen von Piton Sainte-Rose ein: Wie durch ein Wunder verschonte ein durchmarschierender Lavastrom, der aus einer Spalte des Piton de la Fournaise in der Nähe des kleinen Ortes ausgetreten war, die Kirche. Die starke Eruption, die schon am 8. April begonnen hatte, machte in wenigen Tagen fast das ganze Dorf dem Erdboden gleich, nur vor dem Gotteshaus teilten sich die Lavamassen, um dahinter wieder zusammenzufließen. Die tiefgläubige Bevölkerung sah darin ein Wunder, da auch alle Dorfbewohner überlebten. Nach diesem Ereignis wurde die Kirche in **Église Notre-Dame-des-Laves** umgetauft. Sie genießt seither einen Sonderstatus unter den Wallfahrtskirchen auf Réunion. Offensichtlich hatten Gott und die Heiligen nicht nur mit geistlichen Einrichtungen Erbarmen, sondern auch mit denen der irdischen Ordnungsmacht: Das Haus der Gendarmerie schräg gegenüber der Kirche wurde von der Lava ebenfalls ausgespart.

Im Hafen von Sainte-Rose starten Freizeitfischer zur Angeltour

Übernachten, Essen

Blick aufs Meer – **Le Joyau des Laves:** 474ter, N2, Tel. 0262 47 34 00, www.joyaudeslaves.com, DZ ab 43 €, Frühstück 5 € pro Pers., HP-Aufpreis 25 €, Menüs ab 15 €. Eine der wenigen kreolischen Pensionen in dieser Gegend. Eher als die vier einfachen Zimmer zeichnet sich die Küche aus. Traditionelle kreolische Gerichte mit Zutaten aus der eigenen Produktion: *Le Baba Figue* (geräuchertes Hühnchen mit der Blüte der Bananenstaude), Gerichte mit Vacoa *(pinpin)* oder Palmenherzen. Geräumige Terrasse mit Blick aufs Meer.

Infos

Bus: Linie I (Mo–Sa 5 x tgl.).

Anse des Cascades

▸ M 7

Die kleine pittoreske Bucht, 1,8 km südwestlich der Lavakirche von Piton Sainte-Rose, liegt unweit der N2. Eine Sinfonie an Wasserfällen fließt die tiefgrünen Steilhänge der Bucht hinunter. Davor recken Abertausende Palmen und einige monumentale Seemandelbäume (frz. *badamier)* – ausladende Laubbäume mit nussartigen Samen – ihre Kronen der Sonne entgegen. Weiter vorne am Wasser säumen Vacoa-Bäume und rund geschliffene Basaltbrocken den dunkelgrauen Stein- und Kieselstrand. Als Fotomotiv begehrter sind nur noch die bunt bemalten Boote der ortsansässigen Fischer, die aufgereiht an der Marina parken.

Mittags unter der Woche kann man mit ein bisschen Glück die Fischer nach der Rückkehr vom Fischen beobachten. Bereits im 19. Jh. nahm man den Hafen in Betrieb, hauptsächlich um die Zuckerfabriken und die Arbeiter mit Lebensmitteln zu versorgen. Der idyllische Rahmen kann leicht darüber hinwegtäuschen, dass das Zuwasserlassen eines Bootes in den aufgepeitschten Wogen der Bucht gar nicht so ungefährlich ist.

Das Beste auf einen Blick

Die drei Cirques

Highlights !

Cirque de Salazie: Mit unzähligen beeindruckenden Wasserfällen und dem pittoresken kreolischen Dorf Hell-Bourg macht Salazie von sich reden. S. 226

Cirque de Cilaos: Eine dramatische Zufahrt, das schmucke Bergdorf Cilaos und viele grandiose Wanderungen verdichten sich zu unvergesslichen Bildern. S. 248

Auf Entdeckungstour

Spektakuläre Passstraße – die N5 nach Cilaos: Die durch Steinschlag, das unwegsame Relief und den harten Stein gefährliche Arbeit an der Straße verlangte den madagassischen Arbeitern alles ab. Ihnen ist es zu verdanken, dass das Bergpanorama nach Cilaos heute für Besucher zugänglich ist. S. 250

Wanderung auf den erloschenen Vulkan – Piton des Neiges: Für viele Wanderer ist die zweitägige Besteigung des Piton des Neiges von Le Bloc aus der unumstrittene Höhepunkt eines Réunion-Aufenthalts. S. 258

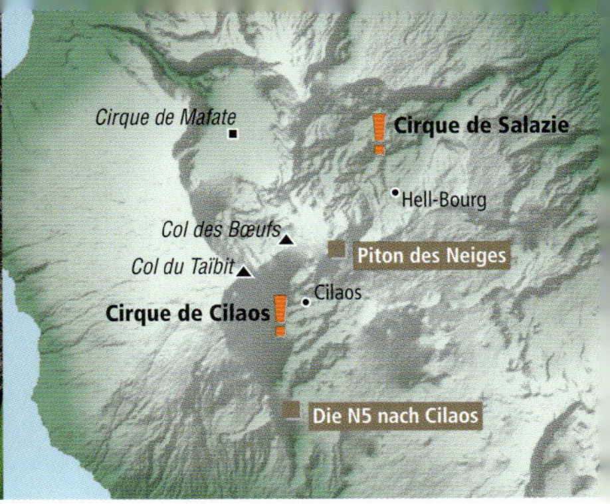

Kultur & Sehenswertes

Maison de la Broderie in Cilaos: Fans von filigraner Stickereikunst finden im Stickereimuseum von Cilaos echte Meisterinnen. Interessierte mit ausreichend Zeit können sogar einen Kurs belegen. S. 249

Aktiv unterwegs

Canyoning: Die Cirques Salazie und Cilaos sind bestens geeignet, um mit Canyoning zu beginnen oder es zu perfektionieren. Veranstalter in Hell-Bourg und Cilaos organisieren das Erlebnis. S. 234, 256

Wandern: Man könnte den ganzen Urlaub in den Cirques verbringen und müsste trotzdem keine Wanderung doppelt machen: z. B. von Salazie über den Col des Bœufs nach Mafate oder von Cilaos über den Col du Taïbit nach Mafate. S. 262

Genießen & Atmosphäre

Le Chai de Cilaos: Wer meint, auf Réunion gäbe es keine ernst zu nehmende Winzerei, irrt. Kehren Sie zur Weinverkostung ein! S. 253

Abends & Nachts

Da die Hauptattraktionen in den drei Cirques die Wanderungen sind, gibt es kein nennenswertes Nachtleben. Wanderer müssen, um das Landschaftspanorama wolkenfrei genießen zu können, sehr früh aufstehen. Nur wenige Stunden nach Sonnenaufgang bildet sich die erste Quellbewölkung.

Wasserfälle, Chouchou und Panoramen – Cirque de Salazie !

Das wilde Innere Réunions besteht aus den drei gewaltigen Talkesseln Cirques de Salazie, Mafate und Cilaos, die sich wie ein Kleeblatt um den 3071 m hohen Piton des Neiges gruppieren. Alle drei waren ursprünglich Teil eines Vulkanmassivs, das nach Ende seiner Aktivität langsam zusammensackte. Die Kräfte der Erosion formten das bizarre System von Schluchten, Plateaus, Steilwänden und Berggipfeln – ein Paradies für Wanderer und Abenteurer.

Untrennbar mit allen drei Cirques verbunden ist die Leidensgeschichte der *marrons*, der entflohenen Sklaven, die nicht länger die unmenschliche Unterjochung ertragen wollten. Auf der Flucht vor ihren Herren entdeckten und besiedelten sie die einst unwegsamen Talkessel als Erste. Gemeinsam mit den verarmten weißen Kleingrundbesitzern entwickelten sie die kreolische Lebensart. Wer nicht mindestens einen der drei Cirques besucht hat, kennt das echte Réunion nicht.

Viele Superlative treffen auf den Cirque de Salazie zu: der niederschlagreichste und grünste, der größte (12,5 km x 9 km), der mit den meisten Wasserfällen, der am leichtesten zugängliche, der bevölkerungsreichste. Allein die Fahrt hinein ist schon beeindruckend: Von den Zuckerrohrplantagen auf der sanft hügeligen Küstenebene führt die Asphaltstraße Seite an Seite mit dem Flussbett der Rivière du Mât vorbei an Chouchou-Plantagen, Bananenstauden und wucherndem Bambus, steil aufragenden Felswänden und murmelnden und tosenden Wasserfällen immer tiefer in eine enge Schlucht, bis man die kreolischen Dörfer Salazie, Hell-Bourg oder Grand-Îlet erreicht, wo sich viel von der ursprünglichen Architektur und Lebensart erhalten hat. Viele der heute gebräuchlichen Ortsnamen stammen aus jener Zeit, als die madagassischen Sklaven sich in den Bergen versteckten. So auch Salazie, das vom Wort *soalazy*, dem madagassischen Begriff für ›ein guter Platz zum Leben‹, herrührt.

Offiziell begann man mit der weißen Besiedelung des Talkessels 1830, weil neues, fruchtbares Terrain für den Obst- und Gemüseanbau erschlossen werden musste. Als 1831 die Thermalquellen bei Bé Maho entdeckt wurden, nahm die Bevölkerungsdichte sprunghaft zu. Die reichen Plantagenbesitzer und Händler suchten in

Infobox

Anreise und Weiterkommen

Auto: Über die N2 erreicht man bei Saint-André die D48, die einzige Zufahrtstraße in den Cirque de Salazie. Bis Hell-Bourg (24 km) muss man ab Saint-André ca. 40 Min. einplanen. Hinter Village Salazie beginnt die D52 nach Grand-Îlet und zum Einstieg in den Cirque de Mafate.

Bus: Ab dem Busbahnhof in Saint-André verkehrt Mo–Sa 7 x tgl. die Linie 80 nach Village Salazie (30 Min., 1,20 €). Dort muss man in die Busse nach Hell-Bourg (Linie 83, 1,20 €) und Grand-Îlet (Linie 82, 1,20 €) umsteigen.

Wanderkarte: IGN 4402 RT (s. S. 33).

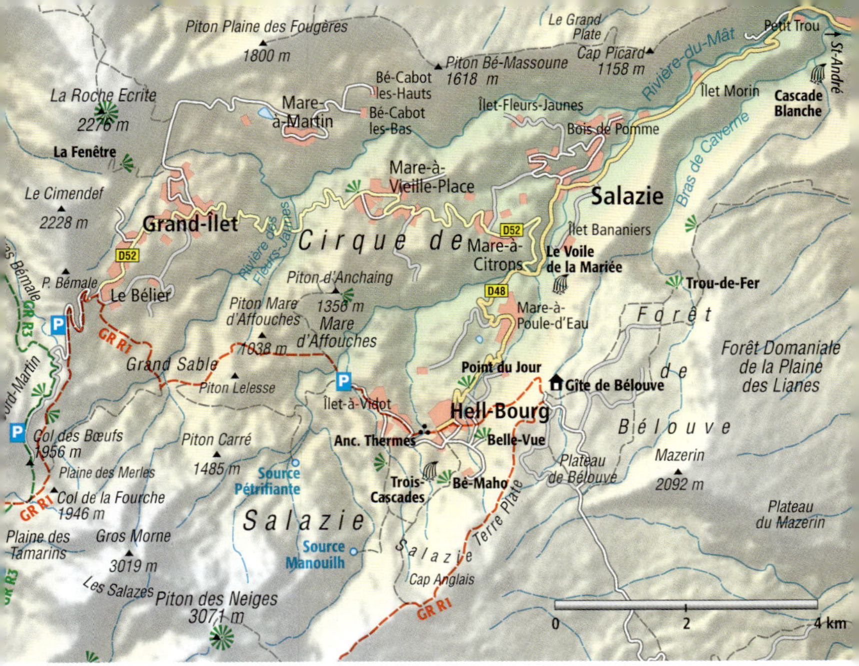

Cirque de Salazie

der kühlen Bergluft und an den Thermalquellen Erholung, bauten ein Ferienhaus nach dem anderen und bald wuchs Hell-Bourg zu einem beliebten Luftkurort heran.

Zur Jahrhundertwende setzte man große Hoffnungen in die kühleren, klimatisch erträglicheren Höhenlagen, Les Hauts. Überall auf den Maskarenen, wo französische Soldaten stationiert waren, grassierte die Malaria und die Bergdörfer auf Réunion stellten das einzige Rückzugsgebiet für Tropengeplagte dar. In Hell-Bourg gab es mit drei Hotels und zahlreichen Pensionen und Privatvillen die beste Infrastruktur; außerdem war es am leichtesten zu erreichen.

Heute leben die 7500 Einwohner des Cirque de Salazie vom Tourismus und von der Landwirtschaft – unübersehbar gedeihen Chouchous (Christophinen), kürbisartige Früchte, im feucht-schwülen Klima bestens.

Village de Salazie

▶ G 4

Von Saint-André geht es entlang der Rivière du Mât, bis die Straße zum ersten Mal den längsten Wasserlauf der Insel (35 km) überquert. An guten Tagen lässt sich von der Brücke ein Blick auf den Piton des Neiges erheischen. Im Dörfchen Pont de L'Escalier, gut erkennbar an der Basaltsteinkirche mit roten Balken, kann nach ca. 8 km ein Zwischenstopp eingelegt werden.

In das für den Cirque namengebende Dorf Salazie gelangt man automatisch, wenn man 6 km weiter auf der D48 fährt. Markant an dem

Das Dorf Salazie liegt zu Füßen des Piton des Neiges

moosig-feuchten Dorf ist die erst 1941 erbaute, wuchtige Kirche mit ihren beiden viergeschossigen Türmen und der Muttergottes am Giebel. Um die Kirche und das Bürgermeisteramt gruppiert sich der kleine Ortskern, der aus einem Gasthaus, der Apotheke, der Boulangerie La Salazienne (Mo–Sa 6–17, So 6–12 Uhr), mehreren Läden und Camion-Bars besteht. Gleich hinter dem Dorf taucht die eigentliche Sehenswürdigkeit auf, die **Cascades du Voile de la Mariée**. Je nach Jahreszeit und Regenmenge sind die ›Brautschleierfälle‹ mehr oder weniger imposant, aber sehenswert ist das Band der weißen tosenden Wasserfälle allemal.

Übernachten

Bergpension – **Le Faham:** 134, rue Georges Pompidou, Tel. 0262 88 47 47, www.lefaham-hotel.fr, DZ 70 €. Freundliche Bergpension, es gibt 12 mit Holz getäfelte Zimmer in fröhlichen Farben am Eingang des Cirques. Mittag- und Abendessen wird geboten.

Essen & Trinken

Blick auf die Kirche – **Le P'tit Bambou:** 166, rue Georges Pompidou, Tel. 0262 47 51 51, Do–Di 11.30–13.45 Uhr, Hauptgerichte ab 10 €. Nette, rustikale Lokalität, zahlreiche Gerichte mit

Chouchou, z. B. *poulet chouchou* stehen auf dem Speiseplan.

Infos & Termine

Auto: letzte Tankstelle des Cirque an der Ortseinfahrt von Salazie.
Bus: Mo–Sa fährt 8 x tgl. (20 Min., 1,20 €) Linie 83 nach Hell-Bourg, nach Grand-Îlet 8 x tgl. (40 Min., 1,20 €) Linie 82.
Fête du Chouchou: Juni. Marktstände, Musik und kulinarische Spezialitäten.

Hell-Bourg ▸ F/G 5

Chouchou-Plantagen – erkennbar am dicht gewobenen Blätterdickicht und kleinen Einstiegen für die Ernte –, wilder Wein und unzählige kleinere und größere Wasserfälle flankieren die Fahrt, bis man das malerische Städtchen Hell-Bourg erreicht. An der Ortseinfahrt befindet sich rechter Hand der Aussichtspunkt **Point du Jour** (892 m). Früher trafen sich hier die Kurgäste, um die Bergkulisse in der aufgehenden Morgensonne zu bewundern: vom charakteristischen Kegel des Cimendef (2228 m) ganz links über den Piton d'Anchaing (1356 m) rechts davon und weiter vorne bis zum plateauartigen Bergrücken des Piton Plaine des Fougères (1800 m). Die D48 geht direkt in die Hauptstraße Rue du Général-de-Gaulle über. Hell-Bourg (950 m) erinnert an glückselige Tage. Prachtvolle Villen, einige aufwendig renoviert, andere mit einer gewissen Patina versehen, prägen das Ortsbild.

Maison Folio

20, rue Amiral Lacaze, Tel. 0692 26 24 83, tgl. 9–11.30, 14–17 Uhr, 5 €
Als einziges altes Haus in Hell-Bourg ist das Maison Folio gegenüber der Kirche für Besucher offen. 1870 von einem wohlhabenden Militärarzt als Ferienhaus erbaut, wird das Anwesen heute von Madame Folio und ihrer Familie bewohnt. Antikes Originalmobiliar ist noch erhalten, genauso wie der terrassenförmig angelegte Garten, in dem in typisch kreolischer Manier dekorative Blumen wie Orchideen, Kamelien und Flamingoblumen Seite an Seite mit Kaffeepflanzen, Zitrusbäumen und Geranien gedeihen (s. Lieblingsort S. 232). Während der Öffnungszeiten finden laufend rotierend Führungen statt, Besucher klinken sich dort ein, wo sich die Tour gerade befindet. Ein Informationsblatt auf Deutsch hilft auch nichtfrankophonen Gästen aus der Bredouille. Nach dem Besuch des Hauses lohnt der Gang

zum **Friedhof** am Ende der Rue Amiral Lacaze, der besonders für seine Blumenpracht bekannt ist.

Weitere sehenswerte Häuser

An einigen Häusern in Hell-Bourg sind die für die Kolonialzeit typischen Ausguckpavillons, die sogenannten *guétali* (s. auch S. 95), noch gut erhalten, z. B. an der **Villa Barau** (Rue du Général-de-Gaulle Nr. 27) oder der **Villa Lucilly** (Rue du Général-de-Gaulle Nr. 71). Sie gestatteten den artigen Frauen neugierige Blicke auf das Treiben in der Straße. Die Damen wären wohl wenig erbaut über die arbeitslosen Jugendlichen, die heutzutage an der Hauptstraße herumlungern. Die Arbeitslosigkeit, insbesondere der Jugend, gilt als eine der größten Herausforderungen für den sozialen Frieden auf Réunion – nicht nur in Hell-Bourg.

Zum Aussichtspunkt Bé-Maho

Nur ein paar Minuten oberhalb von Hell-Bourg liegt der Aussichtspunkt **Bé-Maho** auf 1045 m. Wer sich an der Ortsausfahrt von Hell-Bourg in Richtung Hotel Les Jardins d'Héva hält und 100 m dahinter rechts bergauf fährt, erreicht auf einer engen Forststraße ein paar Kehren weiter oben, gegenüber des Wasserreservoirs, den unscheinbaren Kiosk.

Hier kann die gesamte Bergkulisse vom Piton des Neiges über die La Roche Ecrite bis hin zum Cap Picard in einem sagenhaften Rundpanorama bestaunt werden.

Anciens Thermes und Trois Cascades

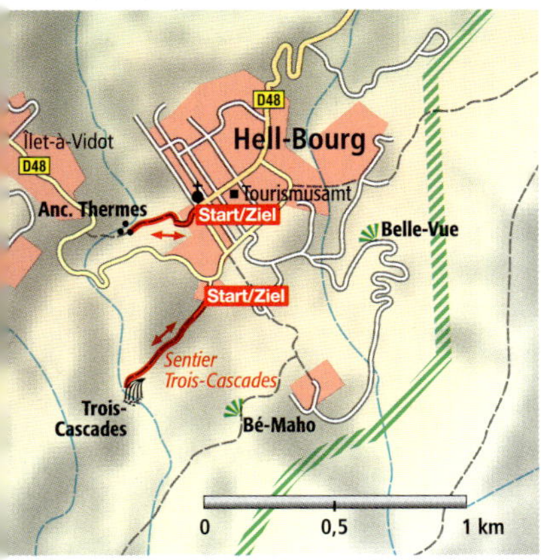

Wanderungen

Detaillierte Wanderbeschreibungen liegen im Tourismusbüro aus.

Zur alten Therme

Start beim Tourismusamt, Strecke hin und retour ca. 1 km, 30 Min.

Zu den **Anciens Thermes,** den Überresten der alten Therme, führt ein leichter Spaziergang, der mehr von historischem als physiologischem Wert ist. Der Verlängerung der Hauptstraße folgend, geht man vorbei an der Stadtbücherei (Bibliothèque municipale) und dem alten Hôtel des Salazes über die Brücke des Bras-Sec. Bei der Polizei nimmt man den Weg, der rechts abzweigt.

Nur bescheidene Ruinen zeugen von der Blüte des Kurbads zwischen 1904 und 1920, als die Mineralquellen von Leber- und Magenkranken frequentiert wurden, die sich von den Trinkkuren die Linderung ihrer Leiden erhofften. Sogar ein Militärspital, heute die Bibliothek zu Anfang des Weges, wurde eingerichtet.

Sentier les Trois Cascades

Start an der D48, Strecke hin und retour ca. 2 km, 1,5 Std.

Nur wenige Hundert Meter hinter der Ortsausfahrt von Hell-Bourg auf der Straße nach Îlet-à-Vidot (D48) führt links ein Weg zu den Trois Cascades, den drei Wasserfällen. Diese leichte Wanderung mit einigen steilen Passagen empfiehlt sich vor allem gegen Ende der Regenperioden, wenn die Wasserfälle ordentlich Wasser führen.

Gîte de Bélouve und Trou-de-Fer

Start beim Bürgermeisteramt bei der Ortseinfahrt bzw. beim Forsthaus (Maison Forestière), 10 km hin und retour, ca. 6–7 Std.

Hinter dem Bürgermeisteramt beginnt die Chemin de Bélouve, die langsam, aber stetig ansteigt. Der Weg ist gut sichtbar und mit Schildern und rot-weißer Markierung ausgewiesen. Nach kurzer Zeit beginnt die starke Steigung, wenn der Abbruch des Cirque überwunden werden muss. Knapp 500 schweißtreibende Höhenmeter weiter oben wartet bei der Gîte ein herrlicher Panoramablick auf den Cirque de Salazie. Die restliche Wanderung bis zum Trou-de-Fer (s. S. 285) ist hauptsächlich flach und einfach.

Über dieselbe Routenführung, zuerst über die Gîte de Bélouve und später weiter über das Cap Anglais, kann der Piton des Neiges (als Teilstück des GR R1) erreicht werden. (Aufstieg ca. 5 Std. bis zur Gîte, danach noch 1,5 Std. bis zum Gipfel). Diese Route erfordert eine Übernachtung in der Gîte de la Caverne Dufour und ist geübten Wanderern vorbehalten, denn der Aufstieg über das Cap Anglais ist äußerst steil.

Piton Anchaing

Der Rundweg auf den Piton Anchaing (10 km, 5 Std.) auf 1356 m ist äußerst steil, und man muss frei von Höhenangst sein. Der Start liegt 1 km hinter Îlet-à-Vidot, am Ende der D48. Die Wanderung auf den Hausberg von Hell-Bourg belohnt mit Panoramablick über den Cirque.

Die Legende erzählt, dass Anchaing und seine Frau Héva nach einer wilden Prügelattacke des Plantagenbesitzers flohen, an der Rivière du Mât flussaufwärts stiegen und sich den scheinbar unbezwingbaren Berg als Lagerplatz aussuchten.

Übernachten

Klassiker – **Le Relais des Cimes:** 67, rue Général-de-Gaulle, Tel. 0262 47 81 58, www.relaisdescimes.com, DZ 76 €. Zentral an der Hauptstraße befindet sich das Hotel samt beliebtem Restaurant. 27 kahle Standardzimmer stehen zur Auswahl, aber empfehlenswert sind die Hochzeitssuiten 28 und 29 – geräumig mit kreolischem Mobilar eingerichtet, und erstaunlicherweise zum gleichen Preis wie die Standardzimmer.

Bunt dekoriert – **Le Relais de Gouverneur:** 2bis, rue Amiral Lacaze, Tel. 0262 47 76 21, DZ 50–75 €, Abendessen 23 €. Die Pension verfügt über zwölf geräumige Zimmer (alle mit Veranda), einen hübschen Garten und freundliche Besitzer. In den beiden hübschen Superior-Zimmern mit Salon und Himmelbett ist's besonders gemütlich. Manche Gäste stoßen sich am gemeinsamen Essen im Stil der Ski- und Wanderhütten.

Gîte de Bélouve und Trou-de-Fer

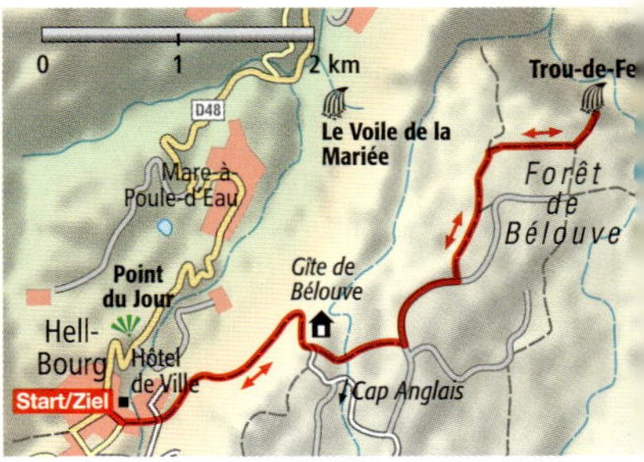

Lieblingsort

Kreolische Augenweide – der Garten der Maison Folio

▶ F/G 5

Das mintgrüne, verschnörkelte schwere Eingangstor öffnet sich und gibt eine Welt aus längst vergangenen Tagen preis. Im grün-weißen Pavillon stickten einst die artigen Töchter des Hausherrn und ihre Freundinnen, während sie dem beruhigenden Rauschen des Springbrunnens lauschten. Damals wie heute erfreuen sich die Bewohner und Besucher gleichermaßen am üppigen Garten mit vielen exotischen, tropischen Blumen und Pflanzen – eines der Highlights von Hell-Bourg.

Unser Tipp

Farbenfroh und freundlich – Les Jardins d'Héva
Die zehn einfachen Zimmer sind bunt gestaltet und so facettenreich wie die ethnische Vielfalt auf Réunion. Sauna, Jacuzzi, ein Hamam, Massagen (ab 75 €, 1.15 Std.) sowie Gesichts- und Körperbehandlungen tun gut (45 Min. Spa pro Tag sind inbegriffen). WLAN, Transport zum Flughafen (150 €/Fahrzeug) oder nach Grand-Îlet (80 €/Fahrzeug), gratis Gepäckverwahrung. Die Spezialitäten des Hauses, u. a. *Canard à la vanille* (Vanille-Ente) oder *Carri de légine,* ein köstliches Carri vom Seehecht, können mittags (15 €) oder abends (25 €) am Buffet verkostet werden (16, rue Auguste Lacaussade, Chemin de Bellevue, an der Ortsausfahrt am Hartplatz links, Tel. 0262 47 87 87, DZ 95 €, ab 3 Nächten 84 €, englischsprachig, Restaurant tgl. 12.15–14, 18.30–21 Uhr).

Essen & Trinken

Gute kreolische Küche – **Le Relais des Cimes:** Adresse s. Übernachten, tgl. 12–14, 19–21 Uhr, Hauptgerichte ab 11 €, Menüs ab 17 €. Neben bekannten Gerichten erlaubt man sich auch kreativere Speisen, wie das *Poulet au coco* (Kokoshuhn) oder die madagassische Spezialität *Ravin'toto,* wo Schweinefleisch in einem Maniokblatt gart. Besondere Spezialitäten sind u. a. *Truite flambée à la vanille* (Flambierte Regenbogenforelle mit Vanille) oder die *Crème brûlée* mit Vanille.
Lokale Spezialitäten – **Ti'Chouchou:** 42, rue du Général-de-Gaulle, Tel. 0262 47 80 93, tgl. mittags, Menüs ab 17 €. Traditionelle Gerichte wie Chouchou, Carris und Canard à la vanille.
Institution – **Chez Alice:** 1, rue des Sangliers, Tel. 0692 87 67 74, Di–So 12–14 Uhr, Abendessen nach Reservierung, Hauptgerichte ab 10 €, Menü 19 €. Einfaches Restaurant, das aber an Wochenenden von den Einheimischen gut frequentiert wird. Bekannt für *Rougail Saucisse,* die Forelle sowie die *Chouchou*-Gerichte.

Aktiv & Kreativ

Canyoning, Wandern und mehr – **Austral Aventure:** 16, rue Amiral Lacaze, Nähe Maison Folio, Tel. 0692 87 55 50, www.australaventure.fr. Die Aktivitäten finden in beiden Cirques statt, z. B. im Canyon Trou Blanc in Salazie (50 €), oder in der Ravine Fleurs-Jaunes (65 €). Geführte Wanderungen, z. B. nach Mafate (65 €).
Kreativ – **Les Jardins d'Héva:** s. Unser Tipp. Auf Vorbestellung wird die Herstellung von *rhum arrangé* demonstriert (12 €) oder ein kreolischer Kochkurs organisiert.
Stadtrundgang I – **Tourismusamt:** s. Infos. Hier gibt es den Audio-Guide auf Deutsch u. Französisch (5 € plus Identitätsnachweis) zum Abmarschieren der alten Villen und Häuser (ca. 1,5 Std.).
Stadtrundgang II – **Jean Freddy Lafable:** Tel. 0692 15 32 32, freddy.lafable@laposte.net, 8 €. Geführte Tour durch Hell-Bourg mit Fokus auf den alten Häusern.

Infos

Office de Tourisme: 47, rue du Général-de-Gaulle, am Platz mit dem Springbrunnen, Tel. 0262 47 89 89, www.est.reunion.fr, Mo–Sa 8.30–12, 13–17.30 Uhr. Im Office de Tourisme gibt es WLAN, einige der Unterkünfte haben auch Internet.

Bus: Von Village Salazie nach Hell-Bourg verkehrt die Linie 83 Mo–Sa 8 x tgl. (20 Min., 1,20 €).

Mare-à-Vieille-Place ▸ F 4

Nach Village Salazie zweigt die kurvige D52 von der Hauptroute ab und führt ins 7 km entfernte hübsche Bergdorf Mare-à-Vieille-Place auf einer Höhenlage von ca. 850 m. Vom Aussichtspunkt Pente Carozin am Ortsausgang sieht man gut die bizarre Erosionslandschaft und den Canyon de la Rivière des Fleurs-Jaunes ein. Es gibt zwei Einfahrten, die zweite führt zu einer Schautafel. Das Bergmassiv ist beeindruckend: von rechts nach links der Piton Bé-Massoune (1618 m), Piton Plaine des Fougères (1800 m), La Roche Ecrite und Le Cimendef. Nach diesem Halt auf halber Strecke nach Grand-Îlet folgt der zweite Teil der kurvigen Bergstraße, die sich zunächst in das Flusstal der Rivière des Fleurs-Jaunes hinabwindet, bevor sie in zahlreichen Kehren vorbei an Chouchou-Feldern das Plateau von Grand-Îlet (1100 m) erklimmt. Immer wieder lugen der Piton des Neiges und der Gros Morne linker Hand hervor.

Grand-Îlet ▸ F 4

Eingebettet in die zahlreichen Îlets – die winzigen Plateaus, wo sich einst geflohene Sklaven versteckten –, liegt das ›große Inselchen‹ Grand-Îlet 15 km hinter der Abzweigung von der D48. Die beiden Bergmassive La Roche Ecrite (2276 m) und Cimendef (2228 m) flankieren das Bergdorf. An der Kreuzung bei der schindelverkleideten Kirche gabelt sich die Straße. Geradeaus und dann rechts steuert man direkt auf die La Roche Ecrite zu. Mit der beeindruckenden Bergkulisse im Hintergrund ist die pittoreske, 1936 erbaute **Kirche** ein lohnenswertes Fotomotiv. Sie hat mit den Kräften der Zyklone zu kämpfen, wegen der gewaltigen Regenmassen droht immer wieder der Untergrund wegzurutschen, zuletzt 1994.

Hauptsächlich wegen seiner Lage als Tor zum Cirque de Mafate pilgern passionierte Wanderer nach Grand-Îlet. Sie biegen an der Kirche links ab, um 3 km später bei **Le Bélier** auf die Forststraße nach Haut-Mafate und weiter zum Einstieg in den Cirque de Mafate (s. S. 237) zu gelangen. Nach ca. 6,5 km ab der Kirche erreicht man den schmalen Berggrat **Bord-Martin** (1552 m), der sensationelle Blicke auf beide benachbarte Cirques freigibt: rechts offenbart sich der Cirque de Mafate, links der Cirque de Salazie. Zwei Wanderungen starten hier, nach **Aurère** und nach **Grand' Place-les-Hauts**. Erkennbar ist der Aussichtspunkt unter anderem am Helikopterlandeplatz und an der Schautafel. Die Forststraße endet 3 km weiter am Fuße des **Col des Bœufs** mit einem großen, bewachten Parkplatz. Wanderer nach La Nouvelle oder Marla sollten ihr Fahrzeug hier abstellen – es kommt vermehrt zu Autodiebstählen (2 €/Tag, 10 €/Nacht). Die zahlreichen unbewachten Parkplätze zwischen Bord-Martin und Col des Bœufs sind zu meiden.

Wanderungen

La Fenêtre

Start im Dorf Grand-Îlet (immer geradeaus halten), Aufstieg 5,5 km, ca. 3–4 Std. hin und retour

Der Aussichtspunkt La Fenêtre (hat nichts mit dem gleichnamigen Aus-

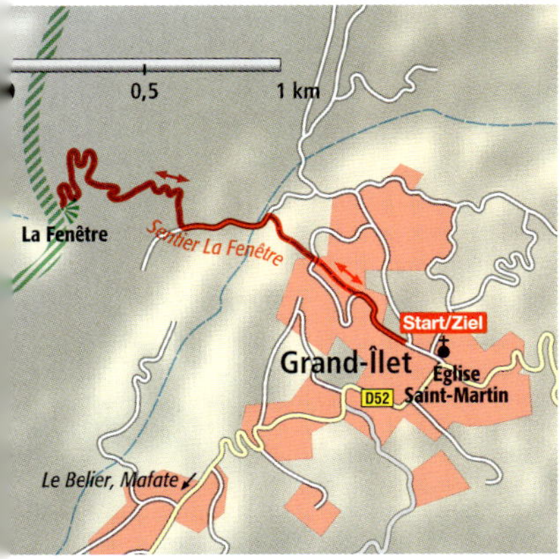

Wanderung: La Fenêtre

sichtspunkt auf den Cirque de Cilaos, S. 151 zu tun) liegt genau zwischen den beiden Erhöhungen Cimendef und La Roche Ecrite. Er eröffnet schöne Panoramen auf den Cirque Salazie und teilweise auch auf Mafate und den majestätischen Piton des Neiges. Von der Strecke her ist die Wanderung zwar relativ kurz, aber der Anstieg ist steil: es geht von knapp 1100 m auf 1570 m Seehöhe. Die Wanderung lässt sich auch gut mit der anschließenden Besteigung der La Roche-Ecrite verbinden.

Wanderung: La Roche Ecrite

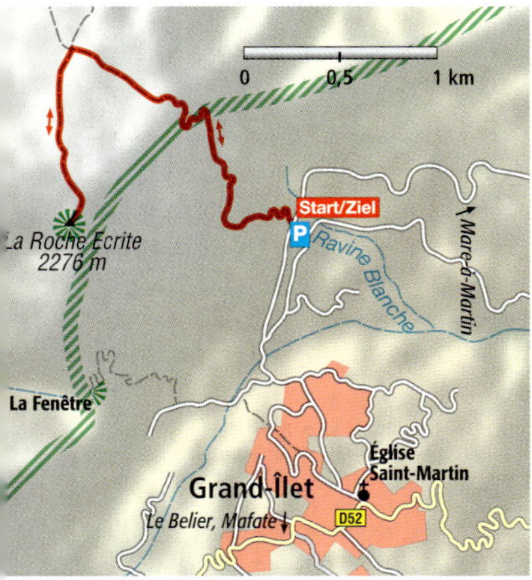

La Roche Ecrite

Start an der Straße zum Dorf Mare-à-Martin, Aufstieg 4,5 km, ca. 3–4 Std.

Im Dorf Grand-Îlet fährt man nach der Kirche rechts und erreicht den Startpunkt des Aufstiegs. An der Ravine Blanche kann das Fahrzeug geparkt werden. Dieser Aufstieg stellt eine kürzere, aber wesentlich steilere Variante zum Aufstieg über Mamode Camp dar. Wunderbare Aussichten auf den kleinen Teich Mare-à-Martin, Salazie, Mafate und die spektakulärsten Gipfel der Insel – bis hin zum Meer.

Übernachten, Essen

Kreolische Herzlichkeit – **La Tourte Dorée:** 7, rue du Père Jouanno, im Dorf geradeaus, unweit der Kirche, Tel. 0262 47 70 51, www.latourtedoree.com, DZ 45–50 €, Abendessen ab 20 €. Kreolisches Holzhaus mit sechs einfachen Doppelzimmern. Von der oberen Etage hat man ein besseres Panorama. Gutes Preis-Leistungs-Verhältnis.

Gepflegt – **Le Cimendef:** 735, Casabois, an der D52 2 km südwestlich von Grand-Îlet, Tel. 0262 47 73 59, www.chambresdhotecimendef.com, DZ 45 €, Abendessen ab 20 €. Rustikale Chambres d'Hôtes auf der Straße zum Col des Bœufs. Kreolisches Haus in Holzbauweise mit vier Zimmern, freundlicher Empfang.

Infos

Bus: Von Salazie nach Grand-Îlet verkehrt Mo–Sa 8 x tgl. (40 Min., 1,20 €) Linie 82, weitere Fahrt 10 Min. nach Le Bélier. Von Le Bélier weiter nach Col des Bœufs fährt äußerst unregelmäßig die Linie 82C – oder man geht zu Fuß.

Mekka passionierter Wanderer – Cirque de Mafate

Abgeschnitten vom Rest der Welt erreicht man den Cirque de Mafate nur mit Muskelkraft und viel gutem Willen: An das Straßennetz ist Mafate nicht angeschlossen, selbst Einheimische gelangen nur zu Fuß in den Cirque. Geheimnisvoll und ursprünglich zieht er Besucher in seinen Bann – wo sonst findet man mitten auf einer europäischen Insel Dörfer, in denen im wahrsten Sinne des Wortes die Zeit stehen geblieben ist? Diesem Umstand hat auch die UNESCO Rechnung getragen, als sie der Insel – mit Mafate als Herz des Naturparks – die Auszeichnung zum Weltnaturerbe verlieh. Nach wie vor ist der größere Teil des zerklüfteten Talkessels unzugänglich. In den im ganzen Cirque verstreuten Bergdörfern leben an die 800 Menschen in einfachen Verhältnissen. Die erste Fernsehantenne 1987 revolutionierte das Leben vieler Mafatais. Das moderne Leben hat vor wenigen Jahren mit Mobiltelefonen und Solarstrom Einzug gehalten. Der Cirque verdankt seinen Namen dem legendären entlaufenen Sklaven Mafate. Die Bezeichnung stammt vom madagassischen Wort *mahafaty*, was ›jener, der auf gefährliche Weise sein Leben verlor‹ heißt. Besagter Sklave fiel 1751 dem berüchtigten Sklavenjäger Mussard zum Opfer – unter mysteriösen Umständen.

Die ersten weißen Siedler erreichten den Cirque 1785. Immer mehr der *petits-blancs des hauts* siedelten

Infobox

Anreise und Weiterkommen

Zu Fuß: Von allen Richtungen gibt es Zugänge zum Cirque de Mafate. Der bequemste und beliebteste Zugang erfolgt über den Col des Bœufs im Cirque de Salazie. Von hier aus sind La Nouvelle und Marla (je 2 Std.), Aurère (3 Std.), Îlet-à-Malheur (2 Std.) oder Îlet-à-Bourse (3 Std.) zu erreichen. Vom Nordwesten her kann man nach Mafate über Dos-d'Ane gelangen, wo 200 m nach der Kirche der Pfad nach Aurère und Grand-Place (je 4 Std.) beginnt (nur bei trockenen Verhältnissen zu wählen). Von Saint-Paul aus existieren drei Zugänge: über den Piton Maïdo via Roche-Plate, über das Flussbett der Rivière des Galets (langwierig und landschaftlich wenig reizvoll) und über Sans-Souci und die Canalisation des Orangers (relativ einfach, da lange flach, aber man muss unbedingt schwindelfrei sein). Äußerst reizvoll und herausfordernd ist der Einstieg über den Cirque de Cilaos (Col du Taïbit), wo für das erste Etappenziel Marla etwa 3–4 Std. Gehzeit eingeplant werden muss.

4x4-Taxi: Jeeptaxis verkehren von La Possession bis Deux-Bras (s. S. 106).

Wanderkarte: IGN 4402RT, für den Zugang über den Maïdo IGN 4401RT, für den Zugang über Cilaos IGN 4405RT (s. S. 33).

sich an (s. S. 74). Sie verließen die Küste, weil das rasante Bevölkerungswachstum nicht mehr genug Land übrig ließ. Nach 1848 wurde Mafate in ein Forstgut umgewandelt, doch die Nachfahren der entlaufenen Sklaven und verarmten weißen Landbesitzer besetzten quasi den Cirque, indem sie Brandrodungen durchführten. Eine dramatische Erosion war die Folge, die sogar Le Port bedrohte. Forstarbeiter versuchten Teilstücke wieder aufzuforsten, doch die Bewohner des Cirque und die Beamten lieferten sich wilde Gefechte bis zum Beginn der 1960er-Jahre. Erst danach waren die Mafatais zur Kooperation mit den Behörden bereit. Man kann sich heute noch gut vorstellen, wie im unwegsamen Gelände sich die Landbesetzer und Forstbeamten und noch früher die Sklavenjäger und Entflohenen im Kleinkrieg aufrieben.

Das einstige Kurbad, das 1864 bei den Schwefelquellen errichtet wurde, verlor 1913 seine Berechtigung, als die Quellen verschüttet wurden. Ein Hotel, eine Pension und Privathäuser hatten den Kranken neben dem Thermalbad zur Verfügung gestanden. Über einen 15 km langen Kurpfad hatte man sie zuerst mit Pferden, das letzte Stück mit Sänften zum Kurbad gebracht.

Heute dominiert unüberhörbar und manchmal wenig romantisch das harte Geknatter der Helikopter, die Versorgungsflüge für die Bewohner des Talkessels erledigen. Nach Jahrhunderten der Perspektivlosigkeit hat Ende des 20. Jh. im Cirque de Mafate der Tourismus Einzug gehalten. Heutzutage scheint kaum jemand mehr die geplante Straße ernsthaft in Erwägung zu ziehen, da die Bewohner das Potenzial des sanften Tourismus erkannt haben. Die Bewohner verdienen neben der Landwirtschaft (Bohnen, Linsen, Geranium) ihren Lebensunterhalt in erster Linie durch die Vermietung von Unterkünften und durch die Instandhaltung der Wanderwege. Die zerfurchte Erosionslandschaft besteht aus unzähligen Plateaus, die Luftlinie nicht weit entfernt scheinen und doch nur in stundenlangen Märschen zu erreichen sind. Der Geröllfluss Rivière des Galets hat mit seinen wilden Nebenflüssen tiefe Schluchten ins weiche Basaltgestein geschliffen, die ein ›Inselchen‹ *(îlets)* vom anderen trennen. Die klimatischen Bedingungen spielen Wanderern in die Hände, denn bis auf den feuchten Ostrand gehört Mafate zu den trockensten Winkeln der Insel.

Tourenplanung

Im 91 km² großen Talkessel steht ein über 140 km langes Wegenetz zur Auswahl. Die meisten Touristen besuchen die Dörfer der oberen Plateaus, Le Haut-Mafate, darunter La Nouvelle, Marla und Roche-Plate, weil sie leichter als die unteren Plateaus zu erreichen sind. Jene, wie z. B. Grand-Place und Aurère, erfordern eine gehörige Portion Ausdauer und bergsteigerische Zähigkeit.

Alle drei Weitwanderwege (GR R1, GR R2, GR R3) führen durch oder rund um den Cirque de Mafate. An und für sich werden die Wege laufend instand gehalten, doch Erdrutsche oder Steinschläge nach Regenfällen oder Zyklonen können die Pfade immer wieder unterbrechen. Daher sind vor einer Trekkingtour unbedingt Informationen einzuholen, z. B. beim Forstamt ONF (Tel. 0262 37 38 39) oder beim Tourismusamt in La Possession (s. S. 106). Mit dem Einstieg entscheidet man sich für eine Wanderroute, denn die nachfolgend genannten Zugänge erschließen jeweils zusammenhängende Einheiten, die

Hängebrücke auf dem Sentier Scout

sich auch für Mehrtagestouren anbieten. Vor einer Wanderung ist die Wettervorhersage unter Tel. 0892 68 08 08 (Mehrwertnummer) zu prüfen, die Wanderregeln (s. S. 33) müssen bekannt sein und der Notruf der Bergrettung (Tel. 0262 930 930) sollte zur Hand sein.

Ein-Tages-Routen

Col des Bœufs – La Nouvelle (2–3 Std. hin, 3–4 Std. retour)

Col des Bœufs – Marla (2–3 Std. hin, 3–4 Std. retour)
Col des Bœufs – Marla via La Nouvelle (6–7 Std. hin und zurück)
Deux-Bras – Grand-Place (Anfahrt mit 4x4-Taxi bis Deux-Bras, 3–4 Std. hin, 4 Std. retour)
Sans-Souci – Îlet-des-Orangers über die Kanalisation (3–4 Std. hin, 4 Std. retour)

Zwei-Tages-Routen

Col des Bœufs – La Nouvelle/Marla – Roche-Plate – Aufstieg über Maïdo (4–5 Std., sehr kräftezehrend)
Col du Taïbit (Cilaos) – Marla (3–4 Std.) – La Nouvelle (2 Std.) – Aufstieg nach Col des Bœufs (3–4 Std.) (3 Cirques in 2 Tagen)
Col des Bœufs – Îlet-à-Malheur, Aurère oder Îlet-à-Bourse (4–5 Std.) – Abstieg über die Rivière des Galets (3–4 Std., ab Deux-Bras)
Maïdo – Abstieg nach Roche-Plate (3 Std.) – Abstieg über Îlet-des-Orangers, Deux-Bras und die Rivière des Galets (3–4 Std. ab Deux-Bras mit einem 4x4-Taxi)
Canalisation des Orangers – Roche-Plate – Rückweg über den Maïdo (4–5 Std., sehr kräftezehrend)

Drei- bzw. Vier-Tages-Routen

Die Vorschläge erheben keinen Anspruch auf Vollständigkeit.
Maïdo – Abstieg nach Roche-Plate (3 Std.) – Grand-Place-Cayenne (5–6 Std.) – Rückweg über Rivière des Galets (ab Deux-Bras mit einem 4x4-Taxi)
Le Bélier – La Nouvelle/Marla (5–6 Std.) – Roche-Plate (5 Std.) – Aufstieg über den Maïdo (4–5 Std., sehr kräftezehrend)
Le Bélier – La Nouvelle/Marla (5–6 Std.) – Roche-Plate (5 Std.) – Marla (5 Std.) – Col du Taïbit (Cilaos, 3–4 Std.)
Bord-Martin – über Sentier Scout nach Îlet-à-Malheur und Aurère (3–4 Std.) – Grand-Place-Cayenne (4–5 Std.) – Roche-Plate (5–6 Std.) – Marla (5 Std.) – Col des Bœufs (3–4 Std.) – Grand-Îlet

Übernachtung, Essen und Ausrüstung

Reservierungen erfolgen in den Fremdenverkehrsämtern und beim IRT (s. S. 33). Private *gîtes,* die mit dem IRT keine Vereinbarung haben, müssen direkt reserviert werden. An den Wochenenden und während der Schulferien füllen sich die Hüttenplätze in La Nouvelle und Marla schnell. Flotte Wanderer sollten ihr Tempo zügeln (oder Pausen einlegen), denn oft sind die *gîtes* erst ab 15 Uhr geöffnet, damit die Privatsphäre der Mafatais gewahrt bleibt.

Der Großteil der *gîtes* bietet Vollverpflegung (Abendessen, Frühstück) und viele verkaufen Snacks, z. B. Sandwiches. Wer die kleinen, überteuerten Lebensmittelläden mit Konserven und abgepacktem Essen meiden will, muss Proviant in Form von frischem Obst, Snacks und Energiespendern mitnehmen. Brot ist im gesamten Cirque Mangelware, einzig in La Nouvelle existiert eine Bäckerei. Deshalb haben einige Betreiber begonnen, Brot selbst zu backen. Dementsprechend besteht das oft süße Frühstück hauptsächlich aus Zwieback *(biscottes)* und Marmelade. Ausreichend Wasser muss immer im Rucksack vorhanden sein. Es existieren ausgewiesene Campingplätze (meist 5 €), doch auf nette Nachfrage kann auch auf Privatgrundstücken kampiert werden. Notbiwakieren ist in jedem Fall immer und überall erlaubt, wenn man der französischen Sprache mächtig ist und Diskussionen nicht scheut.

Gute eingelaufene Wanderschuhe mit einem tiefen Profil sind unerlässlich, ebenso wie eine Stirnlampe, Wanderstöcke, Regenbekleidung, Ersatzkleidung, ein paar warme Stücke für die kühlen Abende, Sonnencreme und -schutz, Bargeld, Proviant sowie eine ordentliche Wanderkarte, am besten von IGN. Insbesondere in Mafate gilt: So früh wie möglich loswandern!

Obere Plateaus im Süden

Vom benachbarten Cirque de Salazie aus ist der Einstieg am bequemsten. Durch die rasche Zufahrt von Grand-Îlet zum Parkplatz am Col des Bœufs dezimiert sich der Abstieg hinunter nach La Nouvelle auf zwei bis drei Stunden Fußmarsch – ideal für Tagesausflügler.

La Nouvelle ▸ E 5

In La Nouvelle (1400 m) existieren mehr Gästebetten als Einwohner – mit 150 Einwohnern ist es am dichtesten im ganzen Cirque besiedelt und wird wegen des einfachen Zugangs am häufigsten von Besuchern frequentiert. Am Fuß des Morne de Fourche (2267 m) auf einem weitläufigen Plateau gelegen, gilt die Ortschaft als ›Hauptstadt‹ des Cirque, vor allem wegen ihrer relativ guten Infrastruktur. Nicht die Rinder- und Schafzucht oder der Linsenanbau sichern das Überleben der Bewohner, sondern der Wandertourismus.

Wie die restlichen oberen Plateaus im Süden wurde La Nouvelle erst spät besiedelt. Erst nachdem ein Erdrutsch des Gros Morne 1875 alle Hütten und 62 der 65 Bewohner des Dörfchens Îlet Grand-Sable begrub, begann man neue Siedlungsplätze zu erschließen. Um die Böden zu stabilisieren, forstete man hier erstmals in Réunion mit japanischen Sicheltannen auf. Als der Klassiker schlechthin zieht die Route nach La Novelle die meisten Wanderer an, auch sehr viele Ungeübte.

Hinter dem bewachten Parkplatz folgt zuerst der Aufstieg durch Kryptomeria- und Filoaswälder auf den Pass **Col des Bœufs** (1958 m) über einen breiten Forstweg. Den massiven Gros Morne (3019 m) hat man ständig im Blick. Der Abstieg nach La Nouvelle führt über die **Plaine des Tamarins** (1750 m) durch Wälder voller Höhentamarinden. Nach etwa zwei Stunden ist La Nouvelle erreicht. Über denselben Weg erfolgt der anstrengende Aufstieg (ca. 3 Std.), denn der in Dorfnähe beginnende, leichter begehbare **Chemin Charrette,** der weiter oben an den Wanderweg gelangt, ist gesperrt (Stand Anfang 2013).

Der in der Luftlinie kurz erscheinende Weg nach Roche-Plate sollte nur von trittsicheren Marschierern mit exzellenter Ausdauer in Anspruch genommen werden. Der steile, teilweise enge Abstieg in das Flussbett der **Rivière des Galets** fordert erfahrenen Wanderern alles ab, außerdem ist der Canyon wegen Hochwasser oft gesperrt.

Übernachten, Essen

Qualitätstourismus – **Le Tamaréo:** Tel. 0692 32 08 28, www.letamareo.re, DZ 48 €, Schlafsaal 20 €, Frühstück 7 €, Abendessen 25 €. Als eine der ältesten Gîte von Mafate an den Sohn überging, der sich im Mutterland zum Koch ausbilden ließ, blieb kein Stein auf dem anderen. In der quietschgrünen Gîte ist alles einen Tick professioneller und moderner als in den typischen Berghütten. Geführte Dorftouren werden angeboten. Reservierung empfohlen, über das IRT (s. S. 33).

Platzhirsch – **Le Relais de Mafate:** Tel. 0262 43 61 77, Bungalows ab 60 €, DZ ab 40 €, Schlafsaal 17 €, Frühstück 7 €, Abendessen 25 €. Sauber, geräumig und sehr komfortabel für eine ›Berghütte‹ (mit 5 Doppelzimmern und 10 Holzchalets samt Privatbad); wird gerne gebucht und füllt sich schnell. Reservierung empfohlen. Angeschlossen sind eine kleine Bar (manchmal Veranstaltungen) sowie ein Lebensmittelladen.
Hinter der Bäckerei – **Gîte des Trois-Roches:** M. Alain Bègue, Tel. 0692 31 18 70, Bungalow 42 €, DZ 40 €, Schlafsaal 18 €, Frühstück 7 €, Abendessen 19 €. Einfaches Schlaflager mit drei Holzchalets (samt Privatbad), zwei Doppelzimmern und Gemeinschaftsschlafsälen.
Auf dem Weg nach Marla – **Gîte Gravina Martial:** in La Plaine aux Sables, Tel. 0262 43 01 73, DZ 35 €, Schlafsaal 16 €, Frühstück 5 €, Abendessen ab 18 €. Einfache Hüttenunterkunft mit guter Küche.

Marla ▸ E 5

Eingepfercht zwischen den Ausläufern des mächtigen Grand-Bénare, des Col du Taïbit und den bizarren Trois-Salazes ist Marla (1620 m) das am höchsten gelegene Dorf im Cirque de Mafate. Auf Madagassisch bedeutet der Name ›viele Menschen‹, und heute noch trifft dies zu. Denn als Kreuzungspunkt der Weitwanderwege GR R1, GR R2 und GR R3 sieht das Dörfchen viele Besucher, dennoch könnte es kaum verschlafener sein. Etliche Pfade führen nach Marla: von Cilaos und Îlet-à-Cordes aus über den Col du Taïbit (GR R1/2, ca. 3–4 Std.), von Salazie über den Col des Bœufs (GR R1/2, ca. 3 Std.) und von Roche-Plate (GR R3, ca. 5 Std., schwierig).

Übernachten, Essen

Köstliche Küche – **Gîte Madame Hoareau:** M. Yolande Hoareau, Tel. 0262 43 78 31, DZ 38 €, Schlafsaal 18 €, Frühstück 8 €, Abendessen 18 €. Vier Schlafsäle à vier Personen sowie vier Doppelzimmer stehen zur Auswahl. Wunderbare Aussicht auf den Cirque de Mafate. Bekannt für das gute Essen.
Rustikal – **Miellerie de Marla:** Tel. 0692 03 20 99, http://mielleriedemarla.com, Schlafsaal 18 €, Frühstück 8 €, Abendessen 20 €. Die kleine Bergpension mit angeschlossener Imkerei hat insgesamt 8 Betten in 2 Zimmern sowie ein Gemeinschaftsbad. Klein und familiär. Sie liegt am Ende von Marla in Richtung Trois-Roches.
Neu – **Chambres d'Hôtes du Gros Morne:** Tel. 0692 29 47 75, Schlafsaal 18 €, Frühstück 8 €, Abendessen 20 €. Neue Unterkunft in Marla mit 6 Betten in zwei Zimmern und einem Gemeinschaftsbad, nett dekoriert.

Roche-Plate ▸ D/E 5

Unterhalb des Steilabbruches Maïdo auf 1100 m liegt das Hochplateau Roche-Plate. Es galt als einer der ersten Zufluchtsorte der entlaufenen Sklaven. Einst war es dicht besiedelt, sodass in den 1950er-Jahren sogar eine Schule für über 40 Kinder errichtet wurde. Doch mittlerweile gibt es auch auf vier anderen Îlets Schulen, sodass Familien abwandern. Nur mehr an die 20 Familien bewohnen heute dieses Plateau.

Vom Maïdo nach Roche-Plate

3 km vor dem Aussichtspunkt Maïdo beginnt an der Forststraße der Pfad nach Roche-Plate. Steil, aber gut begehbar, führt er in gut drei Stunden

über 900 Höhenmeter nach unten. Bis zum **Kreuz** (ca. 1 Std.) ist der Pfad äußerst abschüssig und fordert die Knie, danach wird es flacher und über die Scharte **La Brèche** (ca. 1 Std.) erreicht man schließlich den Kreuzungspunkt. Links kann man Îlet-des-Orangers, rechts Roche-Plate anpeilen, jeweils eine Stunde Fußmarsch.

Von Roche-Plate weiter

Wanderern stehen ab Roche-Plate u. a. drei Möglichkeiten offen: Die Route ins südlich gelegene Marla über die Trois-Roches und den GR R3 (ca. 5 Std.), die Route ins östlich gelegene La Nouvelle über die Trois-Roches und die Plaine des Sables (herausfordernd, 5 Std.), sowie die Nord-Route über Îlet-des-Orangers nach Grand-Place/Grand-Place-Cayenne (schwierig, 5–6 Std.). Ob alle Wege geöffnet sind, muss vor einer Wanderung geklärt werden.

Nach Marla (und La Nouvelle) gelangt man auf der empfehlenswerten, aber schwierigen **Südroute (GR R3)** entlang der Cirque-Wand. Achtung: Es muss über Felsen geklettert werden! Zunächst erreicht man nach 3 Std. **Trois-Roches**, den pittoresken Rast- und Badeplatz am oberen Flusslauf der Rivière des Galets. Bei den Wasserfällen öffnet sich eine Spalte im glattpolierten und glitschigen Basaltstein und die Gewässer des Flusses zwingen sich danach in eine enge Klamm (Achtung: Sturz- und Lebensgefahr!). Die drei großen Basaltfindlinge am Ufer geben dem beliebten Rastplatz seinen Namen. Nach Regenfällen ist in Roche-Plate oder Marla in Erfahrung zu bringen, ob diese Passage begehbar ist. Nach der Überquerung des Flusses folgt man dem ausgewaschenen Pfad im Bachbett bergan, bald weist ein Schild nach links in Richtung La Nouvelle. Der abschließende Aufstieg nach Marla (2 Std.) geht zügig voran, obwohl weiter oben das Terrain wieder glitschiger werden kann. Ein letztes Mal wird der Fluss überquert; 45 Min. später ist Marla erreicht.

Übernachten, Essen

Doppelzimmer – **Gîte Chez Merlin:** Tel. 0692 19 24 38, www.chezmerlin.re, DZ 40 €, Schlafsaal 15 €, Frühstück 5,50 €, Abendessen 17,50 €. Zwei Doppelzimmer und drei Zimmer à 4 Betten stehen zur Auswahl. Nach Reservierung auch Zubereitung von Sandwiches.

Ausblick – **Gîte Ti Kaz' Bleu:** M. Axel Lefèvre, Tel. 0692 29 37 58, www.ti-kaz-bleu.com, DZ 45 €, Schlafsaal 15 €, Frühstück 5 €, Abendessen 15 €. Toller Blick auf die Steilwände des Cirque.

Îlet-des-Orangers ▶ D 4

Von Anbeginn galt Îlet-des-Orangers (1100 m) als unbezwingbare Felsenburg, in der sich Sklaven verschanzten. Deshalb zählte sie neben Roche-Plate und Aurère zu den ersten Siedlungsgebieten im Cirque. Was damals ein Segen war, stellt sich heute als Fluch dar, denn die relative Abgeschiedenheit stellt die Bewohner vor Probleme. Man musste schon immer autark sein, benötigte eine eigene Schule und sogar eine kleine Krankenstation. Von den namensgebenden Obst- und Orangenplantagen im Schatten des großartigen Maïdo blieben nur wenige übrig. Man sagt aber, die Ananas sei die beste weit und breit. Obwohl die beiden Flüsse **Ravine Orangers** und **Ravine Grand'Mère** 200 m unter den Plateaus entspringen und über die Canalisation des Orangers die Wasserversorgung für das Ballungszentrum Saint-Paul sicherstellen, kämpfen die Bewohner seit jeher mit

Wasserversorgungsproblemen, was die Entwicklung und Besiedelung einschränkt.

Îlet-des-Orangers ist über drei Routen erreichbar: über den steilen Abstieg vom Maïdo (3 Std.), über die Rivière des Galets (zuerst mit 4x4-Fahrzeug bis Deux-Bras, danach 3–4 Std. Wanderung) sowie über den Sentier Sans-Souci und die Kanalisation (3–4 Std., einfachster Zugang). Über Saint-Paul, die D4 in Richtung La Plaine und weiter auf dem Chemin Sans-Souci erreicht man den Ausgangspunkt mit Parkmöglichkeit. Man folgt dem breiten Chemin des Orangers (beschildert) und hat das tief eingeschnittene Tal der Rivière des Galets immer im Blick. Vorbei geht es an einem Wasserfall sowie durch einen Erdtunnel. Der Weg ist gut beschildert und normalerweise im guten Zustand.

Bekannt wurde der Weg übrigens durch den Postboten Angélo Thiburce, der auf dieser Strecke von Sans-Souci aus seinen wöchentlichen 150-km-Fußmarsch durch den Cirque in Angriff nahm. In Frankreich ist er eine Legende. 2002 ging er nach schätzungsweise 180 000 km (4 x die Erdumrundung!) in den Beinen in Pension. Heute wird der Postbote übrigens mit dem Helikopter eingeflogen, dennoch ist sein Rundkurs ähnlich beschwerlich geblieben.

Übernachten, Essen

Zwei Doppelzimmer – **Gîte Chez Christelle:** Tel. 0692 03 83 93, www.gite-chez-christelle.com, Nacht im DZ 40 € pro Person mit Halbpension, Schlafsaal 16 €, Frühstück 6 €, Abendessen16 €. Sympathischer Empfang und gutes Essen tun müden Knochen gut.

Ein Doppelzimmer – **Chambre d'Hôtes des Orangers:** M. Hoareau Stéphane, neben der Schule, Tel. 0692 07 79 24, Nacht mit Halbpension 35 €. Neuere Unterkunft in Orangers, Schlafsaal sowie ein Doppelzimmer.

Gemeinschaftslager – **Gîte Louise Yoland:** Tel. 0262 43 50 90, Schlafsaal 16 €, Frühstück 6 €, Abendessen 16 €. Einfache Hütte mit Kaltwasser und einem kleinen Lebensmittelladen.

Untere Plateaus im Norden

Von Dos-d'Ane ausgehend führt ein Pfad hinunter in das Tal der Rivière des Galets. Von hier aus muss man in einem langwierigen Aufstieg gut 2 Std. den Geröllfluss hochsteigen, bis man die Pforte des Talkessels, **La Porte**, erreicht, über die man zu Aurère und Grand-Place Zugang hat. Als Alternative bleibt natürlich die Zufahrt mit dem Geländewagen bis La Porte oder **Deux-Bras** von La Possession aus (4x4-Taxis s. Infos S. 106).

Aurère ▸ E 4

Ab La Porte bringt der Pfad Wanderer in 3 Std. nach Aurère (930 m), dem ältesten Dorf im Cirque de Mafate. Bei der Jagd nach Wildziegen 1780 stieß der bretonische Auswanderer Nicolas Lemarchand, der spätere Bürgermeister von Saint-Paul, auf dieses Plateau und traf auf einen entlaufenen Sklaven. Auf die Frage, wie denn der Ort hier heiße, antwortete der Madagasse mit orera, ›gute Erde‹. Daraufhin erwirkte Lemarchand als erster Weißer eine Konzession beim Gouverneur, baute ein Holzhaus, begann Kirschen, Birnen, Mandeln, Kaffee, Mais und Vieh zu züchten. Von den Eichen, die

0
1
2 km
Dos-d'Ane
Gîte de la Plaine des Chicots
Plaine des Chicots
Bras Ste-Suzanne
Cap Noir
Sans-Souci
Deux-Bras
Rivière des Galets
GR R2
Sentier Scout
Crête de la Marianne
1628 m
La Porte
Crête d'Aurère
La Roche Ecrite
2276 m
Piton Cabris
951 m
Aurère
La Fenêtre
Grand-Îlet
Canalisation des Orangers
Ravine Bémale
Îlet-à-Malheur
Le Cimendef
2228 m
Bras d'Oussy
D52
Îlet-des-Lataniers
Grand-Place-Cayenne
Sentier Scout
Bras Bémale
Grand Ravine
Grand-Place
GR R2
Îlet-à-Bourse
GR R3
Piton Bémale
Îlet-des-Orangers
Grand-Place-les-Hauts
Le Bélier
Crête des Orangers
Rivière des Galets
Bord-Martin
GR R2
GR R3
Cirque de Mafate
GR R1
Piton des Calumets
1402 m
Grand Sable
La Brèche
Bord Martin
Piton Leless
Sentier de Roche-Plate
Crête des Calumets
GR R2
GR R3
Le Bronchard
1264 m
Morne de Fourche
2267 m
Petit Col
Maïdo
2205 m
Col des Bœufs
1958 m
Piton Carré
1485 m
Plaine des Merles
Chemin Charrette
Roche-Plate
Col de la Fourche
1546 m
La Nouvelle
Plateau des Chênes
GR R3
Plaine des Tamarins
Gros Morne
3019 m
GR R2
GR R1
La Plaine aux Sables
GR R3
Rivière des Galets
Les Trois-Roches
Les Salazes
Piton des Neiges
3071 m
Maison Laclos
Kelval
Cap Bouteille
Rés. Biologique du Grand-Matarum
Marla
Plateau du Petit-Matarum
Bras-Rouge
Caverne de la Glacière
Trois-Salazes
Col du Taïbit
2082 m
GR R2
GR R1
Îlet des Salazes
Le Grand-Bénare
2898 m
Ravine Fleurs-Jaunes
Forêt du Grand-Matarum
D242
Piton Rouge
2402 m
Îlet-à-Cordes
Cilaos

Lemarchand sich eigens aus Frankreich kommen ließ, sollen noch einige vorhanden sein. Später zogen Siedler aus Salazie auf das Plateau, doch der Zyklon 1948 zerstörte alle Geraniumplantagen und Kornfelder. 1960 war nur mehr der Förster übrig.

Erst seit 1977 wird die Wiederbesiedelung aktiv unterstützt, indem man eine Wasserleitung baute. Heute existieren im Dorf am Fuß des **Piton Cabris** (›Ziegenberg‹) mehrere *gîtes*, ein Laden, ein gutes Dutzend Wohnhäuser, eine neue Schule, eine Krankenstation und das Forsthaus.

Nach Aurère führt ebenfalls der **Sentier Scout**, der von Col des Bœufs (Cirque de Salazie) aus die Dörfer Îlet-à-Bourse und Îlet-à-Malheur verbindet. Er ist ein besonders schöner und nicht allzu abrupter Abstieg mit den schönsten Gipfeln der nördlichen Abbruchkante (ca. 3–4 Std. Abstieg).

Übernachten, Essen

Nähe Forsthaus – **Gîte Le Poinsétia:** M. Georget Boyer, Tel. 0692 08 92 20, DZ 40 €, Schlafsaal 16 €, Frühstück 6 €, Abendessen 16 €. Drei Doppelzimmer und ein Schlafsaal (alle mit Gemeinschaftstoiletten) stehen zur Auswahl, Reservierung über IRT (s. S. 33).
Nähe neue Schule – **GÎte M. François Libelle:** Tel. 0692 21 12 14, Schlafsaal 16 €, Frühstück 6 €, Abendessen 16 €. 26 Betten in Gemeinschaftsräumen warten auf müde Wanderer. Reservierung über IRT (s. S. 33).

Îlet-à-Malheur ▸ E 4

Vom Rande des Plateaus von Aurère erscheint die Îlet-à-Malheur (830 m) nur einen Steinwurf entfernt, und doch trennt sie die steile, tiefe **Ravine Bémale**, die nach Abstieg von schwindelerregenden 250 Höhenmetern mittels einer kleinen Brücke überquert werden kann. Die Einwohner von Aurère waren bis vor Kurzem auf diesen Pfad angewiesen, denn sowohl für die Schule, den Arzt als auch für den Kirchgang mussten sie über den Bras de Bémale nach Îlet-à-Malheur. Genauso wie das Nachbardorf gehörte dieses ›Inselchen‹ einst zur Konzession von Nicolas Lemarchand. Seinen Namen, ›Unglücksinsel‹, verdankt das Plateau einer blutigen Schlacht, als Sklavenjäger im Jahr 1829 40 entlaufene Sklaven, die hier in völliger Autarkie lebten, massakrierten.

Der Abstieg nach Îlet-à-Malheur beginnt am Col des Bœufs über den Sentier Scout.

Übernachten, Essen

Hinter dem Lebensmittelgeschäft – **Gîte d'Îlet-à-Malheur:** M. Guy Libelle: Tel. 0262 43 56 96, Schlafsaal 16 €, Frühstück 6 €, Abendessen 15 €. 20 Betten im Gemeinschaftslager, köstliche Küche, Reservierung über IRT (s. S. 33).

Îlet-à-Bourse ▸ E 4

Nur trittsichere, gut trainierte Wanderer sollten die Route zwischen Îlet-à-Malheur und Îlet-à-Bourse (850 m) wählen, die tiefe und äußerst steile **Grande Ravine** muss nämlich überquert werden. Eine Hängebrücke quert tief unten den Fluss. Die Badegumpen der Grande-Ravine laden geschaffte Marschierer übrigens zu einem erfrischenden Bad ein. Bis nach Grand-Place sind es etwa noch 3 Std., die meisten Wanderer gehen schnurstracks dorthin weiter. Wem die Höhenmeter in den Knochen stecken, der übernachtet in der schön gelegenen *gîte*.

Übernachten, Essen

Panoramalage – **Gîte de l'Îlet-à-Bourse:** M. und Mme. Thomas, Tel. 0262 43 43 93, Schlafsaal 15 €, Frühstück 5 €, Abendessen 15 €. Zwei Doppelzimmer sowie Vier-Bett-Schlafsäle, nicht nur die gute Küche wärmt hungrige Wanderer, sondern auch die heißen Duschen, Reservierung über IRT (s. S. 33).

Grand-Place ▸ E 4

Die einst größte Siedlung im Cirque de Mafate besteht aus drei Plateaus: Am obersten Plateau liegt **Grand-Place-les-Hauts** (840 m), in der Mitte **Grand-Place-Boutique** (770 m) und auf 530 m Seehöhe **Grand-Place-Cayenne**, das wie ein Adlerhorst auf dem Osthang der Rivière des Galets thront. Der Zugang zu Grand-Place führt hauptsächlich über andere Îlets in Mafate, z. B. Îlet-des-Orangers (2,5 Std.) oder Îlet-à-Bourse (3 Std.). Der einzige direkte Zugang erfolgt über die Rivière des Galets mit dem Geländewagen bis Deux-Bras. Danach erst beginnt die Wanderung, Abstieg ca. 4–5 Std.

Übernachten, Essen

Am Fuß des Piton des Calumets – **Gîte Le Cœur de Mafate:** Grand-Place-les-Hauts, M. Nicolas Bulin, Tel. 0692 21 15 35, Schlafsaal 16 €, Frühstück 6 €, Abendessen 16 €. Die pittoreske Lage am Fuße des Piton des Calumets mit Blick bis zum Maïdo und Cimendef macht diese Berghütte aus. Vier saubere Holzbungalows mit Schlafsälen und Gemeinschaftsbädern.

Kiosk – **Gîte Le Pavillon:** Grand-Place-les-Hauts, M. Benoît Boyer, Tel. 0692 66 60 83, DZ 40 €, Schlafsaal 16 €, Frühstück 6 €, Abendessen 16 €. 2 Doppelzimmer und Schlafsäle werden geboten. Angenehmes Ambiente, gute Küche, mit kleinem Kiosk für Jause und Getränke. Reservierung über IRT (s. S. 33).

Morgendliche Sonnenstrahlen in der Umgebung von Grand-Place

Die höchsten Gipfel im Blick – Cirque de Cilaos !

Lange Zeit war der 11 km breite Cirque (5800 Einw.) vollständig von der Außenwelt abgeschnitten, einzig die geflohenen Sklaven fanden ihren Frieden im unwegsamen Terrain. Übersetzt bedeutet Cilaos nämlich ›Ort, den wir nicht verlassen‹ (aus dem Madagassischen *Tsy laozana* oder *Tsilaosa*).

Erst 1826 erhielt Louis Clément Figaro, ein freigelassener Sklave, als Dank für ein verhindertes Komplott von seinem Herrn in Îlet-à-Cordes die erste Landkonzession, doch die Besiedelung ging nur schleppend voran, vor allem weil der verbissene Sklavenjäger Mussard viele Entlaufene aufspürte und massakrierte.

Ab den 1830er-Jahren folgten hauptsächlich die *petits-blancs* (s. S. 74), die verarmten Weißen von der Küste, die sich in Cilaos eine neue Existenz schufen – mit Linsen, Mais, Bohnen, Zitrusfrüchten und Wein. Vieles an Cilaos ist wegen ihnen auch französischer als anderswo geblieben. Die Stickereikunst, die Ende des 19. Jh. von einer Nachfahrin bretonischer Einwanderer hier verbreitet wurde, trägt wesentlich dazu bei. Dass seit den 1990er-Jahren Wein auf höchstem Niveau gekeltert wird, verstärkt den Eindruck.

Infobox

Anreise und Weiterkommen

Auto: Ab dem Ortsteil La Rivière in Saint-Louis führt die N5 nach Cilaos. Von Saint-Pierre kann die N5 auch auf Nebenstraßen über die Gemeinden Ligne Paradis, Bois d'Olives und Le Ouaki erreicht werden.

Bus: Die Linie 60 verkehrt zwischen dem Busbahnhof Saint-Louis und Cilaos Mo–Sa 12 x tgl., So und Fei 8 x tgl., ca. 1,5 Std., 1,50 €. Der erste Bus verlässt Saint-Louis um 5.30, Ankunft 6.51 Uhr. Auch im Cirque selbst kann man gut mit den lokalen Bussen fahren (Linien 61, 62, 63, 1 €), wenn es nicht stört, dass man auf Busse länger warten muss. Aus diesem Grund trifft man im Cirque auch auf viele Anhalter, die um Mitfahrgelegenheiten bitten.

Wanderkarte: IGN 4405 RT (s. S. 33).

Cilaos ▸ F 6

Auf über 1200 m Seehöhe liegt der schmucke Thermalkurort, bewacht vom höchsten Berg der Insel, dem Piton des Neiges (3071 m), und einer Reihe von Drei- und Zweitausendern. Ab Saint-Louis erreicht man den Talkessel über die N5, eine kurvenreiche Panoramastraße (s. Entdeckungstour S. 250). Wanderer, Kletterer und Abenteurer schätzen Cilaos als Ausgangspunkt großartiger Touren, besonders für die Besteigung des Piton des Neiges.

Nach der Entdeckung der Thermalquellen avancierte Cilaos Anfang des 20. Jh. zum beliebten Kurort für betuchte Großstädter, allerdings ohne die Annehmlichkeiten von Salazie, denn die beschwerliche Anreise hatte es in sich.

Die knapp 3400 Bewohner von Cilaos leben hauptsächlich vom Tourismus und der Landwirtschaft (Linsen, Mais, Tabak, Wein). Außer einer Bank – es gibt nur einen Geldautomaten bei der Post – fehlt es in Cilaos nicht an Infrastruktur: Boulangerie, Restaurants, Snackbars, Apotheken, Tankstelle, Post sowie kleine Lebensmittelläden, deren Preisniveau allerdings ein wenig erhöht ist, sind vorhanden.

Rundgang

Rue de Père-Boiteau

An der Hauptschlagader des Dorfes (Achtung Einbahn!) reihen sich Läden, Restaurants und andere Nahversorger aneinander. Vor dem Bürgermeisteramt erinnert die Statue **»Le Porteur de Vie«** an die schweißtreibende, gefährliche Arbeit der Sänftenträger. Der Finger der Figur (z. Zt. der Recherche abgebrochen) deutet übrigens auf den Piton des Neiges. Das pinke Kreolenhaus schräg gegenüber, die **Villa Soledad** (Nr. 31), zählt zu den schönsten Häusern im Cirque sowie auf der Insel und wurde in der ersten Hälfte des 20. Jh. erbaut.

Eglise Notre-Dame-des-Neiges

Im Ortsteil oberhalb des Fremdenverkehrsamtes dominiert die weißblaue Kirche im Art-déco-Stil der 1930er-Jahre, die auf Initiative des allgegenwärtigen Père Boiteau 1938 fertiggestellt wurde. Mit 48 Glocken zählt das Glockenspiel zu den größten der Welt. An der Seite liegt übrigens das von den Bewohnern bestens gepflegte Grab des verehrten Pfarrers. Dahinter befindet sich das ehemals prachtvolle, heute aber stark verfallene Priesterseminar (1913–1972) mit weiß verblassten Nebengebäuden mit Tamarindenschindeln, erkennbar an den beiden Türmchen.

Ancien Thermes

In der Nähe des Fremdenverkehrsamtes zwischen den beiden Restaurants Le Petit Randonneur und Les Sentiers zweigt die Sackgasse Chemin des Porteurs ab, die beim Durchlass am Kino-Parkplatz in den historischen Sentier des Porteurs zu den Überresten der alten Therme übergeht (Gehzeit 15 Min.). Seit 1839 hatte man in sechs durch Strohdächer geschützten Naturbecken direkt bei den Quellen gebadet, 1896 erbaute man ein Badehaus aus Stein.

Nachdem der Zugang in den Talkessel endlich fertiggestellt worden war (s. S. 250), lief Cilaos Hell-Bourg den Rang als Thermalkurort ab. Von 1900 an übernahm Doktor Mac Auliffe die Bewirtschaftung der Thermen. Der Name des Doktors ist wie der des Paters Boiteau im Cirque de Cilaos noch immer allgegenwärtig. 1948 zerstörte ein Zyklon die ganze Anlage. Deshalb lohnt sich der kurzweilige Spaziergang auch nur der Bewegung wegen, die Überreste sind eher unansehnlich.

Das neue staatlich geführte Kurzentrum Irénée Accot befindet sich nördlich des Dorfes an der Abzweigung der D242. 1987 eröffnet, bietet es eine Vielzahl von Anwendungen mit dem mineralhaltigen und leicht radioaktiven Heilwasser. Es zielt in erster Linie auf Gäste mit Hautkrankheiten und Rheumaleiden.

Maison de la Broderie de Cilaos

4, rue des écoles, unweit vom Tourismusamt, Tel. 0262 31 77 48, Mo–Sa 9.30–12, 14–17, So 9–12 Uhr, 1 €, 20-Std.-Stickkurs 244 €

Das bescheidene Stickereimuseum mit Verkauf dokumentiert die Geschichte des diffizilen und aufwendigen Kunsthandwerks, das Ende des 19. Jh. von der Tochter des damaligen Bäderdirektors, Angèle Mac Auliffe, in die ▷ S. 253

Auf Entdeckungstour: Spektakuläre Passstraße – die N5 nach Cilaos

420 Kehren – sollen eifrige Statistiker herausgefunden haben – zählt die Panoramastraße nach Cilaos, die 1932 fertiggestellt wurde. Die durch Steinschlag, das unwegsame Relief und den harten Stein gefährliche Arbeit an der Straße verlangte den madagassischen Arbeitern alles ab. Ihnen ist es zu verdanken, dass das Bergpanorama nach Cilaos heute für Besucher zugänglich ist.

Karte: S. 254 und ▶ E/F 6–8
Start: in Saint-Louis am Kreisverkehr Rond de Coq, Ortsteil La Rivière

Strecke und Dauer: 32 km, 1,5 Std.

Info: An unübersichtlichen Stellen ist Hupen geboten, bei starken Niederschlägen die Route wegen Steinschlag und Überflutungsgefahr meiden.

Nach Verlassen des dicht besiedelten Stadtgebiets von Saint-Louis und La Rivière tun sich die ersten dramatischen Steilabbrüche auf der rechten Seite auf. Die nächsten Kilometer schmiegt sich die N5 an die vom Fluss Bras de Cilaos geschaffenen Abbrüche und fällt sanft ab, um schließlich dicht ans Flussbett heranzukommen. Immer imposanter wird die Schlucht, je weiter man in den Cirque vordringt. Es geht bergauf; man passiert den kleinen, auf eine natürliche Schwemmebene gepferchten Weiler Îlet-Furcy, Bananenplantagen und das Dörfchen Petit-Serré. Die Straßenverengungen folgen weiter vorne, die hoch aufragenden Wände des Kessels sind zum Greifen nahe.

Erste Erschließungsversuche

Nach der Entdeckung der Thermalquellen 1815 in Cilaos war wollte man sie der betuchten und durch die tropische Hitze kränklichen Hautevolee von Saint-Denis und Saint-Pierre zugänglich machen. Schon 1840 regelte ein koloniales Dekret, dass der Cirque de Cilaos durch eine Straße erschlossen werden sollte. 1834 mühten sich bereits die ersten Kurgäste mit dem unwegsamen Gelände ab. 1836 wurde Guy de Ferrières mit einer ersten Trassierung beauftragt, die 1845 als einigermaßen brauchbarer, aber noch immer lebensgefährlicher und anstrengender Zugang eröffnet wurde. Zu Fuß, zu Pferd und mit Ochsenkarren konnte die 36 bzw. 38 km lange Strecke in Angriff genommen werden. Die variantenreichen Geländeformen bargen für die Reisenden jener Zeit jede Menge Gefahren auf der sieben Stunden dauernden Anreise. Mehrere Male musste der Fluss gekreuzt werden, Steinschlag war ein ständiger Begleiter. Auch die heutige Fahrt auf der asphaltierten Route Nationale hat ihre Tücken. Nach knapp 16 km verengt sich die Straße und führt durch den ersten von drei Tunnels, die alle einspurig geführt werden und mit Sicherheit nicht den verkehrstechnischen Mindestanforderungen der EU entsprechen. Unbedingt hupen!

Die Ära der Sänftenträger

1,5 km hinter dem ersten Tunnel (Tunnel au Pavillon) führen drei scharfe Kehren hinunter zum Fluss, an die Stelle, wo der Petit- und der Grand-Bras de Cilaos zusammenfließen und sich die Schlucht zum Kessel weitet. Gleich hinter der Brücke steht die Gîte Le Pavillon, die auch schon seinerzeit die erste Raststätte auf der beschwerlichen Anreise darstellte. Die Raststation, die vormals als Le Relais des Porteurs bekannt war, wurde 2005 neu eröffnet und ist heute wieder eine gute Adresse für Wanderungen im Cirque (z. B. auf dem Sentier du Reposoir von Îlet-à-Cordes zur Küste).

Viel häufiger als zu Fuß oder hoch zu Ross reisten die Menschen, die es sich leisten konnten, in Sänften an, die von sechs bis zwölf Trägern getragen wurden. Alle zwei Kilometer mussten die Träger vor lauter Erschöpfung ausgetauscht werden. Aus den Aufzeichnungen des ansässigen Kurarztes Mac Auliffe geht hervor, dass die Träger sich mit Gesängen bei Laune hielten, vor allem, wenn weiter oben der Aufstieg immer schwieriger wurde.

Mit viel Fantasie gegen Konstruktionsfehler

Nach der winzigen Ansiedlung Le Pavillon schraubt sich die Straße in engen Serpentinen hinauf. Erst 1932 wurde sie für Autos eröffnet, fünf Jahre hatte ihre Fertigstellung gedauert. Dem Beginn der Bauarbeiten 1927 waren jahrelange Diskussionen um die Machbarkeit und die technischen Konstruktionen vorangegangen, und schließlich hielten die schuftenden Madagassen schon aufgrund der häufigen Erdrutsche eher an den Maultierpfaden als an den Plänen der Ingenieure fest.

Man ging das gewagte Projekt von zwei Seiten an, von Saint-Louis und von Cilaos aus. Nur wenige Kilometer vor der Zusammenführung erkannten die Ingenieure, dass ihnen in der Planung – oder in der Ausführung – ein grobes Missgeschick passiert war: Die beiden Teilstücke lagen nicht auf gleicher Höhe und konnten daher nicht verbunden werden. Man ersann für die Verbindung der beiden Enden schließlich eine trickreiche Konstruktion, bei der sich die Straße fast einmal um die eigene Achse windet. Zu erkennen ist die sogenannte Pont de la Boucle an einem Denkmal am Straßenrand und an der massiven Steinbrücke über der Kehre.

Ein Dorf mit niederländischem Namen

2,5 km weiter erreicht die Straße das Bergdorf Peter Both, den Außenposten des Gemeindegebiets von Cilaos. Seinen Namen verdankt der Ort der Ähnlichkeit der hiesigen Felsnadel mit der Steinformation auf Mauritius, die nach dem ersten Generalgouverneur von Niederländisch-Ostindien, Pieter Both, benannt ist. Die Réunionesen französisierten den Vornamen Pieter. Für die Sänftenträger und die Reisenden war Peter Both seit jeher eine wichtige Übernachtungsstation. Der Tunnel Peter Both, einige Kehren nach der Ortsausfahrt, der zweite auf der Strecke, ist 172 m lang, 3,4 m breit und 3,8 m hoch. Achten Sie auf die Millimeterarbeit der Busfahrer, die ihre großen Busse präzise durch den Schacht manövrieren.

Der Piton des Neiges ist zum Greifen nah

Gleich danach folgen die Abzweigung nach Palmiste-Rouge und dann der dritte Tunnel durch das Bergmassiv Morne de Gueule-Rouge. Ein kurzer Stopp auf 1100 m nach der Ausfahrt lohnt sich, auch wenn es keine Parkbuchten gibt. Die unbeschreibliche Schönheit des Cirque de Cilaos tut sich auf: Schroffe Felsen und Berge, erhöhte Plateaus mit kleinen Siedlungen, aufragende Zacken und der alles dominierende Piton des Neiges verschlagen einem fast die Sprache. Von rechts nach links reihen sich die klingenden Namen aneinander: Coteau Kervéguen, Piton des Neiges (3071 m) mit dem verschmelzenden Gros Morne (3019 m), die drei Felsnadeln Trois-Salazes (2132 m), Col du Taïbit (2082 m) und ganz links der Grand- (2898 m) und der Petit-Bénare (2600 m).

Im Zentrum des Talkessels angekommen

Nach weiteren 5 km passiert man die letzte Schlucht des Bras de Benjouin und einige Siedlungen, dann ist Cilaos erreicht. Der erste Mensch, der die Straße von Saint-Louis bis hierher in einem Automobil befahren hat, war der Ingenieur Telmar, der die rettende Idee bei der Zusammenführung der beiden ungleichen Trassen hatte. Erst dank der Straße konnte sich in Cilaos der Tourismus etablieren. Bis heute ist sie die Schlagader von Cilaos, der einzige Verbindungs- und Versorgungsweg.

Damengesellschaft von Cilaos eingeführt wurde. Angèle Mac Auliffe hatte sich die Stickerei selbst beigebracht und unterrichtete junge Mädchen, um ihnen ein zusätzliches Einkommen zu ermöglichen. Seitdem wird die spezielle Technik von Generation zu Generation weitergereicht, wobei dem Museum in der Erhaltung der Tradition große Bedeutung zukommt. In Gruppen sticken die Frauen gemeinsam, die Motive erfinden sie selbst. Bis 1997 war Stickerin – ganz im Sinne von Mme. Mac Auliffe – ein zweijähriger Lehrberuf.

Le Chai de Cilaos

34, rue des Glycines, Nähe Kriegerdenkmal, Tel. 0262 31 79 69, Mo–Sa 9–12, 14–17.30 Uhr

In dem Haus der Weinkooperative wird ein Video über die lokale Weinherstellung gezeigt und man kann Weine verkosten und kaufen. Mit den ersten französischen Siedlern kamen auch Rebstöcke auf die Insel. Seit der einst beliebte Wein aus der Isabella-Traube wegen des hohen nervenschädigenden Methanolgehalts nicht mehr verkauft werden darf, hat man mit der Produktion von Qualitätswein aus den Trauben Chenin, Malbec und Pinot Noir begonnen. Seit 2004 trägt der Wein aus Cilaos das geschützte Label Vin de Pays. Die Weinlese findet am Ende des tropischen Sommers im Februar und März statt, jener Zeit, wo die Rebstöcke am meisten von den Zyklonen bedroht sind. Seit einigen Jahren keltert ein professioneller Önologe aus dem Mutterland die Weine der Weinkooperative.

Wanderungen

La Roche Merveilleuse

Start: Kirche in Cilaos, hin und retour ca. 2 Std.

Zur Einstimmung auf anspruchsvollere Wanderungen eignet sich der Weg zur La Roche Merveilleuse, einem Aussichtspunkt auf die Stadt. Hinter der Kirche rechts von der modernen Therme befindet sich der Startpunkt für die Tour durch den Wald. Nach der Ankunft am Plateau des Chênes hält man sich links und danach folgt man dem Pfad nach rechts. Am Plateau kann ein kurzer Abstecher zum kleinen Pool Bassin Bleu Abkühlung an heißen Tagen bringen. Ein 360°-Panoramablick über Cilaos und Teile des Cirque winken als Belohnung, allerdings nur am frühen Vormittag zwischen 9 und 11 Uhr, wenn Cilaos von der Sonne gut beleuchtet ist und noch keine Wolken am Himmel thronen. Zurück geht es auf demselben Weg. Über die Teerstraße D241 ist der Aussichtspunkt ebenfalls zu erreichen, falls man sich das Wandern sparen möchte.

Cascades de Bras-Rouge

Start: Kino Cilaos, 2,5 Std. hin und zurück

Die Wanderung zu den Cascades de Bras-Rouge erfolgt anfangs über den Sentier des Porteurs zu den Überresten der alten Therme (s. S. 249) und danach kurze Zeit über die Teerstraße (D242), bevor ein Schild links zum Wasserfall weist. Man kann vom Wasserfall einen Rundweg über Bassin Bleu und das Plateau des Chênes (ca. 6 Std.) und sogar La Roche Merveilleuse zurück nach Cilaos wählen.

Sentier de la Chapelle oder nach Îlet-à-Cordes

Start: Hotel Tsilaosa, nach Chapelle 10 km einfach, 5 Std. hin und zurück, nach Îlet-à-Cordes 12 km einfach, 6 Std. hin und zurück

Der Sentier de la Chapelle beginnt neben dem Hotel Tsilaosa und führt

Unser Tipp

Romantischer Berggasthof
Die leiblichen Genüsse werden im Hôtel Tsilaosa zelebriert, nicht nur die hausgemachten Spezialitäten beim Frühstück überzeugen. Im Salon de Thé (tgl. 15–18 Uhr) kostet man sich durch Tees aus aller Welt und schlemmt dazu köstliche Crêpes (3–5 €) sowie hausgemachte Kuchen. Und der Hausherr M. Dijoux, einst selbst Winzer, führt Weinverkostungen im hauseigenen Weinkeller durch. Im Whirlpool und in den komfortablen Zimmern mit kreolischen Details kann man nach einer Wanderung bestens entspannen (21, rue du Père-Boiteau, Tel. 0262 37 39 39, www.tsilaosa.com, DZ 124 €, WLAN in der Rezeption, man spricht Deutsch).

nach La Chapelle sowie nach Îlet-à-Cordes. Die schwindelerregende Schlucht La Chapelle wurde vom Fluss Bras-Rouge in die Landschaft geschnitten. Über 100 m hoch und nur 10 m breit, ist die Felsformation nur für trittsichere und geübte Wanderer empfehlenswert, denn es geht steil bergab bzw. bergauf und einige Male wird der Fluss überquert. Imposante Felsformationen, riesige Findlinge, türkisblaue Wasserbecken und eine Grotte lohnen die Anstrengung. Man folgt den Beschilderungen für La Chapelle und Îlet-à-Cordes und erreicht auf dem Sentier de la Chapelle nach ca. 1,5 Std. eine Abzweigung. Geradeaus führt der Pfad nach Îlet-à-Cordes, rechts zweigt ein steiler Serpentinenweg in Richtung Schlucht ab. Beide Wege sollten ausschließlich bei trockenen Verhältnissen gewählt werden (vorher im Office de Tourisme erkundigen).

Übernachten

Für Genießer – **Hôtel Tsilaosa:** s. Unser Tipp.
Panoramalage – **Hôtel Les Chenets:** 40E, chemin des Trois-Mares, Tel. 0262 31 85 85, www.leschenets.fr, DZ ab 132 €. Direkt unter den steil aufragenden Hängen des Cirque gelegen, garantiert das gepflegte Les Chenets himmlische Ruhe und einen super Ausblick. Beheizter Pool, Hamam, kleine Sauna, recht teures Restaurant. Zweitbeste Wahl in Cilaos, denn das Hotel ist für die gebotene Qualität zu teuer.
Traditionsbetrieb – **Le Vieux Cep:** 2, rue des Trois-Mares, Tel. 0262 31 71 89, www.levieuxcep-reunion.com, DZ 93–108 €. In den 45 Zimmern herrscht rustikal-alpiner Cottage-Charme vor, äußerst sympathisch, vor allem weil das Restaurant zu den besseren im Ort gehört. Pool, WLAN.
Kreolisch prachtvoll – **Le Bois Rouge:** 2, route des Sources, Tel. 0262 47 57 57, www.hotelboisrouge.com, DZ 94 €. Im knallgelben Haupthaus direkt neben der Kirche sind fünf schmucke, getäfelte Zimmer untergebracht; das Frühstück wird auf der eigenen Veranda serviert; WLAN.
Zentral und ansprechend – **Le Platane:** 46, rue du Père-Boiteau, Tel. 0262 31 77 23, www.leplatane-cilaos.com, DZ 85 €. Vier geräumige, moderne Zimmer samt großzügigen Bädern liegen oberhalb eines Restaurants direkt an der Hauptstraße, doch das Dorf geht früh zu Bett, die Nachtruhe ist nicht gefährdet. Frühstück auf der Terrasse, WLAN.

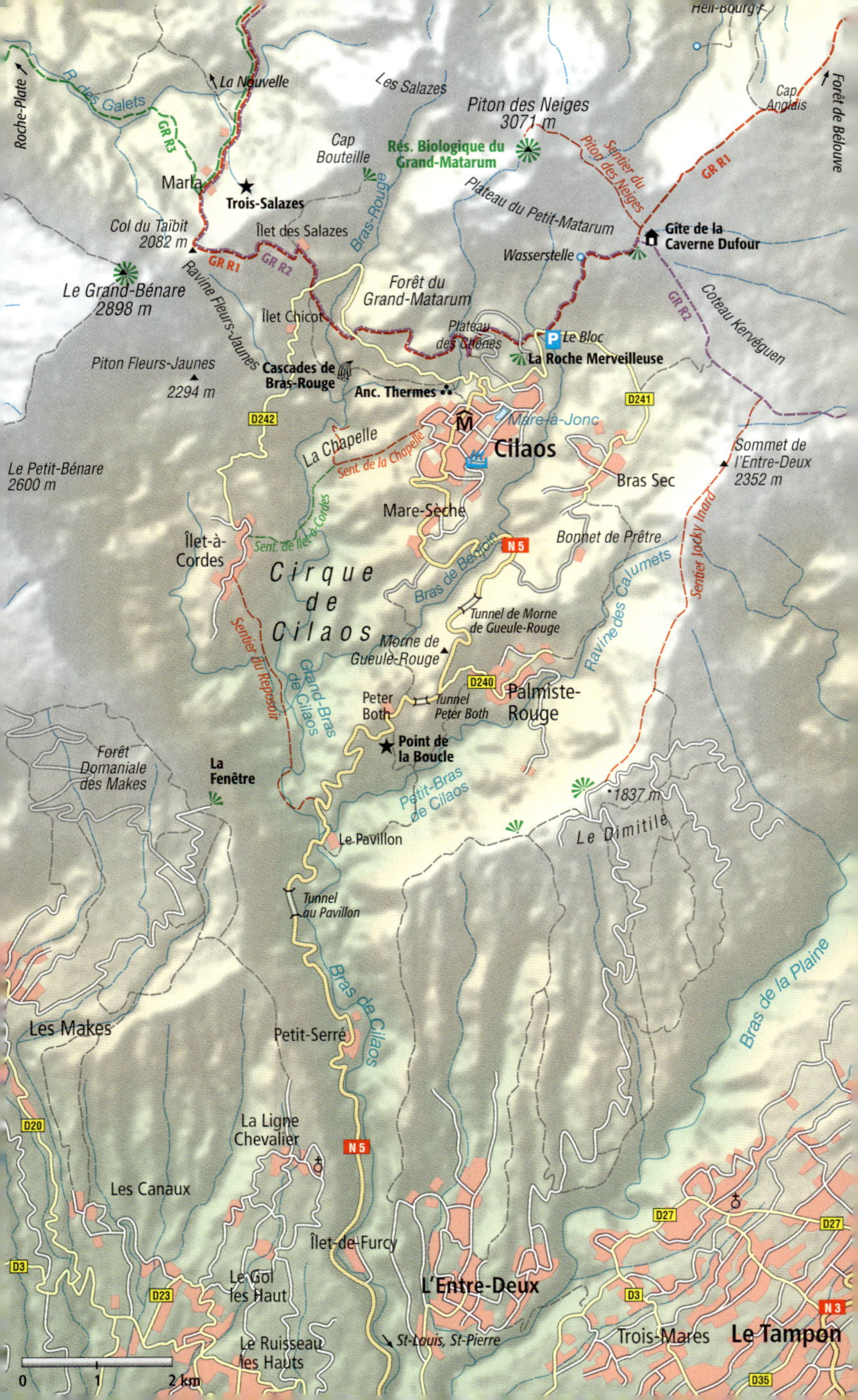

Hell-Bourg
Roche-Plate
R. des Galets
La Nouvelle
Les Salazes
Piton des Neiges
3071 m
Cap Anglais
Forêt de Bélouve
GR R3
Cap Bouteille
Rés. Biologique du Grand-Matarum
Sentier du Piton des Neiges
GR R1
Marla
Trois-Salazes
Bras-Rouge
Plateau du Petit-Matarum
Col du Taïbit
2082 m
Îlet des Salazes
Gîte de la Caverne Dufour
Wasserstelle
GR R1
GR R2
Le Grand-Bénare
2898 m
Ravine Fleurs-Jaunes
Forêt du Grand-Matarum
GR R2
Coteau Kervéguen
Îlet Chicot
Plateau des Chênes
Le Bloc
La Roche Merveilleuse
Piton Fleurs-Jaunes
2294 m
Cascades de Bras-Rouge
Anc. Thermes
D241
D242
Mare-à-Jonc
La Chapelle
Cilaos
Sommet de l'Entre-Deux
2352 m
Sent. de la Chapelle
Bras Sec
Le Petit-Bénare
2600 m
Mare-Sèche
Sent. de Îlet-à-Cordes
Îlet-à-Cordes
N5
Bonnet de Prêtre
Ravine des Calumets
Sentier Jacky Inard
Cirque de Cilaos
Bras de Benjoin
Tunnel de Morne de Gueule-Rouge
Sentier du Reposoir
Morne de Gueule-Rouge
Grand-Bras de Cilaos
D240
Palmiste-Rouge
Peter Both
Tunnel Peter Both
Point de la Boucle
Forêt Domaniale des Makes
La Fenêtre
Petit-Bras de Cilaos
1837 m
Le Dimitile
Le Pavillon
Tunnel au Pavillon
Bras de la Plaine
Bras de Cilaos
Les Makes
Petit-Serré
D20
La Ligne Chevalier
N5
Les Canaux
D27
D27
D3
Îlet-de-Furcy
Le Gol les Haut
D23
L'Entre-Deux
D3
N3
St-Louis, St-Pierre
Le Ruisseau les Hauts
Trois-Mares
Le Tampon
0
1
2 km
D35

Fünf Minuten von der Hauptstraße – **Case Nyala:** 8, ruelle des Lianes, Tel. 0262 31 89 57, www.case-nyala.com, DZ 75 €. Nette Frühstückspension in einem zitronengelben Holzhaus mit farbenfrohen Zimmern. Doppel- und Triplezimmer sowie Bungalows unterschiedlicher Größen werden geboten. Opulentes Frühstück, WLAN. In der Gemeinschaftsküche kann man sich Snacks zubereiten, die Liegestühle im Garten tun gut nach den anstrengenden Wanderungen. Die Gastgeber umsorgen die Gäste mit persönlichem Einsatz.

Essen & Trinken

Es gibt zahlreiche einfache Berggasthäuser mit überteuerten Preisen, aber kulinarische Höhenflüge sucht man in Cilaos vergeblich.

Traditionsreich – **Chez Noé:** 40, rue du Père-Boiteau, Tel. 0262 31 79 93, Di–Sa 10.30–15, 18–21.30 Uhr, So mittags, Mittagsmenü ab 15 €. Seit 20 Jahren schon isst man im Chez Noé bodenständige, gute Küche.

Momentan top – **Le Platane:** 46, rue du Père-Boiteau, Tel. 0262 31 77 23, www.leplatane-cilaos.com, Do–Di 11.45–13.45, 18.30–21 Uhr, Pizzen ab 6 €, Mittagsmenüs ab 14 €. Im auffällig gelben Gebäude mit mintgrünen Fensterläden direkt an der Hauptstraße werden traditionelle kreolische Gerichte und Pizzen geboten. Zur Zeit der Recherche das beste Restaurant der Gegend, aber solche Prädikate wechseln schnell auf Réunion. WLAN.

Türkisblaues Landgasthaus – **Les Cœurs Bleus:** 4, rue des Glycines, Tel. 0692 60 84 60, tgl. Mo–Sa mittags und abends. Rustikales, einfaches Gasthaus mit Hallenflair, das ein paar Minuten von der Hauptstraße entfernt typisch kreolische Gerichte kredenzt. Schöner sitzt man draußen auf der Terrasse. Solide, aber nicht allzu aufregend. WLAN.

Einkaufen

Outdoor-Ausrüster – **Run Evasion:** 23, rue du Père-Boiteau, Tel. 0262 31 83 57, www.canyon-reunion.fr, Mo–Sa 8–12, 14–18 Uhr, in der Hochsaison So 8–12, 15–18 Uhr. Sport- und Wanderbekleidung, Ausrüstung, Pardon-T-Shirts.

Stickereien – **Broderies de Cilaos:** Luciane Techer, 51, rue du Père-Boiteau, Tel. 0262 31 81 30, Mo–Sa 9–12, 14–18, So 9–12.30 Uhr. Gestickte Kostbarkeiten ab 15 €, Karten 10 €.

Lokale Produkte – **Bauernmarkt:** gegenüber der Maison de la Broderie,

Unser Tipp

Adrenalin-Schub mit Run Evasion und CilaosAventure

Wenngleich Canyoning körperlich nicht anstrengend ist, verlangt es doch eine gehörige Portion Mut. Mitzubringen sind Sportschuhe, T-Shirt und Shorts sowie ein Badeanzug, den Rest der Ausrüstung stellt der Veranstalter. Canyoning ist das ganze Jahr über möglich, am besten sind die heißen und trockenen Monate Oktober bis Dezember. Eine beliebte Route für Einsteiger ist z. B. der Canyon Fleurs-Jaunes. Erfahrene Veranstalter in Cilaos sind Run Evasion: (23, rue du Père-Boiteau, Tel. 0262 31 83 57, www.canyon-reunion.fr) oder CilaosAventure (12, chemin la chapelle, Tel. 0692 66 73 42, www.cilaosaventure.com), nur gegen Voranmeldung! Beide Unternehmen führen auch Wanderungen, Mountainbiken und andere Sportaktivitäten im Programm.

Geselliges Ereignis: Weinprobe im Hotel Tsilaosa

So vormittags. Spezialitäten des Cirque wie Linsen, Mispelhonig, Wein, Taro.

Aktiv

Fahrradverleih – **TOF Bike:** Christoph Payet, 62, rue du Père-Boiteau, Mo–Sa 8.30–12, 14.30–18, So 8.30–12 Uhr. Gute Fahrräder (KTM), 1 Std. 6 €, halber Tag 14 €, Tag 19 €.
Canyoning und mehr – **Run Evasion und CilaosAventure:** s. Unser Tipp. Bei 2 Pers. Halbtagesausflüge ab 43 €, Ganztagsausflüge 54 €.

Infos & Termine

Office de Tourisme: 2, rue Mac-Auliffe, gegenüber der Post, Tel. 0892 70 22 01 (kostenpflichtig), http://sud.reunion.fr, Mo–Sa 9–12.30, 13.30–17, So 9–12 Uhr. Busfahrpläne, Karten, Wanderrouten, Hüttenübernachtungen. Ein gut sortierter Souvenirladen ist angeschlossen.

Verkehr

Bus: Linien 60, 61, 62, 63, Ticketverkaufsstelle *(Agence commerciale)* in der Rue Louis-Maillot, Abzweigung rechts von der Hauptstraße bei der Pharmacie des Thermes, Haltestelle an der Ecke mit der Rue des Glycines (gegenüber dem Kriegerdenkmal).
Société Cilaosienne de Transport (SCT): 3, rue des Fleurs-Jaunes, Tel. 0692 66 13 30. Transportunternehmen, das zu den Einstiegen der Wanderrouten bringt und abholt, auch Transfers an die Küste. Zum Piton des Neiges 10 € bei 2 Pers., 12 € bei 4 Pers., zum Col du Taïbit 12 € bei 2 Pers., 15 € bei 4 Pers. ▷ S. 261

Auf Entdeckungstour: Wanderung auf den erloschenen Vulkan – Piton des Neiges

Für viele Wanderer ist die zweitägige Besteigung des Piton des Neiges von Le Bloc aus der unumstrittene Höhepunkt eines Réunion-Aufenthalts. 2000 dramatische Meter ragt er aus dem Kesselboden empor, mit 3071 m ist er der höchste Berg des Indischen Ozeans. Ein unvergessliches Erlebnis: der Sonnenaufgang vom Gipfel aus am zweiten Tag, wenn die Wolken zu verbrennen scheinen.

Karte: S. 254 und ▶ F 5/6

Start: Parkplatz/Bushaltestelle Le Bloc zwischen Cilaos und Bras-Sec (D241), Strecke ca. 16 km hin und retour

An- und Rückfahrt mit dem Bus: Linie 63 Cilaos–Le Bloc, 1 €, ab Cilaos Mo–Sa u. a. 6, 7.30, 9.10, 10.50, 12.30, So 7.05, 10.45 Uhr, ab Le Bloc Mo–Sa u. a. 10.35, 12.10, 13.37, 15.15, So u. a. 12.25, 15.30, 17.10 Uhr.

Die anspruchsvolle, zweitägige Wanderung auf den Piton des Neiges mit Übernachtung in der Gîte de la Caverne Dufour sollten nur erfahrene, trittsichere und gut trainierte Wanderer und Bergsteiger in Angriff nehmen. Wegen der enormen Höhendifferenz ist von einem eintägigen Gewaltmarsch abzuraten, außerdem würden die Wolken bei einer späten Ankunft am Gipfel das reizvolle Panorama beeinträchtigen. Es versteht sich von selbst, dass eine gute Ausrüstung unabdingbar ist: knöchelhohe Bergschuhe, warme Bekleidung für Temperaturen an die 0 °C im Winter und an die 10 °C im Sommer, Ersatz- und Regenkleidung, Stirnlampe, Proviant, Wasser, je nach Hygieneempfinden ein eigener Schlafsack und Handtücher. Jede Reisezeit hat ihre Vorteile: In den trockenen Sommermonaten (Okt.–Dez.) sind die Temperaturen in der Höhe angenehmer, in den kalten Wintermonaten (Juni–Sept.) gibt es weniger Wolken. An Wochenenden und während der Schulferien muss man sich rechtzeitig um einen Hüttenplatz beim IRT (S. 33) bemühen. Reservierungen sind auch über das Fremdenverkehrsbüro in Cilaos möglich.

Bergauf durch schattigen Wald

Am ersten Tag beginnt um die Mittagszeit die Besteigung. Man muss zwischen drei und fünf Stunden Gehzeit bis zur Hütte rechnen. Der Startpunkt liegt an der D241 nach Bras-Sec am Parkplatz Le Bloc (1350 m), wo der Pfad links vom Schilderwald beginnt. Der Aufstieg ist gut ausgeschildert (GR R1/R2). In engen Kehren, teilweise über Treppen, führt der Pfad bergan durch den Forêt du Grand-Matarum, einen geschützten Forst, in dem botanisch Interessierte eine Vielzahl endemischer Baumarten ausmachen können. Bartflechten prägen das Bild, ein untrügliches Zeichen dafür, dass es oft viele Stunden feucht und neblig sein muss. Immer wieder tun sich Blicke aus der Vogelperspektive auf den Cirque und Cilaos auf, z. B. bei der La Découverte, besonders in den kalten Wintermonaten, wenn es weniger Wolken gibt.

Bis zur Abbruchkante

In Serpentinen geht es weiter bergauf durch den Bergwald, rot-weiße Markierungen an knorrigen Bäumen und moosigen Steinen weisen den Weg. Der Pfad verbleibt noch eine ganze Zeit lang unter dem Blätterdach der Bäume, Hochnebel fällt ein. Aufgrund der ausgezeichneten Markierungen ist ein Verirren aber ausgeschlossen.

Auf halbem Weg zur Berghütte liegt das Plateau du Petit-Matarum mit einer kleinen Schutzhütte auf 2040 m, wo man sich mit frischem, kühlem Bergwasser versorgen und die erste ausgedehnte Pause genießen kann. 400 Höhenmeter später, gleich hinter einer Marienstatue, ist die Abbruchkante des Cirque erreicht. Hier oben ändern sich schlagartig die Vegetation und das Wetter. Niedrige Strauchvegetation und Gestrüpp dominieren. Der Wind bläst ein wenig unfreundlich und die Nebelschwaden kommen immer näher. Der Weg gabelt sich: Geradeaus führt der Pfad zur Gîte de la Caverne Dufour und weiter in Richtung Plaine-des-Cafres, rechts zweigt er zum Coteau Kervéguen ab (GR R2).

Die Nacht vor dem großen Sonnenaufgang

Von der beschilderten Weggabelung aus hat man die Berghütte konstant im Blick und folgt dem leicht abfallenden, fast schnurgeraden Pfad dorthin.

Der freie Blick schweift über die Landschaft und die Bergformationen bis zum Himmel. Hinter Wolkenschwaden blitzt die Sonne durch. Wenig später ist die mintgrüne Gîte auf 2478 m Höhe erreicht. Großen Komfort darf man in der Berghütte allerdings nicht erwarten, 48 Betten stehen in vier spartanischen Gemeinschaftsräumen zur Verfügung. Hartgesottene mögen sich an der kalten Dusche erfreuen, die meisten Wanderer begnügen sich mit Katzenwäsche. Um etwa 19 Uhr werden deftige kreolische Speisen kredenzt. Sofort danach machen die Hüttenwirte die Bar dicht. Mitgebrachte Snacks und Getränke haben schon manchen Hüttenabend hier oben gerettet. Auf dem Gipfel ist es kühl (im tropischen Winter kalt), spätestens jetzt kommen die wärmenden Kleidungsstücke oder der Regen- und Windschutz zum Einsatz.

Dem Gipfel liegt die Insel zu Füßen

Die Nacht ist kurz, denn zwischen 4 und 5 Uhr verlassen die Ersten die Hütte und nehmen die verbleibenden 593 Höhenmeter auf den höchsten Punkt in Angriff. Mit Stirnlampen ausgerüstet und warm eingehüllt machen sie sich an den anstrengenden Gipfelsturm. Obwohl die zweite Tagesetappe insgesamt etwas flacher als der Aufstieg am Vortag verläuft, erfordern lose Lavabrocken und unwegsame Pfade vollen Einsatz. Der Weg führt geradewegs auf den Gipfel zu, der in der Finsternis nur erahnt werden kann. Basaltplatten und glitschige Abschnitte müssen trittsicher gemeistert werden. Die weißen Bodenpunkte helfen bei der Orientierung, wenn Nebel die Sicht einschränkt. Etwa 1,5 km hinter der Gîte macht die gut markierte Strecke einen Schlenker gen Süden. Von hinten wird der Gipfel teilweise in Kehren erklommen und nach gut 1,5 Std. ist das Ziel erreicht.

Es empfiehlt sich, im Vorfeld in Erfahrung zu bringen, wann genau der Sonnenaufgang stattfindet, um unnötiges Warten in der ungewöhnlichen Kälte zu vermeiden (zwischen 5.30 und 7 Uhr). Langsam kündigt sich am Horizont der Sonnenaufgang an. Die ersten warmen Sonnenstrahlen tun ungemein gut und der Ausblick ist unbeschreiblich: Die gesamte Insel liegt einem zu Füßen, und das Panorama reicht von Cilaos über den Cirque de Mafate, die La Roche Ecrite und den Cirque de Salazie bis hin zum Piton de la Fournaise im Süden. Rundherum blitzen die sich kräuselnden Wellen des Indischen Ozeans in der Morgendämmerung – an kaum einem anderen Punkt lässt sich eindrücklicher begreifen, dass Réunion ein Eiland im Wechselspiel zwischen Vulkanismus, Wasser und Wind ist. Kaum treffen die warmen Sonnenstrahlen auf die Erd- und Wasseroberfläche, beginnt Wasser zu verdampfen und Nebelschwaden bilden sich vom Ozean her. Über den Wolken zu stehen ist erhebend.

Schneller Abstieg

Nach eingehender Bewunderung des Naturspektakels geht es den gleichen Weg (1–1,5 Std.) zurück zur Gîte, wo ein stärkendes Frühstück wartet. Erst jetzt kommt man in den Genuss der markanten Farbspiele des Vulkans, wenn die eisenhaltige Erde im Licht der aufgehenden Sonne rostrot leuchtet. Der Kontrast mit den graugrünen Sträuchern könnte beeindruckender nicht sein. Danach folgt der Abstieg nach Le Bloc auf demselben Weg. Manche werden den Abstieg flott hinter sich bringen wollen (2–2,5 Std.), andere gehen es lieber gemütlich an und lassen das Erlebte wirken.

Termine

Linsenfest: Oktober. Marktstände, Musik und als Höhepunkt die Krönung der Linsenkönigin auf der Hauptstraße.

Bras-Sec ▸ F 6

Nach dem Ortsende von Cilaos hinter der Kirche folgt man der D241 in Richtung Osten. Auch wenn das unscheinbare Dörfchen Bras-Sec einen Ausflug nicht rechtfertigt, die Fahrt dorthin (4,5 km) tut es allemal: dramatische Gipfel, hohe Farne, Tamarindenbäume mit zottigen Bartflechten und ein schöner Kryptomeriawald säumen die Straße. Man passiert die Lichtung Le Bloc, an der ein zweitägiger Aufstieg auf den **Piton des Neiges** beginnt (s. Entdeckungstour S. 258). Wenn die Steilwand zum Greifen nah ist, hat man das 700-Seelen-Dorf Bras-Sec auf 1250 m Seehöhe erreicht. Das Gefühl, man wäre am Ende der Welt angekommen, trügt nicht. Einige Wanderungen existieren, wie der Sentier Gueule-Rouge (2,5 Std. hin und retour) oder der Sentier des Calumets über die Schlucht **Ravine des Calumets** nach Palmiste-Rouge (6 Std. hin und retour).

Übernachten, Essen

Einladend – **Chambres d'Hôtes Doris:** 3C, chemin de la Ravine, Nähe Kirche, Tel. 0692 61 35 39, http://chambres-dhotes-doris.com, DZ 50 €, Abendessen 22 €. Gemütliche Doppelzimmer und Familienzimmer befinden sich im großen, zitronengelben Kreolenhaus, das mit schönen Möbeln und inseltypischem Interieur ausgestattet ist.

Infos

Bus: Die Linie 63 verkehrt zwischen Cilaos und Bras-Sec.

Palmiste-Rouge ▸ F 6/7

Von der N5 zweigt die D240 nach Palmiste-Rouge ab. Neben Cilaos ist es der am dichtesten besiedelte Ort des Cirque. Als die ersten Siedler an dieser Stelle die auf den Maskarenen endemische Palme *Acanthophoenix rubra* mit ausladenden, gefiederten Blättern und einem roten Stamm entdeckten, war der Dorfname schnell gefunden. Palmenherzen, insbesondere die der Palmiste-Rouge, gelten auf Réunion als Delikatesse. Heute wird Palmiste-Rouge als Zentrum der Stickereikunst gehandelt: Viele Stickerinnen, die in Cilaos ihre Tischdecken und Taufkleider verkaufen, stammen von hier. Bevor die N5 fertiggestellt wurde, mussten sich die Bauern regelmäßig auf den beschwerlichen Weg zu den Märkten nach Saint-Louis und Saint-Pierre begeben. An vielen Stellen war der Pfad so schmal, dass die Karren mit einem Rad in der Luft hingen.

Îlet-à-Cordes ▸ E 6

Herrliches Panorama, atemberaubende Aussichtspunkte, vorbei an rauschenden Wasserfällen und den Startpunkten der schönsten Wanderungen von Réunion – die Autofahrt von Cilaos auf der D242 nach Îlet-à-Cordes ist spektakulär. Die teilweise sehr enge, 10 km lange Straße beginnt an der Kreuzung am nördlichen Ortsende von Cilaos und schlängelt sich unterhalb der Steilwände durch mehrere Schluchten. Eine der Schluchten bei Kilometer 7,5, die **Ravine Fleurs-Jaunes**, ist besonders für Canyoning-Anhänger und Kletterer von Interesse. Das Bergdorf auf 1100 m verdankt seinen Namen dem Umstand, dass die entlaufenen Sklaven keine Wege anlegten, sondern sich an Seilen bergwärts hangelten, um keine Spuren für die Sklavenjäger zu hinterlassen. Neben der Selbstversorger-Landwirtschaft (Knoblauch, Bohnen, Tabak) dominieren der Weinbau sowie die Produktion von Honig. Alle Produkte können bei den Höfen gekauft werden. Im Mai kann man den Bauern bei der Aussaat der Linsen zusehen. Die handverlesenen Linsen erreichen bei Feinschmeckern stolze Preise. Linsen und Weinreben ergänzen sich übrigens perfekt: Anbauflächen sind im felsigen Talkessel rar, deshalb spenden die Weinreben den Linsensträuchern Schatten.

Wanderung zum Col du Taïbit

Start/Ende: an der D242 bei KM 5 (Kilometerstein), Strecke einfach ca. 6 km, 2,5 Std.
Parken: vor und hinter dem Zugang gibt es an der linken Straßenseite kleinere Parkbuchten, eine größere gibt es 200 m vorher
Bus: Linie 62, Haltestelle Sentier Marla, Abfahrt Cilaos Mo–Sa u. a. 5.50, 7.30, 9.15, 10.50, 12.25, So u. a. 7.15, 10.50, 13.15, Rückfahrt nach Cilaos Mo–Sa u. a.10.23, 11.58, 13.22, 15.08, So u. a. 9, 12, 15 Uhr

Der Zugang zum Cirque de Mafate über den Col du Taïbit gilt als einer der Klassiker (GR R1/R2) auf der Insel. In engen Kehren führt der schmale, aber gut instand gehaltene Pfad rasch hinauf auf die Ebene Îlet-des-Salazes. Der knackige Abstecher zum **Cap Bouteille** geizt nicht mit tollen Panoramen auf die Schlucht des Bras-Rouge (ca. 2,5 Std. extra), aber der kann auch bis zum Abstieg warten. Über das nächste Plateau Plaine-des-Fraises und dem letzten abrupten Aufstieg ist nach ca. 2,5 Std. die Passhöhe Col du Taïbit auf 2081 m Seehöhe erreicht. Unmittelbar davor eröffnet sich ein Fenster in den Cirque de Cilaos. Am Col selbst reicht der Blick weit in den Cirque de Mafate und auf den Weiler Marla. Etwas oberhalb auf der Crete in Richtung Nez de Bœuf ist die Aussicht sogar noch besser. Hier kann man umdrehen, aber auch den schnellen Abstieg (max. 1 Std.) nach **Marla** in Angriff nehmen, um im Bergdorf zu übernachten.

Wanderung zum Col du Taïbit

Übernachten

Suiten – **Le Tapacala:** 2C, chemin des orangers, am Ortsanfang, Tel. 0692 84 55 67, gonthier.mickael@orange.fr, DZ 139 €, Abendessen 25 €. Die drei geräumigen, modernen Suiten mit Riesenbad, Salon und Terrasse würde man hier im Bergdorf am allerwenigsten vermuten. Schöne Herberge im gehobenen Segment zum gehobenen Preis.

Infos

Bus: Die Linie 62 verkehrt zwischen Cilaos und Îlet-à-Cordes.

Palmiste Rouge

Das Beste auf einen Blick

Die Hochplateaus und der Vulkan

Highlights !

Piton de la Fournaise: Wahrlich die heißeste Attraktion der Insel – einer der aktivsten Vulkane der Welt, der alle paar Monate ›furzt‹, wie die Réunionesen sagen. S. 277

Forêt de Bébour-Bélouve: Bei einer Wanderung durch den unberührten Regenwald kann man in den spektakulären Canyonkessel Trou-de-Fer zwar nicht hinabsteigen, aber man kann in ihn von oben hineinschauen und staunen. S. 281

Auf Entdeckungstour

Vulkanismus in zwei Stunden – Route du Volcan (F5): Der Piton de la Fournaise verdankt seine Entstehung dem Hotspot-Vulkanismus. Entlang der Route du Volcan fährt man von den ältesten hin zu den jüngsten aktiven Formationen. S. 274

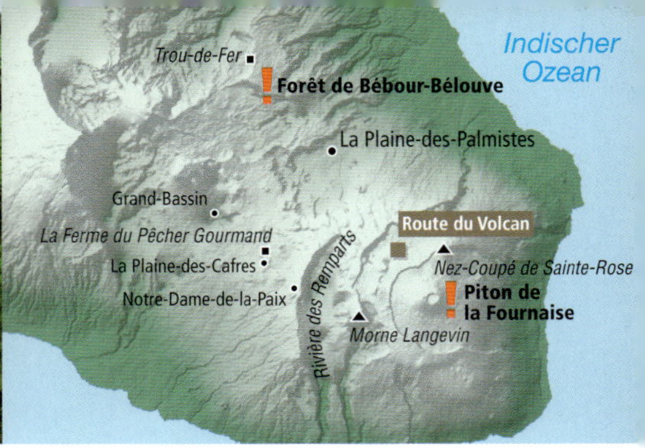

Kultur & Sehenswertes

Domaine des Tourelles: Das Anwesen des Zuckerbarons Alexis Jean de Villeneuve in La Plaine-des-Palmistes wurde originalgetreu nachgebaut. Rund um das Sommerhaus betreiben Künstler und lokale Erzeuger kleine Läden. S. 286

Zu Fuß unterwegs

Wanderung ins Tal von Grand-Bassin: Tolle Panoramen sind der Lohn für einen schweißtreibenden Ab- und wieder Aufstieg, den man leicht in einem Tag schaffen kann. S. 270

Wanderungen rund um den Vulkan: Es muss nicht immer der Piton de la Fournaise selbst sein, auch Morne Langevin oder Nez-Coupé de Sainte-Rose sind lohnende Wanderziele. S. 279

Genießen & Atmosphäre

La Ferme du Pêcher Gourmand: Selbst gemachte Spezialitäten mit Produkten vom eigenen Hof und ein überaus freundlicher Empfang machen den Bauernhof zu einer Top-Gourmet-Adresse. S. 269

Blick in die Rivière des Remparts: Eine gigantische Naturkulisse eröffnet sich unweit des Dorfes Notre-Dame-de-la-Paix beim Blick in die tiefe Schlucht der Rivière des Remparts. S. 270

Abends & Nachts

In den Bergen gibt es kaum Nachtleben. Bergbauern wie Touristen gehen früh zu Bett und stehen zeitig auf. Nur wer in aller Herrgottsfrühe auf den Beinen ist, kann die Gipfel wolkenfrei erleben.

Zwischen Almenwiesen und glutroter Lava

Markanter könnte der Kontrast zum türkisen Ozean, dem quirligen Saint-Pierre und den Landschaften an der Küste nicht sein. Sobald man das Ballungszentrum Le Tampon hinter sich gelassen hat, erhält die Insel ein anderes Gesicht: saftige Almwiesen auf Hochplateaus, bäuerliche Strukturen, beschauliches Dorfleben und – nicht zu vergessen – Nebel und Sprühregen, die sich gerne ab Mittag einstellen. Inmitten dieser grünen Idylle tritt am Piton de la Fournaise in regelmäßigen Abständen dünnflüssige, feuerrote Lava aus, ohne Menschen zu gefährden. Lange Zeit überzog die kühleren Hochplateaus – Les Hauts Plaines – nichts als undurchdringlicher Urwald, wovon nur noch ein Rest im Gebiet von Bébour-Bélouve erhalten ist. Heute kann man die landschaftliche Vielfalt der Insel in weniger als zwei Stunden an sich vorüberziehen lassen, denn von Saint-Pierre an der Westküste nach Saint-Benoît an der Ostküste führt die gut ausgebaute Panoramastraße N3. Die größte Sensation der Insel erfordert allerdings einen längeren Aufenthalt in der Region: Für den aktiven Piton de la Fournaise sollte gut und gerne ein Tag veranschlagt werden. Noch besser, um das Feuerwerk der Sensationen vollkommen auszukosten, wäre aber mindestens eine Übernachtung in den Höhen.

Infobox

Anreise und Weiterkommen

Auto: Zwischen Saint-Pierre und Saint-Benoît verläuft die Höhenstraße N3. Zu den einzelnen Sehenswürdigkeiten führen exzellent ausgebaute Straßen.
Bus: Die Linie H der Cars Jaunes fährt nur 3 x, So und während der Schulferien nur 2 x tgl. Abfahrt Saint-Pierre 7, 12.40, 15.30 Uhr, Ankunft an der Maison du Volcan 8.05, 13.41, 16.35 Uhr, Ankunft in Saint-Benoît jeweils ca. 1 Std. später. In Bourg-Murat gibt es Taxis.
Wanderkarten: IGN 4405 RT für Le Tampon, Plaine-des-Cafres, Grand-Bassin, Bourg-Murat; IGN 4406 RT für Route du Volcan, Piton de la Fournaise, Bébour-Bélouve

Le Tampon ▶ E/F 8/9

Ca. 7 km hinter Saint-Pierre auf der N3 beginnt der Ballungsraum von Le Tampon. In dem Gebiet zwischen den beiden Städten nahm die Kolonialisierung des Südens ihren Ausgang. Ab 1731 zog der königliche Feldmesser ab der Küste in Abständen von 100 Höhenmetern Linien, um die Landparzellen und Plantagen einzuteilen. Die Ligne Paradis (D38) liegt bei 100 m, die Ligne des Bambous bei 200 m und die Ligne des 400 bei 400 m. Dennoch lief man im 18. Jh. hier noch lange durch dichten Wald, in dem sich flüchtige Sklaven verbargen. Das änderte sich erst, als die ersten Holzfäller kamen, die von der Ligne des 400 bis hinauf zum Nez de Bœuf den Wald abholzten. Danach wurde die Region in ein einziges großes Geraniumfeld verwandelt – wie übrigens alle Höhenlagen der Insel zwischen 400 und 1400 m. Zwar hielt der Geranienboom nicht lange an, die bedeutsamen Primärwälder verschwanden aber für immer. Obwohl heute nur noch sehr wenige Bauern von Geraniumöl leben können, gilt die Parfümessenz nach wie vor als typisches Inselprodukt und kann als Souvenir mit nach Hause genommen werden.

Auf der Landkarte ist die ehemalige Landvermessung sehr deutlich zu sehen, denn die Straßen und Dörfer geben noch heute das Rechteckmuster wieder. Die Stadt Le Tampon liegt oberhalb der ursprünglichen Plantagenzone. Die Ligne 600 bildet die Hauptstraße **Rue Hubert-Delisle** (D3), an der alte schindelgedeckte Kolonialvillen stehen. Rundherum haben sich dicht bebaute **Wohnviertel** entwickelt, denn die Anrainer, die oft an der Küste oder Saint-Pierre arbeiten, bevorzugen Le Tampon wegen des angenehm frischen Klimas als Wohngegend. Der dichten Besiedlung trägt die Infrastruktur mit dem größten **Schulzentrum** der Insel, zahlreichen Kinderbetreuungseinrichtungen, dem **Théâtre Luc Donat** sowie weiteren kulturellen Zentren Rechnung. Ebenfalls wurde ein Teil des Campus der **Université de La Réunion** von Saint-Denis nach Le Tampon verlegt. Touristisch gesehen kann die Stadt aber wenig bieten. Ihr Name stammt übrigens aus dem Madagassischen. *Tampony* bezeichnet einen Ort mit weiter Fernsicht.

Übernachten

Mit Romantikfaktor – **Fleur de vanille:** 227C, route Georges Pompidou, KM 14ème, unweit der N3, Tel. 0692 11 61 18, http://fleur-de-vanille.allonslareunion.com, DZ 72 €. Die fünf opulenten und weitläufigen Suiten sind mit Himmelbetten ausgestattet und üppig dekoriert. Traumhafter Garten mit kleinem Spa-Bereich. Ideal für Honeymooner. Abendessen auf Bestellung ab 25 €.

Gepflegt – **Le Domaine du Tulipier:** 11, rue Motais de Narbonne, in Richtung Plaine-des-Cafres an der N3 100 m vor dem SuperU links, Tel. 0262 57 09 41, www.domainedutulipier.com, Zimmer 68 €, Ferienwohnung ab drei Nächten 75 €, 490 €/Woche. Saubere, gepflegte Pension mit einer Ferienwohnung und einem Zimmer, das von der liebenswürdigen Gastgeberin Edith Schlicht betrieben wird, die Deutsch spricht. Schöner Garten, Jacuzzi, WLAN.

Farbenfroh – **Le Rosier:** im 14ème am Kreisverkehr nach Pont d'Yves abzweigen, 19H, chemin des Bibassiers, Tel. 0692 69 24 26, rosier4@wanadoo.fr, DZ ab 55 €. Drei einfache Zimmer mit schöner Aussicht aufs Meer von 794 m Höhe. Abendessen auf Bestellung ab 25 €.

Essen & Trinken

Gehoben kreolisch – **L'Ambéric:** 13, chemin Raoul-Hoareau, Trois-Mares, von der Ligne 600 (D3) beim Kreisverkehr in Trois-Mares bergwärts, Tel. 0262 57 77 68, Di, Do–Sa mittags und abends, Mi, So mittags, Hauptgerichte ab 18 €. Schwer zu finden, aber wer einmal dort war, kommt immer wieder. Sehr gepflegtes kreolisches Restaurant, wo gehobene lokale Küche zu gehobenen Preisen dominiert. Blütenweiße Tischdecken, sehr korrekte Wirtsleute. Mittags wird im herrlichen Garten gespeist!

Italienisch & BBQ – **Le Long Board:** 265, rue Jules Bertaut, von der N3 in Richtung Plaine-des-Cafres auf die D3 links abzweigen, in die rue Jules Bertaut nach links bergab, Tel. 0262 27 10 27, lelongboard@orange.fr, Di–Sa 12–13.30, 19–21.30 Uhr, Tagesgerichte ab 15 €. Netter Italiener mit Pizza und Pasta, aber auch mit kreolischen Spezialitäten, Metro-Küche und Grillgerichten.

Aktiv & Kreativ

Geführte Touren – **Kokapat Rando:** in Trois-Mares, 109, chemin Farjeau, www.kokapatrando-reunion.com. Wer sich für Tages- oder Mehrtagestouren einen kundigen Bergführer an die Seite wünscht, ist bei Rudy und Eve gut aufgehoben. Pro Person 55 € für die Begleitung, 85 € mit Transfer und Verpflegung, min. 4 Pers.

Wochenprogramm – **Allon' Bat' A Pat' Rando:** 45, impasse Gustave Courbet, Tel. 0692 87 95 16, www.allonbatapat-rando.fr. Es gibt einen fixen Wochenplan mit den unterschiedlichsten Tageswanderungen rund um die Insel – ideal für jene, die nicht allein unterwegs sein wollen. Ab 50 € pro Pers.

Duftend – **Coopérative Agricole des Huiles Essentielles de Bourbon (CAHEB):** 83, rue de Kervéguen, am zweiten Kreisverkehr an der N3 in Le Tampon rechts in die Rue des Manguiers, danach die erste Abzweigung rechts, Tel. 0262 27 02 27, www.geranium-bourbon.com, Mo–Sa 9–12, 14–17 Uhr, nur mit Reservierung. Im einzigen verbliebenen duftölverarbeitenden Betrieb der Insel wird die Tradition der Parfümdestillation hochgehalten: Besichtigung des Schaugartens mittels geführter Tour (3 €), eine Schaudestillation (4 €), Duftverkostung (6 €), eigenes Massageöl kreieren (15 €). Gut sortierter Laden mit Massageölen, essentiellen Ölen, Speiseölen und mehr ab 6 €. Minimum 3 oder 4 Pers.

Infos

Bus: Bis zur Universität in Le Tampon verkehren während der Schulzeit regelmäßig Busse (12 x tgl.) von Saint-Pierre aus, z. B. Linie H der Cars Jaunes.

La Plaine-des-Cafres

▶ G 8

Oberhalb von Le Tampon passiert die N3 eine Abfolge von Straßensiedlungen, die alle bequemerweise Kilometernamen tragen. Gemessen wurde die Kilometerentfernung von Saint-Pierre, dem Zentrum der Kolonisierung des Inselsüdens. Der Name des Plateaus mit dem gleichnamigen Ort geht wohl auf den Sklavenjäger Mussard zurück, dem der Ausruf »pleine des cafres« (dt. »voller Neger«) in den Mund gelegt wurde. Die unzugängliche Hochebene war ein Refugium entlaufener Sklaven. Die weißen Kleinbauern siedelten sich ab 1850 an und versuchten sich in der Rinder-, Schafs- und Pferdezucht, was aber misslang. Später folgten die Geranium- und Vetyver-Plantagen, doch auch ihr wirtschaftlicher Erfolg hielt nicht lange. Heute leben die Landwirte hauptsächlich von der Rinderzucht, der Milchwirtschaft und dem Anbau von Kartoffeln sowie Frühgemüse. Einige wenige Betriebe in Notre-Dame-de-La-Paix oder Grand- und Petit-Tampon destillieren noch Geraniumöl. In den letzten 20 Jahren hat sich die Bevölkerungszahl auf 15 000 Einwohner verdoppelt, besonders wegen der besseren Verdienstmöglichkeiten durch den zunehmenden Wandertourismus.

Etwa 30 Minuten hinter Le Tampon ist Plaine-des-Cafres erreicht, ein lang gezogenes Straßendorf im Antlitz des Piton des Neiges. Für die Erkundung des Piton de la Fournaise, für die Wanderung nach Grand-Bassin und andere kleine und größere Wanderungen ist es ein idealer Ausgangsort – die Startpunkte sind flott erreichbar und das Preis-Leistungs-Verhältnis ist noch attraktiv. Je höher man kommt, desto bäuerlicher und einfacher werden die Quartiere.

Ein Hauch Alpenvorland: grasende Kühe auf der Hochebene Plaine-des-Cafres

Übernachten

Kleinod auf 1216 m Höhe – **Le Millepertuis:** 8, allée des mimosas, Piton Hyacinthe, ca. 1,7 km von der N3 entfernt, kurz vor Plaine-des-Cafres zweigt eine Straße links zum Piton Hyacinthe ab, Tel. 0692 56 39 05, www.allonslareunion.com/lemillepertuis, DZ 70 €. Zwei geschmackvolle und geräumige Zimmer. Das Anwesen ist mit viel Liebe zum Detail gestaltet. Im Pavillon wird das Frühstück serviert, das – soweit möglich – aus eigenen Produkten besteht. Der liebenswürdige Monsieur Hoareau bemüht sich redlich, auch Englisch zu sprechen.

Urlaub auf dem Bauernhof – **La Ferme du Pêcher Gourmand:** N3, PK 25, zwischen Plaine-des-Cafres und Bourg-Murat, Abzweig in den Wald direkt an der N3 bei KM 25, Tel. 0692 66 12 48, www.pechergourmand.re, DZ 55 €, Chalet für 2 Pers. 70 €. Fünf einfache, saubere Zimmer sowie ein Chalet mit allem Komfort stehen zur Auswahl, alle mit schönem Blick auf den Garten und die Berglandschaft mit dem Piton des Neiges. Kinderfreundlich. Das Frühstück besteht fast vollständig aus eigenen Erzeugnissen. Hausgäste kommen täglich in den Genuss von Hélènes Kochkünsten, Halbpension 23 € pro Pers.

Essen & Trinken

Herzhaft – **La Ferme du Pêcher Gourmand:** Adresse s. Übernachten, Sa/So abends, Menüs ab 25 €. Köstliche deftige Küche mit Fokus auf eigenen und hausgemachten Erzeugnissen, hauptsächlich Ente *(canard).* Pasteten, Foie Gras, Confit (eingelegtes Entenfleisch) und andere Spezialitäten. Der herzliche Empfang macht richtig Appetit!

Aktiv

Ausritte zum Vulkan – **Centre équestre Alti-Merens:** 120, rue Maurice Krafft, über N3 nordwestlich von Plaine-des-Cafres, KM 26, Tel. 0692 04 12

38. Ausritte zum Vulkan, zum Piton de l'Eau, Plaine des Sables, aber auch kurze Ausritte von einer bis mehreren Stunden.

Grand-Bassin ▸ G 7

Wohl die größte Attraktion in diesem Landesteil ist die spektakuläre Schlucht des Flusses Bras de la Plaine. Unternehmungslustige wandern die steilen 750 Höhenmeter hinunter ins abgeschiedene Dorf Grand-Bassin und auf dem selben Weg wieder hinauf. Wer sich nur mit der Aussicht auf selbiges begnügen möchte, kann dies von der Aussichtsplattform **Belvédère de Grand-Bassin** in Bois-Court tun – der Blick geht von 1388 m auf durchschnittlich 600 m im Tal. Nach Bois-Court gelangt man auf der D70 ab der Kirche von Plaine-des-Cafres. Ca. 100 m hinter der markanten Rechtskurve führt die Einfahrt links zum großen Parkplatz und zur Aussichtsplattform.

Benannt ist der einsame Weiler im Tal ohne Straßen, ja selbst sogar ohne Helikopteranbindung, nach dem Flussbassin, das samt Wasserfall, Voile de la Mariée, auch von oben gut zu sehen ist. Als Selbstversorger pflanzen die Dorfbewohner Obst und Gemüse (Chouchou, Bibasse- und Longani-Bäume, Taro etc.) und verkaufen ihre Erzeugnisse an den Marktständen von Bois-Court, die je nach Saison und Wochentag geöffnet haben. Technisch Interessierte werden an der Wasseruhr nach ägyptischem Vorbild ihre Freude haben, die direkt an der Aussichtsplattform steht und meist ab 8.30 oder 9 Uhr geöffnet ist. In Grand-Bassin gibt es einige Fremdenpensionen *(gîtes d'étape)*, sollte der Rückweg am selben Tag zu mühsam erscheinen. Das freundliche Office de Tourisme in Bourg-Murat hilft gerne bei der Reservierung.

Wanderung von Bois-Court nach Grand-Bassin

Start in Bois-Court, rue Thomas Payet (vor der Rechtskurve links abzweigen) oder auch bei der Aussichtsplattform, Strecke hin und retour ca. 8 km, ab Aussichtsplattform 9,5 km, ca. 4–5 Std.

Beim steilen Abstieg in Serpentinen hat man ständig das wundervolle Panorama von Grand-Bassin mit seinen unterschiedlichen Weilern wie Îlet Janvier oder Îlet Commandeur vor Augen. Einmal am Talboden angelangt, kann man im Fluss baden (nur während der Trockenmonate) oder einen Abstecher zu den Wasserfällen machen (ca. 1. Std. Umweg, der Pfad beginnt bei der *gîte* La Cascade). Nach vorheriger Reservierung kann man auch in einer der Gîtes zu Mittag essen – oder einfach den mitgebrachten Proviant bei einem Picknick verzehren. Nach ein paar Stunden Muße geht es auf demselben Weg zurück nach oben. Der zweistündige Abstieg und der dreistündige Aufstieg sind gut an einem Tag zu bewältigen.

Notre-Dame-de-la-Paix ▸ H 8

Von Plaine-des-Cafres verläuft die D36 in südöstlicher Richtung. Die Straße führt durch saftig grüne Almen, landwirtschaftlich genutztes Gebiet, Kartoffel- und Krautäcker und knorrige Tamarindenbäume bis auf 1700 m Höhe. Kurz hinter dem Weiler Notre-Dame-de-la-Paix wartet ein besonderes Highlight: der Blick in die Schlucht der **Rivière des Remparts**. Von einem Parkplatz mit Aussichtspunkt und Picknickbänken auf 1737 m Höhe eröffnet sich das fantastische Panorama: Die Schlucht mit dem Dörfchen Roche-Plate in der Tiefe wird eingerahmt von dem markanten, perfekt kegelförmigen Nez de Bœuf, dem Piton de Sable mit seinem Sendemast, dem weithin sichtbaren Morne Langevin und der Landzunge Grand-Coude. Von der Schautafel blickt man geradewegs auf die Falaise de Mahavel – die Felswand ist unschwer an den Querrillen zu erkennen. Von hier ging am 6. Mai 1965 um 4 Uhr morgens jener verhängnisvolle Erdrutsch aus, der an die 600 Personen fliehen ließ. Erst 1986 siedelten sich die ersten Familien wieder an, die seitdem vornehmlich von Wanderern leben, die die anstrengende Tour vom Nez de Bœuf hinunter zum Talboden der Schlucht unternehmen (s. S. 185).

Forêt Notre-Dame-de-la-Paix
Neben dem Aussichtspunkt führt ein kurzer botanischer Lehrpfad *(sentier botanique)* durch einen der letzten Reste von tropischem Primärwald auf Réunion. Zahlreiche Schautafeln erläutern einige der endemischen und importierten Bäume, Farne und Pflanzen. Stark verzweigte Wurzeln und umgefallene Baumstämme bieten im feuchten Höhenklima zwischen 1400 und 1730 m Höhe den idealen Nährboden für Schmarotzerpflanzen wie Orchideen, Baumfarne, Moose oder Flechten. Auch Vogel- und Reptilienliebhaber kommen auf ihre Kosten. Tipp: Früh genug unterwegs sein, denn ab ca. 10 Uhr fällt Nebel ein. Hier oben kann es aber frühmorgens empfindlich kalt sein!

Übernachten

Rustikaler Charme – **Crypto-Sign und Toi & Moi:** 48, chemin de la Chapelle, Tel. 0692 82 33 26, Ferienwohnung ab 65 €/Tag, 408 €/Woche, Toi & Moi ab 140 €/Tag. Auf 1600 m Höhe liegen die schicken Selbstversorger-Häuser aus Kryptomeriaholz mit moderner Ausstattung und behaglichem Kamin. Die drei Ferienwohnungen haben unterschiedliche Kapazitäten (4, 6, 14 Pers.). Im Liebesnest Toi & Moi dominieren die Herzen – Holztische, Kissen und sogar das Waschbecken sind in Herzform. Der Chemin zweigt in Notre-Dame-de-la-Paix von der D36 ab.

Aktiv

Hoch zu Ross – **Ecurie Notre Dame de la Paix:** 41, chemin de la Chapelle, Tel. 0692 61 46 79, antoine-patrick.lauret@wanadoo.fr, Di–So 9–12, 14–17 Uhr. Halbtagesausritt 50 €, Ganztagsausritt 110 €.

Bourg-Murat ▸ G/H 7

Wenn da nicht der Vulkan wäre, würde kaum jemand vom Berg- und Transitdorf Bourg-Murat an der N3 gleich hinter Plaine-des-Cafres Notiz nehmen. Aus der Lage als Tor zum Vulkan könnte gewiss mehr gemacht werden, aber außer der Maison du Volcan, dem Vulkanmuseum, scheint es wenig Bestrebungen zu geben, den Ort aufzuwerten. Es gibt einige Unterkünfte, Restaurants, einen kleinen Supermarkt, Souvenirläden und Tourenveranstalter, aber je nach Saison und Tageszeit kann es vorkommen, dass man als Tourist vor verschlossenen Türen steht. Als Ausgangspunkt für einen Ausflug zum Vulkan (ca. 45 Min. Fahrt ohne Zwischenstopps) ist das Bergdorf optimal. Was man bei einem Aufenthalt nicht vergessen darf: Auf 1500–1600 m Meereshöhe kann es selbst im tropischen Sommer feucht und kühl werden, insbesondere am Morgen braucht man warme Kleidung.

Maison du Volcan
N3, in der Ortsmitte, Tel. 0262 59 00 26, www.maisonduvolcan.fr, we-

gen Renovierung geschl., Wiedereröffnung möglicherweise Ende 2013
Das Vulkanmuseum wurde bei Redaktionsschluss modernisiert, nach der geplanten Wiedereröffnung sollte es mit viel interaktiver Technik in die weltweiten und réunionspezifischen Formen des Vulkanismus einführen. Vorgesehen waren u. a. auch Zugänge für Rollstuhlfahrer sowie Schautafeln in Englisch und Französisch. Nach der Wiedereröffnung wird es wieder zu den Fixpunkten eines Besuchs am Vulkan zählen.

Übernachten

Solide und sauber – **Hôtel L'Ecrin:** N3, PK 27, im Ortszentrum, Tel. 0262 59 02 02, www.hotel-ecrin.re, DZ ab 82 €, Ferienwohnung 101 €. 20 spartanische Zimmer in mehreren einzelnen Bungalows und ein Apartment bietet das Hotel, das am nächsten zum Vulkan gelegen ist. Nach der anstrengenden Vulkanbesteigung wird man gerne die Wellnesseinrichtungen wie die winzige Sauna, den Whirlpool und das Gratis-Dampfbad in Anspruch nehmen.

Zweckmäßige Pension – **Chez Alicalapa-Tenon:** 154, route du Champ Foire, Tel. 0262 59 10 41, c.alicalapa-tenon@ool.fr, DZ 50 €. Sechs einfache, aber zweckmäßige und saubere Zimmer direkt an der Straße zum Vulkan. Herzliche Gastgeber runden den positiven Eindruck ab.

Essen & Trinken

Restaurant des Hôtel L'Ecrin – **Le Panoramic:** N 3, PK 27, Tel. 0692 00 47 77, tgl. 11–14, 18–21.30 Uhr, Hauptgerichte ab 15 €. Neben der Spezialität des Hauses *canard aux goyaviers* (Ente auf Goyavier) offeriert man schmackhafte kreolische Gerichte und Küche aus dem Mutterland. Mit recht zuvorkommender Bedienung und englischer Speisekarte.

Das sehenswerte Vulkanmuseum liegt auf dem Weg zum Piton de la Fournaise

Raffiniert – **Le Relais Commerson:** 37, rue Bois de Joly Porier, an der Straße zum Vulkan, Tel. 0262 27 52 87, Do–Di mittags, abends nur gegen Voranmeldung, Menüs ab 15 €. Das Restaurant im blassgelben Gebäude bietet franco-kreolische Küche an, die einen Tick raffinierter und außergewöhnlicher als üblich ist.

Ein Hauch Nordafrika – **QG:** 60bis, rue Alfred Picard, direkt an der Straße zum Vulkan, Tel. 0262 38 28 55, Fr–Di 7–22, Mi bis 16 Uhr, Hauptgerichte ab 12 €. Das kleine Wirtshaus mag von außen nicht viel hermachen, aber drinnen spürt man den Esprit des senegalesischen Betreibers Abdou. Man setzt auf Qualität aus der Region: Die Hühner für das *carri poulet* werden frisch geschlachtet, das Fleisch wird selbst geräuchert. Freitags senegalesische Gerichte. Am Wochenende Vorbestellung empfohlen. Nachmittags bietet Abdou den einzigen Salon de Thé der Gegend.

Alte Rezepte – **Le Ti'Resto Lontan:** N3 PK 27, gegenüber der Maison du Volcan an der N3, Tel. 0262 43 90 42, Mi–Mo 11.30–16, 18–22 Uhr, ab 8 €. Authentisches kreolisches Lokal mit typischen Spezialitäten, die über dem offenen Feuer zubereitet werden. Von weither kommen die Réunionesen, um nach Großmutters Art zu speisen.

Süße und pikante Snacks – **Palais du Fromage:** Rue Alfred Picard, Tel. 0262 59 27 15, Mi–Fr 8.30–17, Sa 8.30–15, So 8.30–18 Uhr. Neben dem Käseverkauf (s. u.) werden süße und pikante Crêpes sowie Waffeln für den kleinen Hunger gebacken. Nette Möglichkeit für eine Verschnaufpause.

Einkaufen

Köstlichkeiten mit Odeur – **Palais du Fromage:** Adresse s. Essen & Trinken. Zwei in die Jahre gekommene Schwestern haben sich mit Haut und Haaren der Herstellung von ausgefallenen Käsesorten aus Kuhmilch verschrieben. Die Spezialität des Hauses ist der *fromage de Sylvie,* ein mit Karamell überzogener und mit Honig versehener Käse. Ausgefallen und gut.

Aktiv

Für Pferdebegeisterte – **Les Ecuries du Volcan:** 9bis, domaine de Bellevue, Tel. 0692 66 62 90, ecuriesduvolcan@orange.fr, tgl. 9–17 Uhr. Ausritte von 2 Std. bis zu einem Tag (16–120 €) rund um Bourg-Murat. Für den Vulkan oder den Piton de l'Eau muss man allerdings zwei Tage einplanen (230 € mit Kampieren und Verpflegung).

Infos

Office de Tourisme: 160, rue Maurice et Katia Krafft, direkt an der N3 rechts vor der Engen-Tankstelle, Tel. 0262 27 40 00, www.tampontourisme.re, Mo–Fr 9–12.30, 13.30–17, Sa 9–12.30 Uhr. Freundliche Angestellte helfen gerne auch auf Englisch weiter. Gute Tipps, viel Infomaterial.

Taxis: Tel. 0692 85 26 39 oder 0692 27 20 20. Bourg-Murat bis Pas de Bellecombe 25 €, bis Piton Textor 15 €, von Plaine-des-Cafres bis Saint-Pierre 15 €, pro Pers. (Min. 2 Pers). Das Office de Tourisme in Bourg-Murat hilft gerne weiter.

Route du Volcan

▶ H/J 7/8

Anschaulicher kann Vulkanismus nicht sein, denn von den ältesten bis zu den jüngsten Lavaformationen der Insel führt die Route du Volcan (F5). Die Fahrt zum Piton de la Fournaise wird zum Härtetest für jede Kamera (s. Entdeckungstour S. 274).

Auf Entdeckungstour: Vulkanismus in zwei Stunden – Route du Volcan (F5)

Der Piton de la Fournaise verdankt seine Entstehung dem Hotspot-Vulkanismus. Da der Erdmantel aufgrund der Kontinentaldrift über den Hotspot hinwegwandert, ist der Vulkan der vorderste einer Kette aus nacheinander aufgereihten Kratern. Entlang der Route du Volcan fährt man von den ältesten hin zu den jüngsten aktiven Formationen.

Reisekarte: ▶ H/J 7/8

Start: in Bourg-Murat hinter der Engen-Tankstelle bei der Maison du Volcan von der N3 rechts auf die Rue Alfred Picard abzweigen und der Straße folgen.
Beim letzten Kreisverkehr rechts und danach links zur Auffahrt auf die F5.

Strecke: 23 km

Dort, wo die beiden Schildvulkane Piton des Neiges und Piton de la Fournaise zusammengewachsen sind, am Hochplateau von Plaine-des-Cafres, liegt Bourg-Murat. Hier beginnt am südöstlichen Ortsausgang die Route du Volcan (F5), die weiter in östlicher Richtung bis zum Pas de Bellecombe verläuft. Konsultieren Sie vor einer Tour die Wetterkameras von www.meteo-reunion.com. Obwohl das Wetter am Vulkan unberechenbar ist, bleibt der Himmel am ehesten bis 11 Uhr und ab 16 Uhr wolkenfrei. Nur 4,5 km hinter dem Start, unvermittelt in einer Rechtskurve, eröffnet eine kleine Parkbucht rechts (rot asphaltiert) den ersten herrlichen Blick auf den Piton des Neiges, den älteren der beiden Vulkane. Bei seiner Entstehung muss er bis zu 4000 m in die Höhe geragt sein, über die Jahrmillionen hat ihn die Erosion auf 3071 m abgetragen. Bei den Cirques, die sich an den Flanken des Piton des Neiges auftun, handelt es sich um eingestürzte Magmakammern des erloschenen Vulkans.

Der älteste Krater des Glutofens

Einige Kehren weiter schmiegt sich die Straße an die fulminante Schlucht der **Rivière des Remparts**. Geologisch gesehen handelt es sich um eine Caldera, die erste und mit 290 000 Jahren älteste des Piton de la Fournaise (dt. Glutofen). Die bis zu 1000 m tiefe Schlucht war eine der Magmaadern, durch die die Lava an die Erdoberfläche aufstieg und die danach in sich zusammenbrach. Mehrere Aussichtspunkte rechter Hand laden zum Staunen ein, aber der einzige gesicherte Balkon befindet sich am Fuß des Nez de Bœuf (2136 m), der ›Rindernase‹, auf 2045 m. In einigen tausend Jahren wird die Schlucht sich übrigens zu einem Cirque, einem großen Kessel, weiterentwickelt haben.

Entstanden durch eine Wasserdampfexplosion

Knapp 8 km weiter taucht der 235 m tiefe und im Durchmesser 200 m breite **Cratère Commerson** (2223 m) rechts auf, ein Nebenkrater der Rivière des Remparts. Als vor 2000 Jahren im Zuge einer Eruption das Magma mit dem Grundwasser in Berührung kam, verdampften schlagartig so immense Mengen Wasser, dass die Dampfexplosion das Gestein in der Umgebung zertrümmerte und einen tiefen Sprengtrichter in den Untergrund riss. Eine riesige Wolke aus Asche und Dampf stieg infolge der Explosionseruption auf. Benannt wurde der Krater nach Philibert Commerson, der während einer Weltumsegelung 1771 zufällig auf die Île Bourbon kam und während seines einjährigen Aufenthalts Pionierarbeit als Vulkanforscher leistete.

Von der kleinen Plattform, die ein wenig zurückversetzt von der Straße liegt, sieht man bis auf den Kraterboden. Ein inoffizieller Pfad von der Plattform weg endet an einer Abbruchkante, von der die Sicht bis nach L'Etang-Salé ans Meer reicht (Achtung: keine Absicherung). In Anbetracht der Zeit und des aufziehenden Nebels kann dieser Zwischenstopp auch auf dem Rückweg eingelegt werden.

Fantastischer Blick auf die Sandebene

Immer spärlicher wird die Vegetation, niedere Heidebüsche, verdorrtes Gras und rotbraune Erde dominieren jetzt die Landschaft. In der Welt aus Geröll und Nebel und Temperaturunterschieden zwischen brennend heißen Tagen und empfindlich kalten Nächten überleben nur die robustesten Pflanzen. Der Lavaboden aus porösem Basalt lässt Wasser sehr schnell abfließen, weshalb selbst nach wolkenbruchartigen Regenfällen extreme Trockenheit herrscht. Nachdem die Straße den höchsten Punkt der Fahrt auf 2360 m Höhe passiert hat, ist der Pass Pas des Sables auf 2350 m erreicht. Auf der rechten Straßenseite, versteckt hinter Heidebüschen, offenbart sich die **Plaine des Sables**, eine beeindruckende Mondlandschaft, in ihrer vollen Pracht. Nichts erinnert mehr an die saftig grünen Almwiesen am Beginn der Route du Volcan – in ihrer rostro-

ten Kargheit könnte die Sandebene beeindruckender nicht sein. Sie am Pas des Sables von oben zu sehen, hat etwas Mystisches.

Auf staubiger Piste geht es weiter

Nachdem man den fantastischen Blick über die rote Plaine des Sables ausreichend genossen hat, kann die Durchquerung der 3 km breiten Sandwüste beginnen (s. Foto oben). Die Straße schlängelt sich in fünf scharfen Kehren vom Kraterrand in die Tiefe und überwindet dabei 80 Höhenmeter. Vor 65 000 Jahren war die Sandebene der zweite Gipfel des Piton de la Fournaise, bis er mehrmals in sich zusammenbrach und immer wieder von unten durch Risse mit Lava aufgefüllt wurde. Die unterschiedlichen Farbschichten am Morne Langevin verdeutlichen den Prozess. Die Eruption des Piton Chisny, eines Nebenkraters des Piton de la Fournaise, vor ca. 980 Jahren verlieh der Plaine des Sables ihr charakteristisches Aussehen: Große Mengen von Asche und Lapili – bis zu 2 cm große Steinchen – bedecken seitdem den Kraterboden.

Am Kraterboden endet der Teerbelag der Straße, auf der nachfolgenden Piste sollte das Tempo gedrosselt werden. Wer genau hinsieht, wird unterschiedliche Farben am Basaltgestein erkennen, je nachdem, in welcher chemischen Zusammensetzung die Mineralien kristallisierten. Bei hohem Eisenanteil verfärbte sich der Basalt rot, bei hohem Olivin dagegen grün. Auch wenn die Mondlandschaft karg erscheint, einige wenige endemische Pflanzen sowie Vögel (*tec-tec*) haben sich den Lebensraum erobert.

Die jüngsten Krater spucken

Das Ende der Plaine des Sables flankieren die Vulkankegel Piton Chisny (rechts) und Demi Piton (links). Die Route du Volcan führt genau zwischen ihnen hindurch. Ab hier fehlen nur noch wenige Kilometer bis zum Ziel, dem 2319 m hohen Pas de Bellecombe.

Ein paar Schritte vom Parkplatz (auf 2354 m) entfernt steht man schließlich vor der dritten mit 4700 Jahren bislang jüngsten Caldera des Piton de la Fournaise, der 13 km x 9 km breiten Enclos Fouqué. Sie ist nach Südosten zum Meer hin offen, hat also die Form eines Hufeisens. Der Großteil aller Eruptionen spielt sich innerhalb der Enclos Fouqué in den Kratern Dolomieu und Bory ab. Der zum Ozean offene Hang – als Grand Brûlé bekannt (s. S. 194) – ist unbedingt einen extra Ausflug wert. Der französische Geologe Ferdinand André Fouqué war übrigens Ende des 19. Jh. einer der bedeutendsten Wissenschaftler in der Erforschung des Vulkanismus. Vom behindertengerecht angelegten Aussichtsbalkon schweift der Blick über das ganze vulkanische Wunderland, an schönen Tagen erstreckt sich die Sicht bis zum Piton des Neiges. Wanderer, die eine Tour in den Morgenstunden zum Cratère Dolomieu planen (s. S. 278), müssen die Route du Volcan im Eiltempo absolvieren – oder auf dem Rückweg bestaunen.

Piton de la Fournaise !

▶ J/K 7/8

Die Besteigung des Vulkans gehört zweifellos zu den Höhepunkten eines Réunion-Aufenthalts. Der weltweit zu den aktivsten Vulkanen zählende Fournaise bricht im Schnitt alle neun Monate mal mehr, mal weniger spektakulär aus. Die 1200 °C heiße, glutrote Lava drängt dann aus Spalten und Rissen, spritzt teils in Fontänen in die Höhe und fließt in verästelten Strömen hangabwärts. Relativ ungefährlich, d. h. schnell und ruhig, entleeren sich effusive ›rote‹ Vulkane wie der Fournaise im Gegensatz zu den ›grauen‹ explosiven Vulkanen, deren Eruptionen gelegentlich ganze Gipfel in die Luft sprengen oder glühende Aschewolken freisetzen. Verzeichnet das Observatorium in Bourg-Murat größere seismische Aktivitäten, wird die Präfektur alarmiert und notfalls das Gebiet weiträumig gesperrt.

Die erste dokumentierte Besteigung fand 1801 unter der Leitung von Bory de Saint-Vincent statt, man vermutet aber, dass die ersten Expeditionen schon um 1700 den Gipfel erreichten. Wegen der fehlenden Wege war der Aufstieg bis in die 1960er-Jahre nur Wohlhabenden und Enthusiasten vorbehalten. Die Bürger von Bourg-Murat verdienten sich ein knochenhartes Zubrot, indem sie als Bergführer und Lastenträger die Expeditionen begleiteten. Bis zu acht Träger pro Sänfte wurden für das dreitägige Abenteuer angeheuert. Später ersetzte man die Menschen durch Lastentiere.

So schweißtreibend muss die Besichtigung heutzutage nicht mehr sein. Der Vulkan kann bei einem Überflug mit einem Ultraleichtflugzeug oder Hubschrauber von Saint-Paul, Saint-Denis, Saint-Gilles-les-Bains oder

Beste Tageszeit: Um den Gipfel nebelfrei zu erleben, muss man früh losmarschieren, am besten bei Sonnenaufgang (13 km, 5–6 Std.).

Begleitung: Wer alleine wandert, sollte einen lokalen Führer anheuern, z. B. Allon' Bat' A Pat' Rando (s. S. 268). Wegen der Gefahr eines Unfalles wird davon abgeraten, allein zu wandern.

Sicher zum Gipfel: Gut planen: Wetter (www.meteo-reunion.com), Wegezustand (www.onf.fr/la-reunion, Menüpunkt Info Sentiers), Vulkanaktivität (ovpf.univ-reunion.fr)

Gute Ausrüstung: Gute Wanderstiefel mit dicker Sohle (wegen der scharfkantigen Lava), warme Kleidung, Regenjacke, Sonnencreme, Kopfbedeckung, ausreichend Wasser und Proviant. Wegen der exponierten Lage bildet der Piton de la Fournaise eine markante Wetterbarriere, an der sich die Passatwolken stauen und abregnen. Das Wetter ist darum unberechenbar: Gerade war der Himmel noch strahlend blau, wenige Minuten später verhängen ihn Wolken und Nieselregen macht die Wege glitschig.

Kontaktperson: Informieren Sie vor dem Aufbruch unbedingt eine Kontaktperson (Rezeptionist, Gastgeber).

Markierungen beachten: Weichen Sie nicht von der weißen Markierung ab. Vereinzelt werden dehydrierte und sogar erfrorene Menschen gefunden, die vom Weg abgekommen sind.

Verhalten bei Nebel: Die Rettungshelikopter fliegen nur, solange die Wolken nicht aufgezogen sind. Wenn unerwartet Nebel aufkommt, am besten warten, ob er sich wieder lichtet. Ist das nicht der Fall, sofort umkehren oder sich auf eine kalte Nacht einstellen.

Müll: Sollte man wieder mitnehmen.

Weitere Infos s. S. 33

Saint-Pierre aus bestaunt werden. Reitausflüge durch das Vulkangebiet bieten Reitställe in Plaine-des-Cafres, Notre-Dame-de-la-Paix und Bourg-Murat.

Wanderung zum Cratère Dolomieu ▸ J/K 7/8

Vom Parkplatz und der Imbissbude führt ein Pfad ca. 600 m in östliche Richtung, bevor unzählige Stufen und Kehren rund 100 m in den **Enclos Fouqué** führen, die dritte und vorletzte Caldera des Piton de la Fournaise. Der Boden des Enclos, der von oben glatt und glänzend erscheint, entpuppt sich bei näherer Betrachtung als Fläche aus ineinandergeschobenen und verkeilten Platten basaltischer Stricklava (Pahoehoe-Lava). Im Gegensatz zur brockenartigen Aa-Lava, die scharf und spitzkantig wie Glas ist, kann sie gut begangen werden.

Im vorderen Bereich der Caldera liegt ein formschöner, rötlich schimmernder kleiner Krater, der 1753 entstand. Weil seine Trichterform an die Erdhügel erinnert, die Ameisenlöwen *(frz. fourmi-lion)* bauen, taufte man ihn **Formica Léo** (2218 m). Wer den Kegel besteigen will, kann hier kurz von der Hauptroute abzweigen (ca. 20 Min.), allerdings raten Umweltschützer davon ab, da durch die menschlichen Eingriffe die Erosion verstärkt werde.

Wanderung zum Cratère Dolomieu

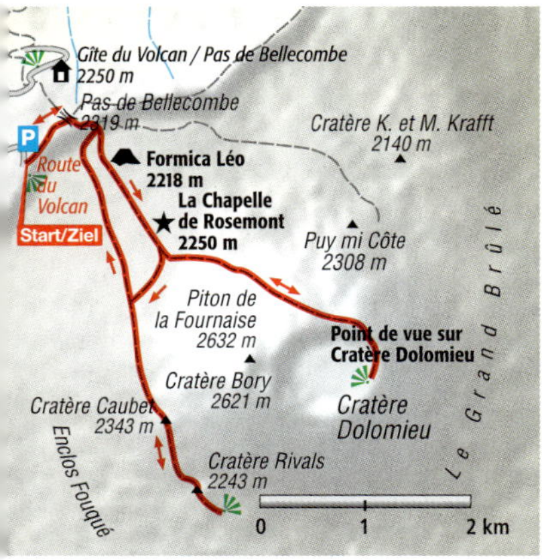

Der Pfad über die Stricklava steigt stetig an, ist aber bei durchschnittlicher Kondition gut zu bewältigen. Auf keinen Fall sollte man allerdings die weißen Markierungen verlassen, da die mitunter plötzlich hereinbrechenden Nebelwände schnell die Orientierung erschweren oder unmöglich machen. Immer näher gelangt man an den Zentralkrater, der genau genommen aus zwei Kratern besteht: dem Cratère Bory im Westen (Durchmesser ca. 350 m) und dem mit Maßen von 800 m x 1200 m viel größeren Cratère Dolomieu im Osten. Mit 2621 m Höhe bildet der Bory die Spitze des Vulkans, die vulkanische Aktivität konzentriert sich aber seit 1971 ausschließlich auf den Dolomieu. Nach etwa 1,5 Std. erreicht man die Steinformation **Chapelle de Rosemont** (ca. 2250 m) am Fuß des Fournaise. Aus einer Glasblase entstanden, hat die natürliche Grotte schon den ersten Forschungsreisenden als Unterschlupf gedient. Die scharfkantige Brockenlava macht das Gehen kräftezehrender, der Rastplatz am Fuß des Vulkans lädt zu einer letzten Verschnaufpause vor dem Gipfelsturm ein.

Nach der Chapelle de Rosemont hält man sich links und geht bis zum Aussichtspunkt **Point de vue sur Cratère Dolomieu** am südöstlichen Kraterrand auf etwa 2500 m hoch (Gehzeit 2 Std.). Der mit 2522 m höchste Punkt des Kraters liegt am südlichen Kraterrand. Bei der Jahrhunderteruption 2007 wurde ein bis zu 360 m tiefes Loch in den Krater Dolomieu – den vierten und jüngsten Krater des Piton de la Fournaise – gesprengt, der den Aufzeichnungen von Bory de Saint-Vincent zufolge am

Direkt nach einem Ausbruch zu sehen: glühende Lava im Enclos Fouqué

17. Juli 1791 entstanden war und damals nur knapp 40 m in der Tiefe maß. Die Kette von Kratern des Piton de la Fournaise zeigt übrigens eindrücklich, dass die ozeanische Platte unter ihm driftet und sich nach dem Prinzip des Hotspot-Vulkanismus immer wieder neue Krater auftun (s. S. 50).

Die weißen Markierungen sind keineswegs zu ignorieren, vom Kraterrand ist ein respektabler Abstand einzuhalten, insbesondere bei Wind oder aufziehenden Wolken. Oft lohnt es sich, ein paar Minuten oben auszuharren, wenn Lücken in den Wolken zwischendurch Blicke auf den dunkelgrauen Kraterboden freigeben. Bei klarer Sicht ist das Panorama unbeschreiblich schön: Der lebensfeindliche grau-schwarze Vulkan im Vordergrund steht in starkem Kontrast zu den saftig grünen Regionen weiter unten und dem türkisblauen Indischen Ozean.

Von hier aus muss man auf dem gleichen Weg zurück. Der erloschene **Cratère Bory** (2621 m) kann nicht mehr angepeilt werden. Wer noch Lust und Kraft hat, kann den 1937 ausgebrochenen **Cratère Rivals** (2243 m) bzw. den dahinter liegenden Aussichtspunkt auf 2196 m in Angriff nehmen, für dessen Besteigung man sich kurz hinter der Chapelle de Rosemont rechts hält. Der Krater Rivals eignet sich übrigens auch als Ausweichroute, sollte die Route zum Dolomieu-Aussichtspunkt gesperrt sein.

Wanderungen rund um den Vulkan

Morne Langevin

Start am Pas des Sables, Strecke hin und retour 7 km, ca. 3,5 Std.

Der relativ einfache Pfad zum Morne Langevin (2404 m) ist hauptsächlich wegen der großartigen Perspektiven lohnend. Nach Osten sieht man die Plaine des Sables, dahinter erhebt sich der Fournaise. Vorne, am Morne Langevin, erstreckt sich die Schlucht von Grand-Galet vor einem und am Rückweg lugt der Piton des Neiges aus den Wolken hervor. Ohne große Steigungen führt der Weg durch eine gelb und rot blühende Heidelandschaft, die im Kontrast zur rostroten Erde besonders intensiv leuchtet. Derselbe Weg führt wieder zurück zum Ausgangspunkt.

Nez-Coupé de Sainte-Rose

Start am Pas de Bellecombe, Strecke hin und retour 9 km, ca. 4 Std.

Zur nördlichen Spitze des Enclos Fouqué gelangt man über den Pas de Bellecombe. Den Piton de la Fournaise immer im Blick, führt der größtenteils wenig kräftezehrende Weg durch die typische Höhenvegetation auf dem durchweg abfallenden Weg bis zur ›abgeschlagenen Nase‹ des Nez-Coupé de Sainte-Rose. Vorbei geht es am höchsten Punkt der Wanderung, dem **Piton de Partage** (2359 m), einem Aussichtspunkt auf die Eruption von 1998, wo heute zahlreiche Messgeräte des Vulkanologischen Observatoriums stehen. Nach etwa zwei Stunden ist das Aussichtsplateau auf 2075 m erreicht. Weit reicht das Panorama – über den Piton de la Fournaise und andere Vulkankegel, die Lavaströme des Grand Brûlé bis zum Meer.

Piton de l'Eau

Start an der F44, Strecke hin und retour 18 km, ca. 5 Std.

Eine lohnende, wenig anstrengende, aber relativ lange Wanderung führt zum Piton de l'Eau (1887 m), dem einzigen Kratersee der Insel. Etwa auf halbem Weg zwischen Bourg-Murat und Pas de Bellecombe zweigt die Route forestière F44 von der Route du Volcan ab. Gleich zu Anfang der F44 gibt es eine kleine Parkbucht. Von hier geht die Wanderung los, zum größten Teil auf dem breiten Forstweg, den letzten Teil auch über einen markierten Pfad neben der Forststraße. In Kurven führt der Weg durch die typische Höhenvegetation (Heidebüsche, Höhentamarinden) stetig sanft bergab. 210 Höhenmeter tiefer und 9 km weiter erreicht man den Fuß des **Piton de l'Eau.** Nach einem kurzen Anstieg steht man direkt am kleinen idyllischen Kratersee – und mit viel Glück blühen im tropischen Winter, von Juli bis September, Abertausende weiße Callas. Das Spezielle an der Wanderung ist vor allem die tolle Fernsicht auf den Piton des Neiges und bis nach Sainte-Rose an der Ostküste.

Übernachten

Einfach, aber wirkungsvoll – **Gîte du Volcan Pas de Bellecombe:** in der Plaine des Sables in westlicher Richtung abzweigen, danach noch 1,4 km, Tel. 0692 85 20 91, www.legiteduvolcan.com, einziges DZ 60 €, Gemeinschaftsräume 16 € pro Pers. Einfache Unterkunft mit umwerfender Aussicht, die äußerst praktisch für diejenigen gelegen ist, die das Maximum aus einem Aufenthalt am Vulkan herausholen möchten.

Essen & Trinken

Passable Küche – **Gîte du Volcan Pas de Bellecombe:** Adresse s. Übernachten, Mittagessen ab 12,50 €, Abendessen ab 18 €. Eine telefonische Vorbestellung ist notwendig.

Imbiss – **Le Relais du Pas de Bellecombe:** am Parkplatz des Pas de Bellecombe, tgl. 6–16.30 Uhr, ab 4 €. Snacks, warme Getränke, kein Trinkwasser, Toiletten.

Infos

Vulkanologisches Observatorium: in Bourg-Murat, 14 N3, KM 27, Tel. 0262 27 52 92, Tel. 0262 27 54 61 (Tonbandansage), http://ovpf.univ-reunion.fr

Bergrettung: Tel. 0262 930 930, **Wettervorhersage:** Tel. 0892 68 08 08 (Mehrwertnummer), **Zyklonenwarnungen Point Cyclone:** Tel. 0897 65 01 01 (Mehrwertnummer), **Zustand der**

Wanderwege (ONF): Tel. 0262 37 38 39
www.fournaise.info: keine offizielle Website, aber eine private Initiative mit vielen interessanten Infos.

Col de Bellevue ▸ H 6

Zwischen den beiden Hochplateaus Plaine-des-Cafres und Plaine-des-Palmistes liegt der Pass Col de Bellevue auf 1606 m Höhe. Von Südwesten kommend, nähert man sich ihm unmerklich, denn die N3 hat schon bei Bourg-Murat die Passhöhe erreicht. 3,5 km nordöstlich von Bourg-Murat auf der linken Straßenseite in einer Rechtskurve und 400 m vor dem Col de Bellevue wartet ein kurios-schönes Fotomotiv mit dem Piton des Neiges im Hintergrund auf alle Frühaufsteher (s. Lieblingsort s. S. 283). Häufig hält sich in diesen Höhen hartnäckig der Nebel, sodass man hier oben gar nicht mit einem Panorama rechnet. Hat man Glück, ist der Blick vom Aussichtspunkt weiter vorne auf das 400 m tiefer liegende Plaine-des-Palmistes, die dramatischen Abbruchkanten links und rechts davon, den Piton des Neiges, die scharfen Kehren der Passstraße, und sogar das Meer weiter hinten atemberaubend. Dafür muss man auf dem Pass rechts in den großen Parkplatz einbiegen und die holprige Straße bis zum Ende weiterfahren, erst hier kann man in Ruhe das Panorama bewundern.

Entlang der N3 in Richtung Inselosten ändert sich die Vegetation. Die für die Primärregenwälder typischen Farne kokettieren mit Höhentamarinden, Kryptomeria und mit Platanen, die sich ab April/Mai gelb färben und das Bild einer europäischen Landschaft heraufbeschwören. Der dichte Bewuchs und Pflanzenarten, die bisher noch nicht auf der Insel zu sehen waren, stimmen ein auf die Urwälder von Bébour und Bélouve.

Forêt de Bébour-Bélouve ! ▸ G/H 4–6

Bébour-Bélouve – bei Botanikern löst der Name einen sehnsuchtsvollen Seufzer aus, denn von dem letzten größeren zusammenhängenden Primärwald – also einem Wald, in den der Mensch bislang nicht eingegriffen hat – geht eine eigene Faszination aus. Zur perfekten Dschungelkulisse tragen insbesondere die Bartflechten und Moose bei, die aufgrund der hohen Feuchtigkeit die Bäume überwuchern. Imposante Riesenbaumfarne *(fanjan)* kringeln ihre Blätter. Das Unterholz mit seinen versteckten Orchideen ist größtenteils so dicht, dass man nicht von den zahlreichen Wegen abgehen kann, die die Forstverwaltung in diesem Gebiet angelegt hat.

Route forestière de Bébour-Bélouve (F2)

Der gut beschilderte Weg in die Primärwälder führt über das Dorf **La Petite-Plaine**, das wenige Kilometer hinter dem Col de Bellevue an einem Abzweig von der N3 liegt. Von der N3 zweigt die D55 links ab und kurz hinter dem Dorf beginnt die asphaltierte Route forestière de Bébour-Bélouve (F2). Sie quert zunächst das Naherholungsgebiet **Forêt de Petite-Plaine** mit Picknickplätzen im Kryptomeriawald, bevor sie sich durch Goyavier-Felder und Waldstücke in die Höhe schraubt – es ist feucht und dunstig. Nach ca. 5 km ab der Abzweigung auf die F2 ist hinter mehreren scharfen Kehren recht unvermittelt der **Col de Bébour** (1414 m) erreicht. Von der Parkbucht rechts sind es noch 200 m bis zu einem Aussichtspunkt mit Schautafeln. Ihm zu Füßen dehnt sich ein flacher grüner Kessel mit den Wäldern von

Lieblingsort

Gipfelblick – Gottesmutter nahe dem Col de Bellevue ▶ H 6
Dem Himmel näher als anderswo ist die Marienstatue an der N3 beim Bergpass Col de Bellevue. Wer früh genug unterwegs ist, wird mit diesem kurios-schönen Fotomotiv vor der traumhaften Bergkulisse des Piton des Neiges belohnt.

Bébour und Bélouve in alle Richtungen aus, im Grunde der vierte Cirque der Insel. Direkt in Blickrichtung triumphiert der Piton des Neiges, links davon fallen sanft die Coteau Kervéguen ab und dahinter kann man den Cirque de Cilaos erahnen. Links im Vordergrund befindet sich der kleine, bewaldete Hügel **Piton Bébour** (Rundweg von max. 2 Std.), rechts das Massiv der Plaine-des-Lianes, davor die Schluchten von Takamaka und Rivière des Marsouins. Auf der F2 geht es nun bergab, links beginnt einer der vielen Zugänge zum Piton des Neiges (s. auch S. 258). Auf den nächsten Kilometern zur Gîte de Bélouve folgen unzählige Wanderwege, darunter der Pfad zum **Bassin des Hirondelles** (s. S. 285). Die Landschaft wird immer dschungelartiger. Der Piton des Neiges lugt zwischen den Baumkronen immer wieder durch. 6 km später folgen das Flusstal der **Rivière des Marsouins** und zahlreiche weitere Wanderpfade. Langsam erweitert sich der Regenwald um die typische Höhenvegetation mit Höhentamarinden, die gerne in Gesellschaft mit dem Calumet-Bambus gedeihen. Der Berg **Coteau Monique**, ca. 2,6 km vor der Gîte de Bélouve, markiert in etwa den Beginn des Forêt de Bélouve, den zweiten Teil des großen Ökosystems. Die F2 wird hier regelmäßig an den Wochenenden von Freitagmittag bis Montagmorgen gesperrt. Unter der Woche kann man die verbleibende Strecke mit dem Fahrzeug zurücklegen. Etwa 500 m vor der Berghütte endet die Forststraße, der Rest muss zu Fuß gegangen werden. Am ersten Wegkreuz weist ein Schild nach links zu einem Aussichtspunkt, doch wer zur **Gîte de Bélouve** an der Abbruchkante zum Cirque de Salazie geht, sieht dort ein identisches Panorama. Im Herzen des Talkessels liegt das schöne Bergdorf Hell-Bourg, links davon der Piton des Neiges und der Gros Morne, geradeaus der Cimendef, rechts davon La Roche Ecrite und in der Mitte der Arena der Piton d'Anchaing.

Flechten und Moose überwuchern die Bäume im Forêt de Bébour-Bélouve

Wanderungen

Achtung: Wegen der hohen Niederschlagsmengen bilden sich über dem Gebiet zeitig Wolken. Ein Wanderung muss früh beginnen, um 7 oder spätestens 8 Uhr. Sie erfordern zudem rutschfeste, wasserdichte Bergschuhe und Regenkleidung. Man muss sich darauf einstellen, dass man knöcheltief im Morast stecken bleiben kann.

Bassin des Hirondelles ▶ G 6
Start an der F2 hinter Col de Bébour, Strecke hin und retour zum Bassin des Hirondelles 5 km, ca. 2,5 Std., zur Cassé de Takamaka 6 km, ca. 3 Std.
Wer den Bergregenwald in seiner ganzen Pracht erleben möchte, nimmt den einfachen Pfad zum Bassin des Hirondelles in Angriff, der von der F2 abgeht (s. S. 281). Unter hoch aufragenden Baumfarnen und dicht bemoostem Bois Maigre, einem endemischen kahlen Gehölz, blühen je nach Saison weiße Callas (Juni–Nov.), blaue Hortensien und rosa Fuchsien. Der zum Teil überwachsene, matschige und mit Holzplanken befestigte Pfad gabelt sich nach 5 Min., man hält sich rechts, um zum Bassin des Hirondelles zu gelangen. Der Fluss Bras Cabot weitet sich hier zu einem flaschengrünen Teich mit einer Wassergrotte, in der Schwalben (frz. *hirondelles*) nisten. Von der Gabelung kann man anschließend noch bis zum Cassé de Takamaka, einem Aussichtspunkt auf die immergrüne Schlucht von Takamaka, weitermarschieren. Dieser Aussichtspunkt ermöglicht es, die Schlucht, die immer wieder von Osten her gesperrt ist, ohne große körperliche Herausforderung zu sehen. Auf demselben Weg geht es zurück zur Forststraße.

Trou-de-Fer ▶ G 4
Start an der Gîte de Bélouve, Strecke hin und retour ca. 10 km, ca. 3 Std., Karte s. S. 231
Je nach Saison und Beschaffenheit des Untergrundes muss vor Ort entschieden werden, ob man über die Schotterpiste *(par la piste)* oder über die Wege durchs Unterholz *(par le sentier)* gehen möchte. Die Pfade können unangenehm morastig und rutschig sein, im Zweifelsfall führt die Schotterpiste bis zum Ende, bevor sie von Holzstegen über die Sumpflandschaft bis hin zum Trou-de-Fer abgelöst wird.

Nach ca. 5 km ohne Anstieg und jeder Menge Holzstege im dichten Zauberwald ist nach ca. 1 Std. 15 Min. die kleine Aussichtsplattform (1377 m) mit Blick auf den Wasserfall und das 300 m tiefe Loch erreicht. Die ratternden Helikopter verraten schon von Ferne, dass das Ziel nahe ist. Die Schlucht ist für Wanderer übrigens nicht zugänglich.

La Plaine-des-Palmistes ▶ H/J 6

Erst in der zweiten Hälfte des 19. Jh. wurde das an der Nordwestseite des Piton de la Fournaise bzw. 12 km nordöstlich von Bourg-Murat und 16 km südwestlich von Saint-Benoît gelegene Plateau mit dem gleichnamigen Dorf La Plaine-des-Palmistes besiedelt. Die alle 500 m gezogenen Vermessungslinien, entlang derer die Konzessionen aufgeteilt wurden, sind heute noch am Verlauf der Straßen nachvollziehbar. Zunächst wuchs die Siedlung rund um den ältesten Teil, Premier-Village, danach entstand das Deuxieme-Village und zum Schluss Petite-Plaine. Noch heute wächst der Ort beständig, vor allem des beliebten, kühlen Höhenklimas wegen. Für Besucher ist er eine praktische Ausgangsbasis, um den Wald von Bébour-Bélouve sowie das Trou-de-Fer zu besichtigen. Das hiesige Mikroklima erfordert sehr frühes Aufstehen, wenn man die Gegend ohne Wolken sehen möchte.

Mit seinem Blumenschmuck erinnert Plaine-des-Palmistes (5200 Einw.) eher an einen Ort in den Schweizer Alpen als an ein Dorf auf einer tropischen Insel. Trotz des feuchten Klimas und der botanischen Vielfalt der nahe gelegenen Regenwälder sind verschiedene Kultivierungsversuche, wie z. B. von Getreide, Kaffee oder Tee, gescheitert, und so verkaufen die Palmiplainois heute hauptsächlich Obst, z. B. die köstlichen Goyavier, und Frischkäse *(fromage de la plaine)*. Die namensgebende Palmenart, die *palmiste rouge*, deren oberster Trieb als Gemüse- und Salatdelikatesse verzehrt wird, ist mittlerweile eine unbezahlbare Rarität – und Anlass von Skandalen. Weil dreiste Dorfbewohner in den 1980er-Jahren des Nachts die vor dem Rathaus gepflanzten Palmen stahlen, fackelte ein Bürgermeister nicht lange und ließ alle 250 Palmen abschneiden. Um seiner Empörung besonderen Ausdruck zu verleihen, gab er sie der Schulkantine zum Verkochen.

Im Dorfzentrum finden sich zahlreiche alte kreolische Häuser, die im Gegensatz zu Cilaos oder L'Entre-Deux kaum instand gehalten werden. Beim Anblick des rustikalen **Rathauses** fühlt man sich urplötzlich ins alpine Frankreich versetzt.

Domaine des Tourelles

260, rue de la République, direkt an der N3, Tel. 0262 51 47 59, www.domaine-tourelles.com, Besichtigung des Herrenhauses nach telefonischer Vereinbarung, Boutique artisanale Mo–Fr 9–18, Sa–So 10–17 Uhr

1927 ließ Alexis Jean de Villeneuve, der Großgrundbesitzer von Saint-Benoît, das Anwesen für die Sommerfrische erbauen, da es im Sommer an der Ostküste unerträglich heiß war. Nach seinem Tod vermachte er den Zweitwohnsitz seiner Frau, die das Haus verkaufte. Erst spät erkannte man das kulturelle Kleinod. Im Namen der Republik riss man das Haus bis auf die Grundmauern ab und errichtete 1993 ein neues, aber völlig identisches Gebäude. Nur der Fliesenboden ist noch original. Rundherum wurden kleine Häuschen platziert, in denen sich Ateliers und Souvenirläden befinden, die aber leider keine einheitlichen Öffnungszeiten haben und etwas verkommen aussehen.

Cascade Biberon

Eine kurze, lohnende Wanderung führt von La Plaine-des-Palmistes zu einem Wasserfall, der schon von der Straße N3 aus zu sehen ist (2,6 km, hin und zurück ca. 1 Std.). Direkt am Rathaus *(Hôtel de Ville)* zweigt eine Straße Richtung Nordwesten zum Stadium ab. Danach folgt man der Hauptstraße, zweigt an der Rue Bras Patience rechts ab und erreicht nach einem weiteren Kilometer eine kleine Parkbucht, den Startpunkt für die Wanderung zur Cascade Biberon. Von einer dunkelgrünen Steilwand stürzt ein 240 m hoher weiß schäumender Wasserfall herab. Je nach Saison und Regenfällen kann die Kaskade imposanter ausfallen, in manchen Monaten kann sie jedoch ganz austrocknen. Beachten Sie bitte die Wanderhinweise von S. 33.

Übernachten, Essen

Adretter Landgasthof – **La Ferme du Pommeau:** 10, allée des Pois de Senteur, Einfahrt beim Restaurant Chez Jean-Paul/Les Platanes, Tel. 0262 51 40 70, www.pommeau.fr, DZ 78 €, Frühstück 8,50 €, Abendessen ab 26 €. Zwei-Sterne-Landgasthof mit 19 recht kleinen Zimmern und einem ausgezeichneten Restaurant. Zum Tagesaus-

klang empfiehlt sich eine Runde im geheizten Becken des hauseigenen Hallenbads. Kühler Empfang.
Leuchtende Farben – **Le Conflore du Piton:** 91, rue Dureau, am Ortsende bei der Bushaltestelle ›Pyramide Fleurie‹ abzweigen, Tel. 0692 67 62 33, d.igoufe@ool.fr, DZ 60 €, Abendessen 24 €. Dass das Betreiberehepaar kräftige Farben liebt, ist unübersehbar. Die zwei sauberen, gemütlichen Zimmer mit Heizstrahler, der freundliche Empfang und ein Frühstück mit hausgemachten Konfitüren und Säften sind ihr Geld wert.
Wohlfühlen – **Le Jardin de Sérénité:** 138, rue Louis Carron, Einfahrt beim Kreisverkehr Nähe Hôtel de Ville, Tel. 0692 99 62 43, www.lejardindeserenite.re, DZ ab 55 €. Freundliche Frühstückspension mit vier Zimmern, davon 1 DZ mit eigenem Bad/WC und 1 DZ mit Gemeinschaftsbad. Spa, Sauna und Beauty-Studio an der selben Adresse. Großer Pool, schön gepflegter Garten.

Essen & Trinken

Im Winter von Juni bis September, aber auch sonntags in der Saison sind viele Restaurants geschlossen.
Einziges Restaurant – **La Ferme du Pommeau:** s. Übernachten, Mo–Sa 12–14, 19–20 Uhr, Tagesgerichte ab 15 €. Vornehmlich französisch-réunionesische Küche mit viel Fleisch und Fisch. Hat einen guten Ruf in der Gegend.
Kreolische Spezialitäten – **Les Platantes:** 291, rue de la République, direkt an der N3 am nordöstlichen Ortsanfang des Premier-Village, Tel. 0262 51 31 69, Di–So mittags, abends nur gegen Reservierung, Tagesmenüs ab 17 €. Beliebtes Restaurant, das auch unter dem Namen Chez Jean-Paul bekannt ist, kredenzt kreolische Spezialitäten. Sonntags gibt es mittags ein Buffet.
Einfaches Gasthaus – **Les Delices des Plaines:** 333, rue de la République, an der N3 am Kreisverkehr Nähe Hôtel de Ville, Tel. 0262 41 45 63, Di–So mittags und abends, Hauptgerichte ab 7 €. Kreolische und chinesische Gerichte werden unter einem ästhetisch nicht sehr attraktiven, weißen Plastikpavillon serviert.

Aktiv

Auf Anfrage macht das Office de Tourisme die geführte Tour ›Circuit Cases Creoles‹ entlang der N3. An die zehn Häuser werden vorgestellt, 1,5 Std., 8,50 € pro Person.

Infos

Point Info Tourisme: 260, rue de la République, im Haupthaus der Domaine des Tourelles, Tel. 0262 41 17 70, Mo, Mi–Fr 9–12.30, 13.30–17.30, Di 9–12.30, 13.30–17, Sa 10–12.30, 13.30–17 Uhr.
Busse: Zwischen Saint-Pierre, Bourg-Murat und Plaine-des-Palmistes verkehrt 3 x tgl. die Linie H der Cars Jaunes. Ins Hinterland (z. B. Bébour-Bélouve) gibt es keine Regionalbusse.

Unser Tipp

Fruchtige Versuchung – Goyavier
Im Umland von La Plaine-des-Palmistes werden die Goyavier zwischen April und August geerntet und gelten als Delikatesse. Sie werden an Ständen entlang der N3 in Schälchen, aber auch als Marmeladen, Gelees und Säfte verkauft. Die Erdbeer-Guave (kreol. *goyavier*) müssen Sie unbedingt probieren, denn die Geschmacksverbindung zwischen Erdbeere und Banane ist unvergleichlich. Die roten Beeren zergehen auf der Zunge, und je nach Reifegrad können sie im Abgang etwas sauer sein.

Sprachführer Französisch

Allgemeines

Guten Morgen/Tag	bonjour
Guten Abend	bonsoir
Gute Nacht	bonne nuit
Auf Wiedersehen	au revoir
Entschuldigung	pardon
Hallo/Grüß dich	salut
Bitte	de rien/ s'il vous plaît
Danke	merci
Ja/Nein	oui/non
Einverstanden	d'accord
Bis später	à plus tard
Wie bitte?	Pardon?
Wann?	Quand?

Unterwegs

Haltestelle	arrêt
Bus	bus/car
Auto	voiture
Ausfahrt/-gang	sortie
Tankstelle	station-service
Benzin	essence
rechts	à droite
links	à gauche
geradeaus	tout droit
Auskunft	information
Telefon	téléphone
Postamt	poste
Geldausgabeautomat	gabier
Bahnhof	gare
Busbahnhof	gare routière
Flughafen	aéroport
Stadtplan	plan de ville
alle Richtungen	toutes directions
Einbahnstraße	rue à sens unique
Eingang	entrée
geöffnet	ouvert/-e
geschlossen	fermé/-e
Kirche	église
Museum	musée
Strand	plage
bewachter Strandabschnitt	zone de bain surveillée
Brücke	pont
Platz	place
Schlucht	ravine
Hafen	port

Zeit

Stunde	heure
Tag	jour
Woche	semaine
Monat	mois
Jahr	année
heute	aujourd'hui
gestern	hier
morgen	demain
morgens	le matin
mittags	le midi
nachmittags	l'après-midi
abends	le soir
früh	tôt
spät	tard
vor	avant
nach	après
Montag	lundi
Dienstag	mardi
Mittwoch	mercredi
Donnerstag	jeudi
Freitag	vendredi
Samstag	samedi
Sonntag	dimanche
Feiertag	jour de fête
Winter	hiver
Frühling	printemps
Sommer	été
Herbst	automne

Notfall

Hilfe!	Au secours!
Polizei	police
Arzt	médecin
Zahnarzt	dentiste
Apotheke	pharmacie
Krankenhaus	hôpital
Unfall	accident
Schmerzen	douleur
Zahnschmerzen	mal aux dents
Panne	panne

Übernachten

Hotel	hôtel
Pension	pension
Einzelzimmer	chambre individuelle
Doppelzimmer	chambre double
Doppelbett	grand lit
Einzelbetten	deux lits
mit/ohne Bad	avec/sans salle de bains
Toilette	cabinet
Dusche	douche
mit Frühstück	avec petit-déjeuner
Halbpension	demi-pension
Gepäck	bagage
Rechnung	addition
Preis	prix

Einkaufen

Geschäft	magasin
Bäckerei	boulangerie
Lebensmittelladen	épicerie
Zeitschriftenshop	librairie
Markt	marché
Kreditkarte	carte de crédit
Geld	argent
Lebensmittel	aliments

Zahlen

1	un	17	dix-sept
2	deux	18	dix-huit
3	trois	19	dix-neuf
4	quatre	20	vingt
5	cinq	21	vingt et un
6	six	30	trente
7	sept	40	quarante
8	huit	50	cinquante
9	neuf	60	soixante
10	dix	70	soixante-dix
11	onze	80	quatre-vingt
12	douze	90	quatre-vingt-dix
13	treize	100	cent
14	quatorze	150	cent cinquante
15	quinze	200	deux cent(s)
16	seize	1000	mille

Die wichtigsten Sätze

Allgemeines

Sprechen Sie Deutsch/Englisch?	Parlez-vous allemand/anglais?
Ich verstehe nicht.	Je ne comprends pas.
Ich spreche kein Französisch.	Je ne parle pas français.
Ich heiße …	Je m'appelle …
Wie heißt du/ heißen Sie?	Comment t'appelles tu/vous appellez-vous?
Wie geht's?	Ça va?
Danke, gut.	Merci, bien.
Wie viel Uhr ist es?	Il est quelle heure?

Unterwegs

Wie komme ich zu/nach …?	Comment est-ce que j'arrive à …?
Wo ist bitte …?	Pardon, où est …?
Könnten Sie mir bitte … zeigen?	Pourriez-vous me montrer … ?

Notfall

Können Sie mir bitte helfen?	Pourriez-vous m'aider?
Ich brauche einen Arzt.	J'ai besoin d'un médecin.
Hier tut es weh.	Ça me fait mal ici.

Übernachten

Haben Sie ein freies Zimmer?	Avez-vous une chambre de libre?
Wie viel kostet das Zimmer pro Nacht?	Quel est le prix de la chambre par nuit?
Ich habe ein Zimmer bestellt.	J'ai réservé une chambre.

Einkaufen

Wie viel kostet das?	Ça coûte combien?
Ich brauche …	J'ai besoin de …
Wann öffnet/ schließt …?	Quand ouvre/ ferme …?

Kulinarisches Lexikon

Gewürze

anis étoilé	Sternanis
baies roses	Rosa Pfeffer
caloupilé	Curryblätter
cannelle	Zimt
crème de noix de coco	Kokoscreme
cumin	Kümmel
curcuma	Kurkuma
gingembre	Ingwer
giroffle	Nelken
muscade	Muskat
piment	allg. scharfe Gewürze, von Chilis bis Pfeffer
poivre	Pfeffer

Fisch und Meeresfrüchte

calamar	Tintenfisch
coquillage	Schalentier
daurade	Dorade, Goldbrasse
espadon	Schwertfisch
gamba	Garnele
homard	Hummer
huître	Auster
langouste	Languste
langoustine	Langustine
moule	Miesmuschel
sardine	Sardine
saumon	Lachs
thon	Thunfisch

Fleisch und Fleischgerichte

agneau	Lamm
bœuf	Rind
brochette	Spießchen
boucané	geräucherter, entsalzener Schweinespeck
bouchons	über Dampf gekochte Fleischklößchen
cabri	Zicklein
cabri massalé	Ragout mit Ziegenfleisch
carri	Eintöpfe mit Fleisch, Würsten oder Fisch auf Reisbasis
entrecôte	Zwischenrippenstück
porc	Schwein
saucisse	Würstchen
veau	Kalb

Geflügel und Wild

foie gras	Stopfleber
lapin	Kaninchen
magret de canard	Entenbrust
poule	Huhn
poulet	Hähnchen

Gemüse und Gemüsebeilagen

achard	fein geraspeltes, oft überbrühtes Gemüse, meist auf Basis von Karotten, grünen Bohnen, grüner unreifer Mangos und Gurken
ail	Knoblauch
avocat	Avocado
beignet	in einem Backteig gebackenes Obst oder Gemüse
brèdes	Gemüsezubereitung aus einer Art Blattgemüse wie Spinat
cassave	Kassava (Maniok)
chouchou	Christophinenart, kürbisähnlich
courgette	Zucchini
igname	Jamswurzeln
oignon	Zwiebel
palmiste	Palmenherz
patate	Süßkartoffeln
poireau	Lauch
poivron	große Paprika
rougail	zerstoßene Chilis (oft sehr scharf) mit kleingeschnittenem Gemüse, Combava, unreifen Mangos, Zwiebeln und Tomaten, ohne Kurkuma

samoussas	gebackene Teigtaschen mit verschiedenen Füllungen
songe	Tarowurzel
ti'jacque	Jackfrucht

Hülsenfüchte

bonbon piment	frittierte Bällchen aus pürierten weißen Bohnen oder Kichererbsengewürzt mit Kurkuma und Piment
grains	Beilage aus Bohnen, Linsen, Reis
lentilles	Linsen

Obst

ananas	Ananas
bibasse	Mispel
combava	Zitronenart
fruit de la passion	Passionsfrucht
goyave	Guaven (grünliches Fruchtfleisch)
goyavier	Erdbeer-Guaven (rotes Fruchtfleisch)
litchis	Litschi
longani	Longanfrüchte
mangue	Mango
noix de coco	Kokosnuss
papaye	Papaya
pêche	Pfirsich
pinpin	Frucht der Vacoa
pitahaya	Drachenfrucht
pomme	Apfel
tamarin	Tamarinde

Käse

chèvre	Ziegenkäse
fromage blanc	Quark, Frischkäse

Nachspeisen und Gebäck

brioche	süßes Hefebrot
gâteau	Dessertkuchen

Getränke

bière (pression)	Bier (frisch gezapft)
café	Kaffee
chai de cilaos	Wein aus der (verbotenen) Isabella-Traube
eau gazeuse/plate	Mineralwasser mit/ohne Kohlensäure
jus	Saft
lait	Milch
rhum arrangé	heimischer Zuckerrohrrum veredelt mit faham (Orchideenblättern), Vanille, Zimt etc.
thé	Tee
tisane/infusion	Kräutertee
vin blanc/rouge	Weiß-/Rotwein
vin de Cilaos	süßer Wein
vin mousseux	Sekt

Im Restaurant

Ich möchte einen Tisch reservieren.	Je voudrais réserver une table.
Die Speisekarte, bitte.	La carte, s. v. p.
Weinkarte	carte des vins
Die Rechnung, bitte.	L'addition, s. v. p.
Appetithappen	amuse-guele
Vorspeise	hors d'œuvre
Suppe	soupe
Hauptgericht	plat principal
Nachspeise	dessert
Beilagen	garniture
Tagesgericht	plat du jour
Gedeck	couvert
Messer	couteau
Gabel	fourchette
Löffel	cuillère
Glas	verre
Flasche	bouteille
Salz/Pfeffer	sel/poivre
Zucker/Süßstoff	sucre/saccharine
Kellner/Kellnerin	serveur/serveuse

Die Autoren: Daniela Eiletz-Kaube und Kurt Kaube sind in Österreich geboren, doch die ganze Welt ist ihr Zuhause. 2005 übersiedelten sie nach Tansania, 2007 führte sie der Zufall nach Réunion, wo sie viel länger als geplant verweilten. An Réunion fasziniert sie die ethnische Vielfalt, die abwechslungsreiche Natur, die unsagbar schönen Landschaften und die intensiven Farben. Nirgendwo sonst ist das Azurblau des Meeres kräftiger, das Grün der Bergwälder leuchtender und das Pink der Bougainvilleas schillernder.

Abbildungsnachweis

Bilderberg/Avenue Images, Hamburg: Titelbild (Photononstop)

Bildagentur Huber, Garmisch-Partenkirchen: S. 66, 197 li., 208 (Schmid)

Kurt Kaube, Graz: S. 6, 7, 12 o. re., 12 u. re., 12 u. li., 13 u. re., 55, 73, 112/113, 154, 188/189, 213, 232/233, 282/283, 296

Markus Kirchgessner, Frankfurt a. M.: Umschlagklappe vorn

laif, Köln: 89 li., 108 (Explorer/ Fuchs); 13 u. li., 79, 220/221 (Grandadam/Hoa-Qui); 16/17, 216 (Guichaoua/Hoa-Qui); 11, 31, 115 li. (hemis.fr); S. 263 (hemis.fr/ Bertrand); 13 o. re., 69, 176/177, 250, 265 li., 269 (hemis.fr/Riemer); 119 (Henkelmann); 24, 38, 52, 114 re., 136, 158 re., 170, 196 (2x), 200, 223, 264 li., 284 (Henseler); 114 li., 128 (Huber); 50 (Imaz Press/Gamma); 13 o. li., 86/87, 159 li., 162/163, 183, 204, 224 li., 257 (Kirchgessner); 42/43, 88 re.,105, 225 li., 239, 247, 258, 274 (Kürschner); 12 o. li., 76, 142/143, 158 li., 195 (Le Figaro Magazine/ Martin); 70 (Ruiz/Real/ Hoa-Qui); 56/57, 63, 168 (Vaisse/ Hoa-Qui)

Look, München: S. 48, 82, 88 li., 93, 94 (age fotostock); 264 re., 279 (Greune); 7 (Werner)

Mauritius Images, Mittenwald: 224 re., 228/229 (Runkel); 146 (Scott)

picture-alliance, Frankfurt a. M.: S. 61 (dpa/dpaweb)

Thomas Stankiewicz, München: S. 111, 272

Kartografie

DuMont Reisekartografie, Fürstenfeldbruck
© DuMont Reiseverlag, Ostfildern

Umschlagfotos

Titelbild: Cirque de Salazie
Umschlagklappe vorn: Stricklava bei dem Küstenort Takamaka

Hinweis: Autoren und Verlag haben alle Informationen mit größtmöglicher Sorgfalt geprüft. Gleichwohl erfolgen alle Angaben ohne Gewähr. Bitte schreiben Sie uns! Über Ihre Rückmeldung und Verbesserungsvorschläge freuen wir uns: **DuMont Reiseverlag,** Postfach 3151, 73751 Ostfildern, info@dumontreise.de, www.dumontreise.de

2., vollständig überarbeitete Auflage 2014
© DuMont Reiseverlag, Ostfildern
Alle Rechte vorbehalten
Redaktion/Lektorat: Henriette Volz, Heike Pasucha
Grafisches Konzept: Groschwitz/Blachnierek, Hamburg
Printed in China

MIX
Papier aus verantwortungsvollen Quellen
FSC® C020056